U0819384

权威·前沿·原创

皮书系列为
“十二五”“十三五”国家重点图书出版规划项目

煤炭蓝皮书
BLUE BOOK OF
COAL INDUSTRY

中国煤炭工业发展报告（2017）

ANNUAL REPORT ON COAL INDUSTRY IN CHINA
(2017)

积极稳妥降低煤炭企业杠杆率

Reducing Coal Enterprise Leverage Ratio in an Active and Prudent Manner

主　编／岳福斌

社会科学文献出版社
SOCIAL SCIENCES ACADEMIC PRESS (CHINA)

图书在版编目（CIP）数据

中国煤炭工业发展报告 . 2017：积极稳妥降低煤炭企业杠杆率 / 岳福斌主编 . -- 北京：社会科学文献出版社，2017. 12（2018. 1 重印）
（煤炭蓝皮书）
ISBN 978 - 7 - 5201 - 1892 - 7

Ⅰ. ①中… Ⅱ. ①岳… Ⅲ. ①煤炭工业 - 经济发展 - 研究报告 - 中国 - 2017 Ⅳ. ①F426. 21

中国版本图书馆 CIP 数据核字（2017）第 297872 号

煤炭蓝皮书
中国煤炭工业发展报告（2017）
——积极稳妥降低煤炭企业杠杆率

主　　编 / 岳福斌

出 版 人 / 谢寿光
项目统筹 / 周　丽　王玉山
责任编辑 / 王玉山

出　　版 / 社会科学文献出版社 · 经济与管理分社（010）59367226
地址：北京市北三环中路甲 29 号院华龙大厦　邮编：100029
网址：www. ssap. com. cn
发　　行 / 市场营销中心（010）59367081　59367018
印　　装 / 北京季蜂印刷有限公司

规　　格 / 开 本：787mm × 1092mm　1/16
印 张：24. 5　字 数：367 千字
版　　次 / 2017 年 12 月第 1 版　2018 年 1 月第 2 次印刷
书　　号 / ISBN 978 - 7 - 5201 - 1892 - 7
定　　价 / 98. 00 元

皮书序列号 / PSN B - 2008 - 123 - 1/1

谨将此书献给中国共产党第十九次全国代表大会

本书由北京绿能煤炭经济研究基金会资助

煤炭蓝皮书编纂指导委员会

原党委书记、董事长

向二牛　中共十九大代表，山西省煤炭工业厅党组书记、厅长

乔乃琛　山东省煤炭工业局分党组书记、局长

刘万波　四川省煤炭产业集团党委副书记、总经理

张双旺　内蒙古伊泰集团原党委书记、董事长

张有喜　全国人大代表，同煤集团党委书记、董事长

李　伟　兖矿集团党委副书记、总经理

李晋平　全国人大代表，潞安集团党委书记、董事长

李鸿双　晋煤集团党委书记、董事长

杨照乾　陕西煤业化工集团党委书记、董事长

武华太　山西焦煤集团党委书记、董事长

姜耀东　全国政协委员，中国矿业大学（北京）副校长

贺佑国　国家安监总局信息院院长

凌　文　中共十九大代表，中国工程院院士，神华集团党组副书记、总经理

崔　涛　《中国煤炭报》社、《中国安全生产报》社党委书记

翟　红　中共十九大代表，阳煤集团党委书记、董事长

煤炭蓝皮书编纂委员会

黄传富　山东省煤炭工业局分党组成员、副局长

游　浩　潞安集团党委副书记、总经理、副董事长

韩建国　神华集团党组副书记、副总经理

裴西平　阳煤集团党委副书记、总经理

翟德元　内蒙古伊泰投资公司副总经理

参编人员　（按姓氏笔画排序）

马富国	马鸿斌	牛建明	王　强	王　欢
王　蕾	王茂盛	王福存	王日杰	王长利
王庆红	王会波	王菊芬	仇宏龙	仇瑞欣
车建宏	冯敏捷	田德凤	向二牛	乔乃琛
刘　莹	刘万波	刘春林	刘银志	刘魁景
刘道龙	刘润涛	孙高亮	吕贵良	闫建新
祁建强	吴　璘	张　毅	张　霄	张双旺
张玉卓	张有喜	张建民	张新平	张利华
张咏琰	张新闻	杨照乾	杨海军	杨世红
何　江	李　伟	李　健	李　俊	李　彬
李晋平	李秀平	李鸿双	李卫东	李重阳
李秋实	李乔成	陈秀兰	陈守珏	岳鸿飞
武华太	郑绍祖	周剑波	罗剑波	贺永杰
赵　江	赵福堂	胡可征	荣　君	郝忠美
要文化	凌　文	栗兴仁	顾　伟	席北明
原蓉军	徐　颖	徐　瑾	郭　静	郭　强
郭金刚	郭成刚	袁景民	高彦清	崔晋鹏
曹振江	常巨龙	黄传富	游　浩	韩　悦

主要编撰者简介

岳福斌 男，辽宁省葫芦岛市人，中国社会科学院研究生院、中国矿业大学（北京）教授，博士生导师，中国煤炭经济研究院院长，北京绿能煤炭经济研究基金会副理事长兼秘书长；能源国策专家委员会委员，中国能源研究会中国煤炭经济30人论坛（CCEF－30）组委会副主任委员兼秘书长、中经煤炭产业景气指数特约撰稿人。长期致力于中国经济问题研究，出版著作20余部，发表学术论文300余篇。近十五年来致力于中国煤炭经济研究，先后主持了铁路建设基金对煤炭产业的影响、煤炭价格形成机制、煤炭成本构成、煤炭交易制度、煤炭财产保险、煤炭管理体制、北煤南运铁路专线建设、煤炭产业基金、煤矿企业兼并重组、煤炭企业精细化管理、煤炭税费制度综合改革、加强商品煤质量管理、混合所有制及其在煤炭产业的构建、中国能源革命与煤炭产业策略、科学推进我国煤制油产业发展、煤炭工业发展“十三五”产能规划研究、煤炭产能新常态与落后产能退出新机制、煤炭产业脱困发展与供给侧结构性改革，以及《煤炭工业发展“十二五”规划》、河南省等多项地方政府和煤炭企业发展战略课题研究，提出的多项政策建议被政府采纳。已载入《中国当代著名经济学家辞典》《中国当代著名青年学者辞典》《世界华人著名教育家辞典》《当代华人名人传略》等。

摘 要

本书由中国矿业大学（北京）中国煤炭经济研究院牵头组建的中国煤炭蓝皮书编纂委员会组织编写，系已经公开出版发行的《煤炭蓝皮书》第九卷。

去杠杆暨资产负债率适度性调整，作为世界性难题，也成为我国社会经济发展过程中亟待解决的问题，并被列为正在深入推进的供给侧结构性改革的五大重点任务之一。2016 年 10 月，国务院出台了《关于积极稳妥降低企业杠杆率的意见》（国发〔2016〕54 号）。这一纲领性文件并不是专门就煤炭产业而下发，却为煤炭企业降杠杆工作提供了非常及时和重要的指导。2017 年 3 月召开的中国煤炭经济研究院理事长工作会议在认真分析形势后，作出决定，以 54 号文件为指导，将积极稳妥降低煤炭企业杠杆率作为 2017 年的重点课题，并建议作为《煤炭蓝皮书》第九卷的主题。为贯彻落实理事长工作会议的决定，中国煤炭经济研究院组成了专项课题组，由院长岳福斌教授任组长，成员来自高校、科研院所、产业主管部门、金融证券和重点企业的领导、专家、学者。

经过半年多的努力，以"积极稳妥降低煤炭企业杠杆率"为主题的研究报告——《中国煤炭工业发展报告（2017）》完成。全书由总报告、实证报告和附录构成。序言由吴吟同志撰写，主要介绍了本卷蓝皮书的编撰背景、意义、主要内容和突出特点及适用范围。总报告由中国煤炭经济研究院课题组撰写，从物理学的杠杆知识入手，继而转入经济杠杆范畴，在区分作为调控工具杠杆和负债杠杆后，基于马克思生息资本理论，分析了作为本报告研究对象的企业财务杠杆的产生与发展、功能与作用、影响与风险，继而从供给侧结构性改革的战略层面，探讨了我国煤炭企业杠杆率过高问题，并在做了从理论到实践的研究与探索后，提出了积极稳妥降低煤炭企业杠杆率的基本思路和政策建议。

各实证报告由神华集团等 10 家煤炭企业课题组撰写，分别介绍了各企业财务杠杆基本情况，在分析高杠杆形成原因及其危害的基础上探讨了积极稳妥降低煤炭企业杠杆率的思路、条件要求和政策建议。山东省煤炭工业局主要领导和山西省煤炭工业厅，还就该省重点煤炭企业降杠杆的情况做了综合分析和阶段性总结。为了帮助读者了解有关降低企业杠杆率的政策体系，本书还收录了国发〔2016〕54 号文件及有关部委的配套文件。

本书除秉承历卷“煤炭蓝皮书”之集知识性、理论性、实践性、政策性于一体，以产业发展中亟待解决的现实问题为导向的特点外，特别突出了马克思主义理论作为指导思想的理论基础，特别突出了以习近平同志为核心的党中央提出的新发展理念作为指导思想，特别突出了煤炭产业从脱困发展到健康发展的基本要求。本书数据翔实，研究方法先进，内容丰富，观点鲜明，可作为深入推进供给侧结构性改革，特别是去杠杆、化解债务风险政策制定、执行、评估、完善，以及高等院校、科研院所、企事业单位教学、科研参考用书。

关键词： 中国煤炭　供给侧结构性改革　去杠杆

序

2016 年 5 月，在太原召开的中国煤炭经济 30 人论坛内部研讨会上，煤炭企业传递出产业资金链断裂风险并有可能爆发债务危机的强烈呼声。作为老煤炭人，我深感问题严重。

煤炭产业作为我国的主体能源产业和重要化工原料产业，事关国计民生。“十二五”以来，我国煤炭产业经济形势不断恶化并陷入危机。在以国发〔2016〕7 号文件为纲领的一系列改革措施推动以及各方面共同努力下，相继出现了“政策底”和“市场底”，煤炭产业经济形势逐渐好转。倘若任由产业资金链问题继续恶化下去，改革成果和各方努力将前功尽弃。

因回京列车晚点在太原候车的三个小时中，我与同行的岳福斌教授围绕煤炭产业资金链断裂风险问题进行了讨论，并达成共识：由岳教授组织力量抓紧调研，尽快完成研究报告，并通过有关渠道向高层领导反映，以求及时解决问题。岳教授和他的研究团队就此问题做了应急研究，并很快递交了报告。研究结论为，问题的根本原因是企业负债率过高，“短贷长投”，大多又是靠借新还旧维系资金流，当金融机构收紧贷款，无法做到借新还旧时，资金链断裂的问题则暴露出来。报告通过国务院参事室上报国务院领导同志，建议政府及有关部门采取应急措施，防止一触即发的债务危机。

在严峻的形势面前，中央政府采取了果断措施，“一行三会”应急出台文件，提出坚持区别对待、有扶有控的原则，满足煤炭企业合理资金需求。山西省政府率煤企进京开展专题路演活动，寻求金融支持，并将省属七大煤企 4000 多亿元的银行贷款重组为转型升级中长期专项贷款，还成立了全国首家省级信用增进投资公司，为优质企业提供风险增信服务。

由于应急施策及时准确，暂时避免了债务危机的发生。但这并不等于问题从根本上得到解决，潜在风险依然存在。若要从根本上化解风险，必须努力着手继续积极稳妥解决好煤炭产业降低杠杆率暨化解煤炭企业资产负债率过高的问题。2016 年 10 月，国务院出台了《关于积极稳妥降低企业杠杆率的意见》（国发〔2016〕54 号）（以下简称“54 号文”），作为附件同时印发了《关于市场化银行债权转股权的指导意见》，以期通过多种方式积极稳妥降低企业杠杆率，为经济长期持续健康发展夯实基础。这一纲领性文件虽不是专门就煤炭产业而下发的，却为煤炭企业降杠杆工作提供了非常及时和重要的引导。

2017 年 3 月召开的中国煤炭经济研究院理事长工作会议在认真分析形势后认为，目前及今后一段时期是化解煤炭企业杠杆率过高的有利时机。一是有顶层设计。党中央、国务院综合研判世界经济形势和我国经济发展新常态，作出了推进供给侧结构性改革这一重大战略部署，并将“去杠杆”明确为五大重点任务之一。二是形势有利。在煤炭产能过剩背景下，去杠杆虽然会暂时影响企业的生产经营，但只要解决好顺势而为问题，则不至于造成产业发展的巨大波动，不会影响煤炭安全生产和有效供给。三是有政策支持。54 号文的出台和随后出台的国务院办公厅以及财政部、国家税务总局、银监会、国家发改委、国家能源局等多个部委的配套政策，对煤炭企业降低杠杆率的工作起到了重要的支持作用。四是有沉痛的教训。经历了“十二五”以来煤炭产业陷入困境的深刻教训，煤炭企业已深刻认识到“高杠杆”在助推产能过剩、加剧企业困难等方面的危害性，由此会增强降杠杆的积极性和主动性。会议做出决定，以 54 号文为引导，将煤炭企业去杠杆问题研究作为 2017 年的重点课题和《煤炭蓝皮书》选题，要求集中力量，深入研究，从理论和实践的结合上，提高对煤炭企业去杠杆问题的认识，探索切实可行的路径、方式和方法，积极稳妥降低煤炭企业杠杆率，实现资产负债结构合理化和运行机制现代化，以适应产业发展新常态，保障产业健康、稳定和可持续发展。

为贯彻落实院理事长工作会议的决定，中国煤炭经济研究院组成了“积极稳妥降低煤炭企业杠杆率”专项课题组，课题组成员有来自院内外高校及研究机构的人员，也有来自银行、证券等金融部门的专业人士。在此基础上，《煤炭蓝皮书》编委会又邀请了重点产煤省的煤炭主管部门和多家重点煤炭企业参与进来，共同搭建了队伍庞大的编纂团队。在产业内外、社会各界的大力支持下，所有参编成员面对“去杠杆”这一世界性难题不畏惧，许多人克服学科跨度大、学术理论性强的障碍，认真学习、刻苦钻研，脚踏实地、深入调研，反复讨论、集思广议。经过半年多时间的努力，专项课题组最终完成了以《积极稳妥降低煤炭企业杠杆率》为题目的研究报告；重点产煤省产业主管部门和重点煤炭企业课题组也陆续完成研究报告。经进一步合稿编纂，《煤炭蓝皮书：中国煤炭工业发展报告（2017）》如期交付出版。非常值得一提的是，2017 年的《煤炭蓝皮书》选题是继 2013 年之后，中国煤炭经济 30 人论坛又一次以“两次研讨会”方式关注的重点议题，分别于 6 月和 9 月召开的两次会议中吸收了业内外专家大量的宝贵意见。

《煤炭蓝皮书：中国煤炭工业发展报告（2017）》由总报告、实证报告和附录构成。总报告即由中国煤炭经济研究院课题组撰写的《积极稳妥降低煤炭企业杠杆率》研究报告，该报告基于马克思生息资本理论，分析了企业财务杠杆的产生与发展、功能与作用、影响与风险，探讨了我国煤炭企业杠杆率过高问题，提出了积极稳妥降低煤炭企业杠杆率的基本思路和政策建议。各实证报告由神华集团等 10 家煤炭企业课题组撰写，分别介绍了各企业财务杠杆基本情况，在分析“高杠杆”形成原因及其危害的基础上探讨了积极稳妥降低煤炭企业杠杆率的思路、条件要求和政策建议。山东省煤炭工业局和山西省煤炭工业厅，还就本省重点煤炭企业降杠杆的情况做了综合分析和阶段性总结。为了帮助读者了解有关降低企业杠杆率的政策体系，本书还收录了国发〔2016〕54 号文件及有关部委的配套文件。

本书除秉承历卷《煤炭蓝皮书》之集知识性、理论性、实践性、政策性于一体，以产业发展中亟待解决的现实问题为导向的特点外，特别突出了以马克思主义理论作为指导思想的理论基础，特别突出了以习近平同志为核心的党中央提出的新发展理念作为指导思想，特别突出了煤炭产业从脱困发展到健康发展的基本要求。本书在理论和制度上做出了大量的创新。理论创新方面，在马克思生息资本理论指导下，深刻揭示了企业财务杠杆的运动规律；首次提出量化标准和质化标准相结合的企业财务杠杆适度性理论；深入研究了杠杆在煤炭产能发展过程中的作用，提出了产能与杠杆关系论；基于系统理论和去杠杆方式适用性研究，提出了去杠杆系统工程论和方式选择论；还在深刻分析利息对利润的质的分割的本质后，革命性地提出了税后计息理论。制度创新方面，鉴于去杠杆和流动性平衡关系的重要性，提出了适度增贷、稳定流动性的制度；基于政府和市场的关系，提出了去杠杆的政府主导与适度参与制度；为消除去杠杆制度障碍、建立企业财务杠杆适度性的长效机制，提出了国有资产价值管理制度和企业负债精细化管理制度；在税后计息理论基础上，设计了新的税收收缴制度。本书内容丰富，数据翔实，研究方法先进，观点鲜明，可作为深入推进供给侧结构性改革，特别是去杠杆、化解债务风险政策制定、执行、评估、完善，以及高等院校、科研院所、企事业单位教学、科研参考用书。

《煤炭蓝皮书》问世以来，社会反响良好，发行量呈上升趋势，被列为“十二五”“十三五”国家重点图书出版规划项目之一，列入国家哲学社会科学创新工程项目，并已成为国家能源决策的重要参考用书，读者群体日益壮大，上至高层决策部门，下至企事业单位，通过各种渠道“找书”“要书”的人逐渐增多。《煤炭蓝皮书：中国煤炭工业发展报告（2017）》已是该系列皮书的第九卷，同时也是中国煤炭经济研究院落地中国矿业大学（北京）后编纂的第一卷。值得一提的是，校领导格外重视该书的编纂工作，不仅在工作会上特别强调要打好《煤炭蓝皮书》这一品牌，还在该书编纂过程中给予了大力支持。

借此卷《煤炭蓝皮书》出版之际，向为本书奉献辛勤汗水、贡献思想智慧的所有编写人员表示由衷的感谢！向为我国煤炭产业供给侧结构性改革做出不懈努力、为煤炭产业发展做出杰出贡献的专家、学者、企业家和一线职工致以崇高的敬意！“雄关漫道真如铁，而今迈步从头越”。衷心希望所有关心和支持我国煤炭产业发展的仁人志士群策群力，在攻克“去杠杆”

这道世界性难题的道路上凝心聚力、坚定信心、知难而进，为积极稳妥降低煤炭企业杠杆率、深化煤炭产业供给侧结构性改革再添新动力，为煤炭产业健康、稳定和可持续发展再做新贡献！

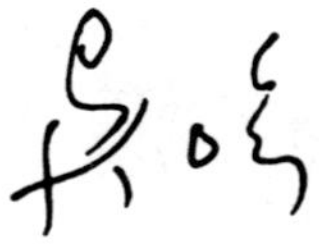

2017 年 10 月

目 录

Ⅰ 总报告

Ⅱ 实证报告

皮书数据库阅读**使用指南**

总 报 告

General Report

B.1

积极稳妥降低煤炭企业杠杆率

中国煤炭经济研究院课题组*

摘 要: 本报告从物理学的杠杆知识入手，继而转入经济杠杆范畴，在区分作为调控工具杠杆和资产负债杠杆后，基于马克思生息资本理论，分析了作为本报告研究对象的企业财务杠

* 课题组组长：岳福斌。主执笔：岳福斌；吴璘，浙江人，中国矿业大学（北京）管理学院博士研究生，中国煤炭经济研究院院长助理，研究方向为煤炭经济。其他成员：徐颖（女），北京信息科技大学副教授；陈秀兰（女），四川人，中国矿业大学（北京）讲师，产业经济学博士后；谭凇（女），东兴证券宏观经济分析师，经济学博士；顾伟，江苏人，法学博士，阿巴巴集团法务部法律研究中心副主任，中国煤炭经济研究院特约研究员，研究方向为能源与信息监管；岳鸿飞，北京人，北京师范大学经济与资源管理研究院博士研究生，联合国工业发展组织亚太地区方案处项目官，研究方向为能源经济与绿色工业发展；李重阳，中国工商银行产品研发中心产品经理，研究方向为投资理财及私人银行；李秋实，中国工商银行产品研发中心产品经理，研究方向为投资理财及私人银行；张新闻，中国工商银行产品研发中心产品经理，研究方向为信贷管理；胡可征，中国农业银行数据中心（北京）测试质量管理师，研究方向为金融市场；王蕾（女），中国煤炭经济研究院助理研究员，经济学硕士；蔡佳迎（女），河北人，北京信息科技大学硕士研究生，研究方向为国民经济学。

杆的产生与发展、功能与作用、影响与风险；继而从供给侧结构性改革的战略层面，探讨了我国煤炭企业杠杆率过高问题，并在做了从理论到实践的研究与探索后，提出积极稳妥降低煤炭企业杠杆率的基本思路。

报告共分为以下七个部分：1. 杠杆、经济杠杆和作为本报告研究对象的企业财务杠杆；2. 去杠杆：供给侧结构性改革的重点任务；3. 我国煤炭企业杠杆的基本情况；4. 煤炭企业杠杆率过高的危害性分析；5. 我国降低煤炭企业杠杆率的实践；6. 降低煤炭企业杠杆率面对的困难与存在的问题；7. 积极稳妥降低煤炭企业杠杆率的基本思路与政策建议。

关键词： 中国煤炭企业　供给侧结构性改革　生息资本　企业财务杠杆　去杠杆

一　杠杆、经济杠杆和作为本报告研究对象的企业财务杠杆

杠杆，属于自然科学领域物理学的范畴。因社会科学和管理科学界经常使用的一些经济手段的内在机理与其类似，故人们将其喻义为杠杆，称其为“经济杠杆”。作为本研究报告研究对象的企业财务杠杆，则属于后者范畴。

（一）杠杆

1. 杠杆的定义

物理学中的杠杆是一种简单机械，是指在力的作用下围绕固定点转动的坚实物体（杆），其中的固定点叫支点，动力的作用点叫动力点，阻力的作用点叫阻力点，根据三个点的位置关系，杠杆存在三种形式，即支点在动力

点与阻力点之间（如剪刀）、阻力点在动力点与支点之间（如铡刀、起瓶器）、动力点在阻力点与支点之间（如镊子）。杠杆中，从支点到动力作用线和阻力作用线的垂直距离分别称为动力臂和阻力臂，动力臂大于阻力臂时为省力杠杆（费距离），动力臂小于阻力臂时为费力杠杆（省距离），两臂相等时则为等臂杠杆（如天平）。支点、动力、阻力、动力臂、阻力臂是构成杠杆缺一不可的五要素。

2. 杠杆的原理

古希腊科学家阿基米德在《论平面图形的平衡》一书中阐述了杠杆原理——“二重物平衡时，它们离支点的距离与重量成反比”。在我国古代书籍《墨经》中，也有对杠杆原理的精辟论述：“衡木：加重于其一旁，必锤——重相若也。相衡：则本短标长，两加焉，重相若，则标必下——标得权也。”意思是天平衡量的一臂加重物，另一臂必得加砝码，两者必须等重，才能平衡。杆秤的提钮到重物的一臂（本）比较短，提钮到杆秤的臂（标）比较长，如果两边等重，秤锤一边必下落，因为秤锤对“标”一边的作用过大了。该论述比阿基米德提出的杠杆原理早100余年。杠杆原理用公式可以表示为“F · fc = W · lc”，即“动力 × 动力臂 = 阻力 × 阻力臂”。

3. 杠杆的功能作用

杠杆的效用是通过其平衡条件即“动力 × 动力臂 = 阻力 × 阻力臂”实现的，因此，作用在杠杆上的力与它们的力臂成反比。当动力作用于杠杆的动力点时，杠杆即绕其支点转动，并由阻力点实现某种机械效能，如省力。最常用的杠杆功能是用较小的力量撬动较重的物体以及这一功能的演化。阿基米德曾留下过一句流传千古的名言：“假如给我一个支点，我就能把地球撬起来！”这是对杠杆功能最形象的比喻。

杠杆在现实生活中的应用十分广泛，而且早就有之。古埃及人修建金字塔时，利用杠杆搬动巨石。相传，阿基米德曾借助杠杆和轮滑组，使沙滩上的新船顺利下水；还曾利用杠杆原理制造投石器，成功阻止了罗马人对叙拉古城的进攻。我国明末清初科学家宋应星在其著作《天工开物》中描述了人们用舂来捣谷、用桔槔来汲水或灌溉时的情景。舂和桔槔都是根据杠杆原理制成的简单机械。现代生产生活中，杠杆原理的应用随处可见，小到剪刀、钳子、订书机、撬棒、压水机、船桨，大至塔吊、起重机、风力发电机。简单杠杆通过改造、加入其他装置可以成为复杂杠杆，并产生更大的功能，完成更复杂、艰巨的任务。如驾驶汽车时用双手操作小小的方向盘就可以转动轮胎并使其按照驾驶者选择的方向行驶等。

4. 杠杆率

由于杠杆达到平衡状态时，动力、动力臂、阻力、阻力臂之间存在着一定的数量关系，杠杆效用的大小也可以说是由两个力臂或者两个力之间的比例关系决定的。这一比例关系即为杠杆率，数学表达式为动力臂/阻力臂或阻力/动力。比如，在省力杠杆条件下，杠杆率为5，即动力臂长度为阻力臂的5倍，则只需用阻力1/5大小的动力就可以实现杠杆的平衡。人们可以根据自身条件和实际情况，选择不同杠杆率、不同类型的杠杆实现不同的效用。

5. 杠杆的风险性

杠杆作为一个系统，它的使用需要综合考虑使用者自身能力、杠杆本身属性特征、外部环境等，否则会出现风险。从杠杆的使用主体看，杠杆的风险和效用成正比。杠杆率越高，效用越大，风险也就越大；杠杆率越低，效用越小，风险也就越小。比如，杠杆率分别为5和10的两个省力杠杆，如果要做的功是一样的，后者所用的力仅需前者的一半，即效用更大；但动力臂长度则是前者的两倍，存在着更大的风险。从作为客体的杠杆本身去看，其材料也是杠杆风险的重要影响因素，比如，木质杠杆与铁质杠杆相比，能承受的力和产生的效用明显要小得多，若要实现同样的效用，必然承担着更大的风险。杠杆风险还受各种因素和环境变化的影响，比如，杠杆的支点变得不稳定，杠杆材料受到腐蚀，阻力端物体重量加重，动力端能力变差等，都会加大杠杆的风险。

（二）经济学喻义上的杠杆

经济学喻义上的杠杆有两种类型：一种是作为调控手段的经济杠杆；另一种是作为度量负债比率的经济杠杆。

1. 作为调控手段的经济杠杆

作为调控手段的经济杠杆，主要指国家或其他经济组织为调解社会生产和再生产过程中的物质利益矛盾、实现要素优化配置目标所使用的经济手段。其中，最为典型的是作为国家宏观调控手段的经济杠杆。

自国家产生以来，经济上占统治地位的阶级为了维护本阶级的利益，无不利用国家政权所拥有的铸币权、征税权、奖惩罚没权等，通过调整利率、税率、汇率等经济参数，通过财税、金融、产业等政策，乃至直接发行国债、实施政府采购及公共工程投资等经济行为，调节与控制社会生产、流通、分配和消费。

对于现代国家是否应利用这些权力以及如何运用这些权力对经济进行调控，经济学界经历了漫长的争论。西方古典经济学崇尚自由主义，反对国家以各种形式对工商业事务进行干预，主张政府的职能只是为社会提供必要的“公共产品”。新古典经济学继承了古典经济学的思想，倡导“自由竞争”“自由放任”，对政府提出了五个“更少”，即更少的政府支出、更少的征税、更少的财政赤字、更少的货币扩张和更少的政府干预。尽管如此，几乎所有国家都没有放弃政府对经济的调控，特别是20世纪二三十年代，世界爆发的经济危机和大萧条，催生了凯恩斯革命，形成了一套国家宏观调控的理论体系，国家干预政策应运而生。事实表明，在当代市场经济条件下，市场经济越发展，就越离不开政府的宏观调控。其内在机理源自作为调控手段的经济杠杆具有的重要功能。主要有以下几个方面。

要素调剂的功能。人类要生存发展，一刻也不能停止生产和再生产，解放和发展生产力是人类社会发展的根本要求。生产力作为参与社会生产和再生产过程的包括劳动力、生产资料、劳动对象在内的一切生产要素有机结合而释放出的人类获取物质资料的能力，其水平高低，与生产要素配置的优劣程度密切相关。实践证明，政府运用作为调控手段的经济杠杆，按客观经济规律要求调剂生产要素，有利于实现配置优化。例如，运用资源税费政策，引导资源的有效利用，科学安排人力资源分配和薪酬制度，调剂人力资源，通过投融资政策调剂社会资金的流向、流量和流速，通过编制经济社会发展规划，实现产业合理布局。

结构调整的功能。结构调整的实质是生产要素的再配置。由于客观条件的不断变化，加之人们主观认识的局限性，生产要素的配置非优化是一种常态。客观上要求与时俱进，充分发挥主观能动作用，经常性地进行结构调整，包括产品、产能、产业和区域经济结构的调整。作为调控手段的经济杠杆，其对结构调整的功能作用是显而易见的。例如，利用新产品补贴手段调整产品结构，采取淘汰落后产能、退出过剩产能、置换先进产能等手段调整产能结构，通过减免税费手段扶持新兴产业发展，实现产业转型升级，采取财政转移支付手段，平衡区域经济发展，缩小区域间贫富差距等，在现实社会经济生活中都达到了预期目标。

动力焕发的功能。这里的动力是指社会生产和再生产的内生动力，其源泉在于各类社会经济行为主体，包括从事各种劳动的劳动者、社会各类组织和各级政府的积极性、主动性和创造性的最大限度发挥。这种内生动力的最大限度发挥，不仅需要各行为主体发挥主观能动作用，而且需要外部的客观作用力。理论分析和实践证明，运用好作为调控手段的经济杠杆是焕发动力的好形式。例如，运用奖补、收入分成等国民收入分配、再分配手段，能够激发劳动者的劳动热情，提高社会组织的服务水平和政府机关行政的效率。

促进发展的功能。发展是人类社会永恒的主题，我们所做的一切都是为了发展。发展是解决所有问题的抓手，是硬道理。发展范畴是一个综合的概念，内涵十分丰富。诸如发展基础、发展理念、发展动力、发展速度、发展秩序、发展质量等都是发展过程中重点关注的内容。促进发展，就是要促进以经济效益为中心的经济持续增长，以人的素质提高为标志的社会进步，以人与自然关系友好和谐的全面、协调和可持续。运用作为调控手段的经济杠杆调剂生产要素、调整结构和焕发动力，都是为了促进发展，促进发展是作为调控手段的经济杠杆功能集大成或总的表现。

作为国家宏观调控手段的经济杠杆，具有如下特点：

战略性。国家使用宏观调控手段的经济杠杆，主要是为了实现国民经济和社会发展的战略目标，进行总量控制、重大结构调整和生产力的合理布局规划，集中必要的人力物力财力进行重点建设，综合运用各种经济杠杆，促进经济社会更好更快地发展。

强制性。国家宏观调控手段的经济杠杆是国家权力的组成部分，与国家政权的绝大部分权力的运用一样，经济杠杆也同样具有显著的强制性色彩，被实施对象必须自觉履行规定的相应义务，不可无端抗拒。

法制性。作为国家宏观调控手段的经济杠杆的使用，须严格履行相关程序，并以法律法规的形式出现，既要求在相应的法律法规框架内实施，又受相应的法律法规的保护。

2. 作为度量负债比率的经济杠杆

作为度量负债比率的经济杠杆，是指以资本商品形式出现在社会再生产过程中的生息资本或称借贷资本。可从宏观、中观、微观三个不同的经济层面考察。作为宏观层面度量负债比率的经济杠杆率，是指国民经济信用或负债总量，包括政府、居民、金融及非金融部门的负债与 GDP 之比。从中观层面讲，是指某一产业的负债总量与该产业总资产之比。从微观层面讲，是指某一微观经济主体的负债总量与该主体资产之比。

作为度量负债比率的经济杠杆即生息资本或借贷资本，不是从来就有的，是人类社会发展到一定历史阶段的产物，是生产力与生产关系矛盾运动的结果。马克思指出："生息资本或高利贷资本（我们可以把古老形式的生息资本叫作高利贷资本），和它的孪生兄弟商人资本一样，是洪水期前的资本形式，它在资本主义生产方式以前很早已经产生，并且出现在极不相同的社会经济形态中。"[①] 马克思还指出："高利贷资本的存在所需要的只是，至少已经有一部分产品转化为商品，同时随着商品买卖的发展，货币已经在它的各种不同的职能上得到发展。"[②] 据此可知，作为度量负债比率的经济杠杆是商品货币产生之后才有的经济范畴。

---

① 《资本论》第三卷，第三十六章"资本主义以前的状态"，人民出版社，1975 年 6 月，第 671 页。

② 《资本论》第三卷，第三十六章"资本主义以前的状态"，人民出版社，1975 年 6 月，第 671 页。

马克思笔下的高利贷资本不同于现代的生息资本，其放贷对象主要是“那些大肆挥霍的显贵”和“小生产者，包括手工业者，但主要是农民”；而不是现代的生息资本所有者把职能资本的代表工商业者作为借贷对象。在古老的高利贷资本社会条件下，大肆挥霍的显贵因高利贷而遭到破产，小生产者被敲骨吸髓，其结果不仅造成了大货币资本的形成和集中，而且也产生了靠出卖劳动力为生的劳动者。由此，产生了民众对高利贷的憎恶，反高利贷的斗争日益激烈。“这种反高利贷的激烈斗争，这种让生息资本从属于产业资本的要求，只是有机创造物的先声，这种有机创造物以现代银行制度为形式创造了资本主义生产的这些条件。现代银行制度，一方面把一切闲置的货币准备金集中起来，并把它投入货币市场，从而剥夺了高利贷资本的垄断；另一方面又建立信用货币，从而限制了贵金属本身的垄断。”① 不难看出，信用制度是作为高利贷的反作用而发展起来的。

在信用制度下，货币除了作为货币具有的使用价值以外，又取得了一种追加的使用价值，即作为资本来执行职能的使用价值。在这里，它的使用价值在于它转化为资本而生产的利润。就它作为可能的资本，作为生产利润的手段这种属性来说，它变成了商品，不过是一种特别的商品。或者换一种说法，资本作为资本，变成了商品②。

作为资本商品的生息资本，具有以下特点：

（1）它不是资本的基本形式。生息资本是从产业资本循环过程中暂时分离出来的闲置货币资本、社会上的私人储蓄以及政府的货币积累，它们以借贷资本的形式，被产业资本和商业经营者所使用，从而间接地参与到资本循环过程中，但其资本的原有属性没有改变。

（2）其内容大部分是虚拟的。生息资本是按照一定利息率贷出的，“随着生息资本和信用制度的发展。一切资本好像都会增加一倍，有时甚至增加两倍，因为有各种方式使同一资本，甚至同一债权在不同人手里以不同的形

---

① 《资本论》第三卷，第三十六章“资本主义以前的状态”，人民出版社，1975 年 6 月，第 682 页。

② 《资本论》第三卷，第二十一章“生息资本”，人民出版社，1975 年 6 月，第 378 页。

式出现。这种‘货币资本’的最大部分纯粹是虚拟的[①]”。

（3）具有特殊的使用价值和价值。生息资本具有一种追加的使用价值，即作为资本来执行职能的使用价值。生息资本不仅对把它让渡出去的人来说是资本，而且它一开始就是作为资本交给第三者的。在生息资本的运动中，它的价值和它的使用价值不仅会保存下来，而且会增加，即给生息资本所有者带来利息。

（4）其流转不是被卖出而是被贷出，到时要还本付息，而且事先确定了利息率。生息资本在运动中保存自己，并在执行职能以后，流回货币所有者手中。因此，它不过暂时由它的所有者占有变为执行职能的使用者占有，这就是说，它既不是被付出，也不是被卖出，而只是被贷出。

生息资本产生以后，对社会经济产生了深刻影响：

（1）资本所有权和使用权分离。实际执行职能的资本使用者转化为单纯的经理，即别人的资本的管理人，而生息资本所有者则转化为单纯的货币资本所有者。

（2）利润从质上被分割。对那些用借入的生息资本从事生产经营者来说，总利润会分成两部分：利息和超过利息的余额。他必须把前者支付给生息资本所有者，超过利息的余额才形成他自己的利润。

（3）社会再生产过程更为复杂。在生息资本的运动过程中，货币作为资本的支出出现了两次，货币作为已经实现的资本的回流同样也出现了两次。在生产资本双重支出、双重回流的影响下，社会再生产所经历的环节增多，变得更为复杂。

（4）资本拜物教产生。生息资本的“生息”功能，改变了传统的劳动创造利润的观念，一些人认为只要有了货币就可以发财，因而对货币产生崇拜，进而使得社会上出现了资本拜物的现象。

（5）食利者阶层形成。生息资本作为信用的产物反过来又促进信用制

① 《资本论》第三卷，第二十九章“银行资本的组成部分”，人民出版社，1975 年 6 月，第 533 页。

度的发展，随着信用制度的发展，集中的货币市场就兴起了。这个货币市场，同时还是这种证券交易的中心。银行家把公众的货币资本大量交给货币经营者去支配，因此，“这帮赌棍就繁殖起来”①。

（6）加速资本集中和集聚。随着信用制度、银行制度的发展，生息资本不断集中起来，并以银行为媒介，积聚到产业家和商人手中。“银行家成了货币资本的总管理人。一切阶级的货币积蓄和暂时不用的货币，都会存入银行。最后，各种只是逐渐花费的收入也会存入银行②。”

（7）生产规模扩大。产业家对社会各阶级一切货币储蓄的支配能力不断增大。这无疑对产业家扩大生产规模起到了巨大的推动作用，社会的生产规模也由此惊人地扩大了。

（8）生产过剩的危机有了经济与社会基础。生息资本带来的生产规模的扩大，同时也加速了社会供给与需求之间矛盾的爆发，当扩大了的生产规模远远超过社会需求时，生产过剩的危机就出现了。

（9）杠杆适应性的调节成为生产经营的常态。生息资本或借贷资本与职能资本的比例关系随着经济周期性运动和产业发展周期不同阶段而不断变化，比如，危机爆发时，信用突然停止，支付停滞，在借贷资本几乎绝对缺乏的同时，闲置的产业资本发生过剩；“在产业周期的开端，低利息率和产业资本的收缩结合在一起，而在周期的末尾，则是高利息率和产业资本的过多地结合在一起③”。生息资本的规模变化、利息水平与经济发展、产业发展的联系如此之紧密，以至于产业资本对生息资本的运用或者说杠杆适应性的调节成为生产经营的常态。

（三）作为本报告研究对象的企业财务杠杆

1. 企业财务杠杆及其度量

企业财务杠杆是指企业在筹资过程中通过举债以调整资本结构、满足资

① 《资本论》第三卷，第三十二章“货币资本和现实资本”，人民出版社，1975年6月，第579页。
② 《资本论》第三卷，第二十五章“信用和虚拟资本”，人民出版社，1975年6月，第453页。
③ 《资本论》第三卷，第三十章“货币资本和现实资本”，人民出版社，1975年6月，第553页。

金需求所运用的金融工具。主要有银行信贷、金融债券、信托融资等。在我国，目前以间接融资为主、直接融资为辅的金融市场格局下，银行信贷是企业财务杠杆的主要形式。在银行信贷不足以解决资金短缺的情况下，有条件的企业也通过金融市场发行企业（公司）债券。相对于银行信贷，金融债券通常成本较高，但能够发行成功也是一种不错的选择。在银行信贷不足、金融市场债券发行受限的情况下，企业通常还会通过信托投资公司等委托形式负债融资。

企业财务杠杆率是度量企业负债水平的指标，资产负债率表示企业总资产中有多少是通过负债筹集的，该指标是评价企业负债水平的综合指标，同时也是衡量企业利用借入资金开展经营活动能力的指标；对债权人而言，也作为反映生息资本贷出安全程度的指标。一般情况下，通常用总负债占总资产的比重（即资产负债率 $=\frac{总负债}{总资产}\times 100\%$）来度量。例如某企业 2016 年底的总负债为 2000 万元、总资产为 5700 万元，那么其资产负债率 $=\frac{2000}{5700}\times 100\% = 35\%$。

除上述综合指标外，实践中还通常配合使用流动比率、速动比率和利息保障倍数等反映企业短期偿债能力的指标以综合判断企业的财务杠杆水平。

流动比率是指流动资产与流动负债的比率关系，其关系式为：流动比率 $=\frac{流动资产}{流动负债}\times 100\%$。流动资产主要包括货币资金、交易性金融资产、应收票据、应收账款、预付款项、应收利息、应收股利、存货、一年内到期的非流动资产、待摊费用等。流动负债主要包括短期借款、应付票据、应付账款、预售款项、应付职工薪酬、应交税费利息、应付利息、应付股息、一年内到期的非流动负债、预提费用、应付短期债券等。例如，某企业 2016 年底的流动资产合计为 1335 万元、流动负债合计为 1122 万元，那么其流动比率 $=\frac{1335}{1122}\times 100\% = 119\%$。流动比率反映公司可以在短期内变为现金的流动资产偿还到期流动负债的能力。流动比率越大，说明公司对短期债务的偿付能力越强。有必要强调，流动比率不宜过高，一般下限为 100%，上限为 200%，否则表明企业流动资产占用较多或企业闲置现金持有量过多，会影响资金的使用效率和企业的筹资成本，进而影响获利能力。不同的企业以及同一企业不同时期的评价标准是不同的。

速动比率是指速动资产与流动负债的比率关系，其关系式为：速动比率 $=\frac{\text{速动资产}}{\text{流动负债}}\times 100\%$。这里的速动资产是指流动资产减去变现能力较差的且稳定的存货、预付账款、待摊费用和待处理流动资产损失等之后的余额，主要包括货币资金、短期投资、应收账款、应收票据、其他应收款。例如某企业 2016 年底的货币资金为 500 万元、短期投资为 0.54 万元、应收账款为 162 万元、应收票据为 44 万元、其他应收款为 30 万元，因此速动资产合计为 736.54 万元，流动负债为 1122 万元，其速动比率 $=\frac{736.54}{1122}\times 100\% = 66\%$。速动比率较之流动比率更能准确、可靠地评价企业资产的流动性及短期偿债能力。一般情况下，如果速动比率小于 100%，企业则会面临较大的偿债风险，所以速动比率越高，表明企业偿还流动负债的能力越强。

利息保障倍数是指息税前利润与利息费用的比率关系，其关系式为利息保障倍数 $=\frac{\text{息税前利润}}{\text{利息费用}}$。息税前利润等于报告期利润总额加利息费用。例如某企业 2016 年底的利润总额为 389 万元，利息费用为 50.5 万元，因此其息税前利润为 439.5 万元（389 + 50.5），利息保障倍数 $=\frac{389+50.5}{50.5}=8.7$。一般认为企业的利息保障倍数至少应大于 1，但究竟该达到什么水平，要根据历史经验结合行业特点来判定，也可以结合同行业的评价标准。

2. 企业财务杠杆的基本态势

理论上讲，企业财务杠杆有三种基本态势：适度、过长和不足。然而，实践中目前没有统一的判断标准。我们经过查阅图书资料，研究政府有关政策规划及与业内专家座谈讨论，主要有如下认识。

大多数财务管理书籍中关于企业资产负债率基本态势的观点认为，通常情况下企业资产负债率在50%的水平较为合理；当大于50%时，说明企业资产来源主要是靠负债，财务风险较大；小于50%时，说明企业资产主要来源靠所有者权益，财务比较稳健[①]。也有少量书籍指出企业资产负债率在50%～60%为合理水平[②]，指出上市公司的资产负债率一般在40%～65%的水平，认为除了金融和部分房地产企业以外，对一般企业而言，70%是警戒线[③]。对于非金融类企业而言，资产负债率合理值的国际标准通常为60%[④]；也有书籍指出，美国加州公司法令第500条规定，分配股息之后公司的总资产至少为总负债的1.25倍，且公司的流动资产至少等于其流动负债，即意味着分配股息后，企业的资产负债率不高于80%[⑤]、流动比率不低于100%。

有资料认为，资产负债率的适宜水平在40%～60%，但不同产业的企业对债务的处理是有差别的。经营风险比较高的企业，为减少财务风险通常选择比较低的资产负债率，例如许多高科技的企业负债率都比较低；经营风险低的企业，为增加股东收益通常选择比较高的资产负债率，例如供水、供电企业的资产负债率都比较高[⑥]。笔者对多位企业财务总监做过访谈，他们大多认为企业资产负债率一般在45%～75%的区间，通常60%的水平比较好；具体的资产负债率根据企业管理层的风险偏好进行调整。

财政部《企业绩效评价操作细则（修订)》（2002）规定50%是企业合

---

① 参考书籍：
张先治等编著《公司理财》，北京大学出版社，2009；
张先治主编《财务分析》，东北财经大学出版社，2015；
刘辉等主编《财务管理》，北京大学出版社，2015；
王满主编《公司理财学》，东北财经大学出版社，2009；
〔英〕登齐尔沃森、安东尼黑德著《公司理财理论与实务》，何瑛等译，经济管理出版社，2011。

② 吴井红主编《公司理财》，上海财经大学出版社，2014。

③ 阮永平编著《上市公司财务报表解读》，华东理工大学出版社，2010。

④ 朱学军主编《公司财务分析》，清华大学出版社，2008；郑亚光等编著《公司财务》，西南财经大学出版社，2011。

⑤ 仇京荣著《公司资本制度中股东与债权人利益平衡问题研究》，中信出版社，2008。

⑥ 资料来源：东奥会计在线，http：//www.dongao.com/kjzx/kjzn/201511/272791.shtml。

理的资产负债率参考指标，而国际上公认的该指标为60%①。虽然现行IPO法律对拟上市企业的资产负债率没有提出具体的参考线，但过往的法律条文及诸多IPO被否案例均表明，70%的警戒上线和20%的警戒下线，以及同行业已上市公司的平均水平，对于当前的拟上市公司来说，具有警示意义。证监会发审委相关人士指出，资产负债率的高与低，并没有硬性指标，但一般认为，正常负债率在30%~50%，部分产业可以放宽到60%左右，如果达到100%或超过100%，说明这家企业已经没有净资产或资不抵债，是财务状况非常危险的信号，而70%的资产负债率则是普遍认为的警戒线，除金融业和航空业外，超过这个负债水平的公司，证监会会特别谨慎判断其财务可能出现的风险，但对于资产负债率在20%以下的企业，证监会又会重点考虑其融资的必要性②。国务院国资委对央企绩效评价中确定的资产负债率平均值为60%③。一般情况，工商年检会要求企业资产负债率不高于100%，银行贷款会要求企业贷款后资产负债率不高于70%④。

依据证监会发审委的审核要求、银行贷款的审核要求以及行业普遍经验，资产负债率超过70%被认为是企业杠杆过长，此时财务风险较大。

还有人指出，在判定一个企业财务杠杆的合理水平时，还应该参考几个短期偿债能力指标的合理范围：一般情况下，企业流动比率的下限为100%，适度水平为200%；速动比率的适度水平为100%；利息保障倍数的下限是1，通常适度水平是3⑤。

（四）评价企业财务杠杆适度性应考虑的因素

对某一企业财务杠杆适度性的把握，应考虑以下因素：

---

① 马来西亚英迪大学尼莱总院王翰雄、厦门中韬华益税务师事务所杨东华：《资产负债率公式的理解与运用》，《财会月刊》2014年第3期。

② 资料来源：http://stock.eastmoney.com/news/1448，20101201107980198.html，《21世纪经济报》2014年11月29日。

③ 资料来源：煤炭企业调研所得。

④ 资料来源：360问答。

⑤ 参考资料：王化成主编《公司财务管理》，中信出版社，2008；刘辉等主编《财务管理》，北京大学出版社，2015；赵艳秉等主编《财务管理原理》，北京大学出版社，2012。

1. 企业自身条件

（1）企业驾驭杠杆的能力。企业驾驭杠杆的能力与企业规模和效益、企业性质密切相关。不同规模和效益的企业驾驭杠杆的能力不同。当企业规模较小、效益较差时，企业偿债能力通常也较差，此时能够使用的财务杠杆应较短，杠杆率水平应较低；当企业规模扩大，效益提高，偿债能力增强时，使用的财务杠杆可加长，杠杆率水平也可相应提高。

（2）企业性质。在我国，国有企业相对于民营企业，负债动机比较强烈，负债水平一般较高，因此杠杆率通常较高。2016 年末我国国有企业负债占非金融企业整体负债的比例接近 70%，国有企业杠杆率明显高于其他类型企业，以规模以上工业企业为例，国有企业资产负债率达 66.1%，而同期全部规模以上工业企业资产负债率为 55.8%[①]。例如，我国煤炭企业中的骨干企业，绝大部分是具有相当规模的大型国有或国有控股企业，具有使用高杠杆获得更大发展的动能，并具有获得债务融资的体制优势，资产负债率通常相对比较高。

（3）企业生命周期。企业生命周期可以分为孕育期、求生存期、高速发展期、成熟期、衰退期和蜕变期。企业财务杠杆率适度性的把握，要考虑企业生命周期发展的客观规律。一般情况下，企业处于孕育期和求生存期时，规模较小、盈利能力较弱，因此负债能力也较弱，企业财务杠杆率会保持在较低的水平。企业进入高速发展期时，规模快速扩大、盈利能力显著增强，此阶段的财务杠杆率一般会有所提高。当企业发展到成熟期时，规模、盈利能力也趋于稳定，此阶段负债水平一般会稳定在适度区间，财务杠杆率相对稳定。当企业发展进入衰退期时，规模缩减、盈利能力明显下降，负债和偿债能力减弱，此阶段企业财务杠杆率会显得过高，有降低的要求。企业从衰退期经过调整进入蜕变期时，规模通常较小、盈利水平会较低，此阶段的杠杆率仍有降低的要求。

（4）企业管理者的风险意识。企业管理者的风险意识程度在很大程度

---

① 王一鸣：《降低企业杠杆率的重点》，《中国金融》2017 年第 4 期。

上影响着企业财务杠杆率。风险意识高者，投资保守，负债经营规模较小，通常倾向于较低的杠杆率；风险意识中等者，投资稳健，适度运用负债经营，将负债水平控制在平均合理区间，杠杆率适度；风险意识低者，投资激进，积极运用负债经营，最大可能获得杠杆收益，倾向于较高的杠杆率。我国大多数煤炭企业管理者的任用和考核机制决定了企业管理者的风险意识程度相对较低，尤其是国有企业管理者，通常会积极运用负债经营，把企业规模做大。随着国有企业改革，政府债务兜底情况的减少，企业管理者的风险偏好已开始调整，风险意识趋于稳健。

（5）企业所处地域和区域。企业所处的地域和区域，在一定程度上影响企业财务杠杆适度性。若企业位于东部发达地区，通常其自身发展条件和融资能力较强、融资渠道也多样化，负债水平相对比较容易调节，一般适度性适中；相反若企业位于中西部欠发达地区，其自身发展条件和融资能力都较弱、融资渠道也有限，其资产负债率通常较高。如由煤炭资源赋存条件所决定，我国煤炭企业中相当数量的骨干企业生产矿井布局在革命老区、少数民族地区、边疆地区和较贫穷地区，区域经济通常欠发达，当地民间投资不足，大量的投资靠贷款，煤炭企业资产负债率普遍较高。

2. 企业所处产业状况

企业财务杠杆率的高低与其所处的产业状况高度相关。

（1）产业地位。在我国，就一般情况而言，企业所处产业在国家战略规划中的地位越高，该产业可以获得的国家和社会资源就越多，杠杆率通常较高。例如，我国煤炭产业是国民经济发展的基础产业，政府一直重视，其在发展过程中获得了较多的政策支持和生息资本的追逐，资产负债率不断上升。

（2）产业景气度。产业景气度一般根据产业经济发展主要指标综合研判，可分为过热、偏热、正常、偏冷、过冷五种类型。

当产业处于正常的景气期时，企业负债经营的能力和意愿都处于正常区间，财务杠杆率也会控制在一定的合理范围。

当产业经济形势处于偏热的景气期时，绝大部分企业处于盈利状态，企业负债能力、投资意愿都较强，杠杆率会有上升的趋势，但处于合理可控区间。

当产业经济形势处于过热的景气期时，不仅会吸引其他社会资本大量涌入，存量企业也会继续加大杠杆投资力度。这一过程中，企业财务杠杆率将由可控状态逐渐向过高的状态发展。

当产业经济形势进入偏冷的景气期时，企业经营效益大幅减少，产业内亏损企业开始不断出现，负债能力和投资意愿大幅减弱；但前期大量负债的存在、资产价值的减少和应付正常经营支出的刚性负债需求，使得企业财务杠杆率会处于相对过高的状态。

当产业经济形势进一步恶化，进入过冷的景气期时，产业内绝大部分企业出现亏损，企业负债投资意愿几乎不再；但由于资金流的匮乏，为应付经营支出的负债需求不断增强，并在高成本负债的情况下进一步推高杠杆率，企业偿还债务的能力普遍大幅下降甚至大量出现债务违约现象，此时企业财务杠杆率将处于过高的状态。

（3）产业特点。不同产业具有各自生产、流通、交换、消费的特点。通常第一、第二产业具有投资规模大、回收周期长的特点，其杠杆率一般较高；第三产业中的大部分具有投资规模小、回收周期短的特点，其杠杆率相对较低。我国煤炭产业属于前者，因此普遍杠杆率相对较高。

（4）产业风险系数。不同产业具有不同的风险系数，风险系数越大，产业普遍杠杆率越高，反之杠杆率越低。通常非周期性产业的风险系数较小，例如餐饮、食品生产和加工、药品加工以及公共事业等产业，投入产出规模和市场均比较稳定，风险系数较小，盈利水平也较为稳定且有限，产业整体杠杆率相对较低；而周期性产业的风险系数较大，例如金融证券、能源开采、钢铁、建筑、房地产等产业，受宏观经济环境影响较大，这些产业的盈利水平也随着风险系数的增加而提高，产业的负债经营需求通常较大，杠杆率水平也因此较高。我国煤炭产业属于典型的周期性产业，产业风险系数通常较高，因此杠杆率水平也通常较高。

3. 国内外经济形势

（1）国际经济形势。开放经济条件下，国际经济形势对国内经济产生重大影响。当国际经济形势较好，整体处于复苏或较快发展阶段时，世界贸易活跃，同样也带动国内经济形势整体向好，企业经营效益提高，负债经营能力增强，杠杆率会增加但通常处于合理可控范围；当国际经济增长缓慢乃至出现衰退时，企业出口受限，对国内经济的带动作用减弱，企业经营效益降低，负债能力减弱，加之一些企业资产减值而使得负债率出现相对过高的情况。

（2）国民经济形势。受经济周期影响，国民经济往往呈现衰退和复苏不断交替的现象。当宏观经济处于不断复苏的扩张阶段时，各行业均较快发展，负债经营欲望增强，银行信贷规模扩张，此时企业的杠杆率会上升；当宏观经济处于不断衰退的收缩阶段时，各产业发展速度均放缓，企业盈利能力减弱，银行信贷规模收缩，此时企业杠杆率呈下降趋势。通常情况下，周期性行业的企业杠杆率随经济周期调整而变动的幅度，要显著大于防御性行业。同样受金融危机的影响，我国从 2010 年开始 GDP 增速持续放缓，2015 年开始国内经济也正式从高速增长进入中高速增长的新常态时期。煤炭等强周期性行业的资产负债率存在降低的要求。

4. 政府政策导向

（1）产业政策。产业政策是政府部门根据国民经济发展需要和一定时期内产业现状及发展趋势，对产业经济如何发展提出的建议主张。当国家产业政策引导某些产业发展时，通常该产业能获得的国家和地方财政支持、银行信贷支持和社会资金追逐就较多，企业负债渠道拓宽，杠杆率会提高。当国家某些产业政策，例如节约资源、保护环境的基本国策对某些产业提出要求时，例如电厂的脱硫设备、煤炭产业的环保设备的投入，会增加企业的负债，企业杠杆率因此提高。2007 年我国《煤炭产业政策》发布以来，又陆续出台了多项政策法规，如鼓励并推动兼并重组、淘汰落后产能，保护生态环境、提高企业清洁生产水平等政策都成为提高资产负债率的原因。

（2）财政政策。财政政策是指国家根据一定时期政治、经济、社会发展的任务而制定的财政工作的指导原则，它通过财政支出与税收政策来调节总需求。当国家实施扩张性财政政策时，相应的信贷规模也将扩张，企业为扩大其生产经营的规模，资产负债率不断提升。税收政策作为重要的财政政策，对企业负债有重大影响。例如，企业负债利息是税前扣除还是税后支付，会直接影响企业的负债行为。利息在税前支付，则利息支出具有税盾的功能，会鼓励企业负债经营。税费负担轻重，也会影响企业财务杠杆。

（3）货币政策。货币政策是指中央银行为实现既定的经济目标，运用各种工具调节货币供应量和利率，进而影响宏观经济的方针和措施的总和。当国家刺激经济，宽松货币供给，降低利率时，通常会导致企业杠杆率提高；当国家为经济降温，紧缩货币供给，提高利率时，企业杠杆率就相应降低。货币信贷结构政策也会影响企业杠杆率，比如，大量信贷资金脱实进虚，会影响实体经济杠杆率。

二　去杠杆：供给侧结构性改革的重点任务

去杠杆暨资产负债率适度性的调整，作为世界性难题，也成为我国社会经济发展过程中待解的问题，并被列为正在深入推进的供给侧结构性改革的五大重点任务之一；最近召开的全国金融工作会议，又进一步明确，将积极稳妥降低国有企业杠杆率作为重中之重。

（一）去杠杆的经济学含义

去杠杆不能简单地从字面上理解为“去掉杠杆”，否则容易产生歧义。这里的“去”应该视作一个动作或一个过程，而且“杠杆”也要有所区分。“去杠杆”是指去掉过高的那一部分杠杆，而不是去全部杠杆。经济杠杆作为人类社会古老借贷方式的产物，已成为诸多经济主体在生产生活中非常重要的工具，不能“去掉”，只能做适度性的调整。“去杠杆”的本义或实质应该是资产负债率的适度性调整。应理解为当杠杆率过高进而影响经济健康运行甚至有引发债务危机潜在威胁的情况下，有关经济主体通过各种方式和手段将过高的资产负债率主动降至适度范围内的风险防范行为。

（二）去杠杆是世界性难题

高杠杆问题的解决，牵涉面广、过程复杂、代价大、见效难，若把握不好，稍有不慎便会对经济社会造成严重后果，是现代社会化大生产条件下世界范围内的难题。

美国在2004～2008年的经济繁荣时期，非金融企业经历了一个加杠杆的过程，仅债券融资额就增长了7000亿美元左右，年均增速接近12%，是2000～2003年年均增速的20倍。到2008年底，美国非金融企业杠杆水平已经接近73%，家庭部门债务占GDP的比重高达96%。次贷危机在这一背景下终于爆发。此后，一些家庭部门资不抵债，选择违约，房产则由银行收回。家庭部门这一被动去杠杆的过程，增加了金融部门的不良资产比重，它们借助以“问题资产救助计划”（TARP）为核心的相关法案向政府出售问题资产，并通过在市场上出售银行资产等方式大幅补充资本金。同时，美联储实施大规模资产购买计划向市场注入流动性，大量购买抵押贷款支持债券以稳定金融体系。政府还通过量化宽松（QE）、降低利率、债务减记等方式，帮助企业削减财务成本，间接降低企业的杠杆率。此后几年，美国的整体杠杆率持续走低，从2008年的290%降至2014年的269%。然而，问题并没有从根本上解决，虽然家庭部门和金融部门杠杆率得到下降，但政府部门一直在加杠杆，由此财政赤字明显上升，一定程度上加大了主权债务违约风险。

日本从1986年开始步入被称为“平成景气”的经济繁荣期，在金融自由化的助推下，居民和企业风险偏好上升，银行顺势而为以土地为抵押大规模放贷。至1989年，日本各部门债务总和占GDP的比重高达400%，其中非金融企业部门最高，金融部门次之。1990年日本资产泡沫破裂。之后，日本依据巴塞尔协议Ⅰ规定的资本充足率要求，在未实施大规模资本补充的情况下，对银行业施加严格监管。银行部门在严监管的重压下，因担心产生坏账导致资本充足率不足，不得不对已经濒临破产、丧失偿债能力的“僵尸企业”进行贷款展期，寄希望于经济的好转或政府对企业提供救助。结果是许多“僵尸企业”挤占了大量金融资源，侵蚀了优质企业的利润。而且，企业经营并未出现实质性好转，反而银行不良资产又不断累积，最终引发了大批商业银行的倒闭，经济增速出现停滞。为刺激经济，日本又长期实行低利率政策，并不断加大财政赤字力度。尽管企业和金融部门杠杆率略有下降，但政府部门杠杆率则大幅提升，从 1997 年的 93% 增长至 2015 年的 221%。总体债务不降反升，占 GDP 的比重从 1990 年的 400% 上升至 2014 年的超过 500%。

欧洲部分国家则是在 2008 年金融危机之后，在国际借贷中大量负债并超过了自身清偿能力，出现延期还债或无力还债的现象，并从 2009 年 12 月起爆发了从希腊开始向葡萄牙、意大利、爱尔兰、西班牙等国蔓延进而席卷整个欧洲的主权债务危机；目前，欧洲国家仍处在艰难的去杠杆过程中。从结果上看，德国、西班牙等国杠杆率略有下降；意大利、法国的杠杆率没有明显变化，而且去杠杆带来很多的副作用；西班牙在去杠杆过程中，失业率和通胀率大幅上升，金融市场出现暴跌，经济出现衰退，政局出现动荡。

（三）去杠杆成为我国社会经济发展必须迈过的一道坎

我国自 20 世纪 80 年代实施“拨改贷”等改革措施后，负债经营成为国有企业发展的重要手段，特别是随着民营经济的迅速发展、对资金需求的快速增长，以及融资渠道的拓宽，通过各种方式负债经营成为整个实体经济发展的普遍现象。到 2005 年，我国社会融资规模已经达到 3 万亿元，其中接近八成为人民币贷款融资，非金融企业境内股票融资仅为 1.1%，企业债券融资仅占 6.7%。2007 年美国次贷危机爆发进而引发全球金融危机后，世界经济出现拐点并进入下行阶段。为应对金融危机对我国经济社会的冲击，我国实施了大规模经济刺激政策，由此，在诸多领域出现了一轮扩张式的发展。2008 年全社会固定资产投资达 17 万亿元，接近 2005 年的两倍；全社会融资规模达到 7 万亿元，是 2005 年的 2.3 倍。2012 年全社会固定资产投资达到 37 万亿元，是 2008 年的 2 倍多；全社会融资规模达到 15.8 万亿元，是 2008 年的 2.3 倍。在这一时期投融资规模快速增长的过程中，信托融资和债券融资增长较快，到 2012 年分别占到社会融资总额的 8%、14%，股票融资依然占据少量比重，平均占比仅为 3%，而人民币贷款仍然是社会融资最主要的组成部分，平均占比达到 60%。

近几年来，在国际经济环境更趋复杂、我国经济下行压力仍然较大的背景下，一些企业经营困难加剧，一定程度上导致债务风险。中国社会科学院一项研究表明，截至 2015 年底，我国债务总额为 168.48 万亿元，全社会杠杆率为 249%。在结构上，居民部门债务率约为 40%，金融部门债务率约为 21%，政府部门债务率约为 40%，非金融企业部门债务率为 131%。根据中国人民银行公布的资产负债表测算，至 2016 年底，我国债务总额达到 244 万亿元，加上外债，则达到 255 万亿元，与 74.4 万亿元的 GDP 相比，总负债率达到了 342.7%，除去金融的实体负债率略超过 250%。虽然整体负债率不算太高，但其中非金融企业部门债务率在 140% 左右，在世界主要国家中位居第一。可见，我国非金融企业部门杠杆率过高问题已非常突出，“去杠杆”刻不容缓，再难也要迈过这道坎。

（四）去杠杆：供给侧结构性改革的重点任务

2015 年 11 月 10 日，习近平同志在中央财经领导小组第十一次会议上提出“推进供给侧结构性改革”。根据习近平同志在不同场合多次发表的有关供给侧结构性改革的系列讲话和党中央、国务院出台的系列文件的精神，供给侧结构性改革的政策含义就是要按新的发展理念要求，从提高供给侧体系质量和效率，增加经济持续增长动力出发，用改革的办法推动供给侧结构调整，矫正要素配置扭曲，提高全要素生产率，扩大有效供给，提高供给对需求变化的适应性和灵活性，以适应和引领经济发展新常态，更好满足广大人民群众的需要，促进经济社会持续健康发展。

2016 年 1 月 18 日，习近平同志在省部级主要领导干部学习贯彻党的十八届五中全会精神专题研讨班上指出，“推进供给侧结构性改革，要从生产端入手，重点是促进产能过剩有效化解，促进产业优化重组，降低企业成本，发展战略性新兴产业和现代服务业，增加公共产品和服务供给，提高供给结构对需求变化的适应性和灵活性。简言之，就是去产能、去库存、去杠杆、降成本、补短板”。

去产能是“三去一降一补”五大任务的主线和首要任务，是针对社会再生产生产环节的问题提出来的，其问题主要表现为生产能力过剩，特别是煤炭、钢铁两大产业2015年产能利用率均不足70%，处于产能严重过剩状态。我国经济发展进入新常态后，供需结构失衡越来越严重，已严重制约了经济的健康、稳定发展。去产能的本质，是“去”过剩产能，营造新业态；淘汰落后产能，实现转型升级；处置“僵尸企业”，为先进产能腾出发展空间。

去库存是以解决存量问题为目标的改革任务，本质是差别化处理区域性、结构性问题，有序消化房地产库存、去除房地产泡沫，防止地方债务问题与金融风险的加重。在我国，曾一度把用来住的房子演绎成了金融炒作筹码，刺激了房地产投资，出现了供给过剩而房价居高不下，楼市库存问题越来越凸显。据统计，商品房待售面积由2010年的1.92亿平方米增长到了2015年的7.19亿平方米。高库存已经严重影响了社会生产和生活，阻碍了新供给的形成，必须加以化解。

去杠杆是以降低过高杠杆率为目标的改革任务，主要是解决有关经济主体在追求发展过程中债务负担加重进而在经济形势变化后暴露出来的负债率过高问题。去杠杆的重点是降低企业杠杆率，尤其是产能过剩领域、非金融企业的杠杆率。长期以来，投资成为推动我国经济快速发展的重要方式，在地方政府鼓励、银行等金融机构的推波助澜下，我国企业群体高负债经营、追求规模扩张的现象十分普遍，截至2015年底，我国非金融企业部门杠杆率高达156%，居世界主要国家之首。高杠杆率，不仅让产能过剩领域的企业在效益不佳的情况下背负巨大财务支出压力，也极易成为引发债务危机的潜在导火索。去杠杆就是主动采取办法，防范资金链失控进而引发系统性风险，同时优化资金使用效果，帮助企业转型升级、增强内生动力。

降成本是以降低实体经济企业成本为目标的改革任务，主要是解决企业产品成本过高及其引起的价格优势丧失、市场竞争力缺乏、效益下滑等问题。降成本的重点是降低交易性成本，降低税费、行政审批和社保缴费成本。21 世纪初，我国规模以上工业企业每百元主营业务收入成本为 82 元左右，到“十一五”末上升到84 元左右，到“十二五”末又继续上升到了 85 元左右，呈现持续攀升的态势，已经对企业盈利能力造成了严重的影响。若不采取应对措施降低成本，将会对实体经济的健康发展造成极大的阻碍。降成本就是要及时化解企业成本居高不下的矛盾，促进企业效益的提升，并借此抵销“去产能、去库存、去杠杆”造成的效益滑坡。

补短板是以扩大经济社会发展滞后领域的有效供给为目标的改革任务，主要是解决我国经济发展过程当中，内生动力不足、转型升级迟缓等问题。补短板的重点是增加符合消费结构升级方式的供给，加强基础设施建设、生态文明建设，加快培育发展新产业。改革开放以来，我国经济发展取得优异成绩，但也积累和产生了诸如区域间发展不平衡、贫富差距加大、生态环境问题突出、产业转型升级滞后等问题；特别是我国作为“世界工厂”，但核心技术却依赖国外，传统产业库存积压的同时，中高端产品和服务却供给不足。补短板就是要以化解严重制约经济社会发展重要领域和关键环节的障碍、解决人民群众迫切需要解决的突出问题为导向，补好制度短板，补足经济健康稳定可持续发展的短板，增加有效供给，推动产业升级，改善供给质量。

去杠杆是供给侧结构性改革“三去一降一补”五大任务中的关键。只有做好去杠杆，才能从根本上去产能和去库存，才能为降成本提供坚实的基础，为补短板营造良好的环境。

去杠杆是从本质上化解产能过剩。在现代经济社会体系中，产业投资大都借助杠杆的力量，特别是投资额巨大、建设周期长的产业，其发展过程必然伴随着大量的各类债务。在企业追逐利润、地方追求政绩的驱动下，包括银行信贷在内的大量生息资本会不断助推产业规模的扩张，产业生产能力在这种高杠杆率的作用下急剧增长，最终出现过剩。以钢铁和煤炭产业为例，2002 年两个产业的资产负债率分别为 55.4%、56.9%，2015 年增长到了

67.7%、68.7%[①]，其间资产总额分别增长了5.7倍、10.1倍，产能分别增长3倍多、2倍多，2015年产能过剩率均达到30%左右。可见，杠杆率不断攀升的过程，也正是产能持续扩张的过程。鉴于产能与杠杆之间的依附关系，去产能的同时如不能同时去掉杠杆，会使母体企业杠杆率提高、经营负担加重，加大后续去产能的难度；而且，对于作为去产能重点对象的“僵尸企业”，若以借新还旧的高杠杆方式维持再生产，则会难以实现初衷。因而，去产能必须斩断高杠杆这一推手。

去杠杆是从根源上解决高库存问题。高库存是产能过剩进而生产过剩的具体体现，与高杠杆不无关系。高库存问题主要体现在我国的房地产业。它不同于一般工业，从启用杠杆到产能形成进而到产品投放，周期较短，并往往借助商品房销售的形式迅速完成杠杆的归还，进入下一个循环。然而，一旦出现房产供给过剩，这种库存积压是需要很长时间才能消化的，如此便与及时归还贷款产生了矛盾。鉴于房地产的高库存问题源自高杠杆的频繁使用，去库存问题就不得不借助于去杠杆的力量。在房地产高库存的状态下，有效控制房地产投资与建设主体的杠杆率，可以促使房地产商主动进行房地产完成项目销售优化和在建项目的结构调整，由此加大供给与需求的对接力度，减少再生产环节的无序释放；而且，通过努力去杠杆，还可以达到优化投资与建设模式的目的，抑制生产能力的再扩张，从源头上减少库存增量来源，为去库存消除后顾之忧。

去杠杆还为降成本提供坚实的基础。由于高杠杆意味着高利息支出，它成为企业成本增加、负担加重的重要原因；尤其是在产业效益不佳的情况下，高杠杆率带来的巨额利息支出往往使得企业无力承担。2016年，我国工业企业财务费用占利润总额的18%，作为供给侧结构性改革重点领域的钢铁、煤炭产业，财务费用占利润总额的比重分别达到61%、78%。再从成本构成看，财务费用占三项费用（财务费用、管理费用、销售费用）总

① 此处为国家统计局煤炭开采和洗选业、黑色金属冶炼和压延加工业规模以上工业企业相关数据，实际中，钢铁、煤炭产业的资产负债率高于此。

和的比重，2016 年工业企业平均水平为 14%，钢铁、煤炭产业分别为 30%、28%。以某大型煤炭企业为例，2015 年实现利润仅 1.44 亿元，而融资总额超过千亿元，利息支出达 66 亿元。可见，高杠杆率给企业带来的巨大的财务成本，也成为企业成本居高不下的重要根源。因此，若能有效降低企业杠杆率、减少财务成本，不失为企业降成本、提效益的有效途径；而且去杠杆带来的财务成本的下降，还可以为企业轻装上阵、做专做强，从更深层次实现降成本夯实基础。

补短板是五大任务中唯一一个做加法的，因为从某种意义上讲，补短板需要资金的投入，有时需要提高杠杆水平才可以实现。比如在国民经济和社会发展层面，基础建设、生态环境建设、水利建设、“三农”建设等民生短板的 4 投入，需要大量的资金来源，必然要增加杠杆才能很好地实现。再比如，实体经济相较于虚拟经济的发展短板，尤其是高新技术产业的发展短板，需要通过补充大量的社会融资加以平衡。而在企业层面，为了转型升级，必然要在科技研发等方面加大投入，一般情况下需要通过增加杠杆才可以实现。但对于高杠杆状态下的企业，高杠杆并不必然带来补短板方面的高投入，反而是无法承担的过高的财务支出影响转型升级客观需要的投入。因此，只有通过去杠杆，使企业摆脱高杠杆负担，回到健康状态，才能焕发内生动力，进而真正完成补短板的战略任务。

（五）积极稳妥降低国有企业杠杆率成为重中之重

2016 年以来，我国着力推进供给侧结构性改革，取得了明显的成效，“三去一降一补”五大任务取得阶段性成果。去产能速度超预期，自李克强总理在 2016 年初太原调研并提出“壮士断腕化解钢铁煤炭过剩产能”后，钢铁、煤炭产业成为去产能改革任务的首要战场，2016 年钢铁、煤炭产业分别提前、超额完成 4500 万吨、2.5 亿吨的去产能目标任务；2017 年钢铁、煤炭去产能工作更是远超目标进度。去库存成效较明显，2016 年末，全国商品房待售面积为 6.95 亿平方米，同比下降 3.2%，其中商品住宅待售面积为 4.03 亿平方米，同比下降 11%，规模以上工业企业产成品存货周转天数为 13.8 天，同比减少 0.4 天。去杠杆在金融领域成效显著，广义货币（M2）供应量增速放缓，由 2015 年的 13.3% 降为 2016 年的 11.3%，政府举债行为得到有效规范，非金融部门杠杆率则是微弱下降，2016 年末规模以上工业企业资产负债率为 55.8%，同比下降 0.4 个百分点。降成本有所收获，减税降费、降低制度性交易成本等多措并举，2016 年规模以上工业企业每百元主营业务收入成本为 85.52 元，同比下降 0.1 元。据国家发改委估算，2016 年各项改革措施为企业降低成本合计约 1 万亿元。补短板平稳推进，基础设施与公共服务投资加大，用以弥补民生短板，全年生态保护和环境治理、水利管理、农林牧渔投资分别同比增长 40%、20%、20%，实体经济社会融资规模增量同比增长 15.5%。

尽管供给侧结构性改革取得阶段性成果、颇有成效，但同时也出现了一些新问题、新矛盾。比如，在煤炭产业去产能过程中，由于没有较好地处理债务处置等问题，出现了产能减少而杠杆率提高的问题。有关研究数据也表明，我国去杠杆任务推进的整体步伐相对滞后。2015 年我国实体部门利息支出达当年增量 GDP 的两倍。2016 年的情况有所缓解，我国实体部门杠杆率略降一个百分点至 227%，其中政府部门和非金融企业部门取得微弱去杠杆效果，而居民部门则是明显地在加杠杆，杠杆率上升近 5 个百分点。而且出现消费“贷转投”的变异现象，应引起关注。特别是实体部门的利息支出仍达到了增量 GDP 的 1.4 倍，实体经济可谓负重前行。而且从国际比较看，虽然我国实体经济杠杆率处于中游水平，但非金融企业杠杆率是主要经济体中最高的。可以认为，去杠杆的效率与防范债务风险的宗旨并不相称。从总的实践情况看，过去一段时间，去杠杆的成效主要体现在金融领域，非金融企业部门杠杆率过高的问题并没有得到有效缓解。

2016 年 9 月，国务院下发了《关于积极稳妥降低企业杠杆率的意见》（国发〔2016〕54 号），提出坚持积极的财政政策和稳健的货币政策取向，以市场化、法治化方式，通过推进兼并重组、完善现代企业制度强化自我约束、盘活存量资产、优化债务结构、有序开展市场化银行债权转股权、依法破产、发展股权融资，积极稳妥降低企业杠杆率，助推供给侧结构性改革，助推国有企业改革深化，助推经济转型升级和优化布局，为经济长期持续健康发展夯实基础。该文件还专门附上了《关于市场化银行债权转股权的指导意见》，用以指导作为去杠杆重要方式的债转股工作。2017 年 3 月，李克强总理在《政府工作报告》中指出，我国非金融企业杠杆率较高，与储蓄率高、以信贷为主的融资结构有关；并特别强调，要将积极稳妥去杠杆作为重点工作任务，要在控制总杠杆率的前提下，把降低企业杠杆率作为重中之重，促进企业盘活存量资产，推进资产证券化，支持市场化法治化债转股，加大股权融资力度，强化企业特别是国有企业财务杠杆约束，逐步将企业负债降到合理水平。

我国杠杆率过高的问题主要集中在非金融企业部门，这一点已毋庸置疑，而其中更为突出的矛盾，则是国有企业的高负债问题。据统计，我国非金融企业债务中的 70% 左右来自国有企业。这一现象与我国传统产业以国有企业为主有紧密的联系，传统产业往往对资金需求量大，对负债有很强的依赖。当然，这与我国制度层面不尽合理的安排不无关系。在产权制度安排上，还长期存在“国企优先”的现象，国有企业在融资利率等方面有很多优惠，导致制度套利性高杠杆形成。由于现代企业制度没有真正建立起来，政企不分的现象仍然存在，国有企业行为政府化，政府意志支配国有企业投资，甚至有国有企业承担了地方政府政绩性的融资任务。一些效益差的国有企业仍然能够从银行等部门获得支持性融资，并逐步形成杠杆依赖症。从不同所有制企业杠杆率水平的发展情况看，在改革开放初期，国有企业与非国有企业杠杆水平并没有多大的差异，而 1997 年亚洲金融危机后则呈现明显的分化，非国有企业杠杆率稳定下降，国有企业杠杆率则持续上升。虽然 2003 ~ 2007 年国有与非国有企业均有不同程度的加杠杆，但在 2008 年后伴随着为应对世界金融危机冲击采取的大规模经济刺激政策，国有企业杠杆率出现了持续快速的上升。特别是在煤炭、钢铁等资本密集型的国有企业集中的周期性产业，它们资金需求量大、回报周期长，在以银行为主导的金融体系以及拥有资金配置“优先权”的条件下，高杠杆运行特征十分明显。2015 年，国有企业负债率达到 61%，非国有企业负债率则相对较低，为51%。

近几年来，在经济发展长期面临上行压力的背景下，以国有企业为主的传统产业出现产能过剩，资本回报率快速下降甚至为负，偿债能力大幅下降，高杠杆率的问题就越发凸显。2016年末，国有企业负债总额为87万亿元，占社会融资规模存量的56%，占非金融企业债务总额的75%，占国有企业资产总额131万亿元的比重暨资产负债率为66%。中央企业资产负债率更高，达到66.6%。而同期实体产业平均资产负债率为60.4%，规模以上工业企业资产负债率为56%。到了2017年6月末，国有企业负债总额已经达到94万亿元，占资产总额的比重暨资产负债率为65.6%。还有研究表明，有一半左右的国有企业，资产负债率在90%以上，有的已经超过100%。

随着去杠杆改革的推进和人们对问题认识的逐步深入，去杠杆的政策取向发生了变化：由最初的去金融杠杆向全面去杠杆转变；而在金融领域去杠杆取得显著成效后，实体部门去杠杆步伐滞后的矛盾尤为突出，企业去杠杆成为改革之重点；鉴于我国经济体制和企业杠杆分布情况，去国有企业杠杆又成为当前阶段去杠杆任务的重中之重。在2017年7月召开的全国金融工作会议上，习近平总书记指出，“要把国有企业降杠杆作为重中之重”；李克强总理也强调，“积极稳妥推进去杠杆，深化国企改革，把降低国企杠杆率作为重中之重”。在供给侧结构性改革取得初步成效、亟须进一步深化的阶段，一定要坚持稳中求进、统筹推进，紧抓改革的主要矛盾，着力解决“三去一降一补”五大任务推进中不协调、不到位等问题。当前阶段，宜将去杠杆尤其是去国有企业杠杆作为关键环节来抓，积极落实与推进，促进供给侧结构性改革的顺利完成。

三　我国煤炭企业杠杆率的基本情况

在市场化改革前的高度集权的计划经济体制下，我国煤炭企业不存在杠杆问题。市场化改革以后，负债生产经营成为常态，企业财务杠杆成为企业不可缺少的工具，而且杠杆率越来越高。

（一）煤炭企业杠杆率变化的历史沿革情况

1. 20世纪80～90年代“三角债”与煤炭企业高杠杆率形成

改革开放后，我国经济建设速度加快，基本建设投资、信贷规模快速增长，至20世纪80年代中后期出现“经济过热”，不得不对经济实施紧缩调控降温。1989年经济增速迅速从前一年的11.3%降到4.1%，政府财政收入减少，赤字严重，企业普遍经营效益下滑，资金供给严重不足。在银根紧缩的背景下，市场主体间相互拖欠的“三角债”在全国滋生，非正常拖欠资金规模从1989年的500亿元左右猛增至1990年的2000亿元左右，到1991年更是达到了3000亿元。这一数额与国家财政收入相当、占银行信贷总额的1/3、约占当年GDP的14%，全国90%的企业被卷入，煤炭企业也未能幸免。

20世纪80年代，党的十二大提出，“从1981年到本世纪末的二十年，经济建设的目标，在不断提高经济效益的前提下，要力争使全国工农业总产值翻两番，使人民生活达到小康水平”。为满足经济建设的需要，煤炭产业制定了“以一番保全国翻两番，由年产6亿吨增加到12亿吨”的战略发展目标，并提出“在稳步增产中完成调整任务”，“大、中、小煤矿一起搞，国家、集体、个人一起上”的发展方针。1985～1990年，煤炭产业固定资产实现翻番，由453亿元增加到997亿元，这与大规模负债投资不无关系。其间，全国重点国有煤矿共计贷款402亿元。全国重点国有煤矿的流动资金中自有资金比重在1957年为85%，到1970年降至65%，到1985年只有49%，而到1990年已经不到34%。这一时期也是煤炭产业效益不断恶化的阶段，国有重点煤矿亏损额由1986年的15亿元增加到1990年的59亿元。

20世纪90年代初，刚从上海赴京出任国务院副总理的朱镕基同志主持“三角债”清欠工作，采取了“注入资金、压贷挂钩、结构调整、扼住源头、连环清欠”等一整套铁拳式的解决措施，化解了债务危机。

2. 2000年前后煤炭企业的杠杆率

1992年后，我国出现新一轮的投资建设高潮。大规模投资建设虽然使得我国摆脱了短缺经济，但同时也带来了重复建设、盲目投资和资源严重错配等问题。为抑制非理性扩张，我国实施了货币、财政的双紧政策。1997年东南亚金融危机爆发，对我国经济造成严重影响，产业开工不足40%，国有及国有控股大中型企业的亏损面达到39.1%，银行坏账率攀升至30%的高位。政府杠杆率不断攀升，由1997年的20.4%上升至2002年的25.7%，规模以上工业企业资产负债率达到58.7%。

煤炭产业带着扭亏的任务进入20世纪90年代。1993年5月召开的全国煤炭工业工作会议提出“走向市场，迎接挑战，拼搏三年，扭亏为盈”。煤炭产业坚持改革、转变机制，在优化结构、减人提效、提升管理等方面取得显著成效，乡镇煤矿快速发展。而后，亚洲金融危机的爆发，使得市场化改革刚刚起步的煤炭产业陷入前所未有的困境。为应对困难，采取了“下放、关井、监管”的措施。进入21世纪后，随着经济形势的向好，煤炭产业建设重新提速。从20世纪90年代到本世纪初，经历了一波三折的过程，通过举债方式进行投资的比重不断加大，资产负债率提高到65%。

为促进国民经济的健康、稳定和可持续发展，在世纪之交，政府采取了以国有企业改革和化解过剩产能为主要方向的改革措施，并以纺织和有色产业作为重点示范产业，逐步全面推进。通过增发国债拉动内需的同时，对去产能予以财政补贴；实施中性偏紧的货币政策，倒逼企业去杠杆；加大银行冲销坏账的力度，力推债转股，中央财政投入4000亿元注入四大资产管理公司，对银行不良资产实施剥离，1999～2005年剥离总额高达2.58万亿元；同时推进实施兼并重组、破产清算和下岗分流等一系列改革措施。在付出沉重代价的条件下，煤炭产业资产负债率也有所下降，从2001年的63%降至2002年的58%，产业实现扭亏为盈，并进入“黄金十年”。

3. “黄金十年”期间的煤炭企业杠杆率

2002年以后，我国经济走出亚洲金融危机的阴霾，迈上了发展的快车道。经济的快速发展，导致煤炭市场供给紧张、煤炭价格不断攀升，卖方市场格局形成。2003～2007年煤炭产业固定资产投资总额达到5553亿元，是1998～2002年的5倍。这期间，煤炭产业资产负债率呈持续上升趋势，由2003年的55.9%上升到2007年的61.1%。

2008年美国次贷危机爆发进而引发全球金融危机，世界经济增长乏力，我国国民经济深受影响，下行压力加大。为应对这一冲击，我国推行逆周期的平衡政策，实施了高达4万亿元的财政刺激计划，同期，地方债大量发行。政府债务杠杆率快速攀升，从2008年的27%快速上升到2009年的32.6%，2011年已达到33.1%，规模以上工业企业资产负债率达到58%。钢铁、煤炭等产业投资进一步膨胀，煤炭产业还在“国进民退”的质疑声中实施了大规模的兼并重组，又形成巨额的收购、技改、扩能等资金投入。2008~2011年四年间的煤炭产业固定资产投资总额达到14148亿元，是之前五年总额的2.5倍。

2012年我国煤炭产业开始了深度调整，陷入“隆冬季”，产能过剩矛盾显现。在这一情况下，应着手缩减投资，但煤炭产业固定资产投资仍在增加，2012年、2013年均超过5000亿元，2014年、2015年有所下降，但仍年均超过4000亿元，在效益不佳的情况下，巨额的投资大多依靠债务推动，使整个产业资产负债率出现目前居高不下的情况。

4. 改革开放以来我国煤炭产业资产负债率变化

综合上述分析情况，改革开放以后，我国煤炭产业负债率在大规模负债投资的背景下，持续上升，从改革开放之初的不到40%上升到20世纪80年代末的60%左右（见图1）。20世纪90年代，煤炭产业负债率继续走高，

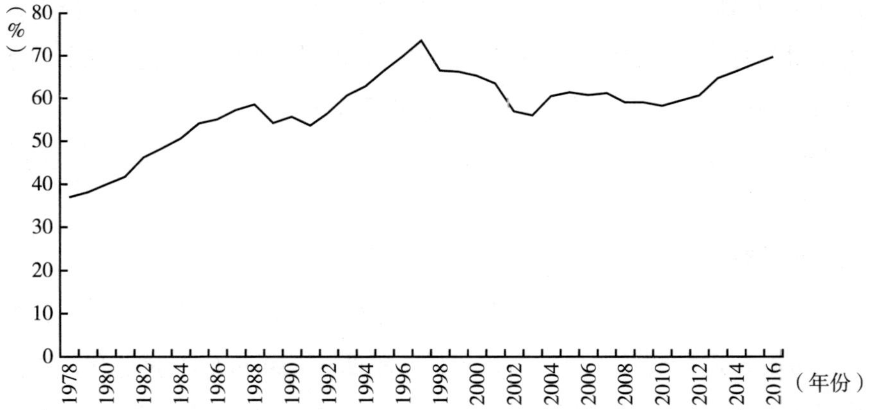

图1　改革开放以来煤炭产业资产负债率变化

资料来源：根据《中国煤炭志》《中国煤炭工业年鉴》及国家统计局有关数据分析整理。

并在1997年亚洲金融危机的冲击以及由此导致的产业经营情况恶化的条件下，一度达到70%左右的高位。其后，在国家实施政策性破产和债转股的推动下，煤炭产业负债率逐步下降至低于60%的水平。随着产业进入“黄金十年”的发展阶段，出现了扩张式的大规模投资，但由于这些巨额投资有很大一部分来自产业盈利，产业整体的负债率并没有出现明显的攀升，而是稳定在60%左右的水平。然而随着2012年之后煤炭产业经济形势的不断恶化，在投资惯性、资产缩水、全面亏损、借贷经营等各类矛盾的交织下，产业负债率出现了明显的攀升，达到了70%左右的高位，与亚洲金融危机冲击下产业困难时期的情况非常相似。

（二）目前我国煤炭企业资产负债的基本状况

截至目前，除上市企业财务报表有公开的数据外，缺少能综合反映煤炭产业实际资产负债情况的数据；而且，上市企业的报表大都经过粉饰，并不能客观反映产业实际。为了客观反映产业资产负债实际，我们一方面利用上市企业的财务报表做统计分析；另一方面深入煤炭产业十大集团做抽样调查。根据2016年数据，十大集团煤炭生产量占整个产业的40%左右，一定程度上能反映产业整体实际。基本情况如下：

1. 资产负债率

依据上市企业数据，截至2016年底，以煤炭开采为主营业务的27家上市企业资产负债率的加权平均值①为52%，最高为84%；扣除神华集团后②，上市企业资产负债率的加权平均值为62%，上升近10个百分点。在27家上市公司中，资产负债率超过60%的公司有13家，超过65%的有9家，超过70%的有5家，超过75%的有3家。统计分析结果证明，约一半上市煤炭企业资产负债率

---

① 加权因子为2016年底年报中的总资产。

② 神华集团及其上市公司中国神华在煤炭产业中具有一定的特殊性，除了在业务上具有煤炭、电力、铁路、港口、煤制油与煤化工多元发展的特点外，还由于成立时间晚、央企属性等原因，与大部分煤炭企业相比，在资源赋存、社会负担、人员负担等方面存在非常明显的差异，不具备煤炭产业的代表性。为客观起见，在研究我国煤炭产业经济问题时，要进行包含和不包含神华的两种分析。

高于60%，近20%的上市煤炭企业资产负债率超过了70%的安全“警戒线”。

通常而言，上市企业往往都为集团内部的优质企业，其资产负债率一般低于集团整体或集团内其他非上市企业。我们通过对十大集团的调查得出，截至2016年底，按照产量加权平均后，十大集团资产负债率为69%。剔除神华集团后，其他大煤炭企业集团平均资产负债率为82%。客观地讲，这组数字基本能够反映我国煤炭产业的实际。

2. 负债结构

调研数据显示（见表1、图2），截至2016年底，27家上市煤炭企业带息负债占债务总额的比重平均高达80%；银行借款占带息债务总额的比重平均为40%；在银行借款中，长期借款平均占比40%，短期借款平均占比60%；在企业的总负债中，短期负债平均占比69%，长期负债平均占比31%。

表1　2016年底上市煤炭企业负债结构统计

单位：%

负债中带息债务占比	带息债务中银行借款占比	银行借款中长期借款占比	银行借款中短期借款占比	总负债中短期负债占比	总负债中长期负债占比
80	40	40	60	69	31

资料来源：课题组整理分析所得。

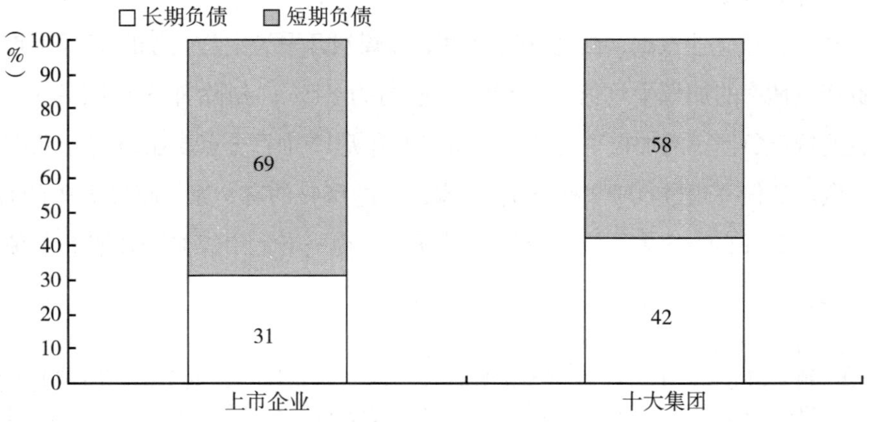

图2　2016年底煤炭企业债务期限结构

资料来源：根据十大煤炭企业集团调查数据和煤炭企业上市公司公开数据分析整理。

调研数据显示（见表2），截至2016年底，十大集团总债务中，带息负债占比74%；带息债务中银行借款占比67%，债券融资占比28%，其他方式负债占比5%；银行借款中长期借款占比47%，短期借款占比53%；在集团总负债中，短期负债占比58%，长期负债占比42%。

表2　2016年底十大煤炭企业集团负债结构统计

单位：%

负债中带息债务占比	带息债务中银行借款占比	银行借款中长期借款占比	银行借款中短期借款占比	总负债中短期负债占比	总负债中长期负债占比
74	67	47	53	58	42

资料来源：课题组调研分析整理所得。

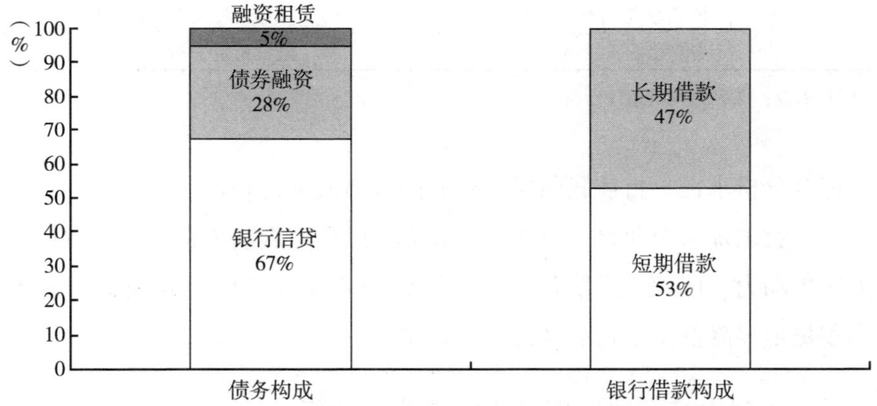

图3　2016年底十大集团债务构成

资料来源：根据十大煤炭企业集团调查数据分析整理。

综合上述分析，目前我国煤炭企业的负债结构以带息负债为主，带息负债中又以银行信贷为主，次之的是债券融资，还有小部分融资租赁。从债务期限看，我国煤炭企业的短期负债比重较大。

3. 负债成本

调研数据显示（见表3），目前我国煤炭企业负债中，银行借款的主要债权人是工行、农行、中行、建行、交行等金融机构，银行贷款的融资成本多数是在中国人民银行基准利率的基础上，上浮 10%。短期借款成本在 4.8% ~5.4%、长期借款成本在 5% ~5.7%，综合借款成本在 5.5% 左右。

债券融资的主要债权人是证券交易商中的合规投资者，发行利率根据发行时的市场利率确定，债券融资成本在 6% ~7%。

融资租赁的主要债权人为各融资租赁公司，融资租赁成本普遍在 7.5% 左右。

表 3　我国煤炭企业负债成本与债权人主体构成统计

综合负债成本	负债类型	负债成本	债权人主体
6%	银行信贷	短期借款 4.8% ~5.4% 长期借款 5% ~5.7% 综合借款成本 5.5%	工农中建交等银行金融机构
	债券融资	6% ~7%	证券交易商中的合规投资者
	融资租赁	7.5% 左右	融资租赁公司

资料来源：课题组调研整理所得。

综合分析求证，目前我国煤炭企业的负债成本为 6% 左右。

目前我国煤炭企业财务费用支出较大，已严重影响了企业持续增长和发展的内生动力。因此，采取各种方式调整企业债务结构、减轻企业财务负担、积极稳妥降低企业财务杠杆率势在必行。

（三）对去杠杆目标规模的初步分析判断

国家统计局数据显示，2016 年底煤炭开采和洗选业规模以上工业企业负债合计 37578 亿元，该数据可作为煤炭产业整体负债额的一个参考。另外还可通过一段时期以来煤炭产业的投资结果推算出产业的总体负债规模。2000 ~ 2016 年煤炭开采和洗选业固定资产投资累计增加 42748 亿元，由于这一时期煤炭企业举债方式没有太大变化，可将前文计算的煤炭企业平均负债率 82% 作为一般计算依据，得出累计增加负债约 35053 亿元。由此我们估计目前煤炭产业总体负债额不少于 35000 亿元。若要将煤炭产业负债率降至 70% 的警戒线内，需去掉 12 个百分点的负债率，减少负债约 5100 亿元；若要降至 60% 左右的适度区间，需要去掉22个百分点的负债率，减少负债约9400亿元。按照煤炭企业债务结构中银行借款67%的占比计算，如果通过债转股方式减少这些负债，则分别需要开展规模大约3400亿元和6300亿元的债转股项目。

四 煤炭企业杠杆率过高的危害性

煤炭企业杠杆率过高，是资本化的货币即信贷资源在煤炭产业超量错配的产物。结合煤炭企业分析和实践证明其危害性极大。

1. 煤炭产能过剩的直接推手

《煤炭蓝皮书：中国煤炭工业发展报告（2015）》曾对“产能”这一概念有过系统论述。产能即生产某种产品的实际能力，是生产主体在既定的组织结构和生产技术条件下，充分利用生产性资本投入，在生产要素满负荷运转条件下所能实现的最大产量。产能与产量是一对既有联系又有区别的经济学范畴。产能是产量的基础，具有决定作用；产量是产能的外在表现形式。煤炭产能，按产能形成过程划分，同一般产能范畴基本一样，可以分为规划产能、设计产能、在建产能和建成产能、释放产能、退出产能等；按研究对象的大小划分，可以分为煤矿（井）产能、企业产能、基地产能、区域产能和产业总产能五大层次。本文所研究的煤炭产能，系指产业总产能。

煤炭产业是资源密集型产业，投资对煤炭产能的扩张影响显著。进入21世纪后，尤其是2002年以后，我国社会经济迎来了高速发展，能源需求增速加快，煤炭供给一度出现持续紧张的局面，煤炭价格在逐步放开的背景下持续上涨，企业盈利水平不断攀升，煤炭产业迎来了新中国历史上从未有过的十年黄金发展期。在此期间的煤炭产业投入产出率高，对国民经济的发展产生了较强的拉动作用，在财政税收、行政收费及社会就业等方面做出了巨大的贡献。景气度居高不下的情景，强化了人们增量扩张型的发展思维，在这种思维的驱动下，出现了从煤矿项目核准、项目投资到煤矿建设的大跃进，地方政府对煤炭投资大开绿灯。在企业自有资金短缺的情况下，通过借贷满足扩张性投资需求成为普遍的策略。

作为国之重器和国民经济血脉的金融业，具有服务实体经济的功能，但如果把握不好质量优先的原则，则会与经济社会发展之间失去协调性。这种不协调性，在煤炭产业十年黄金发展期间表现为金融资本对该产业的过度配置。其中，企业化的商业银行在提高煤炭业务贷款占比这一正常信贷业务的同时，还创新推出非标类业务为煤企融资提供便利。中国人民银行金融研究所和创绿中心联合发布的《中国能源转型和煤炭消费总量控制下的金融政策研究》显示，仅2008年1月至2014年3月这七年间，包括五大国有商业银行在内的16家上市银行共向168家上市涉煤企业（其中包括煤炭采掘、火力发电、煤化工和建材四个行业）累计发放了5.5万亿元的人民币贷款，这些贷款主要集中于煤炭采掘行业。

与此同时，发行涉煤债券、涉煤信托产品等多样化的融资途径为煤炭企业加杠杆提供了便利，也为大型煤炭企业扩充产能提供了资金来源。对于部分生产规模小，既非大型国有企业也无政府信用背书的中小型煤企，在无法获得银行相对低息融资的情况下，则通过民间借贷形式获取资金用于企业的扩大再生产，推动了煤炭产能的增加。

金融和社会资本的层层加杠杆为煤企扩张提供了充足的资金，推高了杠杆率。过高的杠杆率，必然会撬动更多的生产要素流入煤炭产业，推动产能过快形成。若产能需求不能等比例增加，则会形成过剩产能。“十一五”“十二五”期间，我国煤炭产业累计固定资产投资额分别达到1.25万亿元、2.42万亿元，其中“十二五”期间的投资超过了“十年黄金期”的投资总额。由此，煤炭产能从“十五”末的25亿吨，增加到“十一五”末的35亿吨、“十二五”末的45亿吨。在“十二五”期间，受全球后金融危机时期世界经济增长乏力、我国国民经济下行压力加大、煤炭下游产业普遍不景气、能源结构调整步伐加快、环保约束加大等影响，煤炭市场出现有效需求不足的情况，加之规划的欠科学、调控的不及时以及落后产能退出力度的不足，形成了增量煤炭产能的大幅扩张与存量煤炭产能结构优化滞后的矛盾，造成了“十二五”时期新旧产能叠加背景下的产能严重过剩。结合我国煤炭实际消费情况，以及全社会1.5亿吨的煤炭必要库存标准或2.5%的产能缓冲系数，“十二五”末我国煤炭产能实际需求数不到35亿吨，这意味着有近1/3的煤炭产能处于过剩状态。

2. 煤炭企业陷入困境的主要原因

2012年我国煤炭产业结束了前所未有的“十年黄金期”之后，陷入了长达四年之久的“隆冬季”。煤炭产业陷入困境的根源，正是“高企的杠杆率”这把双刃剑。21世纪初，煤炭产业逐步从困境中走出，并在国民经济恢复高速发展、能源需求与日俱增的新的历史条件下，借助高杠杆这把“利剑”，快速扩大生产经营规模以应对巨大的能源需求，同时也使产业自身走上了复苏继而繁荣的发展阶段。然而，到了“十年黄金期”的后期，高杠杆这把“利剑”对产业的危害性开始逐渐显露。

过高的杠杆率在推动产能过剩形成的同时，还会增加企业的财务成本。按目前我国煤炭产业负债总额3.5万亿元、6%的平均负债成本计算，年度利息可达到2100亿元。这一数字，在煤炭产业最为景气的2011年和最为困难的2015年，分别占到了产业主营业务收入的6.7%和8.8%，分别是利润总额的0.46倍和5.19倍。“十二五”期间，煤炭产业利息支出占息税前利润的比重，从9%一路急速上升至69%；利息保障倍数则从11.1快速下降至1.4。可见，利息支出对煤炭产业的经营效益构成了巨大的侵蚀，以至于企业几乎丧失基本的还债能力。“十二五”期间，煤炭产业利润总额持续下降，降幅达到91%，而利息支出则呈现非常明显的刚性，甚至不降反升，前后相比增加了95%。从中可知，煤炭企业所要支付的利息，并没有随着产业效益的严重下滑而减少，反而因为在陷入困境、资金流出现严重困难时，不得不继续举债维持经营，以应付各项刚性支出。结果是“越渴越吃盐”，长期不能自拔，并且，利息率在危机期间达到最高水平，因为这时人们不得不以任何代价借钱来应付支付的需要。这就导致了煤炭企业困境越加深，所需支付的利息金额越大，杠杆率越高，风险越大。处于困境中的杠杆率过高的煤炭企业，无异于“给银行打工”。

以我国西南某大型煤炭企业为例，在“十二五”初期煤炭产业仍然高度景气、产业规划对未来仍充满信心的情况下，在原有仅1500万吨核定产能的基础上，又以投资新建、扩能技改等方式，规划新增了1300多万吨产能，借贷投入达110多亿元，负债快速增加。煤炭产业经济形势恶化后，企业亏损严重。这些投资项目中，有的在建矿井因资金链断裂被迫停建，拟建矿井无法推进，前期投入的大量资金、利息等支出持续增加。虽然许多在建矿井即使投产也将亏损，但因已有大量前期投入，只能继续投资建设，债务规模持续增加。至“十二五”期末，该企业的资产负债率已经超过90%，企业运营出现极度困难。高杠杆率背景下该企业财务费用不断增加并加剧整体亏损，利息支出占亏损额的近90%，高杠杆率带来高亏损成为难以逃避的现实。“高杠杆”曾经作为企业快速成长的助推器，在企业陷入困境后，俨然成为压垮企业的“落井石”，正所谓“成也萧何，败也萧何”。

3. 使银行等金融机构承受巨大的坏账风险

煤炭企业陷入困境后，有效需求不足和产能严重过剩的矛盾持续突出。在产业集中度过低、企业过于分散的情况下，煤炭企业为了求生存，采取了一系列的“自救”措施，形成无序竞争和过度竞争的局面，其中最为典型的就是形形色色的“价格战”。主要方式有：通过薄利多销，艰难弥补现金流。2015年在煤炭价格平均下跌18%的情况下，全国煤炭销量仅下降5.15%，但营业收入下降了14%，利润总额更是下降了54%。采取让价不让市场的策略，试图保住市场份额。煤炭企业轮番降价，有的企业还通过调整产品结构、改变销售模式、让渡货款回收期等方式变相向买方让利。低于成本价销售，被动应对市场。煤炭价格长期非理性下跌，以致严重背离其价值。以投机的方式逆政策而为，在政府实施减量限产政策期间，一些煤矿趁机加大生产力度，加剧煤价下跌，使得过剩的煤炭产能不断转化为过多的煤炭供给，并加速了形势的恶化。

“价格战”在“十二五”末期愈演愈烈，2014年、2015年煤炭产业主营业务收入仅分别同比减少8%、22%，利润总额却分别同比减少了47%、72%。环渤海5500大卡动力煤综合平均价格指数从2011年四季度的853元/吨的价格下跌至2015年四季度的371元/吨，降幅达56.5%。但由于有效需求不足的局面没有得到改观，煤炭企业让价销售的策略并没有对销售状况形成改善，而是普遍受制于长期库存积压的局面，2015 年煤炭产业产成品资金占用已经到了 1000 亿元左右，全社会煤炭库存多年保持在 3 亿吨左右的高位水平。不仅如此，由于下游产业同样效益欠佳，煤炭企业的很多应收账款不能及时收回，2015 年底煤炭产业应收账款接近 4000 亿元，回款天数接近 60 天。这无疑对煤炭产业的现金流和资金链造成了极大的压力。

在资金链出现严重问题后，煤炭企业为维系再生产，只能通过加大融资力度的方式追加流动资本。但由于股本融资受限、债券发行困难，向银行争取续贷或增加信贷成为煤炭企业解决资金不足问题的主要手段。然而在生息资本短缺的时候，利息率往往是偏高的。对于效益差、资产负债表恶化的产业，银行又大都采取抽贷、断贷、升息等方法增加信贷难度。煤炭企业在融资难和融资贵并存的局面下，财务成本持续上升。2013 ~ 2015 年，煤炭产业负债总额分别为 3.18 万亿元、3.46 万亿元、3.7 万亿元，利息支出分别为 788 亿元、878 亿元、893 亿元，均呈明显的上升趋势，这对煤炭企业资产也造成了一定的侵蚀。而在煤炭价格持续下跌的过程中，煤炭企业还存在明显的资产贬值现象。在$\frac{负债总额}{资产总额}$表示的资产负债率公式中，资产端和负债端的“一降一升”，使得煤炭企业杠杆率呈现更加快速的攀升态势。

当煤炭企业很难如期还债付息时，资金链便会出现断裂的风险。有的企业实在无力偿债，便会出现赖账乃至“跑路”的现象，或者由地方政府埋单。以 2016 年的情况为例，山西省七大国有煤矿负债总额超万亿元，资产负债率达 80%。其中的某大型煤炭企业集团，2016 年 6 ~ 12 月到期债务合计 604.70 亿元，涉及 65 家金融机构，其中 6 月份到期债务超过 100 亿元；如不能在银行间市场以及交易所发行债券，依照现金流以及已形成的银行贷款进行续贷，会有 240 亿元左右的债务无法解决。2016 年以来，煤炭产业相继发生中煤华昱、安泰集团、云南煤化、川煤集团等煤炭企业债务违约事件，即使在煤炭企业效益相对好转的 2017 年，仍有煤炭企业债务违约事件接连发生。这种情况下，银行等债权人承受着巨大的坏账风险。这些坏账风险如不能及时化解，很容易演变成大规模的债务危机，而这正是金融风险的源头。

4. 倒逼货币超发行

煤炭产业是国民经济的基础产业，体量大、资金密集，资本投入大、回收期长，又存在较高的趋同性，一旦形成高杠杆，绝非个别现象，而是整个产业面临的问题。若得不到妥善解决，极易导致债务危机发生。这一严峻的金融形势，会使得央行陷入两难的境地，增发货币有导致通胀的风险；不增发货币又难以解决市场流动性短缺问题，并极易导致通货紧缩。

货币流通的一般规律告诉我们，一定时期内流通中所需的货币量是商品价格总额与同一单位货币平均流通次数的比值。当金银等贵金属作为流通货币时，货币价值量与商品价值量之间的平衡关系是相对稳定的。而作为国家发行并强制流通的价值符号的纸币出现以后，这种平衡就有了被打破的可能。马克思指出，“纸币的发行要在数量上受到限制，不得超过没有纸币作为符号代表时将实际流通的金量（或银量）”①。当纸币发行量超过了商品流通中所需要的金属货币量，纸币就会贬值，物价就会上涨，这种贬值和上涨现象的持续出现，就是通货膨胀。严重的通货膨胀会使得纸币持续贬值，居民购买力降低，生活水平下降，造成社会经济生活秩序的混乱，不利于经济社会的发展。

经济学家费雪认为，通货紧缩一般发生在经济状况由好转坏的过程中，其间，过度负债的企业在资金流短缺、还本付息的巨大压力下，普遍采取低价销售策略，进而导致物价水平下跌。不仅如此，企业效益会继续变差，推高社会失业率，形成人们对经济的悲观预期，并更愿意持有更多的货币，使经济社会的货币流通速度下降②。企业的真实债务又在利润减少和实际利率上升的作用下进一步扩大，投资需求受抑制，借贷行为越来越不活跃，资金链出现严重的断裂风险。如果此时央行不采取增发货币的措施，将无法解决市场流动性短缺的问题，产生杠杆依赖症的企业将更加难以承受，银行坏账风险加大，将会发生通货紧缩，又会导致出现“流动性陷阱”，使得货币政

① 《资本论》（第1卷），人民出版社，1972，第147页。

② Fisher I. The Debt-Deflation Theory of Great Depressions [J]. Econometrica, 1933, 1 (4): 337-357.

策失去灵活性，并最终失去调控空间。通货紧缩是经济领域的“癌症”，它最终会带来经济衰退和萧条。

两害相权取其轻，央行在以上的两难选择中，往往会倾向于以增发货币的方式缓解严峻的局面。从我国货币发行、社会融资等方面的数据，可以看出这一现象的端倪。2002~2015 年，我国社会融资规模从 2 万亿元增长到 15.4 万亿元，增长 6.7 倍；同期货币供应量（M1 + M2）从 18.5 万亿元增长到 139 万亿元，增长了 6.5 倍。十余年来，货币发行与社会融资基本保持了一致的增速。受经济增速下滑影响，2014 年、2015 年我国社会融资规模是下降的，降速分别为 8.3%、2.9%。而这两年，贷款融资、货币发行量仍然保持较快的增长速度，贷款融资增速分别为 9.6%、15.6%，贷款融资在社会总融资中的比重从 2013 年的 51% 上升到 73% 的高位；货币发行增速分别为 11%、13.3%。然而，这种超发货币虽然暂时缓解了流动性短缺问题和企业压力，但问题并没有从根本上解决，而是像定时炸弹一下，仅仅是推迟了引爆的时间，潜在风险更大。

5. 严重影响社会经济秩序

煤炭企业杠杆率过高，除了在上述方面造成十分不利的影响外，还会在这些问题持续发酵的过程中，产生诸多不稳定因素，对社会经济发展造成相当大的危害，严重影响社会经济秩序。主要表现在以下几个方面。

极易引发市场波动。生息资本的运动规律表明，作为一种特殊商品，其利息率即它的价格是受供求关系影响的。利息率会在危机期间达到最高水平，因为此时背负过高债务的企业或人们，在市场资金本就匮乏的情况下，不得不以更大代价借钱来应付包括偿债付息在内的各项支付需求。当然，在经济复苏和高涨期间，企业为增加利润也会不断进行债务扩张，其结果必然会造成市场资金紧张，进而推动利息率上升。在这两种极端情况下，过高的杠杆率对利息率所产生的作用，足以引发金融市场的巨大波动。此外，过高的杠杆率还通过影响产品价格的方式，造成产业上下游间“跷跷板”式的波动。在煤炭产业“黄金十年”期间，过高的财务成本助推煤价不断攀升。以大同优混煤秦皇岛平仓价为例，其间由 270 多元每吨上涨至 880 多元每吨，涨幅达226%，煤炭企业盈利水平不断攀升，而电力企业亏损面达到了80%。反之，在煤炭产业“隆冬季”，煤炭企业又在还本付息的压力下，出现投降式抛售，并加剧了煤价暴跌。“十二五”期间，环渤海5500大卡动力煤综合平均价格持续下跌，出现“腰斩”。按照业内普遍观点，至2015年末煤价超跌了30%以上，绝大部分煤炭企业亏损经营，而电力企业则业绩丰厚。

不利于科学发展。生息资本是对利润质的分割，使得利息支出和剩余利润两者之间存在着此消彼长的关系。财务杠杆的契约性又要求，债务方必须在既定时间内支付利息，这就使得利息支出成为一种与企业盈利状况无关的刚性支付。在产业经济形势恶化、企业效益极度不佳的情况下，过度负债的煤炭企业，面对利息支出增长、可支配利润缩减的窘境，只能通过裁员降薪等削减成本的方式，应付偿债付息这种刚性压力。这使得矿工的生活难以保障，据有关机构调查，2015年煤炭产业欠薪比例高达97%，欠薪半年以内的占到70%，拖欠半年以上一年以内的占到11%，拖欠一年以上的占到8%。不仅“以人为本”的发展理念难以践行，由此造成的人才大量流失也为产业的可持续发展造成了不利影响。不仅如此，当降价减负“饮鸩止渴”的副作用越来越明显、降薪裁员触及“地板”时，大量煤炭企业开始压缩维简、大修、安全和管理费用，并在环保投入方面降低标准；企业管理层也因疲于应付资金问题而疏于安全生产和环境保护管理，给煤矿安全生产埋下了极大的隐患，并造成资源浪费的加剧和生态环境压力的加大，于产业的健康发展十分不利。

绑架地方政府。我国煤炭企业杠杆率过高的问题主要发生在国有企业。国有企业与政府之间有着天然的血缘关系。这种血缘关系，使国有企业习惯于有事“找市长”而不是“找市场”的处事观念和处事方式长期存在。政府出于“父爱”，也愿意向国企施以援手。特别是在煤炭主产地，在煤炭企业深陷债务困境后，地方政府也普遍财政吃紧、债台高筑，但又不得不为煤炭企业撑腰。例如，我国产煤大省山西，接近50%的财政收入来自煤炭产业。受煤炭产业拖累，该省2015年经济增速仅为3.1%，财政收入同比下降9.8%，县市经济出现大面积负增长，企业债务风险不断加剧，以至于该省不得不为煤炭企业站台，由副省长带队，率省内重点煤企赴京开展融资路演，并且还帮助这些企业实施增信和债务延期。西南某大型国有煤炭企业负债率超过90%，近两年，过高的杠杆率使这家企业频频陷入债务违约泥淖，地方政府不得不多次出面协调，以争取金融机构对该企业的支持。

综合上述分析，可以清楚地看到，抑制煤炭企业债务过快增加、精准降低企业负债率十分必要和极为紧迫，我们必须高度重视，及早采取措施付诸实践。

五 我国降低煤炭企业杠杆率的实践

自党中央、国务院关于推进供给侧结构性改革，重点做好“三去一降一补”工作的决策部署以来，降低煤炭企业杠杆率的工作已全面推进，并已初见成效。

（一）顶层设计情况

2016年9月，国务院出台《关于积极稳妥降低企业杠杆率的意见》（国发〔2016〕54号）（下文简称“54号文”）。文件提出，要“全面贯彻党的十八大和十八届三中、四中、五中全会精神，认真落实中央经济工作会议和政府工作报告部署，坚持积极的财政政策和稳健的货币政策取向，以市场化、法治化方式，通过推进兼并重组、完善现代企业制度强化自我约束、盘活存量资产、优化债务结构、有序开展市场化银行债权转股权、依法破产、发展股权融资，积极稳妥降低企业杠杆率，助推供给侧结构性改革，助推国有企业改革深化，助推经济转型升级和优化布局，为经济长期持续健康发展夯实基础”。文件特别强调，在推进降杠杆过程中，要坚持市场化、法治化、有序开展、统筹协调的基本原则。而且，文件对所提及的降杠杆主要途径都逐一进行了指导性的解释，还针对营造良好的市场与政策环境提出了全方位的建议，并要求国家发展改革委、人民银行、财政部、银监会等相关部门和单位要建立积极稳妥降低企业杠杆率部际联席会议制度，加强综合协调指导，完善配套措施，组织先行先试，统筹推进各项工作。文件还专门附了一份关于“市场化银行债权转股权”的指导意见，从重要意义、总体要求、实施方式、营造良好环境等五个方面对市场化债转股工作进行了部署。并要求国家发展改革委、人民银行、财政部、银监会等相关部门和单位要指导银行、实施机构和企业试点先行，有序开展市场化债转股，防止一哄而起；加强全过程监督检查，及时归集、整理市场化债转股相关信息并进行分析研究，适时开展市场化债转股政策效果评估，重大问题及时向国务院报告。

党中央、国务院非常重视降杠杆工作，密切关注该项工作进展的同时不断提出与新形势相适应的改革建议。2016 年 12 月召开的中央经济工作会议强调，在去杠杆方面，要在控制总杠杆率的前提下，把降低企业杠杆率作为重中之重。要支持企业市场化、法治化债转股，加大股权融资力度，加强企业自身债务杠杆约束等，降低企业杠杆率。在 2017 年 7 月召开的全国金融工作会议上，习近平总书记指出，要推动经济去杠杆，坚定执行稳健的货币政策，处理好稳增长、调结构、控总量的关系。要把国有企业降杠杆作为重中之重，抓好处置“僵尸企业”工作；李克强总理强调，把好风险防控的一道关，健全金融风险责任担当机制，保障金融市场稳健运行，积极稳妥推进去杠杆，深化国企改革，把降低国企杠杆率作为重中之重，有效处置金融风险点，防范道德风险，坚决守住不发生系统性风险的底线。2017 年 8 月 23 日，李克强总理主持召开国务院常务会议，部署推进央企深化改革降低杠杆工作，促进企业提质增效，并强调当前要抓住央企效益转降回升的有利时机，把国企降杠杆作为“去杠杆”的重中之重，做好降低央企负债率工作。

（二）贯彻落实情况

1. 中央政府有关部门积极部署

在 54 号文这一纲领性文件的指引下，国务院办公厅、财政部、国家税务总局、银监会、国家发改委、国家能源局等部门相继从组织领导、税收支持、金融债权债务问题处理、市场化银行债权转股权专项债权发行、投融资体制改革、违规行为专项治理、加强风险防控、提升监管水平、政府引导等方面，打出“去杠杆”的政策组合拳（见表4）。

表4　54号文配套政策一览

发文时间	发文单位	文件名称
2016年10月18日	国务院办公厅	《关于同意建立积极稳妥降低企业杠杆率工作部际联席会议制度的函》(国办函〔2016〕84号)
2016年11月22日	财政部、国家税务总局	《关于落实降低企业杠杆率税收支持政策的通知》(财税〔2016〕125号)
2016年12月1日	中国银监会、发展改革委、工业和信息化部	《关于钢铁煤炭行业化解过剩产能金融债权债务问题的若干意见》(银监发〔2016〕51号)
2016年12月19日	国家发展改革委办公厅	《关于印发〈市场化银行债权转股权专项债券发行指引〉的通知》(发改办财金〔2016〕2735号)
2016年12月30日	国家发改委、人民银行、财政部、银监会	《关于做好市场化银行债权转股权相关工作的通知》(发改财金〔2016〕2792号)
2017年3月	中国人民银行办公厅	《关于做好2017年信贷政策工作的意见》(银办发〔2017〕48号)
2017年3月27日	国家能源局	《关于深化能源行业投融资体制改革的实施意见》(国能法改〔2017〕88号)
2017年3月28日	中国银监会办公厅	《关于开展银行业“监管套利、空转套利、关联套利”专项治理工作的通知》(银监办发〔2017〕46号)
2017年4月6日	中国银监会	《关于开展银行业“不当创新、不当交易、不当激励、不当收费”专项治理工作的通知》(银监办发〔2017〕53号文)
2017年4月7日	中国银监会	《关于提升银行业服务实体经济质效的指导意见》(银监发〔2017〕4号)； 《关于银行业风险防控工作的指导意见》(银监发〔2017〕6号)
2017年4月10日	中国银监会	《关于切实弥补监管短板提升监管效能的通知》(银监发〔2017〕7号)
2017年7月15日	国家发改委办公厅	《关于发挥政府出资产业投资基金引导作用推进市场化银行债权转股权相关工作的通知》(发改办财金〔2017〕1238号)
2017年8月8日	中国银监会办公厅	《关于就〈商业银行新设债转股实施机构管理办法(试行)〉征求意见的函》(银监办便函〔2017〕282号)

资料来源：根据国务院及有关部委公开文件整理。

国务院及有关部门以54号文为纲，将各类配套政策贯穿于实际行动当中。2016年10月，国务院新闻办公室召开新闻发布会，对刚出台的54号文做介绍和解读。同年11月，去产能、去杠杆、降成本工作部际联席会议联合召开，重点强调了市场化银行债权转股权试点工作的积极稳妥推进。“一行三会”作为去杠杆工作最重要的金融管理部门，都将去杠杆、防控金融风险放在了重要位置。2017年初，中国银监会召开2017年全国银行业监督管理工作会议，对降杠杆改革任务中银行业的改革、发展与监管工作提出指导性意见，要求切实发挥债务委员会（简称“债委会”）作用，完善差异化信贷政策，稳妥开展市场化债转股，助力去产能、去库存、去杠杆，扎实推进重点领域风险防控，并明确不良贷款风险、流动性风险等六大风险防控点。2017年3月，刚刚上任的中国银监会主席郭树清在国新办举行的新闻发布会上介绍银行业支持供给侧结构性改革有关情况并答记者问，对积极稳妥推进去杠杆的改革背景、工作思路、任务目标、风险防范进行了较为详细的介绍。此后，中国银监会多次开展支持供给侧结构性改革情况的调研和督导，并主持召开座谈会，就银行业金融机构参与企业重组、降低企业杠杆率、处置不良资产等工作情况进行总结，对后续工作进行部署。2017年3月，国家发改委副主任连维良在北京主持召开我国重点债转股试点企业内部座谈会，与钢铁煤炭等领域重点企业负责人讨论债转股有关重大事宜。去产能、去杠杆、降成本工作部际联席会议也于3月份再次召开，在去杠杆方面，特别提出要积极稳妥去杠杆，把降低企业杠杆率作为重中之重。

2. 煤炭主产地政府认真安排

各煤炭主产地政府在认真学习领会文件的基础上，通过加强调查研究、制定实施方案、成立领导小组、建立工作协调机制等方式，对辖区内煤炭企业降杠杆工作进行了认真安排。内蒙古自治区于2016年9月出台《内蒙古自治区深入推进供给侧结构性改革着力做好去杠杆工作的实施方案》，为下一步去杠杆工作指明方向。陕西省于2016年底召开省政府常务会议，通过《陕西省推进供给侧结构性改革去杠杆行动计划》，并强调要深刻领会中央推进供给侧结构性改革的精神实质，结合陕西省实际情况，优化企业资产和融资结构，持续加强金融监管和服务，切实降低企业杠杆率，有效管控政府债务杠杆率，防范金融风险。山西省在2017年年初召开经济工作会议，指出降低企业杠杆率是2017年去杠杆的重中之重，去杠杆，主攻方向在企业，实质是降低企业的负债率，要求把去杠杆与提高金融服务实体经济水平结合起来，并提出改革方向。该省还专门成立了由省金融办、省“一行三会”等单位组成的专项工作组，协调推进去杠杆等供给侧结构性改革任务，并联合制定金融支持煤炭供给侧结构性改革有关工作的配套文件。河南省于2017年3月发布《关于积极稳妥降低企业杠杆率的实施意见》，要求省内企业要大力发展股权融资以降低企业杠杆，并鼓励保险机构举牌省内优质上市公司；同时多次组织召开市场化债转股工作协调会，并下发了《河南省属国有企业市场化银行债转股推进工作方案》，从配套措施制定、基金设立政策支持、税收优惠等方面积极营造良好环境。贵州省政府办公厅于2017年7月，就贯彻落实54号文出台实施意见，力争用2至3年时间，使全省企业负债结构进一步优化，工业类企业资产规模增速高于负债，资产负债率趋于合理。山东省煤炭工业局组织煤炭企业去杠杆调研，并形成调研报告上报和供内部学习交流。青海、甘肃等地则成立了积极稳妥降低企业杠杆率工作领导小组或建立了积极稳妥降低企业杠杆率工作部门联席会议制度。

3. 煤炭企业紧抓贯彻落实

煤炭企业高度重视杠杆率过高问题的解决，认真学习54号文及配套政策，深刻领会党中央、国务院有关会议精神，积极发挥企业的积极性，认真履行主体责任，将降杠杆工作作为重点改革任务，从组织领导、协调沟通到具体实施、探索创新，努力推进降杠杆这项事关企业生存基础与可持续发展的重点工作。

组织领导对于企业降杠杆具有引导、规范和统筹推进的重要作用。大多数煤炭企业组建了以主要领导为组长的降杠杆工作领导小组和专项工作组，并在深入基层调研、认真研究政策的基础上，组织有关人员学习去杠杆的有关知识和工作要点，进行深入交流，制定并不断完善降杠杆工作方案。

与债权人关系的妥善处理是企业解决债务问题、推进降杠杆工作的重要基础。煤炭企业十分注重加强与债权人的沟通，以期得到债权人的理解和配合。在银监会等部门的引导下，煤炭企业与银行等机构组建债委会、建立主席行联席会议制度，通过充分的沟通交流，取得降杠杆具体工作的共识。例如山西省在2016年9月就已基本完成债委会组建工作，其中煤炭企业债委会有109个。在山东能源肥矿集团重组过程中，至2017年3月，债委会先后召开过3次全体会议，50多次主席行联席会，与股东单位协商41次，各方利益得到了充分的表达。山西焦煤集团、晋煤集团等企业还组织“百名行长、经理进煤企”活动，向金融机构正面宣传企业，增强金融机构对煤炭企业的信心。

在降杠杆方式的选择上，煤炭企业结合自身实际科学决策，并已形成了以市场化债转股为主、多种方式并用的降杠杆局面。在截至2017年6月底我国市场化债转股签约项目逾7000亿元的总金额中，煤炭企业债转股项目金额占到了近一半。仅陕煤化集团一家就签订了845亿元的市场化债转股合作框架协议。同时，煤炭企业也在资产端采取资产盘活、资产重组、混合所有制改造等方式，积极降低企业杠杆率。例如，河南能化集团对闲置土地、厂房、设备等闲置资产及各类重资产进行全面清查，采用多种形式盘活闲置厂房、设备等资产，并大力清理外部欠款。晋煤集团坚持一企一策，选定34家改革重组类公司，分别采取内部重组、改制、混合所有制改造、股权多元化改造、股权转让、引进战略合作伙伴等措施推进兼并重组，并在已有141家混合所有制公司的基础上，2017年再选定14家企业推进混合所有制改造。它们还收购全国第一家煤层气全产业链上市公司，为股权融资搭建了平台；并大力提高直接融资比例，发行企业债券，还通过融资租赁、信托、保险等渠道筹措资金。山西焦煤集团利用上市平台，实施山西焦化资产重组，大幅提升国有股东持股比例，降低上市公司资产负债率；并积极推进下属装备再制造公司新三板上市融资。

在采用各种直接方式降杠杆的同时，有些企业还通过去“僵尸子公司”、剥离社会职能等方式间接降低杠杆率。例如神华集团在2016年退出石炭井焦煤公司等5处矿井，化解产能787万吨/年；晋煤集团关闭高都煤业、清河二矿，退出产能105万吨/年；川煤集团着力推进去产能工作，2016年退出矿井9对，退出产能435万吨/年；河南能化集团截至2017年6月底完成了涉及11个省辖市（县）、11家二级企业的“三供一业”分离移交任务，剥离38家医疗机构，移交或市场化运营35所教育机构。有些企业通过优化结构提高利润，进而间接降低杠杆率。例如神华集团调整优化煤炭板块业务结构，集中优势资源强化主业结构；推行全面预算管理，从严压缩可控费用，提升成本精细化管控水平。阳煤集团重点提升煤炭、化工、铝电等板块的效益，通过增加利润降低资产负债率。有些企业通过转型升级增添盈利点，进而间接降低杠杆率。例如，内蒙古伊泰集团将煤间接液化作为产业结构调整的主攻方向、将培育先进产能作为煤炭主业的发展方向。晋煤集团狠抓先进产能建设，推广应用新型煤化工技术工艺，构建“煤—气—电”特色循环经济产业链，建设煤机制造园区，培育绿色可持续建筑等新兴产业；还开展全要素成本管理，降低人工成本、资产成本和资金成本。

在降杠杆过程中，一些煤炭企业勇于探索创新，摸索出了新路子。例如兖矿集团以作价出资方式，将生产类用地、生活及市政设施用地划拨为建设用地，将国有土地作价出资，形成集团资本金的注入，从而降低资产负债率；在澳洲将三个亏损较严重的煤矿资产打包至一个全资壳公司，让渡其控制权（经营权），换来可观的现金流；还通过兖煤澳洲配股和兖州煤业定增进行融资，从而实现对联合煤炭公司的现金收购；还通过兖州煤业设立合伙基金，银行认购份额计入少数股东权益，直接降低资产负债率；还成功发行了以兖州煤业A股股票为标的的首期40亿元可转换债，并将所募集资金全部用于偿还金融机构借款。晋煤集团建立融资自我约束机制，进一步规范融资行为，控制融资总量，防范融资风险；强化投资管理，严格限制非生产性投入，严格控制生产性过度投入。阳煤集团对投资项目进行全面清理，大力压缩项目投资，严格控制非生产性项目，加强资金预算，节约资金；还通过发行永续债券的方式降低资产负债率。

4. 社会各界协力推动

作为煤炭企业降杠杆的合作方，金融机构以积极的态度配合该项工作。

自2016年起，为了在去杠杆工作中更好地保护银行债权、维持企业稳定、防止逃废债等，银监会引导银行机构组建债委会。至2016年底，全国已经成立的债委会12836家，涉及用信额约14.85万亿元。在江苏和江西等地，各债委会立足企业经营状况，通过“债委会+松散银团”“债委会+资产重组”“债委会+综合金融”“债委会+拆圈解链”等多种方式稳定地方金融秩序。

主流媒体与社会组织也发挥了积极的宣传与推动作用。《人民日报》《经济日报》《中国煤炭报》等业内外主流媒体对去杠杆和煤炭企业降杠杆的背景分析、政策解读、理论与实践等进行了深入报道和正面宣传，为推进去杠杆改革任务凝聚了正能量。一些社会组织也参与到去杠杆的改革事业当中。中国金融四十人论坛（CF40）于2017年4月召集金融领域的专家，就去杠杆的重点与实施路径进行深入研讨交流，为改革献计献策。中国煤炭经济30人论坛（CCEF-30）多次组织召开以“积极稳妥降低煤炭企业杠杆率”为主题的研讨会，就降低煤炭企业杠杆率的背景意义、理论基础、主要问题、实践思路进行深入探讨，发挥了较好的作用。

（三）取得的成绩

1. 积极主动降杠杆的局面形成

煤炭企业降杠杆工作，阻力大、困难多、见效慢，有的时候还要付出一定的代价、牺牲一部分主体的利益，因此，该项工作能否顺利推进，很大程度上取决于各类参与方和有关主体的积极性、主动性。从一段时期的实践情况看，政府部门对该项工作倾注了大量心血，不仅全面系统地构建了降杠杆的政策体系，还制定了具有工作指导价值的实施方案，并在实施过程中予以及时的关注、提供与时俱进的建议。煤炭企业、银行、资产管理公司三类企业，作为债务方、债权方和第三方的代表，均积极参与到降杠杆工作中，在共商合作内容、合作条件、合作方式等方面都表现出努力促成的态度，特别是在此过程中产生了一批专业性的基金管理公司、资产管理公司等直接参与主体和第三方服务主体。社会各界对煤炭企业降杠杆也给予了高度关注，新闻媒体广泛报道，科研机构深入研究，社会组织也组织了大量的专题性学术活动。

2. 资产负债率不断攀升的势头得到遏制

经过一段时间的共同努力，煤炭企业资金链紧张的局面得到一定缓解，煤炭产业资产负债率也不再呈现持续攀升的态势。“十二五”以来，煤炭产业的发展过程中，产业杠杆率一直呈现增长的趋势，产业资产负债率从2011年末的59.5%增长到2015年末的67.9%，2016年前10个月的大部分时间均超过了70%。而此后，这一指标基本呈现逐月下降的态势，至2017年7月已回落到68.4%的水平。这说明，54号文及一系列降杠杆配套政策的实施，已经在煤炭产业取得了较明显的正态效应，产业资产负债情况开始向好的方向转变。

3. 降杠杆倒逼拓宽了企业的融资渠道

在融资端寻求多元化、低成本化、零成本化，尽可能多地实施直接融资、权益性融资，从而为企业引进资金活水、解决资金难题，是缓解企业负债压力、降低杠杆率最有效的方法。在实践中，煤炭企业通过发行低成本企业债券、可转换债券、永续债券等创新产品融得大量宝贵资金，通过配股、增发股票等方式获取企业发展所需资金，都在很大程度上改善了企业的资产负债结构、有效降低了企业杠杆率，也由此实现了融资渠道的拓宽。这样的案例也有很多，比如兖矿集团2016年通过发行可转换债，融得40亿元资金，年化利率较公司三年期债券成本下降3个百分点以上；山西焦煤集团通过发行债券等创新产品融资66亿元，促进融资成本降低7%；神华集团实现境外债券发行，资金成本显著低于境内。

4. 企业管理制度安排进一步科学

煤炭企业杠杆率过高问题的产生，与企业自身行为不无关系，它既来自企业投融资管理制度的不科学，又来自企业资金管理制度的不健全，也来自企业经营管理制度的不完善。经历产业景气的多次轮回，特别是此次煤炭产业从“十年黄金发展期”陷入“隆冬季”，杠杆率过高风险的充分暴露，使得煤炭企业普遍认识到了企业管理制度方面存在的缺陷。因此，在降杠杆实践中，煤炭企业在投资的科学决策、合理安排，融资的规模控制、方式选择，资金的合理调配、有效利用，经营模式的轻资产化等方面，都做了大量有益的尝试和探索，对企业杠杆率的有效控制起到了稳基础的作用。无形之中，煤炭企业管理制度的安排也日趋科学，不少煤炭企业还由此建立了财务杠杆的约束机制。比如，晋煤集团制定并实施了《晋煤集团资金集中与使用管理办法》《晋煤集团融资管理办法》等一系列制度。

5. 降杠杆实践中积累的经验

前期煤炭企业降杠杆实践所积累的经验，主要体现在以下几个方面。

（1）深刻领会文件精神并全面贯彻

54 号文及系列降杠杆配套政策，凝聚了中央政府及有关部门对于供给侧结构性改革任务和企业降杠杆问题的深刻认识和研究心血，是基于我国社会经济现实、产业发展实际、现行行政体制所做出的综合性的政策安排，对于煤炭企业降杠杆具有重要的纲领性意义和现实指导价值。实践表明，凡是去杠杆工作做得好的煤炭企业，大都是政策文件学习领会充分到位的企业。深刻领会、全面贯彻降杠杆政策仍将是下一阶段煤炭企业降杠杆工作顺利开展的重要基础。

（2）高度重视并积极主动行动

降杠杆这项改革任务对于煤炭企业来说并没有明确的时间表，摆在煤炭企业和相关主体面前的反而是一道道棘手的难题。但它们在种种困难面前，不等不靠，而是将降杠杆任务摆在企业发展的重要位置上，加强组织领导，积极与债权人和第三方机构沟通协商、开展合作，主动采取多种可行的方式优化调整资产负债结构。特别是在推进市场债转股方面，煤炭企业表现积极，20 家左右大型煤炭企业集团签订了 20 余项债转股协议，占到了全国所有重点债转股项目的一半左右。

（3）强化系统思维，突出多方共赢

降杠杆是一项复杂的系统工程，要以系统的思维去看待问题，从主体、客体和环境等不同角度出发，寻找多方共赢的契合点，以最佳的方式推动降杠杆。在降杠杆实践中，煤炭企业将降杠杆与去产能统筹考虑，重点解决去产能过程中的债务问题，优先考虑优质产能高杠杆率问题的化解，并且在降杠杆的同时，也以多种方式开展高质量的融资活动，在求生存、谋发展与降杠杆之间谋求平衡。特别是在与债权方、第三方参与主体的合作中，以换位思考的方式，形成标的选择、方案设计等方面的共识，有力地推动了合作项目的开展。

（4）不断总结，勇于开拓创新

降杠杆作为一项世界性难题，对于煤炭企业来说当然也绝非易事，在新的历史条件和社会经济环境下，也可说是“摸着石头过河”的改革任务。那些“摸索”得来的经验、“碰撞”出来的教训，都是值得总结进而为后续工作提供参考的。特别是对于新形势下的新问题，还要有勇于开拓创新的精神，以新思路、新方法去应对。前一阶段煤炭企业降杠杆工作能够一步步深入推进得益于此。

六　降低煤炭企业杠杆率面对的困难与存在的问题

降低煤炭企业杠杆率是大势所趋，形势使然，但也不能急躁冒进，而应客观地面对困难与存在的问题，稳中求进。

（一）面对的困难

1.“减法”难做——生息资本功能化后，难以撤出

马克思在考察生息资本的特别流通方式时指出，生息资本的参与，使得资本在社会再生产过程中出现了双重支出和双重回流。这一过程可以用公式表达为G－G－W－G’－G’，这里的G－G，是货币资本所有者把手中的货币资本作为生息资本贷给了职能资本所有者；W是职能资本所有者用G购买生产资料和劳动力进行生产后得到的商品；G’－G’中的第一个G’是职能资本所有者把生产出的商品W卖出后重新取得的复归的货币资本G＋Δg（平均利润），第二个G’是职能资本所有者把生息资本的原本加利息还给了货币资本所有者。在这样一个双重支出和双重回流过程中，G－G－W与W－G’－G’中的任一环节出现问题，生息资本便不能从社会再生产过程中及时退出。

“十二五”以来，煤炭产业通过大量借贷资本推动规模化建设，这些巨额借贷所形成的杠杆大都已成为固定资产或长期投资。2011～2015年，我国煤炭产业年均固定资产投资与年均资产增加额相当，都是4800多亿元，可见这些通过杠杆撬动的投资基本都已转化为固化的资产。而另一个现象则表明，近年来这些杠杆固化为资产的效率是逐步走低的。从2013年开始，煤炭产业资产增加额已经明显小于固定资产投资额，甚至在2016年出现了固定资产投资达到3000亿元而资产增加额为负值的情况，2017年前7月资产增加额也仅为固定资产投资额的28%。不仅如此，遭受不景气冲击的煤炭产业，其货币资本的实现过程不仅艰难，而且明显“缩水”。客观地讲，煤炭产业的G－G－W和W－G'－G'每个环节都存在问题，生息资本顺利退出的难度非常之大；并且由煤炭产业自身的特点所决定，职能化后的生息资本，大多只能以固定资产的形式留在生产领域发挥维持再生产的作用，直接或绝对降低也极为不易。

2．“加法”不易——权益性融资受限

在债务不能直接减少的情况下，以增加权益性融资的方式间接或相对降低杠杆率，不失为一个好的选择。这些方式有大股东注资、混合所有制改革引入新投资者、IPO或定向增发、员工持股和管理层收购等，其中大多以股本融资的方式出现。股本融资是除信贷融资以外最主要的融资方式，其本质是企业股东通过让出部分企业股权，以增资的方式引进新股东，从而实现融入资本的目的。与生息资本所不同的是，股本融资获得的资金，直接就成为职能资本，无须还本付息。因此，股本融资和信贷融资之间的结构与比例关系，决定着企业的融资质量和杠杆状况。对于处于高杠杆状态的煤炭企业来说，降低信贷融资比重，或增加股本融资的比重，是降杠杆的最佳路径。IPO、股票增发作为股本融资的最主要方式，应当成为当前煤炭企业增加权益性融资从而降低杠杆的最佳选择。

然而，由于主客观方面的诸多原因，以上这些方式目前的可能性、可行性都相对较差。受制度与资金约束，煤炭企业少有大股东注资的尝试；煤炭产业发展前景的不明朗、企业制度的不完善特别是国企改革的相对滞后性，使得煤炭企业较难成为混改资金的青睐对象；员工持股和管理层收购有着较严格的政策规定，颇受制约。特别是受我国股票发行制度改革进展缓慢和有关融资政策影响，IPO 和股票增发难以实现。目前，我国 IPO “堰塞湖” 现象仍然比较严重，虽然 IPO 已经明显提速，但截至 2017 年 9 月中旬，仍有 583 家 IPO 排队企业，煤炭企业希望通过 IPO 降低杠杆率的愿望显然难以实现。而对于已经拥有上市平台的煤炭企业来说，有关部门针对产能过剩产业上市公司再融资的新政无异于雪上加霜。证监会曾于 2017 年初明确表示“坚决贯彻落实国家产业政策和中央‘三去一降一补’的决策部署，严格限制钢铁、煤炭企业 IPO 和再融资”。

3. 债转股落地难

当减少生息资本和增加股本融资都难以实现时，通过生息资本向股本融资的转换，也可以实现企业杠杆率的下降。因此，以企业债权转化为股权方式进行的债转股在理论上是可以解决上述两难问题的。它可以使企业债务减少、权益资本增加，从而降低还本付息压力，促使企业杠杆率下降。但现实中，作为目前煤炭企业降杠杆主要方式的市场化债转股，却难以落地。截至 2017 年 6 月底，在已公开的 19 家煤炭企业签约总额达 3335 亿元的市场化债转股项目中，实际到账的转股资金仅为 656 亿元，占签约总额的 19.6%。整体上处于光“谈”不“恋”的状态，即交易双方仍在就债转股重点环节或实施路径进行商谈，难以真正进入实施阶段。

落地难已成为煤炭企业债转股面对的新问题，究其原因：一是缺少内生动力源。此次债转股是在政府面对发生债务危机情况下，主要从宏观经济角度提出的，而对微观群体的煤炭企业来说，仍寄希望于产业经济形势的好转，不太情愿在困难时期让渡企业的股权；对银行等债权人来说，也不愿意将安全性相对较高的债权资产转变成风险较大的股权资产。二是时间节点选择不利。一般来说，每次产业经济周期期初、期末阶段资金短缺。特别是产业经济周期末端，企业资金流出现困难进而产生补充资金的需求，但社会各类资金又因产业前景不佳不愿进入。如果换个时间段，比如在“黄金十年期”煤企还贷银行反而不要的场景下，债转股肯定会容易落地得多。三是推进工作缺少系统性。债转股是一个复杂的系统工程，目前看，主体不完善，缺乏第三方服务机构和各类投资主体；客体选择难，缺少规范标准做指引；环境也有缺失，特别是资本市场长期的低迷状况对推进工作影响较大。四是认识不一致。参与主体少有让利和共渡难关的思维，反而存在想借机捞一把或甩包袱现象。特别是在标的选择上，各方认识不一致。目前已列为市场化债转股的企业都是盈利能力相对强、经营情况好、发展有前景的企业；而对于具有发展潜力却急需资金支持才能实现发展的企业，推动债转股难度较大。五是基础不够扎实。由于前期准备得不充分，缺乏公允的价格形成机制，企业和金融机构没有找到资金流的平衡点；没有统一的适度性标准；法律法规等行为规范不完善；缺少规划和评价考核标准、方法；业务操作模式上还不够成熟。六是成本过高。由于银行资金需要通过基金、信托等渠道参与债转股，环节过多，流转过程产生增值税、所得税、印花税等各类税收成本较高，大多债转股项目的银行资金真正进入债转股环节，成本已经超过6%，远高于一年期贷款利率，推高了参与债转股资金的财务成本。由于环节过多，过程过于复杂，其中的运作成本、人工成本、时间成本也很高。七是风险较大。参与债转股的资金，不仅本身附有高成本的属性，还在参与债转股的过程中产生了刚性的利息或股利需求，并且还有更高的转股收益、股权退出收益要求，对实施债转股的煤炭企业来讲，这是一种“双重利息”或“生息资本的多重叠加”。如此一来，高成本的投入与预期收益之间存在的潜在差距，就会带来巨大的风险。八是异化为名股实债。多数债转股方案附加了按照约定条件通过回购方式实现退出的条款。债权金融机构往往在退出环节设置一个增信机制，通常由股权主体远期回购或者承担预期收益差额补足的义务，实际上已异化为名股实债。

（二）存在的问题

1. 市场化去杠杆与行政化去产能不匹配

去产能与去杠杆一同作为供给侧结构性改革五大重点任务的重要组成部

分，二者是相辅相成的关系。去杠杆有助于从根本上去产能，去产能也有利于降低企业杠杆率。但从目前的实践看，行政化的去产能与市场化的去杠杆并不匹配，即去产能时没有同步化解与其相应的杠杆，存在产能去掉后债务仍然保留的情况，导致企业杠杆率不降反升。

2016年全国共退出煤炭产能2.9亿吨，超过2.5亿吨的预定目标。但我们应该看到，去产能任务的超预期完成，是建立在行政化的基础上的，去产能成为对企业的刚性要求和地方的政治任务。这一过程中，有关部门并没有对去产能退出矿井的债务分割处置问题出台有针对性的配套政策，债务仍然由母体企业承担而得不到妥善处置，去了产能去不了债务。表现出来的矛盾主要是退出矿井的资产损失及债务核销、资源价款退还、停息挂账等需求得不到相应的政策支撑。因此，去产能过程中，煤炭产业资产负债率并没有因此而降低，反而是略有上升，由2015年底的67.9%上升为2016年末的69.5%。并且从资产与负债的规模变化看，产业资产总额略下降0.32%，负债总额却有所上升，同比增长2.09%。如果去杠杆与去产能的步调长期不能保持一致，不仅会使去产能的进程受阻，也会影响降杠杆的成效。

2. 去杠杆作为系统工程的系统性不尽完善

去杠杆作为一项系统工程，需要有健全的主体、明确的客体和完善的环境，才能顺利推进。系统是指由相互作用和相互依赖的若干组成要素构成并具有特定功能的有机整体，其主要构成要素包括系统主体、客体和环境。作为相互联系的元素构成的统一整体，它所揭示的是系统与元素之间、元素与元素之间、系统与环境之间的多层次、多角度、多变量的联系和过程。系统理论要求在研究某社会事物的时候，不仅要区分整体和局部的地位及关系，还要确定整体中各个部分的相互关系和地位，确定各个部分在整体功能中的作用和意义。另外，系统的规模具有相对性，在一个大系统中，各个要素也可以被看作大系统中的“小系统”，由此，系统就同外在的“大”环境和“小”环境之间发生相互作用。“木桶理论”表明，系统的整体功能由系统中的最薄弱环节来决定。因此，欲使系统整体发挥最佳的功能，就必须全面处理好系统和要素之间、要素和要素之间以及要素与环境之间的关系，不断完善系统的主体、客体和环境。当前阶段的实践表明，煤炭企业降杠杆系统的这些条件总体上并不完善。

（1）实践主体缺少全面性、完整性和协调性。全面性是指各类主体不缺失，完整性是指各类主体的数量和质量满足客观需要，协调性是指各类主体在思想和行动上具有一致性。虽然在实践过程中银行系统存续的和新成立的基金管理公司参与了煤炭企业降杠杆，政府也在推动引导基金的设立，但债转股的资金投入方、资产证券化的产品购买方、混合所有制的股权认购方，以及参与方案设计与实施的金融服务机构，无论从数量上还是质量上都不能很好地满足降杠杆工作的需要，特别是独立于债权人和债务人的资产管理公司仍不多见，各类主体之间也缺乏足够的协调性。

（2）客体的选择上有悖初衷。虽然有着较充分的自主性，但由于缺少统一的规范标准，普遍存在“挑肥拣瘦”的现象，并没有真正做到“择优救急”和“汰劣祛穷”。对于煤炭企业来说，亟须将杠杆率过高的资产交给买方、对资金短缺的优质资产引入资金活水，而对于买方来说，则希望获取优质资产、取得丰厚收益，这是一对难解的矛盾。特别是煤炭企业去产能过程中，理应成为煤炭企业降杠杆重点对象的退出矿井债务处置，由于种种原因，得不到政策支持，企业自身难以推进，在降杠杆的客体选择中，已被边缘化。降杠杆政策要求规避的“僵尸企业”，也缺少相应的法律层面的界定标准，很多企业在降杠杆对象选择中对如何规避“僵尸企业”无所适从。

（3）外部环境不尽如人意。积极稳妥降低煤炭企业杠杆率，环境因素不可小觑。环境是影响这一改革措施实施的一切外部条件的总和。我们是把降低杠杆率这一行为作为一个客观存在，在一定的时间和空间条件下，和它发生作用的周边的一切关系都是这个客观存在的外部环境，如市场环境、政策环境、社会环境。不尽如人意之处，从市场环境上看，主要问题是以直接融资为主的市场体系尚未建立起来，缺少专门的降杠杆资产交易平台或市场，降杠杆所需的大量资金也缺少充足的来源渠道。用以保障降杠杆工作有序开展的行为规范和市场规则也不够健全。在降杠杆过程中所需的价格等市场信号不够准确，形成机制有待完善和创新。由于大多煤炭降杠杆项目都以内部协商方式推进，未能充分体现“公开、公平、公正”的市场原则，市场机制发挥不够充分。从政策环境上看，主要问题是货币与财政政策的适度性把握不当。在当前降杠杆改革任务的推进中，一方面要求两大政策在“积极”和“稳健”的基础上“适度从紧”；另一方面又需要补充必要的流动性。从实践上看，是“从紧”有余而“宽松”不足，金融政策收得过急，影响了煤炭企业合理的资金需求。从社会环境上看，主要问题存在于社会舆论、社会保障及社会服务方面。社会舆论方面存在媒体盲目炒作、外行曲解内行的现象，对煤炭企业的降杠杆工作形成阻碍；社会保障方面存在煤炭企业去杠杆过程产生的职工分流等问题得不到很好的社保“兜底”；社会服务方面则是转岗培训、再就业服务体系不够健全。

3. 缺少科学的质量标准和考核标准

煤炭企业降杠杆是一项问题导向式的改革，首先应在问题界定上做出科学判断，即煤炭企业什么样的杠杆率是过高的，从而是需要降低的？应降到多少为适度？然而目前我国煤炭企业并没有建立起财务杠杆适应性标准和杠杆水平综合衡量体系，大都是以企业出现偿债困难乃至违约等表象作为杠杆率过高的依据，以能够按时偿还银行本息作为合理的财务杠杆标准，而不是依据产业客观实际、企业发展阶段等多因素考量所制定的量化标准和体系。

煤炭企业降杠杆会涉及诸多资产和股权类交易行为，对企业信用等级标准有着很强的需求，特别是投资人在做投资选择时，对资产信用评级的准确度要求较高，要求标的资产质量、企业信用等级能够被准确评估。而目前我国信用评价制度发展相对落后，煤炭企业降杠杆工作中，投资人缺少企业或资产信用评价结果作为投资依据，从而影响投资决策；金融机构也很难区分煤炭企业资产质量，在资金提供、资产定价等方面难以做到科学合理。

煤炭企业降杠杆还缺少一套必要的考核标准体系。由于煤炭企业降杠杆尚未有明确的目标任务和相应的责任落实机制，无论是在政府主管部门、煤炭产区政府还是煤炭企业，都没有建立起严格规范的考核标准体系，也没有将降杠杆工作纳入各级干部的考核内容中。因此很难在各类主体中形成行之有效的降杠杆工作机制，也很容易导致在煤炭产业形势好转时降杠杆任务面临动力缺失或停滞。

4. 选择方式上较为单一

去杠杆的方式是多种多样的，但在煤炭企业去杠杆的实践中，普遍将市场化债转股作为去杠杆的主要方式，其他方式得不到有效利用。虽然有的企业进行了存量资产的盘活，回笼了一些资金，但从资金体量来看，对降低企业杠杆率来说影响甚微。也有企业在员工持股和管理层收购方面做了探索，但限于一些政策障碍，较难普遍推进。对于重资产型企业有着普遍推广意义的融资租赁方式，在煤炭企业已有尝试，但限于该市场建设不足和观念滞后等方面的原因，发展相对缓慢。特别是在混合所有制改革、兼并重组、资产证券化等方式的选择上，显得更为不足。

5. 存在制度性障碍

从煤炭企业降杠杆的实践看，改革进程受体制机制改革不到位的制约较为明显。

一是现代产权制度不健全。长期以来，大多数国有企业一股独大问题没有得到彻底解决，在投资决策上拥有绝对的话语权，在缺少权力制衡的情况下，很容易出现冒进的投资，进而加大企业债务压力，并且这种股权格局很难吸引到外部资本的进入，十分不利于企业降杠杆。产权形式也相对单调，实物资产与资金出资方式有余，技术专利、知识产权、品牌价值等无形资产出资方式相对不足，对企业优化产权结构、充实资本、提升融资能力、改善资产负债结构特别是混合所有制改革的推进十分不利。虽然不同类型的产权交易行为不断发生，但受制于资产评估体系的不完善、国资管理制度改革的滞后，国有资产整体上看缺少实质的交易属性，从而导致产权可交易性差，这对于需要通过资产转让、资产处置、引入投资者等方式降杠杆的企业来说，无疑是很大的制约因素。

二是现代企业制度不完善。现代企业制度要求出资人有责任在企业职能资本不足的情况下及时注资，但由于缺少出资人责任制，长期以来我国煤炭企业鲜有出资人充分履行职责进行注资，即使在规模快速扩张进而对资金产生巨大需求的阶段，也主要是通过借贷的方式补充资金，在当前阶段煤炭企业降杠杆工作的推进中，也难见到出资人注资的情况。特别是由于现代企业制度在国有煤炭企业中尚未真正建立起来，政企不分的情况仍然存在，国有煤炭企业容易在制度性优势下加大举债行为，甚至有的国有煤炭企业承担了地方政府政绩性融资任务。

三是金融制度存在缺陷。服务实体经济是金融的本源，但企业化后的金融部门在追逐利润的目标导向下，对服务实体经济这一天职有所偏离，在资金、资本的运用和管理中，过于关注自身利益最大化，离本源越来越远，甚至存在资本在金融领域内“空转”的现象。还有些金融企业非理性使用杠杆，导致很多资金违规进入实体经济，并推高企业经营成本和杠杆率。金融制度在区别对待方面也做得不够到位，在满足企业合理资金需求、促进优势企业发展、淘汰落后企业方面，没有发挥应有的作用。在广泛实施的市场化债转股工作中，为了规避商业银行禁持实体企业股权的规定，大都以合作方共设基金的模式进行，这使得债转股业务链条拉长、交易结构复杂，成本问题突出，这种金融制度方面的缺陷，使得当前阶段的债转股失去了操作的便捷性和易推广性。煤炭企业在寻求 IPO、股票增发等方式融资时，也由于股票发行制度改革的进展缓慢、对产能过剩产业融资的严格要求，而难以实现。

四是税费制度安排仍有不当之处。我国煤炭产业税费负担依然过重，产业综合税负水平达 12% 左右，高出主要工业综合税负水平 4 个百分点左右，涉煤收费多达数十种、收费总额达企业营收的 5% 左右，从量计征改为从价计征的煤炭资源税改革使得煤炭企业资源税额增加数倍乃至十余倍，并且没有得到及时的修正，倒逼企业增加杠杆率解决积累和发展资金不足问题；征收方式不科学，存在透支式收取，寅吃卯粮，例如数十年可采期限的资源价款要一次性缴足，一些地方为补充财政缺口还向煤炭企业提前征收税款，有的地方政府还要求煤炭企业对前期已落实的税收优惠实行追缴，退税工作的落实也十分困难，资金短缺的情况下企业不得不增加负债；利息进成本的制度安排，使得银行借款利息可以在税前列支，实际上是压低了税基，损害了员工的利益，更刺激企业增贷的积极性；供给侧结构性改革过程中财政性补贴款的发放有失误，奖补去产能而不与去杠杆挂钩，客观上增加了杠杆率；有些企业为了降低杠杆率，希望以资产重估的方式实现资产升值，但因所得税政策和高额的评估费用不愿推进。

五是管理制度有所欠缺。在市场经济不断发展、资本市场日益繁荣的今天，杠杆化经营已成为企业发展的正常态，很多企业借助杠杆获取规模效益、快速发展壮大，很多企业依靠杠杆满足日常经营的巨大资金需求，这是社会发展的需要、时代进步的表现。但同时我们也应看到，在杠杆常态化的同时，杠杆管理并没有形成常态化。企业大都没有建立覆盖债务周期的杠杆管理制度，造成杠杆使用不规范、效率过低、成本过高；有关方面也没有建立分类分级、科学有效的杠杆评价机制，在煤炭企业降杠杆工作中，投资人对煤炭企业杠杆综合状况掌握不清而难以做出合理投资决策，有关部门在制定和实施差别化政策时也缺少可供参考的依据。

6. 成本过高，风险太大

代价过高，主要体现在各类成本的增加上，其中包括财务成本、运作成本、时间成本、人工成本以及机会成本等。以债转股为例，由于银行资金需要通过基金、信托等渠道参与债转股，增加了环节，推高了各类税收成本。而且由于环节过多，过程过于复杂，参与其中的各类专业人员也增加了很多，运作成本和人工成本徒增。再加上耗时过长，债务利息的累积和其间各类费用的支出，无形中推高了降杠杆的时间成本。煤炭企业在低效的去杠杆工作中耗费过多的时间和精力的同时，无疑也会损失很多实施更有效去杠杆方式或开展其他投资经营活动的机会成本。

风险太大。以债转股为例，当前的“名股实债”问题突出，项目资金大多以股债结合的方式注入债转股标的项目，债权部分以标的企业经营收入等作为还本付息来源；股权部分则多为固定期限、固定利息的阶段性股权，为确保银行这部分股权的顺利退出，还在协议附则上明确，要求标的企业须在3~5年后回购该部分股权。这种“债权+固定期限、固定利息的股权”的方式，更像是一种债的创新，其实质仍属债权，名为股，实为债。可以发现，参与债转股的资金，不仅本身附有高成本的属性，还在参与债转股的过程中产生了刚性的利息或股利需求，并且还有更高的转股收益、股权退出收益要求，对实施债转股的煤炭企业来讲，这是一种“双重利息”或“生息资本的多重叠加”。因此，以此种方式进行的债转股，更像是债转债，与煤炭企业将负有还本付息压力的债务转为依靠盈利分红的权益性投资的愿望相去甚远。如此一来，高成本的投入与预期收益的诸多不确定性，使得预期风险加大。

七　积极稳妥降低煤炭企业杠杆率的基本思路与建议

积极稳妥降低煤炭企业杠杆率作为供给侧结构性改革的又一重大战役，是防范爆发债务危机继而引发金融危机，实现国民经济稳中求进，改善企业运营环境，推动资本结构调整，实现资产负债合理化，适应经济发展新常态和新业态的重大举措，是进一步深化国有企业改革的突破口，意义重大，影响深远，只能成功，不能失败。为此，我们提出如下基本思路与建议。

（一）全面贯彻落实好文件

去杠杆是一道世界难题，事关重大，关系复杂，需要科学的政策引导和指导。政策作为国家管理的智慧谋略，是政府根据社会发展要求和一定时期亟待解决的问题而提出的建议主张和行为准则，具有引导行为导向、规范与控制过程、协调诸多关系、体现政府意愿的功能。2016 年 9 月以来，国务院及有关部门相继下发的包括《国务院关于积极稳妥降低企业杠杆率的意见》（国发〔2016〕54 号）在内的有关去杠杆的政策文件，作为一个政策体系，是煤炭企业降杠杆这一重大战役的行动纲领和指南，必须全面领会，认真贯彻落实。

1. 加强组织领导

企业降杠杆所涉部门众多、需要处理的利益关系复杂。仅中央和国家层面的发文单位包括国务院办公厅、国家发改委、财政部、国家税务总局、国家能源局、工业和信息化部、人民银行、银监会等诸多部门，参与组织实施的部委更是多达十余个，地方政府也有多个部门参与其中。在降杠杆实践过程中，除了实体企业，还有银行等金融机构、各类投资者等多方利益关系需要妥善协调。因此，必须要有一个权力集中的权威部门来统筹该项重大改革任务，从而建立各部门有效衔接的工作机制，并更好地处理各类主体之间复杂的利益关系，以统一思想、统一行动、统一步伐、互相融合的方式加以推进。

降杠杆工作的全局性、复杂性、长期性决定了其领导机构必须是我国最高行政机构国务院以及其领导下各部委的统一协调组织。54 号文出台后不久，经国务院同意，国家发改委牵头组建了由中国人民银行、财政部、银监会、中宣部、网信办、工信部等 17 个部委共同构成的积极稳妥降低企业杠杆率工作部际联席会议制度，形成了企业降杠杆改革任务的统一领导机制。但鉴于降杠杆工作的重要性，有必要在现有部际联席会议制度的基础上，成立代表国务院的专门领导机构，全面负责该项工作。具体工作由国家发改委、人民银行、国家能源局和银监会负责组织实施。煤炭主产省（自治区、直辖市）则应成立由主管领导负责的煤炭企业降杠杆工作指导组。各级煤炭产业协会发挥桥梁纽带作用，协助有关部门做好相关工作。各煤炭企业和金融机构应积极响应，全面贯彻煤炭企业降杠杆的有关政策。

2. 加大宣传力度

积极稳妥降低煤炭企业杠杆率，是全面贯彻党中央、国务院供给侧结构性改革重大战略部署的重点任务，对于此项意义重大的改革任务，业内外都已认同，并积极推进、努力配合。但由于现实问题较多、改革难度较大，普遍存在阻力大、推进力度不足的情况。因此，有必要加大正面宣传力度，通过广播电视、报纸杂志、互联网、移动通讯等各类媒体，加强宣传煤炭企业降杠杆的重大意义；通过著书立说、开辟报刊专栏、制作专题电视栏目、报告会、研讨会、研修班等形式，做好理论与政策的普及；还要时刻关注改革过程中出现的新情况、新问题，及时予以应对和纠偏。

3. 做好顶层设计

煤炭企业降杠杆是一项极为复杂的系统工程，只有在做好顶层设计的情况下，才能使改革更具系统性、整体性和协同性。

中央明确要求，要全面贯彻党的十八大和十八届三中、四中、五中全会精神，认真落实中央经济工作会议和政府工作报告部署，坚持积极的财政政策和稳健的货币政策取向，以市场化、法治化方式，通过有序开展市场化银行债权转股权、依法破产、发展股权融资等多种手段，积极稳妥降低企业杠杆率，助推供给侧结构性改革，助推国有企业改革深化，助推经济转型升级和优化布局，为经济长期持续健康发展夯实基础。这是包括煤炭企业在内的降杠杆工作的总体思路和指导思想。

基于上述指导思想，积极稳妥降低煤炭企业杠杆率还应先行做好改革规划。一是要明确改革任务，即搞清楚煤炭企业降杠杆要降哪些？降到什么程度？二是要落实主体责任，即搞清楚谁来主导和推动？谁来督查问责？三是要选择适宜的措施手段，即搞清楚用什么办法更为科学妥当？更为有效有用？四是要明确阶段性目标，即搞清楚按什么样的时序合理推进降杠杆任务？

4. 打好政策组合拳

煤炭企业降杠杆，需要全面系统的政策加以支持和推动。有关部门要特别注意发挥体制优势，发挥各部门的联动作用，协同推进煤炭企业降杠杆工作。目前，有关部门在54号文的指引下，已制定出台了一系列的降杠杆配套措施，下一阶段还要因事制宜地进行综合施策，并对政策体系不断加以完善。

金融财税管理部门，要落实并完善煤炭企业兼并重组、资产证券化、破产清算、债转股等方面的金融与财税支持政策，在强化金融机构对煤炭企业信用约束的同时，要对煤炭企业权益性融资放宽政策性限制，要对银行不良资产核销和证券化提供帮助，还要对参与煤炭企业降杠杆的投资者进行适当性管理，防止“高杠杆”高风险资金参与其中。国资管理部门要强化国有企业财务适度性考核机制，努力完善国有资产价值评估和保值增值评价体系。产业管理部门要进一步落实煤炭产业转型升级配套政策，以资源优化配置促杠杆率降低。社会保障部门要在煤炭企业去产能、兼并重组过程中，落实好社保兜底的政策。

5. 稳中求进开展工作

对于降杠杆这道世界性难题，我们要有长期作战的准备。国外的降杠杆经验告诉我们，不以稳为前提，降杠杆工作会难以避免地付出惨重的代价、带来巨大的负面影响。美国在金融危机后降杠杆的过程中，将居民和金融部门的杠杆转移到了政府部门，并借助美元的霸权地位以转嫁危机的方式转移杠杆，在降低全社会杠杆率的同时，也加剧了本国的贫富差距和社会不公，并损害了他国的利益。日本在20世纪90年代经济泡沫破裂后，以银行业强监管的强硬措施实施降杠杆，反而使得银行迫于坏账压力不断向丧失偿债能力的企业进行债务展期，导致资本配置严重扭曲，最终不良资产积压、大批银行破产，经济停滞不前。欧洲部分国家在后金融危机时期爆发的债务危机应对中，着力降杠杆，也不同程度地产生了失业率上升、经济衰退的负面影响，有的国家甚至出现了政局动荡。

在深刻的教训面前，我们应当以谨慎的态度对待降杠杆这项工作。在煤炭企业降杠杆这项长期战役中，要坚持试点先行。国务院有关部门或部际联席会议组织，要科学确定试点项目，尤其是要开展好新时期的市场化债转股试点项目，防止运动式推进。在各类降杠杆工作试点过程中，还要加强跟踪研究，及时评价，发现矛盾、及时解决，不断完善，以利稳妥推进。

6. 加强督导确保实效

为确保煤炭企业降杠杆各类政策落到实处，政府有关部门还应履行依法依规督查指导的职责。应在稳妥降低企业杠杆率工作部际联席会议制度的基础上，建立煤炭企业降杠杆督导组。督导组要适时开展对煤炭企业降杠杆实际工作的巡视，坚持动态常规督查、重点专项督查和不定期随机督查，发现问题及时解决，并及时予以科学的指导。要进一步落实行政问责制度，对违法违规、违背政策要求等行为以及对改革造成严重负面影响的，要问责到底。当然，有关部门在履行督导职责的同时，也要加强对行政决策失误、违法施政等行为的监管，对此类行为造成的损失，政府应依法予以补偿赔偿。同时还要建立透明公开的监督体系，实施民主监督和舆论监督。

（二）建立健全降杠杆系统

根据当前煤炭企业降杠杆的实际，应按系统理论要求，进一步完善和丰富主体、自主确定客体、努力优化环境。

1. 完善和丰富主体

系统主体是系统中最具主动性的要素，对系统演进具有决定性作用，其积极性、主动性与创造性影响系统的功能与效率。

系统主体的完善性主要体现在其全面性、完整性和协调性方面。基于目前我国“降低煤炭企业杠杆率”系统主体不尽完善的状况，建议加强政府引导基金、产业投资基金、国有资本投资运营公司、保险资产管理机构和社保基金管理机构等参与主体的建设，发展专业权威的第三方评估机构、服务到位的金融中介机构，组建各类独立于债权人和股权人的资产管理公司等实施机构和科学研究机构。

在这方面，美国政府的经验值得我们参考借鉴。2008 年次贷危机爆发后，美国汽车业效益大幅下滑、负债高企、大批工人失业，美国政府与私营机构联手，对汽车也采取了类似债转股性质的救助措施。其间美国财政部向包括通用汽车、克莱斯勒等公司在内的汽车及相关产业提供了累计约 800 亿美元的资助，并通过市场化方式陆续推出，最终付出约 90 亿美元的成本，但是整体效果显著，复苏的汽车业新增约 37 万个就业岗位。由此，美国政府的救助不仅实现了汽车业的战略转型，同时也救助了许多关联上下游企业，避免出现大规模失业，实现了社会稳定与经济稳定。

2. 自主确定客体

客体是主体行为的作用对象，在系统中，它是与主体相互依存、不可分离的组成部分，并且二者存在着互为前提并在一定条件下可相互转化的辩证关系。行为目标的实现，不仅在于主体的主导作用，更在于主体与客体之间的协调性，即主体不仅要提高自身的能力与水平，还要深入实际，了解客体的真实情况，科学选择客体和行为方式，以更好地实现行为目标和系统整体效益。

按照系统整体目标取向的要求，煤炭企业降杠杆的客体选择，必须要在市场化、法治化的原则下进行，由双方或多方自主确定。

市场化是指用市场手段解决政治、经济和社会问题，它是我国包括供给侧结构性改革在内的一系列经济体制改革的基本原则。在供给侧结构性改革“去杠杆”任务中，“市场化”要求“充分发挥市场在资源配置中的决定性作用和更好发挥政府作用”。债权人、债务人、投资机构等市场主体依据自身需求开展或参与降杠杆，自主协商确定各类交易的价格与条件并自担风险、自享收益。政府通过制定引导政策，完善相关监管规则，维护公平竞争的市场秩序，做好必要的组织协调工作，保持社会稳定，为降杠杆营造良好环境。

法治化是指依法治国，它是我国包括供给侧结构性改革在内的一系列改革的基本保障。“法治化”要求“依法依规开展降杠杆工作，政府与各市场主体都要严格依法行事，尤其要注重保护债权人、投资者和企业职工合法权益”。要求加强社会信用体系建设，防范道德风险，严厉打击逃废债行为，防止应由市场主体承担的责任不合理地转嫁给政府或其他相关主体。还要明确政府责任范围，政府不承担损失的兜底责任。

自主性是市场化的显著特征，其表现形式是行为主体按自身的意愿行事。在降低煤炭企业杠杆率这项工作中，自主性主要表现在对煤炭企业降杠杆的客体选择上。各参与主体应在相应的法律法规框架内，在国家政策导向下，自主协商确定降杠杆对象。

降低煤炭企业杠杆率，其出发点在于促进煤炭产业的健康发展，因此要将择优救急的原则作为行为准则。在客体选择上，宜将具有潜在发展空间、符合产业政策和转型升级方向、属于先进产能但暂时遇到困难的煤炭企业作为降杠杆的重点实施对象。对此，54 号文有明确的建议，如“对发展前景良好、生产经营较为正常，有技术、有订单，但由于阶段性原因成为资金拖欠源头的企业，鼓励充分调动多方力量，在政策允许范围内，统筹运用盘活资产、发行债券和银行信贷等多种手段，予以必要支持”，“鼓励面向发展前景良好但遇到暂时困难的优质企业开展市场化债转股”等。

降低煤炭企业杠杆率的客体选择，不仅要做到“择优救急”，还要做到“汰劣祛穷”，要充分尊重市场竞争规律，严格遵循产业发展过程中淘汰落后的要求，坚决不碰“僵尸企业”。所谓“僵尸企业”，就是那些持续亏损、扭亏无望甚至资不抵债、没有发展前景的煤炭企业。如果继续对“僵尸企业”实施救助，则会加剧资金、土地、人才等资源的错配，阻碍煤炭产业结构调整优化与转型升级，使得降低煤炭企业杠杆率异化成低水平的保护落后的“普惠”工程，反而起到事倍功半或适得其反的效果，而且也为降低煤炭企业杠杆率的最终结果带来较大的潜在风险。因此，虽然没有相关部门对“不碰僵尸企业”做出明文规定，但这仍应作为市场化、法治化地降低煤炭企业杠杆率的“铁则”或潜在规则。对此，54 号文亦有强调，如“严禁将‘僵尸企业’、失信企业和不符合国家产业政策的企业作为市场化债转股对象”等。

有必要指出，在煤炭企业降杠杆工作的实施过程中，特别是有多个主体参与的情况下，需在选择第三方中介服务机构时保持相对中立，防止关联交易。否则，容易出现关联方以不公平、非竞争的价格和方式撮合交易，对相关方造成权益损害，造成不公现象。

3. 努力优化环境

主体与客体都是存在于环境中的，主体、客体和环境三者之间存在着相互依存、相互作用的关系和机制，具有多层次、多角度、多变量的联系和过程。作为积极稳妥降低煤炭企业杠杆率的主体，无论是煤炭企业，还是银行、资管公司，抑或政府部门，首先要实事求是地认识环境、把握环境，了解其现状，明晰其各种优势和弊端，并据此预测某种经济行为实施的可行性和运行过程中可能遇到的各种问题。这其中包含的哲学意义，即要求主体必须以尊重环境的实际情况为基本前提，否则不仅降低杠杆率的经济行为可能在一开始就是错误的，即使对策设计正确，也可能因在执行过程中受阻而无法达到预定目标，与预期效果相差甚远甚至背道而驰。具体到降低煤炭企业的杠杆率上，就要求从煤炭行业乃至具体煤炭企业的实际情况出发，并符合现代经济的发展趋势，必须认清市场发展状况、政策规章制度和社会文化因素等诸方面因素的优势和不利之处，使经济行为能相互配套、相互协调地发挥功能，从而保证煤炭企业杠杆率问题能够得到解决并使其步入健康发展的道路。

在系统理论中，环境是具有可塑性的，在遵循客观事物的发展规律和变化规律的前提下，人们发挥主观能动作用，可以按各方主体的要求，塑造新的环境。具体来说，在降低杠杆率的过程中各方主体应当充分发挥自己的主观能动性和主体作用，不仅要根据变化的环境来调整我们的思想，让经济行为符合实际条件；更重要的是要主动作用于环境、改造环境，使其向着更利于我们目标的方向演进。降低煤炭企业杠杆率的环境作为影响这一改革措施实施的外部条件的总和，具体包括自然环境、市场环境、政策环境和社会环境等。自然环境包括地理位置、疆域面积、气候条件、自然资源状况等要素，一般情况下，无论是对于产业布局已基本定型的煤炭产业，还是对于具体的煤炭企业，自然条件都可以视为几乎不变的。除此之外，其他条件可以发挥行为主体的主观能动作用加以优化，以利于改革措施的顺利实施并达到预期目标。

（1）优化市场环境

良好的市场环境，主要是指要有健全的市场体系、健康的市场机体、灵敏的市场信号和正常的市场秩序，这是积极稳妥降低煤炭企业杠杆率的必要条件。

健全的市场体系，是在社会化大生产充分发展的基础上，由各类市场组成的有机联系的整体。它包括生产资料市场、劳动力市场、资本市场、技术市场、信息市场、产权市场等，它们相互联系、相互制约，推动整个社会经济的发展。积极稳妥地降低煤炭企业杠杆率，要求资本市场不断完善，特别是要补股市短板，努力形成以直接融资为主的市场格局。我国应该尽快建立“融资功能完备、基础制度扎实、市场监管有效、投资者合法权益得到有效保护的多层次资本市场体系”，使其具有完善的风险分担和利益共享机制。这要求以实体经济内在需求为基础，发挥政府的引领作用，促进各类直接融资市场的深度融合，完善直接融资风险分担机制，培育直接融资体系应对实体经济变化的弹性和灵活性。政府以往对于股票、债券等直接融资市场的前端管制功能应该逐渐削弱，转而引导理性投融资活动，监管各市场公平交易和处置系统性风险的功能得到强化。直接融资体系将具备更强的风险分担能力，促进风险和收益在风险识别和承担能力不同的投资主体间配置，有效化解风险集聚和阻止风险盲目转移。这样既能够满足风险程度不一的投资项目需要，又能够最大限度地保护投资者，特别是低风险承受力的公众投资者。

健康的市场机体，表现为供求相对平衡，在降低杠杆率的改革中，首先是资金端的平衡。煤炭企业降低杠杆率，资金的需求方是很多的，需求量也是很大的，资金不平衡的主要矛盾在于资金的供给问题。需要有充足的资金购买煤炭企业的债务，同时也要支付相关交易的各项费用。如果没有充分的资金来源，再好的改革创新措施、再好的投资机会，也无法转化为实际的交易，而这将严重制约降低煤炭企业杠杆率的步伐。要通过市场化方式募集资金，既可以向适用于股本投资的机构和个人投资者募资，同时应鼓励符合条件的实施机构发行专项用于债转股的金融债券，探索发行用于市场化降低杠杆的企业债券。拓宽降杠杆的资金来源，将对具体方案的落地、实施产生积极影响。同时，不同的资金来源，也将对商业银行等机构提供对接产品的方式产生影响。

灵敏的市场信号，是指权益类商品价格既能反映供给，也能反映需求。定价是处理煤炭企业债务的核心问题。比如在债转股的实际操作中，可以参考股票二级市场价格确定国有上市公司转股价格，或者参考竞争性市场报价或其他公允价格确定国有非上市公司转股价格。在政府文件中，多次强调降低杠杆率要用市场化的方法，所以债务或者权益的定价都需要遵循一事一议的市场化原则，根据不同的企业情况具体分析。以债转股为例，债转股涉及增发和摊薄原始股东股票，每一笔交易的最终定价都应由银行、资产管理公司、企业现有股东等方面博弈磋商谈判出来。上市、非上市股票，流动性差异都会影响定价，这很难通过行政手段给出统一规则指引。作为事实上的利益相关方，地方政府应该遵守市场规则，用市场化的方式产生正确的市场价格信号。

正常的市场秩序，要求市场在资源配置中起决定性作用，市场行为规范，竞争有序、待遇平等，充分体现“公开、公平、公正”原则。在降低煤炭企业杠杆率的经济行为中，经济主体、交易价格、资金筹措方式都不应由政府确定，而是市场自主协商、自发确定的，参与经济行为的各方自主决策、自担风险、自享收益。对于债转股，“政府不强制企业、银行及其他机构参与债转股，不搞拉郎配”更是直接写入了本轮改革的文件中。

（2）优化政策环境

良好的政策环境是积极稳妥降低煤炭企业杠杆率的必要保障。具体而言，财政政策要致力减负，清费正税改革要进一步深化，继续加大力度，特别是要优化资源税政策。要尽快破除我国资源税费关系并存并且资源税收较少而地方规费较高的局面，科学评估资源税改革成效，将资源税率调整到合理水平。清费正税后煤炭企业的总体负担不能增加，是降低煤炭企业杠杆率改革的前提，只有如此，才能真正释放资金，激发企业的主动性，在去产能、去库存的同时，有更多的自由现金流用于降低过高的杠杆率。

金融政策要服务好实体经济。要把服务好国有企业降杠杆作为当前的服务重点。要保持利率的稳健中性，防止过高利率加大企业付息成本、过低利率推动企业加贷，进而出现杠杆不降反升的不利局面。要把控好资金的流量、流速、流向，适度放宽信贷政策、增加信贷规模，以稳定必要的流动性，保证企业合理的资金需求，对冲降杠杆带来的资金紧张局面。

产业政策要抑劣扬优，准确定位结构性改革的方向，坚持转型升级、创新驱动，果断关闭“僵尸企业”。要形成“僵尸企业”债务处理、人员安排的保障性政策，提高企业、地方政府、债权人清理“僵尸企业”的积极性，从而释放“僵尸企业”长期占用的土地、资金、原材料、劳动力等资源，为优质企业腾出发展空间，防止银行不良贷款叠加、地方政府债务负担加重，提高降杠杆工作的成效，防范系统性金融风险的发生。要为优势企业在土地、资源、项目审批等方面给予必要的政策倾斜。

国资政策要与时俱进，监管职能要由管企业、管资产向管资本为主转变。要完善国有资产管理体制，改革国有资本授权经营体制。要尊重市场经济规律，真正确立国有企业的市场主体地位，适应市场化、现代化、国际化新形势和经济发展新常态，不断增强国有经济的内生动力和市场活力，更好地实现国有资产保值增值。

（3）优化社会环境

首先，社会舆论方面要客观评价煤炭产业的社会定位。媒体是现代社会中的重要主体，舆论可以作为传递人民心声、传播政府意图的有效工具。应引导媒体实事求是报道煤炭产业和降低杠杆率改革的动向，让广大人民群众了解改革的决策部署，要提高媒体人自身的理论水平和实务能力，了解煤炭、经济、金融等多方面知识，并运用到评论中去。不仅要吸引群众的眼球，更要讲道理、讲政治，要有问题意识、全局意识，通过“绿色舆论”与煤炭企业、银行、政府等多方形成合力，使社会舆论在改革的道路上发挥好“风向标”的作用，传播正能量。

其次，社保和社会救助等社会组织要理解并给予配合。在降低煤炭企业杠杆率的过程中，不能只看到钱的因素，更要考虑人的因素，体现人本思想。因为杠杆作为资本要素，必须与活劳动和技术相结合才能形成产能。投资的减少必定内生地要求相应的人力资本减少，裁撤人员的资金压力、社会压力并不小于降低杠杆本身。社会组织应该发挥其保障和救助功能，对于失去岗位的员工给予救济保障其基本的生存要求。

同时，社会服务方面要采取有效手段和措施加以保障。在降低杠杆之前，中介服务商的选择、下岗失业人员的培训机构都应提前安排得当。很多下岗工人仍具备很强的劳动能力，只是由于长年从事煤炭这一单一工种，导致一时间不具备其他行业的劳动技能。要做好配套的社会服务，统筹实物、债务、人工的关系，对仍有能力、有意愿再就业的下岗职工进行培训和择业服务，这样既能够避免社会矛盾，化解不稳定因素，又能使其在新的岗位上继续为社会建设贡献力量。

（三）灵活选择方式

1. 可供选择的去杠杆方式

基于企业杠杆形成的原因和特点，结合国内外经济形势，以及当前资本市场、金融制度和煤炭产业发展的实际，积极稳妥降低煤炭企业杠杆率有多种方式可供选择。

（1）混合所有制

混合所有制是指具有不同归属关系的生产要素混合存在于同一共同体中。其内在机理是生产要素流动的本性使其突破所有制的壁垒，通过一定的资产或资本组织形式，融合进同一经济组织。混合所有制条件下，不同资本的进入，可以使企业资本更加充裕，偿债能力得到提升，杠杆率出现下降；在各种所有制资本优势互补、相互促进的作用下，企业资产、资本结构更加优化，资源配置效率得到提升，长远发展的基础得到巩固，从而对企业长期保持适度杠杆水平形成保障。混合所有制的这些功能特性，使其成为企业降杠杆工具选择的重要选项。

混合所有制得以开展的前提条件，是企业资产状况、经营效果以及发展潜力足以吸引各类资本进入。混合所有制取得成功，还在于有现代企业制度保障。

（2）IPO

IPO 也称首次公开募股，是指企业通过证券交易所，首次公开向投资者发行股票以期募集资金的行为，是企业直接融资的重要方式。其内在机理是企业通过股份制改造后，以让渡部分股权的形式，向包括投资机构、普通群众在内的投资者融入企业发展所需的资金。IPO 成功后，企业权益资本大幅增加，可以大幅改善资产负债结构，有效降低企业杠杆率。IPO 的成功还有助于提升企业形象和社会认可度，使其在资金获取、人才聚集、市场营销等方面占据一定的优势，从而提升整体竞争力。不仅如此，IPO 的成功意味着企业由此获得了一个持续补充资本的市场化平台，可以以低成本的方式有效解决后续发展中的资金问题，提升企业可持续发展能力。IPO 的这些功能特性，使其在理论上成为企业降杠杆最有效的途径之一。

IPO有着较严格的适用条件，在法律、财务、经营管理上有着一定的准入门槛。法律方面，要求企业的主体资格和董事、监事、高级管理人员等的设置和行为完全符合法律要求，尤其是解决好关联交易和同业竞争问题。财务方面，要求企业财务会计基础工作扎实，各项资产负债、营收盈利等财务指标要符合上市要求。经营管理方面，要求企业管理团队具备很好的经营管理经验和能力，企业要有核心竞争力以及很好的发展战略和规划，等等。当然，IPO还需要做大量的前期准备工作，会耗费大量人力物力，在当前IPO环境下，还需要消耗很高的时间成本，有些领域的企业还受政策限制。

（3）员工持股和管理层收购

员工持股和管理层收购是指企业内部员工和管理层出资认购企业部分或全部股权。其内在机理是企业所有者向企业内部成员让渡部分所有权，从而增加企业权益性资本、改变所有者结构和资产结构。员工持股和管理层收购，使得员工成为企业的股东、管理层成为企业的所有者，有助于完善企业治理结构，提高员工工作积极性，使经营权和所有权实现充分的融合，增强企业凝聚力和内生动力。同时，员工持股和管理层收购作为一种融资手段，可以使企业在不增加负债的基础上筹集资金、增加权益资本，对降低企业杠杆率十分有益。员工持股和管理层收购在理论上具有较强的可行性，但在实践层面，需在有关政策框架内规范开展。

（4）兼并重组

兼并重组是指用兼并或收购的方式，重新组建企业或企业集团。其内在机理是通过企业股权的转让、出售，资产的置换、剥离或收购兼并等方式，实现企业资产优化、规模扩张等目的。兼并重组有利于现代产权制度的建立健全，尤其是跨地区、跨产业、跨所有制的兼并重组，可以有效促进产权多元化格局的形成、产业结构与资产结构的优化。具体而言，兼并过程中，被兼并方获得兼并方的投资，其资本结构可以得到较大改善；重组的过程，则有利于企业在盈利资产与亏损资产、低负债资产与高负债资产之间寻求平衡，有的企业由此甩掉高负债资产的“包袱”，有的企业由此置入优质资产。从一定的角度看，这些都有助于企业实现杠杆率的降低。

兼并重组最关键的两个要素是资产与资金。不具备一定核心竞争力的资产难以吸引并购方出资，负债过重、发展空间不大的资产更是难以找到买家；再好的并购项目，如果没有充沛的资金，最终也难以实施。此外，兼并重组的开展，需要事先详细了解国家法律法规对兼并的限制性或禁止性的规范性要求，以及区域性的政策规定；需承担兼并重组过程中交易、融资、资产评估、产权纠纷、债权债务纠纷等风险，以及兼并重组后的整合风险。因此，兼并重组较适宜于标的资产状况清晰，投资方资本实力或融资能力以及经营管理、风险承受能力较强的情形。

（5）股债结合融资

股债结合是兼具股权和债权属性的融资方式，包括可转债、可交换债、优先股、永续债等。其内在机理是将股票与债券两种融资方式的特性进行组合或融合，形成一种既具权益性又有付息性的融资工具。其中，可转债和可交换债，可在满足一定条件的情况下实现转股和换股，并且有充分的二级市场交易保障，与一般债券相比，它们具有更高的流动性。优先股则是类似于固定利息债券的股票，它在利润分红及剩余财产分配方面具有优先于普通股的权利，但它是以企业权益的成分出现的，对企业来说有“付息”成本，却不会增加负债水平。永续债是一种无固定期限、内含发行人赎回权的债券，它可以以权益入账，可以递延付息，具有较强的权益属性，可以不增加企业负债。目前我国可归为永续债的有国家发改委审批的“可续期债券”和银行间市场交易商协会注册的“长期险含权中期票据”。可以看到，股债结合这种特殊的融资方式，有助于降低融资成本，改善企业资产结构，促进企业杠杆率的下降。

股债结合的融资方式要求企业具备一定的条件。可转债、可交换债的发行主体要求是上市公司或股票公开转让的非上市公众公司，但我国非上市公众公司发行此类债券的法规尚不完善，目前可依法依规开展此类债券融资的只能是上市公司，即使新三板公司的可发行债券中也不包含此类债券。当然，上市公司发行此类债券还需在财务指标、主营业务、法人治理等方面符合一定的条件。优先股发行也有相应的政策要求，例如上市公司须满足最近3年连续盈利、最近3年分红情况符合监管规定、发行优先股规模不超过普通股股份总数的50%、筹资额不超过发行前净资产的50%等一般性要求；非上市公司须满足投资者参与须达500万元资金、股东人数不得超过200人等要求。虽然有关部门对“可续期债券”和“长期险含权中期票据”发行主体没有特殊性的规定，但从实践情况看，前者的审批是有一定的领域或行业倾向的，比如基础设施建设、养老产业等，后者则主要集中于电力、能源、交通运输、市政设施等领域。

（6）融资租赁或售后回租

融资租赁是指出租人根据承租人对租赁物件的特定要求和对供货人的选择，出资向供货人购买租赁物件，并租给承租人使用，承租人则分期向出租人支付租金，折旧由承租人计提。租赁期间租赁物件的所有权属于出租人所有，承租人拥有租赁物件的使用权。售后回租是融资租赁的一种变通形式，即资产的原所有者将资产出售后租回，成为资产的承租人，其间的资产出售不需要实际交割，而是继续由承租方占有和使用。它们的内在机理是通过分离资产的所有权和使用权，使得资产承租方在不占用过多资金的情况下获得资产的使用权。融资租赁在发达国家资本市场是仅次于银行信贷的第二大融资方式，它可以帮助企业节省大量的资金。售后回租则有利于企业盘活资产，提高资金周转速度，优化资产与负债结构，对降低杠杆率有较大的帮助。

融资租赁门槛较低，但也并非适用于所有企业。一般来讲，融资租赁较适合于具有一定规模、增长趋势和盈利指标良好的企业。不同类型的融资租赁也有不同的适用范围，比如直接租赁较适合于具有大型设备购入或技术改造升级需求的企业，售后回租较适合于有大量存量资产而流动性不足的企业，等等。对于国家鼓励的中小企业融资租赁来说，较适合于生产、加工型中小企业，特别是那些销售渠道良好、市场前景广阔，但是出现暂时困难或者亟须购买设备扩大生产规模的中小企业。当然，更重要的，企业要开展融资租赁，最依赖的是融资租赁市场的发展，目前我国融资租赁业还处于发展的初期阶段。

（7）资产证券化

资产证券化，是指将缺乏流动性但具有可预期收入的实体、信贷、证券等资产，通过在资本市场上发行证券的方式予以出售，从而获取融资，以最大化提高资产的流动性。其内在机理是资产所有者通过向市场投资者让渡该部分资产的所有权，换取企业发展所需资金。证券化资产具有信用独立的特点，这使得其与企业整体信用风险相隔离，投资者可以集中关注证券化资产本身的质量和风险而不必担心企业整体的信用风险，因此更容易获得市场的认可。在融资属性方面，资产证券化属于典型的表左融资，具有提高资产周转率和不提高企业资产负债率的特点，可以使企业在不增加负债的基础上有效盘活资产与资金链，达到优化资产负债结构的效果。

资产证券化在一些国家较为普遍，比如美国大量的住房抵押贷款、汽车贷款就是通过发行资产证券提供的。资产证券化之所以具有较强的适用性，是因为它不是以整个企业的信用进行融资，而是以特定的部分资产为基础进行融资，对企业整体信用的评级要求较低。但实施资产证券化，仍要求资产质量和信用等级能够被准确评估，能够产生可预见的现金流，且有关担保品具有较高的变现价值或对于投资人具有较大的效用。因此，资产证券化对资产信用评级的准确度要求较高，而目前我国信用评级的发展仍然相对落后。此外，资产证券化需要有完备的、流动性充足的交易市场做支撑，还需要相应的法律和制度保障，目前我国在这些方面比较欠缺。

（8）债转股

债转股是指将债权转为股权，它是一种债务重组方式，也是处置不良资产的常用方式之一。我国债转股的实施路径通常是，金融资产管理公司收购银行的不良资产或企业债务，将原来银行与企业间的债权、债务关系，转变为金融资产管理公司与企业间的股权、产权关系。债转股的内在机理是，还本付息的债权关系转变为按股分红的股权关系。债转股是企业负债减少、权益金增加的过程，有助于减轻企业债务压力，帮助企业平衡资产负债结构，对企业降杠杆有直接的、明显的作用。

债转股的根本目的是改善企业经营状况、促进企业健康发展，它适用于发展前景良好但遇到暂时困难的优质企业，那些失去生存发展前景的“僵尸企业”、有恶意逃废债行为的企业、债权债务关系复杂且不明晰的企业等都是有关政策明确禁止的债转股实施对象。而对企业来说，实施债转股，本质上是一种股权融资行为，如果利用普通股进行转股，则意味着会引入新的股东，企业应谨慎选择，以避免债转股对企业经营管理带来负面影响。

综合以上可以看到，企业去杠杆的方式不仅多样，而且功能特性各异，适用条件也不尽相同。科学合理地选择去杠杆方式，如同不同环境条件下渡河工具的选择，事关成败、成本和成效。方式恰当，可以获得投入少、成效高的效果；而盲目选择不恰当的方式，则会造成资源浪费、成本增加、效率低下，有的事倍功半，有的则会导致失败，反而加剧债务风险。

2. 去杠杆方式选择需要考虑的因素

煤炭企业降杠杆方式的选择，需要在把握各种可供选择的去杠杆方式的基础上，充分考虑主体、客体和环境三方面的因素，进而做出科学的选择。

（1）主体因素

对于煤炭企业降杠杆方式的选择来说，首先要认清自身所处的生命周期阶段。初创阶段的企业负债能力弱，需要选择以控制负债水平为原则的融资方式实现降杠杆的目的，即以各种充实资本金的方式开展降杠杆工作，否则盲目采取措施容易使得企业成本陡增而阻碍企业的成长；成长阶段的企业有扩张的需求，具有较强的负债能力，可以选择以引入新股东、创新融资方式为主要手段的降杠杆方式，其要点是增加权益资金、增加低成本融资；成熟阶段的企业不宜再搞扩张式发展，应以调整存量的方式降低资产负债率，典型的做法包括债转股、低成本债务替换高成本债务以及资产结构优化等。衰退阶段的企业，大多不具备向好的发展空间，可以择机选择依法破产、重组。煤炭企业还应结合自身的杠杆驾驭能力和风险承受能力等因素，合理选择降杠杆方式。杠杆驾驭能力和风险承受能力强的，在没有高效的手段可选择时，可以选择成本相对较高、耗时相对较长但最终能有效降低杠杆的方式；杠杆驾驭能力和风险承受能力弱的，则不宜采取成本高、耗时长的降杠杆方式，而是尽可能地选择短时间内可以见效的方式，否则不宜盲目开展降杠杆工作。

（2）客体因素

煤炭企业降杠杆的客体是指企业过高的杠杆率，要考虑的因素包括过高杠杆率形成的原因、特点以及债权人属性等。不同的客体因素，其所适宜的降杠杆方式也会有所不同。煤炭企业杠杆率过高的形成原因有很多，有的是政策所致，有的是制度安排不合理引起，有的则是企业发展战略、经营管理的问题，在选择降杠杆方式时应综合分析这些原因，采取相应的对策，比如有的需要政府施以援手，有的需要完善制度才能推进，有的需要企业自身在转型升级、资本运作、精细化管理等方面做出努力。不同煤炭企业的高杠杆率还会呈现不同的特征，有的是资不抵债、濒临破产，有的是超过警戒线，有的是超出合理区间；有的是债务总量过大，有的是债务成本过高，有的是债务结构不合理，有的是权益资本和借贷资本配置不平衡等。针对不同的高杠杆率特点，宜采取不同的降杠杆方式，对症下药，或压缩总量，或调整结构，或加减并重，或多管齐下。银行、企业债投资者等不同的债权人属性，也会使得企业所能采取的降杠杆方式有所差别，需要企业分类施策，针对不同债权人选择适宜的降杠杆方式。

（3）环境因素

重点关注经济环境、市场环境、政策环境和社会环境。一是经济环境方面，国内外经济形势的好坏，会影响企业效益、居民收入与消费，并会影响煤炭产业的景气状况，进而影响投资者的积极性，影响资本价格。因此不同的经济环境下，煤炭企业降杠杆方式的选择、实施的难度会大不相同，需要因时而异。二是市场环境方面，资本市场资金的充沛程度、流动倾向、市场信号、成本高低，市场的完备程度、进入退出的畅通性、服务体系的质量，直接影响着煤炭企业降杠杆过程中资金来源与退出的可靠性、方式选择的多样性，在当前我国资本市场体系建设不尽完善的背景下，煤炭企业需要趋利避害地选择合适的降杠杆方式。三是政策环境方面，政府部门关于财政金融等领域的支持与鼓励、限制与禁止的政策，是煤炭企业降杠杆方式选择重点考虑的因素；产业政策将煤炭产业置于何种地位，是积极鼓励发展还是严格限制发展，将决定煤炭企业能否在降杠杆过程中获得资金的青睐，并对其降杠杆方式选择的自由度产生影响。四是社会环境方面，社会关注度越高、舆论状况越好、学术氛围越浓，越有利于推动有关各方的积极性，越容易促进降杠杆方式的完善和创新，这也是煤炭企业在选择降杠杆方式时需要考虑的因素。

3. 煤炭企业降杠杆方式的选择

从煤炭企业降杠杆系统角度分析，从主体因素看，煤炭企业大多处于成熟的发展阶段，有一定的杠杆驾驭能力和风险承受能力，但基于当前过高杠杆率的现实，已不适宜通过扩张的手段降杠杆，而应以优化存量的方式为主，同时努力加大权益性融资的力度；对于转型升级成效明显的企业，则可适当在增量上做文章；对于资源枯竭、资不抵债的“僵尸企业”，则应择机选择依法破产。从客体因素看，煤炭企业高杠杆率大都由前期高速扩张带来，债权人以银行为主，债务中短期借款居多，杠杆率普遍超过警戒线，而且成本较高，因此在降杠杆过程中，不仅要选择有助于压缩总量的方式，还要采取不同的方式不断调整资产负债结构，降低整体负债的成本。从环境因素看，经济形势和煤炭产业经济发展趋势不够明朗，国内资本市场尚不够完善，有关政策方面还对煤炭产业构成限制，但社会环境相对良好，在降杠杆方式方面有不断拓展的可能，应坚持适应环境、改善环境和努力创新相结合。综合来看，煤炭企业降杠杆存在难题不少，但也有较多的方式可以选择，并且还可以因时因地因事灵活选择不同方式、创新不同方式。

（1）债转股：目前的最佳选择

理论上，从资产负债率的公式考量，在负债上做“减法”或在“净资产”上做“加法”都可以达到降杠杆的目的。但在实际中，对当前的煤炭企业来说，“加”“减”都很难。“十二五”以来，煤炭产业巨额借贷形成的杠杆大都已成长投，沉淀为职能资产；在权益性融资方面，又存在很多制度性障碍和政策限制。

因而，生息资本职能化后，在难以通过权益性融资还债的情况下，债转股具有理论上的可行性，因为这一过程没有改变生息资本的本质，改变的是所有权借以实现的经济形式。债和股的不同之处在于，债体现的是债权债务关系，在企业资产中具有负债属性，股体现的是所有权关系，在企业资产中具有权益资本属性，前者有期限、收益固定，后者无期限、收益不固定。债和股还具有很多的共同点，它们都属于有价证券，都是企业融资的手段，都有追求收益的目的，也都具备可交易、可流通的属性。因此，在一定条件下，债和股是可以相互转化的。在企业降杠杆过程中，“减债”“增股”都难以实现的情况下，债转为股就有了必要性。通过债务资本向权益资本的转化，企业资产负债比例自然就会出现相应的下降。

从煤炭企业杠杆率过高的企业类型看，主要是国有或国有控股企业。从煤炭企业债务结构和债权人属性看，接近七成的债务为银行部门提供，这些银行又大多集中于工农中建交等国有银行。由我国现行体制机制和社会环境所决定，在国有金融和非金融企业间推进债转股可操作性会更高些。尽管目前存在落地难问题，我们相信随着供给侧结构性改革的深入，这个问题会得到解决。

（2）寻机选择其他有效方式

虽然由于主客体及环境因素的影响，煤炭企业在选择降杠杆方式时有许多制约，并普遍都以市场化债转股为主要方式，但并不意味着对其他有效方式的放弃，也并不意味着失去创新方式的可能。特别是在实践中已有煤炭企业探索并成功开展的存量资产盘活、资产证券化、融资租赁等方式，应当予以积极尝试。对于存在障碍的混合所有制改革、员工持股和管理层收购等方式，要努力克服困难积极推进。对于股债结合融资等新型手段，则应结合企业实际小心求证、大胆应用。同时还要在制度创新、政策完善的过程中，加大改进与创新力度，不断形成更有效的降杠杆方式。

（四）着力夯实基础

作为一项系统工程，煤炭企业降杠杆应按系统性的要求做好充足准备。但实际上准备工作并不充分，是在债务危机一触即发的情况下，采取的应急措施。随着推进工作的深入，人们越来越认识到，问题不是那么简单，基础条件也不是那么充实，必须在推进中进一步夯实。

在夯实煤炭企业降杠杆基础的工作中，要坚持“区别对待、分类界定”“注重实质、分步实施”“问题导向、严格过程”等原则。要充分考虑煤炭产业的特殊性，基于企业实际，按规模大小、业务构成、发展阶段、发展潜力等进行分类，并按不同类别制定企业的杠杆率标准，提出降杠杆要求。在评判煤炭企业杠杆率高低时，不仅仅考虑资产负债率指标，还应考虑企业的负债能力、息税前利润水平等；在煤炭企业降杠杆的任务目标上，要尊重现阶段煤炭企业杠杆依赖症的现实，做好长期打算，以梯度推进的方式逐步达成降杠杆目标，而不简单追求短平快、一步到位。要以煤炭企业降杠杆过程中遇到的困难和问题为着力点，不断完善相关法律法规，为改革破除障碍；严格过程的督察、评价、考核，确保煤炭企业降杠杆工作落到实处、获得实效。

1. 科学制定煤炭企业财务杠杆适度性标准

财务杠杆适度性标准，是企业据以合理安排债务规模、债务结构、债期结构，加强自身财务杠杆约束，有效控制杠杆率，形成合理资产负债结构的制度基础。科学制定这一标准，要研究企业资本成本与资产报酬率的关系、企业资本来源的期限构成与资产结构的适应关系，以及企业财务杠杆与财务风险、未来融资需求、产业发展所处阶段、企业成长所处阶段等之间的适配关系，并综合国内外财务杠杆评价标准，总结各类产业、各种企业财务杠杆发展的实践经验，制定出合理的企业财务杠杆适应性标准。

目前普遍认同的非金融企业财务杠杆适度水平的判断标准是：资产负债率不低于20%、不超过70%；国际上将60%作为企业合理资产负债率的参考标准。具体到我国煤炭产业，应做具体的分析。在我国，煤炭产业是国民经济基础产业，在发展过程中曾获得了较多的政策支持和生息资本的追逐，有维持相对较高杠杆水平的能力和条件；煤炭产业具有投资规模大、回收周期长、风险系数大的产业特点，因而也有维持相对较高杠杆率的客观需要；煤炭产业是典型的周期性产业，其杠杆率还应遵循国内外经济形势并结合产业景气度主动调整变化的规律。总体而言，煤炭企业财务杠杆适度性一般标准，目前大体应处于70%左右。

当然，同一产业内不同类型企业驾驭杠杆的能力不同，杠杆率的形成和调节能力也不同，需要分类确定其适度性标准。目前我国民营煤炭企业的负债率普遍处于适度区间。资产负债率较高的主要是国有煤炭企业。依据国有煤炭企业的不同发展情况，其杠杆率适度性标准可以分为以下几类考虑：（1）企业规模大、效益相对较好，处于传统业务成熟期，该类企业可将70%左右作为财务杠杆适度性标准，原则上不应超过75%。（2）传统业务处于成熟期、效益相对稳定，但企业规模相对较小的，相对于大型企业而言，该类企业可将65%左右作为财务杠杆适度性标准，原则上不应超过70%。（3）有些企业不仅传统业务稳步发展，而且在有较好发展前景的新兴业务上有较大投入，有些甚至已取得重大突破。对于这类驾驭杠杆能力较强、处于需要加杠杆阶段的创新型企业，其财务杠杆适度性标准可设置在75%左右，原则上不应超过80%。（4）“僵尸企业”。该类企业实际上是严重资不抵债并且无发展空间的煤炭企业，一般意义上的财务杠杆适应性标准对其已无意义。

此外，企业杠杆率高低的评判标准不能仅仅局限于资产负债率这一单项指标。资产负债率达到或超过一定的标准，只是表明了该企业运用了大量借贷资本来支撑发展，而这种发展模式是否健康、可持续要从生息资本的本质去分析，即如果企业的息税前利润足够充沛，那它就可以保证生息资本的循环，就可以继续维持这种高负债的发展模式，而普遍意义上的高杠杆率对该企业来说则仍然是适度的。因而，凡付息后仍能获得产业平均利润率的，视为符合适度标准。

需要强调的是，随着经济社会的不断演进、历史条件的不断变化，产业发展阶段和发展形势的不同，以及企业自身与所处环境的改变，财务杠杆适度性标准应适时地进行调整。要在评判企业杠杆高低问题上，将原则性与灵活性结合起来，而不要过于僵化。

2. 着力完善法律法规和行为规范

依法治国是新时期国家治理一切行为的准则，煤炭企业降杠杆作为供给侧结构性改革重点任务在重点领域的落实，同样需要将法治作为基本保障。同时，法律框架下的行为规范，既是改革政策的保障，也是法律在制度安排层面的保障。因此，积极稳妥降低煤炭企业杠杆率，不仅要依据现行法规推进，还要不断完善法律法规，建立健全相关的行为规范。

煤炭企业降杠杆，要严格按照有关法律法规要求开展工作。要在《煤炭法》《物权法》《企业国有资产法》《公司法》《商业银行法》《证券法》《企业破产法》《国家赔偿法》等法律，以及国发〔2015〕54号文、国发〔2016〕54号文等法规、政策的框架下，实施煤炭企业的兼并重组、破产清算、混合所有制改革、资产处置、债务处理（包括债转股）、权益性融资等。还要加快修订《煤炭法》《煤炭产业政策》，完善煤炭产业准入与退出机制，为降低煤炭企业杠杆率的客体选择提供必要的法律依据。要进一步完善《物权法》《公司法》，突出财产平等、权益平等，消除所有制歧视，为市场化债转股、混合所有制改革等提供法律保障。完善《企业国有资产法》《所得税法》《增值税管理条例》，为企业资产重估、国有资产处置、员工持股和管理层收购等消除法律障碍；为企业实行税后付息制度提供法律支撑。及时修订《商业银行法》《企业破产法》，以促进融资制度的完善，为煤炭企业合理的融资需求提供保障，为煤炭企业开展市场化、法治化去杠杆特别是目前着力推进的债转股提供法律支撑。继续深化投融资制度改革，尽快出台《政府投资条例》，为政府参与煤炭企业股权投资创造制度条件；进一步完善《证券法》、尽快颁布《股权投资基金管理办法》，为煤炭企业开展权益性融资提供合理的法律支撑；尽快出台《融资租赁法》，以规范和促进煤炭企业融资租赁活动；尽快出台《企业投资项目核准和备案管理办法》，为煤炭企业开展市场化投资从而有效控制杠杆率提供制度保障。加快《能源法》的颁布与实施，加快制定《煤炭产业退出与新兴产业扶持的具体实施办法》，为煤炭企业通过转型升级降杠杆提供法律保障。还要对“僵尸企业”的法律界定进行规范，促进对煤炭产业“僵尸企业”的依法处置。

确保行为规范，是煤炭企业降杠杆顺利推进的必要条件。要进一步健全各项法律法规的实施监督机制和程序。在依法推进煤炭企业降杠杆过程中，出现违法违规等现象，要严格进行处罚。坚持法律面前人人平等，确保不同性质的所有权人有平等的权利，一切违反法律的人和行为都必须予以追究。要在完善公司治理结构的基础上，规范企业融资行为，建立权责明确的企业管理层负债管理决策机制，以及制衡有效的企业负债执行监督机制。

3. 着力做好降杠杆行动规划

积极稳妥降低煤炭企业杠杆率是供给侧结构性改革的重点任务，因其复杂性、艰巨性，客观上要求改革的主导者和参与者做好行动规划。要明确任务，落实责任，设计好改革路径，安排好改革措施。

明确任务方面，除了把握好将煤炭企业杠杆率降到与企业杠杆驾驭能力、企业的成长阶段、产业的发展趋势相适宜的“质”的要求外，还要在“量”上提出要求。目前煤炭产业整体资产负债率远远超过适度性。但由于煤炭产业杠杆形成和发展的特殊性，煤炭企业在经济形势和产业景气度变化的过程中，未能主动调整杠杆水平，因而很难在短期内将其调整至适度水平。因此，综合考虑煤炭产业杠杆率形成的特殊性和杠杆依赖症的实际，建议采取分阶段渐进式的改革办法，在1～2年的期间内先将煤炭产业资产负债率在现有基础上降低5个百分点，然后再利用2～3年的时间进一步降到适度性水平。

落实责任方面，应明确各级地方、管理部门特别是企业主体的职责，切实将责任落到实处，建立健全目标责任制、考核问责机制，并强化监督检查，必要时可开展专项督查。对资产负债率长期不能回归合理水平或持续攀升造成重大损失和不良影响的国有企业，要进行强化问责，并将责任与处罚落实到相关的具体的部门或人。

措施安排方面，要在形成稳妥可靠的工作制度与方法的基础上，结合主客体与环境因素灵活选择54号文提出的以及现实存在的适宜可行的降杠杆方式，并不断创新降杠杆方式与工作方法。而且对降低煤炭企业杠杆率这一改革任务推进中可能出现的问题要有充分的估计，比如国有资产处置困难，关闭退出矿井债务留存，依法破产不易推进，权益融资受政策与制度限制，资产评估定价难，债转股资金成本高、资金渠道不畅通、届时退不出等，都是容易出现的问题。对此要制定切实可行、可落实到位的防范和应对措施。

4. 科学制定评价考核标准和方法

要综合企业财务指标、煤炭企业特点、降杠杆工作安排等因素，科学制定积极稳妥降低煤炭企业杠杆率的评价考核标准和方法，并建立具有权威性的协调组织或督导组，对降杠杆工作进展情况进行动态跟踪、监督检查和评价考核。

要将降低煤炭企业杠杆率纳入煤炭主管部门、产区和企业干部的考核体系。具体而言，要将煤炭企业降杠杆目标完成情况、各项工作开展情况、重点任务实施情况、降杠杆方式与工作创新情况、企业职工满意度等作为评价考核内容；将各项评价考核内容细化，并以数据可获得的原则设置量化指标；合理分配各评价考核内容权重，对于资产负债率超过警戒线的国有煤炭企业，要适当增加资产负债率评价考核权重；以企业、地区、部门自查，督导组实地考核，重点任务专项考核，金融机构等第三方评估机构抽样调查考核等方式开展评价考核工作，在时间安排上，采用日常检查督导、不定期巡视、年度考察等方式。评价考核内容应尽可能量化。具体讲，按百分制对包含各项指标的考核内容进行打分，并设置优秀、良好、合格、不合格等级；将评价结果报地方政府、产业主管部门及积极稳妥降低企业杠杆率工作部际领导小组，并将其运用到政府部门和国有企业绩效考核和干部任免工作中；对评价结果优良的，给予公开表彰和专项财政资金奖励，对评价结果不合格的，需通报批评并严厉问责。

（五）加强政府引导

改革开放近四十年来，我国持续深入推进以市场化为方向的经济体制改革，并取得卓著成效。市场化是以市场作为解决经济社会乃至政治问题等基础手段的一种状态，它以自由竞争促进资源充分合理配置以及效率的最大化，其重要标志是市场经济的全面推进。市场经济作为人类经济社会长期发展进程中不断探索进而保留下来的最具效率的经济制度，也已被世界绝大多数国家或地区所普遍认可并广泛采用。市场化的推进并不意味着政府作用的摒弃。改革开放以来，我国对市场经济条件下市场定位，有着愈来愈深刻的认识。从1978年十一届三中全会提出的“应该坚决实行按经济规律办事，重视价值规律的作用”、1982年党的十二大提出的“发挥市场在资源配置中的辅助性作用”，到1992年党的十四大提出的“要使市场在国家宏观调控下对资源配置起基础性作用”、2003年党的十六届三中全会提出的“要在更大程度上发挥市场在资源配置中的基础性作用”，再到2012年党的十八大提出的“要在更大程度、更广范围发挥市场在资源配置中的基础性作用”。对政府和市场关系的认知经历了“政府主导—政府为主、市场为辅—更加注重市场作用”的过程。2013年召开的党的十八届三中全会进一步提出，“经济体制改革是全面深化改革的重点，核心问题是处理好政府和市场的关系，使市场在资源配置中起决定性作用和更好发挥政府作用”，这一表述是对政府和市场关系认识上的重大理论突破，它重新定义了政府和市场的关系，即“市场的决定性作用”和“更好发挥政府作用”相辅相成、不可偏废。

去杠杆作为当前阶段全面深化改革的重要任务，在充分发挥市场作用的同时，也离不开“更好发挥政府作用”。正如2017年7月习近平总书记在全国金融工作会议上阐述市场导向这一金融工作重要原则时所指出的，“要发挥市场在金融资源配置中的决定性作用。坚持社会主义市场经济改革方向，处理好政府和市场关系，完善市场约束机制，提高金融资源配置效率。加强和改善政府宏观调控，健全市场规则，强化纪律性”。在降低煤炭企业杠杆率这项金融工作中，更要如此，既需要市场这只“无形的手”充分发挥作用，也十分有必要通过政府这只“有形的手”加以引导和推动。政府需要以政策、资金以及直接参与、承担历史责任等方式，引导该项改革工作的顺利开展。

1. 政策引导

政策引导是中国式市场经济体制下政府引导的主要形式或手段。煤炭企业降杠杆作为供给侧结构性改革的重要内容之一，是改革政策的具体体现和贯彻落实，政府在引导此项改革任务过程中，务必要将政策引导放在突出的位置。煤炭企业降杠杆工作的政策引导中，首先要进一步发挥现有政策的指导作用。各级政府需加强组织领导和综合协调，做好政策解读与宣传，并在贯彻落实各类文件的工作中各司其职，加大统筹推进和执行的力度。改革主导部门要按照文件的总体思路、工作原则、实施路径等精神，科学编制降低煤炭企业杠杆率的工作方案，明确工作任务、工作方法、工作时序、责任落实等，并结合外部环境，有效引导各类主体积极参与和有序开展煤炭企业降杠杆工作，还要及时研究、解决改革过程中出现的新问题，更好地指导煤炭企业降杠杆工作。

政府还应通过制定引导政策，完善相关监管规则，维护公平竞争的市场秩序，做好必要的组织协调工作，保护和维护社会稳定，为降杠杆营造良好环境。在降低煤炭产业资产负债率的整体目标设置上，采取分步走的策略；在降低企业资产负债率的目标设置上，采取分类施策的策略，引导各类企业合理设定降杠杆目标。在各类降杠杆方式的政策引导上，当前的重点是推进煤炭企业市场化债转股示范项目的开展；在项目融资、企业剥离社会负担、股权退出渠道等方面加大政策的支持力度；在国有资产管理考核制度、资产重估税费政策等方面不断完善，促进煤炭企业有效处置资产以及做好资产重估工作；在实施“僵尸企业”破产方面提供适当的社保兜底政策；证券审核发行机构应取消行业性限制规定、降低优秀煤炭企业股票发行门槛，对于杠杆率高但发展前景好的煤炭企业，实施优先发行股票、优先安排上市；等等。此外，政府还应充分利用激励机制引导煤炭企业降杠杆。对于政策贯彻落实情况良好、降杠杆成绩显著的煤炭企业，政府可予以财政奖励或补偿，以此建立示范效应。为引导有关部门、煤炭企业积极推动降杠杆工作，还应将降杠杆目标任务完成情况作为考核内容，纳入政府部门和国有企业干部的综合考核体系中。在煤炭企业采用各类方式降杠杆过程中，要充分利用财政、税收、金融、投资等经济杠杆加以驱动，引导改革任务的推进。

2. 资金引导和直接参与式引导

政府资金引导的最主要方式是设立股权投资引导基金或产业投资基金。

此类基金是指由政府发起设立和出资参与，不以营利为目的的政策性基金，其根本目的是运用政府资金的杠杆作用，引导社会资金的广泛参与，实现资金放大功能，从而推动产业发展。对于煤炭企业降杠杆工作来说，设立该类基金的主要目的就是通过政府资金吸引更多的社会资金，参与到煤炭企业降杠杆工作中，有效降低煤炭企业杠杆率，帮助有前景但暂时遇到困难的煤炭企业降本增效，促进优势煤炭企业更好发展，实现煤炭产业的健康发展。2017 年 7 月国务院办公厅发布的《关于发挥政府出资产业投资基金引导作用推进市场化银行债权转股权相关工作的通知》（发改办财金〔2017〕1238 号），对政府资金引导企业降杠杆有着积极的意义。各级政府应充分认识政府资金引导的重要意义，做好政府资金引导工作。在政府出资方面，可将财政用于支持煤炭企业供给侧结构性改革的资金作为政府发起基金或种子基金；也可通过发行专项国债、变卖部分国有资产、动用部分保险资金或社保金等方式筹集所需资金；还可考虑在煤炭企业降杠杆阶段，将煤炭产业超过工业平均税负的部分以及铁路建设基金等政府性收费，作为煤炭企业降杠杆的专项资金。

除资金引导外，政府还可以通过直接参与的方式推动煤炭企业降杠杆工作。其中最主要的方式，是政府切实履行出资人责任，适时向暂遇困难的优势煤炭企业增资，以充实其资本金，优化资产负债结构。政府还可以直接参与到煤炭企业降杠杆的具体项目中，如财政参与煤炭企业的债转股项目等，所需资金可以直接通过财政预算，也可借鉴中国神华的大额分红方式筹措。

3. 承担调控不力责任的表率式引导

分析煤炭企业资产负债率过高问题的形成原因，可以发现，这当中存在诸多环节上的问题，有企业管理者的投资决策失误，也有政府管理部门的调控不力的影响。政府管理部门的调控不力，主要表现在，产业规划环节存在对国内外经济形势的判断和对煤炭产业发展规律的把握不够准确；产业建设项目审批环节缺少科学的目标指引、把关不够严谨；产业管理环节没有形成有效的预测预警机制和理性预期管理模式、防范意识以及应对形势变化能力不足。地方政府则是在“唯 GDP”的政绩观作用下忽视发展规律不断对煤炭企业投资任务加码、鼓励金融机构向煤炭企业投放资金，甚至于导致企业“被贷款”。这些造成煤炭企业杠杆率过高的政府调控不力当中，最为关键的是项目建设失控，以及地方政府过度行政干预对煤炭企业进行的投资任务摊派。当然，在煤炭企业降杠杆过程中，还有可能出现因政府调控不力造成煤炭企业降杠杆失败进而出现重大负面影响的问题。

政府要发挥表率作用，主动承担这些调控不力造成的煤炭企业杠杆率过高或降杠杆失败的责任。因政府调控不力所形成的不良债务，可直接作为国债的形式存续，将企业与金融机构的债务关系转移到政府。当然，此项工作的关键在于责任的界定。要准确区分企业自身责任与政府责任，防止责任不清带来的各主体间的责任推诿。可依据煤炭企业项目建设、负债行为等的主导性原则确定主要责任方。由企业自身决策失误造成的，应由企业自身承担责任并向主导决策的时任主要企业领导追责；由地方政府强行摊派或以各种施压方式形成的煤炭企业债务，可由地方政府承担一定的消化责任；由产业管理部门调控不力造成的，由其承担降杠杆主要责任。通过政府承担调控不力的表率式引导，可为煤炭企业减轻债务负担、降低杠杆率，可较大程度地提高政府调控能力，还可以提升政府的诚信度。

（六）及时总结提高

新中国成立之后的很长一段时期，我国都处于供给不足的短缺经济状态，生产生活资料普遍匮乏。改革开放后我国经济迎来高速发展，并逐渐摆脱短缺经济，但能源供应却迟迟没能告别“短缺”，其原因是经济高速增长带来了巨大的能源需求，而能源产业的建设步伐相对滞后，其间作为我国基础能源的煤炭时常出现供给紧张的局面。21 世纪以来，凭借技术进步和资本助力，我国能源特别是煤炭产业获得了空前的发展，规模迅速扩大。然而随着“十二五”以来我国经济发展进入高速增长向中高速增长的新常态，告别“短缺”不久的煤炭产业又迅速陷入了严重的“过剩”危机，前期投资过旺带来的债务问题不断凸显，去杠杆成为煤炭产业发展的“新任务”。20 世纪 90 年代末，我国煤炭产业也遭遇过过剩与债务危机，并有过去杠杆的实践，但情况已今非昔比。之前是以政策性手段化解银行坏账危机，当前则是突出使用市场化手段以降低煤炭企业负债率、解除产业发展危机、防范债务危机。因此，当前阶段的煤炭企业降杠杆，既缺少成功的“经验”，也缺少失败的“教训”，是“摸着石头过河”，及时总结提高是十分必要的。

及时总结提高，关键在于“及时”，即要把握有利的时机，否则会因为时过境迁而失去意义；重点在于“总结”，即要对一段的实践进行总的回顾、分析，从中得出经验、吸取教训、找到规律；目的在于“提高”，即要将总结出的教训、经验、规律进行升华，形成新的认识，用以指导新的实践。在煤炭企业降杠杆工作中及时总结提高，既是为了使该项“摸着石头过河”的改革少走弯路，也是基于“实践出真知”的这一普遍真理。随着煤炭企业降杠杆这项工作的不断推进，我们会在实践中探索出其规律性，以保证下一阶段改革实践顺利进行。

党的十八大以来，我们对“去杠杆”认识的不断提高，已经证明了在实践中及时总结提高的重要性。在党中央、国务院作出供给侧结构性改革重大决策部署并明确“三去一降一补”五大重点改革任务后的初期阶段，我们将“去杠杆”的矛头指向金融领域，并捅破了金融“泡沫”，也确实取得了金融领域去杠杆的实效。后来又发现，非金融企业部门才是高杠杆率问题最主要也是最根本的领域，决策部门深刻认识问题本质后，及时出台国发54号文，将积极稳妥降低企业杠杆率放在了突出位置。随着去杠杆工作的进一步推进，决策部门进一步认识到非金融企业债务的绝大部分集中于国有企业，高杠杆率问题也集中体现在国有企业身上，于是便形成了“把国有企业降杠杆作为重中之重”的新认识和决定。正是不断地在实践中及时总结，才使得我们能够将去杠杆的认识逐渐统一起来。客观地讲，我们对煤炭企业降杠杆的认识还存在某些局限性，对其规律还不能够清晰地把握，对债转股落地难等问题尚未找到较佳的答案。我们还需要通过不断的实践进一步提高认识，要按照与时俱进的基本要求，对煤炭企业降杠杆工作中暴露出来的矛盾、出现的新问题及时总结，进而更好地指导实践，将煤炭企业降杠杆推向深入。

由于煤炭企业降杠杆是在产业经济形势、潜在债务危机倒逼下提出的改革任务，因而尽管在降低企业杠杆率的顶层设计上已经有了较充分的考虑，并出台了较为系统全面的政策文件，但煤炭企业降杠杆政策执行的准备工作，包括物质和精神方面都不充分。很多煤炭企业的降杠杆项目因为资金来源问题难以推进。有些地方、有些煤炭企业、有些金融机构，将降低企业杠杆率片面地理解为就是“债转股”，就是单纯地减少债务；或者将降低企业杠杆率当作政治任务，在对象选取上“挑肥拣瘦”，将意义重大的煤炭产业资本结构优化的改革任务，演绎成单纯逐利的交易行为。这些物质和精神方面的准备不足以及由此产生的问题，都需要在实践的各个阶段，及时发现问题，不断进行总结，逐步提高认识和解决问题的能力。因此，十分有必要边贯彻落实，边总结提高，以确保积极稳妥完成煤炭企业降杠杆任务。

伟人毛泽东曾经说过，“没有调查研究就没有发言权”，及时总结离不开调查研究。在推进煤炭企业降杠杆过程中，要特别注重深入实际、搞好调研。政府应在煤炭企业降杠杆工作的调查研究中发挥好组织领导作用，有效协调不同层面的研究部门、社会各界的研究机构参与到该项调查工作中，特别是要注重发挥民间组织的力量，必要时应以政府购买服务的方式，推动民间组织参与该项调查工作。调查对象不仅包括煤炭企业，还应包括产业管理部门、银行、资产管理公司。煤炭企业要做好自身的调查研究，对降杠杆工作及时进行总结；企业之间还可以开展相互调研，学习交流经验。要更好发挥第三方中介机构和民间智库的作用，因为它们在降杠杆实务和技术方面有“发言权”。还应注重发挥座谈、研讨、论坛等活动的作用，使调查更充分、更具综合性。调查过程中，应尽可能获取全面客观且翔实的资料和信息。基于实际调查中掌握的真实资料，要在系统梳理的基础上，通过科学的研究方法予以分析论证，从而得出客观的结论。调查及分析研究过程中要坚持实事求是的原则，防止走过场、流于形式；防止报喜不报忧、避重就轻，隐瞒真实困难与问题；防止主观臆断或先下结论后论证，要用全面的事实说话，而不是选择性地采用资料和开展研究。形成的调研报告要有理有据、有分析、有论证，要客观反映真实情况。

在调查研究的基础上，要在以下几个方面做好总结：一是是否达到预期目标。该方面的总结，要从质和量两个方面进行。从质上看，资产负债率上升的势头是否得到扼制，资产负债结构是否得到优化，企业资金管理和资本运作能力是否得到提升等。从量上看，是否将资产负债率降至目标数值、将债务规模压缩到预期水平、将债务结构调整到适当比例等。二是煤炭企业降杠杆是否产生正态效益。任何一项改革都存在投入产出问题，煤炭企业降杠杆也不例外，要客观评价在投入大量人力、物力和财力的基础上，是否取得了预期的经济效益。三是社会各方是否满意。这里主要指的是煤炭企业降杠杆的参与主体是否对改革进程和改革效果满意，要利用煤炭企业、银行及各类金融机构、地方政府等多个主体的满意度调查结果，进行综合评价或总结。以降杠杆主要方式市场化债转股为例，要总结其项目开展和落实情况，推进中存在哪些问题，有无偏离政策初衷，有哪些好的做法，有无新问题产生，能否产生较好的经济效益，债权人债务人以及其他参与方是否满意，等等。

及时总结作为实践中提高认识必不可少的环节，其目的是促进理论的升华、政策的完善和制度的创新，最终更好地指导实践。因而要基于以上调查研究的情况，在认识上实现升华，特别是要将感性认识进一步升华为理性认识，从而掌握客观事物的发展规律。具体而言，在调查研究和做好总结的过程中，不仅要总结经验，还要发现问题、剖析原因、分析环境、提出对策，更要在理论上有所突破。总结形成的一般规律应进一步升华为基础理论；形成的成功经验应因企制宜地进行推广；形成的策略方法应提供给煤炭企业及有关主体参考借鉴；形成的政策及制度改进建议，应向政府有关部门反映。政府应在科学评估的基础上，对政策进行修正或补充完善，及时改进相关制度，为煤炭企业降杠杆提供更好的政策支撑和良好的制度环境。为了使调研和总结成果更为科学更有效用，有关部门还应组织业内外专家学者进行研讨交流，吸收更多的关于有效推进煤炭企业降杠杆的意见和建议；不同的研究部门也可以互通有无，交流研究成果，寻求煤炭企业降杠杆的最佳策略。煤炭企业和各类参与主体，应在不断更新理论知识和吸收实践经验的基础上，努力提高降杠杆工作的能力与水平，更高质量地推进改革任务。

（七）深化改革创新

去杠杆作为供给侧结构性改革的重点任务，要靠深化改革来完成，作为适应新常态做出的新选择，必须要创新。

1. 深化产权制度改革创新

产权是以法律形式存在的财产所有权，是所有制的核心和主要内容，包括物权、债券、股权和知识产权等各类财产权，是行为主体通过对财产的所有、占有、支配和使用而形成的人与人之间的权利关系。产权制度则是关于产权界定、运营、保护等一系列体制安排和法律规定的总称。在人类社会经济长期发展的过程中，产权制度不断演化，并与社会化大生产和现代市场经济相融合，形成了现代产权制度。我国现代产权制度的建设始于十一届三中全会开启的经济体制改革，但早期一直以企业管理权、经营权、所有权以及所有制问题为主要导向。直至十六届三中全会才首次提出建立现代产权制度的概念，同时对现代产权制度提出了“归属清晰、权责明确、保护严格、流转顺畅”的要求。党的十七大提出“以现代产权制度为基础，发展混合所有制经济”，十八大进一步提出“保证各种所有制经济依法平等使用生产要素、公平参与市场竞争、同等受到法律保护”；十八届三中全会根据十八大精神，明确提出要“坚持和完善基本经济制度，要健全现代产权制度，完善产权保护制度”。

我国在现代产权制度建设方面取得的成绩毋庸置疑，产权多元化的局面逐渐形成，产权的权责义利关系逐步理顺，产权交易体系不断构建，并有效促进了现代企业制度的建设，推动了公有制与市场经济的高效融合。但同时我们也应该认识到，建立健全现代产权制度任重道远，还有诸多困难需要克服、诸多问题需要解决。正是这些改革过程中切实存在且尚待化解的矛盾，成为企业杠杆率过高问题生成的土壤，并在去杠杆的工作中成为制度性的障碍。

为了破除产权制度对企业降杠杆的制约，我们需要进一步深化产权制度的改革创新，建立健全产权界定清晰、主体明确、保护严格、流转顺畅的现代产权制度。

要加大混合所有制改革力度，努力破除制约产权主体“积极性、主动性、创造性”焕发的体制障碍，坚持“打破所有制、地区和产业界限”，实现投资主体多元化，着力吸引各类资本参与煤炭企业降杠杆。改革国有资产管理体制，将国有大型煤炭企业改为国有资产经营公司，推进国有资本投资、运营公司的组建。特别是要加大国有独资煤炭企业的改革力度，大胆吸收民间资本的进入，改变“一股独大”的局面，增强企业活力和资本实力。

要有序推进员工持股和管理层收购，通过工者有其股，降低企业杠杆率。推进过程要依法依规，确保价格公正、规则公平、流程公开，防止利益输送和国有资产流失，要在建立健全激励约束长效机制的基础上，合理确定入股范围与比例，实现入股资金对企业效率促进和效益提升的最大化。在尚未取得成功经验的情况下，可选择股权结构清晰、公司治理规范的煤炭企业以试点先行的方式推进员工持股和管理层收购。

要建立健全多要素产权构成体系，构建资源、资金、技术、管理等多要素融合的产权系统和产权交易平台，实现产权形式多样化、流转市场化；煤炭资源初次配置可作价量化为政府资本金投入；矿区用地变买为租；改变资源价款支付方式，由一次性支付改为按开采年限定期支付；一般性国有资产要达到可交易状态，实现资产资本化、资本商品化、商品证券化；进一步完善煤炭产能交易制度，将新规划产能、在建产能、形成产能以及过剩与落后产能都纳入交易体系。

要推行产权价值管理方式，实施资产定期价值重估制度，以利于产权流转顺畅，方便以资抵债或变现还债。加强第三方资产评估体系建设。对煤炭企业资源资产重估实施适当的程序简化和税费减免。对煤炭企业实施资产处置过程中关停矿井的债务，予以停息挂账等金融政策倾斜。允许国有煤矿关停、整合等过程中的相关资产损失予以国有权益核销，允许国有企业在公允的评估价值基础上自由出售资产。

2. 完善现代企业制度

企业是在私人劳动与社会劳动的矛盾运动基础上产生的，是以盈利为目的，运用各种生产要素，向市场提供商品或服务，实行自主决策、自主经营、自负盈亏的经济法人。企业制度是以产权制度为基础的企业组织形式和管理制度的总称。在市场经济条件下，企业制度逐渐演变成为适应社会化大生产和现代市场经济体制要求的以公司法人制度为基础、以股份制为基本形式的现代企业制度。中共十四届三中全会将现代企业制度的基本特征概括为“产权清晰、权责明确、政企分开、管理科学”，并由此拉开了我国建立健全现代企业制度的序幕。国有企业改革一直是我国建立和完善现代企业制度的重点领域。

在以股份制为基本形式的现代企业制度下，企业的资本构成应以权益性的资本金投入为主，在职能资本不足的情况下，出资人有责任继续注资或以公司法人的名义通过资本市场进行权益性融资，抑或通过信贷融入生息资本，但必须把握好适度性。回顾我国煤炭企业杠杆率过高问题的形成过程可以发现，鲜有出资人充分履行职责进行注资，而因主客观诸多因素的制约，发行股票等权益性融资方式运用得也不够充分，绝大多数资金缺口都是通过银行贷款、信托产品等各类有息资本填补的，这种“三足不能鼎立”的资金补充方式，很难形成企业资产负债结构的合理性。煤炭企业杠杆率高企就是如此。如果这些制度层面的问题得不到改善，煤炭企业高杠杆率问题仍旧难以从根本上解决。

在股份制企业规范运作的情况下，其决策权是按出资比例行使的，不允许其他自然人或法人越位决策；决策者也不是权大无边，而是必须接受法律及《章程》等规章制度约束。完善现代企业制度，是企业规范运作的根本保证。需要承认的是，现代企业制度在我国煤炭企业尚未真正建立起来，特别是在国有煤炭企业中，企业行为政府化的现象突出。国有资产出资人制度在国有煤炭企业当中没有真正建立起来，政府主管部门与企业之间的行政管理关系没有从根本上转变为出资人与用资人的关系。企业自主经营权体现不够充分，政府往往也乐于对国有煤炭企业进行“担保”，使得国有煤炭企业在制度性套利机制下，不断放大债务规模。因此，煤炭企业杠杆率突破适度性的重要原因之一是企业存在制度性缺失，必须按照现代企业制度的要求在以下五个方面加以完善。

要明确主体责任，建立出资人资本责任制。煤炭企业特别是国有煤炭企业杠杆率过高的本质，是企业资本金不足，缺少出资人资本注入责任机制有效调节企业杠杆率。建议将国有企业资本金注入纳入国有资本经营预算支出计划中，在企业因发展需要补充资本或者杠杆率过高时，出资人应适时进行注资。非国有企业也应在建立负债约束机制的基础上，建立健全出资人资本责任制。

要建立负债决策执行监督机制，强化企业自身财务杠杆约束。煤炭企业要落实企业管理层负债管理责任，对管理层的企业负债管理行为建立权责明确、制衡有效的决策执行监督机制，特别是要以债务周期责任制来约束管理层的负债决策行为，协调企业长短期发展利益的关系。要通过制定年度负债融资方案，安排合理的执行监督措施，来防止企业激进投资、过度负债，优化企业融资规模，有效控制企业杠杆率。

要完善企业信用等级制度。企业信用等级制度的建立与完善，是企业有效开展经营与投融资活动、投资者理性投资进而维护健康社会经济秩序的重要保障。要大力发展企业信用评级和信息共享体系。依据煤炭企业的各项经济与财务指标、信用履约情况等，进行综合的信用等级评价；同时还要建立煤炭企业法人、高级管理人员的信用记录。用信用激励和信用约束，促进各类资本在不同信用等级企业之间的合理分配，帮助优秀企业降杠杆，防止落后企业杠杆率非理性攀升。

要建立“僵尸企业”依法破产制度。要综合考虑煤炭企业经营状况、财务指标、发展前景、社会功能等诸多方面的因素，确定“僵尸企业”的认定标准，并从法律层面对其进行界定。按照市场化、法治化的要求，通过质量、安全、技术、环保等多重标准对煤炭“僵尸企业”实施“出清”。司法部门要依法为实施“僵尸企业”市场化破产程序创造条件，合理运用破产重整、破产和解、破产清算程序，最终实现市场出清与资源优化配置。

要切实加强精细化管理。精细化管理是企业最大限度节约资源、降低成本，提高效率与效益的经营管理方式。我国煤炭企业从 20 世纪末开始了精细化管理的探索，已经出现了黄陵矿业等诸多成功的案例，并得到了较大程度的推广。为更好地优化企业财务杠杆水平，煤炭企业应在债务管理方面建立健全行之有效的精细化的内部管理制度和机制，最大限度地防止非理性的负债行为和铺张浪费式的投融资行为，切实提高企业资本运作效率与效益。

3. 更好发挥政府的功能

市场经济条件下，在市场发挥其高效的资源配置功能的同时，还应重视发挥政府的作用。因为市场机制并不是万能的，而是存在着一定的缺陷，在资源配置的某些方面会出现缺乏效率或无效的现象，即“市场失灵”。这就有必要由政府发挥其职能，来弥补市场的缺陷。市场失灵主要发生在垄断、信息不对称的情况下和外部性与公共产品等方面。垄断条件下，市场机制失去发挥作用的基础，形成市场和社会不公，政府必须加以干预；信息不对称条件下，会出现市场参与者的非理性决策，由此需要政府提供充足的信息，使市场回归正常功能；外部性会使得收益外溢或成本转嫁，生产者得不到效益补偿或受损者得不到损失补偿，典型的就是污染排放问题，需要政府用一定的手段去校正这些效益成本错配问题；公共产品具有公共消费的属性，市场无法单独去提供，必须由政府介入，由其直接提供或融合市场手段去提供。

中国式市场经济具有一定的特殊性，是从计划经济转轨而来的，具有非常明显的“转型经济”的特点。尽管已经走过了二十五年的发展历程，但“转型”并不彻底。从整个市场经济体制改革进程看，政府一直是改革的主导者。因而与西方发达国家的市场经济相比，中国式市场经济有着非常明显的不一样的特征。其一是公有制经济在国民经济中依然有着举足轻重的地位；其二是政府的宏观调控一直作为强有力的调控手段，通过政府职能的发挥促进公平，实现效率与公平的统一。因而在中国式市场经济体制中，在市场机制不能充分有效发挥作用的情况下，政府有责任也有能力去履行应有的职责、更好发挥其功能。

在煤炭企业降杠杆工作中更好发挥政府的功能作用，需要在以下方面进行改进和完善。一是要加强立法工作，消除煤炭企业在资产重估、资产处置、破产清算、混合所有制改革、市场化债转股等方面的法律障碍。二是要抓紧制定各类标准，包括煤炭企业财务杠杆适应性标准和评价标准、“僵尸企业”界定标准、企业负债管理责任认定标准、企业降杠杆评价考核标准等。三是要加强政府引导。要在现有政策基础上，引导企业开展试点先行，并通过制定一系列引导政策，帮助企业更好地开展降杠杆工作。四是要当好裁判。科学开展煤炭企业降杠杆各项考核工作，合理运用激励奖惩措施对降杠杆工作实施奖励或问责，努力构建全面系统、准确客观的煤炭企业信用等级评价体系，做好评价工作。五是要适时直接参与。必要时应切实履行出资人职责，向煤炭企业注资，或动用社保基金、养老基金、保险资金向符合条件的煤炭企业购买股权，或通过国家信用引入外资参与到煤炭企业降杠杆工作中。六是要发挥体制优势。综合协调各有关部门、各参与主体以联动协调的方式推进煤炭企业降杠杆任务，并做好行政服务工作。开动舆论工具，加强政策宣传与解读。组织多层次的企业降杠杆理论与实践学习交流会、研讨会。组织公益性服务型的评估机构，为煤炭企业降杠杆有关评估工作做好服务。加强政府性融资担保机构建设，发挥其增信作用，提高优质煤炭企业等级，降低企业融资成本。进一步完善资本市场，为煤炭企业开展权益性融资以及降杠杆项目资本退出创造有利条件。

4. 改革创新金融制度

金融是国家重要的核心竞争力，是国民经济的血脉。金融业源于公元前古巴比伦和古希腊的货币保管和收息放款业务。1694 年英国建立的第一家股份制银行——英格兰银行，成为现代金融业的雏形。早期以货币流通为主要内容的金融业，发展到现代金融已经成为经营活动的资本化过程。现代社会的金融业涵盖了银行、证券、期货、保险、基金、信托等诸多领域，金融市场的内容也已经十分丰富，包括货币市场、资本市场、金融衍生品市场、外汇市场、保险市场、黄金及其他投资品市场等，几乎遍布现代经济社会发展的每一个角落。金融制度是在金融业的长期发展中逐渐形成的，它是有关金融交易的一系列规则和组织安排，其功能是让金融更好地发挥作用。金融制度已经成为经济社会发展中重要的基础性制度。在我国现阶段经济社会发展和经济体制改革进程中，金融制度对服务实体经济、防控金融风险、深化金融改革“三位一体”任务的完成具有重大意义。

创新是金融的源泉和永恒的发展动力，改革创新金融制度已经成为我国积极稳妥降低煤炭企业杠杆率的客观要求。必须遵循金融发展规律，紧紧围绕“三位一体”任务的完成，加大改革创新金融制度的力度。

首先要回归本源，把服务实体经济作为金融的出发点和落脚点。一是要把发展直接融资放在首位。将积极有序发展股权等权益性融资放在突出位置，优化企业上市发行条件，完善上市公司再融资制度，鼓励发行优先股，改善融资结构，提高直接融资比重。推动债券市场发展，鼓励可转债、永续债等债券发行，丰富直接融资工具。加快资产证券化发展，促进企业存量资产盘活。二是要适度增加信贷规模，稳定流动性。要以“要想去之，必先予之”的辩证思维看待企业降杠杆与保发展之间的关系，央行要适当降准、银行要适当放宽信贷条件，特别是对暂遇困难的优秀企业，应避免抽贷、断贷，还要给予信贷支持。还应规范和鼓励中小银行和民营金融机构的发展，不断改善间接融资结构，增强服务实体经济的功能。三是要努力降低融资成本。建设普惠金融体系，清理规范中间业务环节，促进金融机构有效降低经营成本，减少非信贷创新金融产品融资，防止融资链条过长，抬高企业融资成本。有效调节利率水平，鼓励有利于加强实体经济薄弱环节金融服务、降低融资成本的金融创新，促进企业融资便利化、渠道多样化和低成本化。

其次要强化监管，防控金融风险。一是要坚持自主、有序、平等、安全的方针，建立有险不及时发现为失职、发现没及时提示和处理为渎职的问责机制。要强化风险意识，将防范风险放在突出位置，强化风险责任担当机制和审慎合规经营理念，增强金融监管协调的权威性和有效性。中央要统一监管规则。地方要落实监管责任，强化属地风险处置。金融管理部门要敢监管、精监管、严监管。企业要完善法人治理结构，强化风险内控机制建设。二是要坚持预防为主，把好风险关，筑牢市场准入、早期干预、处置退出三道防线。要强化风险防控责任，落实金融机构的主体责任和监管机构的监管责任。健全金融市场准入标准，坚决遏制严重脱离实体经济需要的伪创新，严把准入关口。建立健全金融风险监测预警、早期干预以及风险应急处置机制，密切监控并妥善处置各类金融风险，切实做到早识别、早预警、早发现、早处置。三是要防范影子银行，加强非标业务管理。强化银行非标业务监管，继续将银行表外理财产品纳入广义信贷范围，引导金融机构加强对表外业务风险的管理。理财业务要单独管理，资金来源与运用要一一对应；信托业务要回归主业，不得开展非标资金池；融资担保公司要合理控制杠杆倍数；要建立统一的小贷公司监管制度。严格控制“非标”投资规模，加强尽职调查、风险审查和风险管理。

最后要坚持问题导向，针对突出问题大胆创新。一是要建立分类统一的标准制度，有保有压，区别对待，按资产负债率和息税前利润率控制杠杆水平。要在鼓励先进和淘汰落后两个方面采取“一宽一紧”的区别对待政策，对有竞争力的煤炭企业以及通过改革转型可以实现可持续发展的煤炭企业，要满足其合理的资金需求，提供综合性的信贷服务，支持其转型升级；对失去竞争力并扭亏无望的煤炭企业断融（即“僵尸企业”退出市场）；对违法违规的煤矿项目和企业，停止授信支持和贷款。债务处理方面，在做好债务评级和质量评估的基础上，对仍有发展前景的煤炭企业，给予贷款利率、还款期限、还款方式等方面的优惠，有序开展融资租赁、资产证券化和市场化债转股。二是要建立综合金融统计制度，为穿透式、全面性、精准化的监管提供基本保障。要加强金融基础设施的统筹监管和互联互通，推进金融业综合统计和监管信息共享，将所有金融业务纳入监管，强化金融监管的专业性、统一性、穿透性。

5. 改革创新税费制度

税收和政府收费是国家赖以存在的重要经济基础，是国家为了实现其职能取得财政收入的方式，是国民收入分配和再分配的重要工具，是调控经济的重要杠杆。税收伴随国家的产生而产生，其主要功能是筹集财政收入、调节经济活动；政府收费源自于政府在经济社会发展过程中对其所提供的特定产品和服务的一种收入。

税费制度是国家以立法或行政性程序规定的关于征税和收费活动的各种法规、条例和征收方式的总称。新中国成立初期，我国逐渐形成以多种税、多次征为特征的复合税制，1958 年后的 20 年又经历了简化税制的改革。改革开放后，我国实施国营企业“利改税”等一系列改革，至 1993 年初步建成了一套以货物和劳务税、所得税为主体，财产税和其他税相配合的新的税制体系。1994 年实施分税制改革，并建立了以增值税为主体的税制体系。经过不断完善，目前我国税收制度主要由税收实体法和税收征收管理法律法规构成，实体法体系包括《所得税法》《增值税暂行条例》等 18 个税收法律、法规，税收管理法体系包括《税收征收管理法》、《海关法》和《进出口关税条例》等。2016 年 5 月起，我国实行全面“营改增”，营业税退出历史舞台；2016 年 12 月，第十二届全国人大常委会第二十五次会议通过《环境保护税法》，我国将于 2018 年开始征收环境保护税。

我国政府收费起始于 20 世纪 90 年代初的广东，目前主要包括政府性基金、专项收入、行政事业性收费三大类。我国政府收费制度由部门和地方各类规章构成，形式多样、名目繁多，导致了严重的乱收费问题。2013 年以来，我国加大政府收费制度改革，至 2016 年底，中央层面统一取消、停征、减免涉企政府性基金和行政事业性收费 496 项，地方取消收费 600 项。为进一步规范政府收费，国务院要求实施政府收费正面清单制，财政部公布的《2017 年政府收支分类科目》显示，政府性基金、专项收入、行政事业性收费三类政府收费项目共计 106 项，地方政府也将在国务院要求下加快制定收费正面清单。

税收和收费虽然同为政府收入，但存在本质性的区别，税收具有无偿性且普遍适用、用途广泛，收费具有补偿性且特定适用、用途专向；税收征收主体单一、征收依据由中央立法，收费征收主体多元、征收依据为部门或地方文件。在我国，杠杆率问题的根源在于财税体制改革，如果仍停留在高度集权的计划经济体制阶段，不搞拨改贷、贷改投、分税制，仍搞统收统支、平均主义的大锅饭，从根本上就不会出现杠杆率问题；当然，也不会有我们国家繁荣富强的今天。

税费制度安排的科学与否，与企业杠杆率的高低息息相关。我国煤炭企业杠杆率过高的重要原因之一是税费制度安排存在不当之处。为更好地推进煤炭企业降杠杆工作，十分有必要加大税费制度的改革创新力度。

改革创新税费制度、促进煤炭企业降杠杆，需做好以下方面的工作。一是进一步降低税费。切实理顺税费关系，特别是要进一步深化资源税改革，对资源类收费进行合理撤并或改税；加快环境保护税征收基础建设，尽快清理不合理的环境类收费；合理降低煤炭企业增值税税率、扩大抵扣范围；规范企业所得税，合理确定煤炭企业所得税税前扣除项目；清理功能重复性收费和不合理收费，严格制定、加快实施中央及地方层面的政府收费正面清单，清单之外的政府性收费一律不得征收。二是改革税费收缴方式。加强事中事后管理，推行纳税人自主申报，对企业纳税人按规模、行业实行分类分级管理，提升大企业税收管理层级，规范征税管理，严防“过头税”“翻旧账”式征税；政府收费项目按层级统一征收、专款专用，做到征收透明、用途清晰。三是改革利息计入成本制度。利息计入成本会使税基变小，相当于有一部分利息由财政和企业员工承担。因此应实施税后付息制，改革银行利息支付制度，由税前支付改为税后支付，作为税后利润分成处理，而非直接计入成本。其依据是马克思的生息资本理论，功能意义是由刺激用杠杆向抑制用杠杆转变，这有利于国民收入分配科学。配套改革是降低所得税率，这需要通过精算确定税率降低幅度。四是实施去产能奖补政策与去杠杆挂钩。煤炭去产能奖补政策实施以来，煤炭企业积极去产能，但由于退出矿井资产与债务处置缺少政策支撑，产生了很多矿井关闭后留给母公司的“悬浮债务”问题。因此有必要改进去产能奖补政策，将其与煤炭企业关闭矿井的债务处置挂钩，促进去产能与降杠杆同步。五是政府组织对杠杆率过高的煤炭企业实施资产重估环节的税费减免，对以降低杠杆率为宗旨的资产增值的会计处理、所得税计算、增值后的折旧与摊销实行特殊政策，如增值部分不计入损益、免征所得税、折旧与摊销税前扣除等。

6. 加大机制创新力度

机制原指机器的构造和工作原理，在社会科学中，它的内涵是社会有机体各部分相互联系、相互作用的方式，外延包括经济机制、市场机制、运行机制、经营机制、创新机制、价格形成机制、管理机制、激励机制、协调机制等。制度、体制与机制分别处于社会有机体的宏观、中观和微观层面，制度是一定历史条件下形成的规范化、系统化的社会关系体系，体制是社会活动的组织体系和结构形式，机制则隶属并蕴含于制度、体制中，是制度和体制发挥作用的方式。制度、体制和机制三者相互联系、密不可分。因此，机制既离不开制度和体制，又有助于制度和体制的运行与实现。经济社会的健康发展需要科学的制度和体制支撑，同样也需要一套好的机制。

积极稳妥推进煤炭企业降杠杆需要开展一系列诸如产权制度、现代企业制度、政府管理体制、金融制度、税费制度等的改革创新，这些制度和体制层面的改革创新工作需要在机制层面得到落实。因此，必须加大这些机制层面的改革创新力度，为制度与体制改革提供有力的保障，有效推动煤炭企业降杠杆工作。

要加强市场机制创新。要为煤炭企业降杠杆设立专项市场。可新设或利用原有市场设立此类专板。而且还可进一步细分，比如新设煤炭企业债转股项目集中交易平台，在一定的挂牌规则和合格投资者标准下，煤炭企业债转股项目统一挂牌、公开交易，以此促进债转股项目的市场化推进；或在各地产权交易所设立煤炭企业降杠杆专项资产交易板块，在各地金融资产交易所设立煤炭企业债务资产交易板块等，实行市场化交易。还要创新权益类资产价格形成机制。价值规律告诉我们，价格要以价值为基础，同时也受市场的影响产生波动或进行调节。因而要努力形成以客观价值为基础，政策法规为依据，公允价值为标准，公平竞争为手段，充分考虑经济景气度、权益人持有成本、折现再投可能实现的最大化收益为变量的价格形成机制，进而化解煤炭企业降杠杆各类项目的定价难题。

要建立系统完整、指标明确、切合实际、适用有效的煤炭企业杠杆评价机制。由政府组织“官产学研”一体化、相关部门广泛参与、独立于债权债务人的第三方评价机构，对煤炭企业融资成本构成、期限构成等进行综合评价，作为差别化政策支持依据。第三方评价机构要求具有专业性和权威性，可在现有资信、资产等评估机构中遴选产生，也可在有关规则下融合经济、金融、财会、煤炭等多方面人才发起设立。第三方评价机构要以分类、分级的原则，为不同规模、不同发展条件和阶段、不同业务结构的煤炭企业，设定同质不同量的杠杆适应性标准，进而对不同煤炭企业进行杠杆综合性评价，以此作为差别化政策的实施基础。

要建立相应的激励约束机制。在科学制定煤炭企业降杠杆工作评价体系的基础上，定期公布评价结果，对降杠杆工作业绩突出的煤炭企业给予适当的财政奖励，并在信贷、授信、发债、股票上市及定向增发等融资政策上给予倾斜，开辟绿色通道，必要时还可将降杠杆成绩突出的国有煤炭企业作为政府注资的优先选择对象或加大注资力度。同时也要建立健全煤炭企业降杠杆的行为规范，各级政府有关部门认真履职，产业管理部门、金融管理部门协同工作，煤炭企业依法依规落实降杠杆任务，着力形成宏观、中观、微观“三观合一”的综合考核体系和惩处机制。对贯彻落实降杠杆文件不尽责者要通报批评、严厉问责，对降杠杆工作中起到较大负面作用、带来巨大后果的要进行严肃惩处。

要完善协调保障机制。要建立健全国务院金融稳定发展委员会统一协调领导下的部门分工协作机制，明确各职能部门的工作范围、职责分工以及协作方式，做到权责明确、相互配合、步调一致、精简高效。强化煤炭企业降杠杆工作的信息沟通制度，充分发挥国务院金融稳定发展委员会主导作用、积极稳妥降低企业杠杆率工作部际联席会议的统筹协调功能。建立法制、信用、人才和政治“四位一体”的保障机制。不断完善相关政策法规体系和监督监管机制；建立健全煤炭企业信用评级体系；培育培养、引进积累降杠杆方面的专业人才；坚持党的领导，将降杠杆工作纳入党委的议事日程和管理内容，确保积极稳妥降低煤炭企业杠杆率的工作顺利推进。

（八）加强学习与研究

去杠杆是一项政策性很强的系统工程，是在我国特定发展阶段遇到新问题后进行的改革和创新。但正所谓“太阳底下无新事”，我们面临的新问题无不源于老事情，一些经典的理论始终能够给予我们支持与启迪。理论是人们把在实践中获得的认识和经验加以概括和总结所形成的某一领域的知识体系。科学的理论从客观实际中抽象出来，又在客观实际中得到了证明，正确地反映客观事物本质及其规律。包括去杠杆在内的改革政策是理论的具体化，其贯彻执行的好与坏，取决于理论水平的高与低。客观地讲，整个煤炭产业对去杠杆相关的理论把握是不足的，这是目前我国煤炭产业无法回避的实际。为了打胜煤炭企业去杠杆这一硬仗，我们必须加强学习与研究。

首先要学习马克思的生息资本和利息理论。凡学习过马克思《资本论》的人都知晓，从第一卷到第三卷的第三篇，采用的是抽象分析法，假定产业资本单独完成生产过程和流通过程。在第三卷的第四篇，研究了从产业资本的运动中独立化出来的商业资本的性质和职能，以及商业资本如何参与利润率的平均化过程。上述研究，马克思都是假定生产资本和商业资本靠自有的资本来进行经营的。然而，在现实中，商品生产和经营者，除了使用自有资本外，有时还会借入资本。为了更深刻揭示商品生产和商品交换规律，马克思又进一步研究了生息资本和利息理论。伟人从货币资本如何独立化为生息资本及其相关的一系列问题入手，研究了生息资本的本质和特征，利息量的决定和利息率的高低，利息和企业主收入如何从量的分割到质的分割，信用制度以及与之相联系的银行资本、股份资本、虚拟资本、生息资本和现实资本的关系，信用制度下生息资本运动规律及其影响等问题，其博大精深的理论宝库，能够为我们现今的煤炭企业降杠杆问题作出所有的理论答案。向马克思求教，把马克思生息资本和利息理论作为我们当今积极稳妥降低煤炭企业杠杆率的看家本领已十分必要而且时不我待。

去杠杆作为一项复杂的系统金融工程，选择适宜的方式方法十分重要，事关成败、成本和成效。我国是后起的市场经济国家，煤炭产业经济体制改革又相对滞后，对通过市场化的途径降低杠杆率这一世界难题缺少实践。而西方发达市场经济体作为市场经济的先驱，不仅在实践中积累了经验和教训，而且形成了一些具有普遍意义的金融工具、模式和方法及相关理论。这就要求我们要大胆地吸收借鉴包括西方经济学在内的现代经济学，选择适用的方式、方法，运用到降低煤炭企业杠杆、创新产业投融资体制机制的实践中。这就要求我们站在金融工程等学科前沿，进行研究探索。金融工程学是利用工程化手段来解决金融问题的科学，包括了金融产品设计，产品定价、交易策略设计，金融风险管理等方方面面，其核心在于针对特定的问题开发设计出行之有效的新型金融产品或业务，而其实质则是金融效率的提高。面对经营状况、经营方式、资产负债结构相互各异的煤炭企业，金融工程的量化和形态多变的策略手段可以在适应降低杠杆率过程当中，平衡企业、银行、资产公司、地方政府等特殊的收益和风险诉求，从而有效地化解其中的矛盾，因此，学习和掌握这一新兴科学十分必要。当前，我国金融工程方面的相关人才仍然比较稀缺，真正的专家更是少之又少，因此需要加强学习和培养的力度，尽快建立一支高素质的金融工程人才队伍。

杠杆率过高并不是我国首先遇到的或者我国特有的问题，它就像中等收入陷阱一样，是发展中国家在发展过程中普遍面临的难题。因为在发展的过程中，内生地需要更多的投资以完成扩大再生产，从而都表现为自有资本积累的不足，必然转变成要借助杠杆。过去的美国、日本和韩国无不遭遇过杠杆率过高的问题，我们应该以历史的视角分析当前的形势，既纵向研究，也横向比较，借鉴发达国家在这一阶段的先进经验，规避已经证伪的错误做法，找到一个适度的杠杆率，并用科学有效的方法降低过高的杠杆。

加强学习不能脱离实践，在实践中学是最有效的方法。众所周知，实践是理论的基础，是理论的来源、发展动力、最终目的，是检验理论正确与否的唯一标准；而理论又对实践具有反作用，二者是相辅相成、缺一不可的辩证统一。随着我国煤炭企业降杠杆实践的深入推进，将不断有新模式、新方式产生，降杠杆的实践是加强学习与研究的重要课堂。通过实践，可以学到原来不曾掌握的知识，可以去伪存真、去粗取精，再运用于降杠杆实践。在更长的时期内亦被实践证明具有普遍意义的认识，可以升华为科学理论，成为指导下一步实践的行动指南。总之，我们要通过不断的学习、实践、再学习、再实践，高质量地完成煤炭企业降杠杆的历史任务，完善和优化资本结构，夯实煤炭产业健康、稳定和可持续发展的基础，为实现两个一百年的奋斗目标做出新贡献。

实 证 报 告

Empirical Reports

B.2

落实清洁能源发展战略　深化供给侧结构性改革　建设世界一流的清洁能源供应商

神华集团有限责任公司*

摘　要：为贯彻落实党中央、国务院关于供给侧结构性改革的战略部署，神华集团充分发挥国有企业的骨干中坚和引领表率作用，全面推进落实“三去一降一补”五项重点任务，坚持稳中求进总基调，严控财务杠杆和经营杠杆。以“1245”清洁能源

* 课题组组长：张玉卓，神华集团原党组书记、董事长，中国工程院院士，现任天津市委常委、滨海新区区委书记；凌文，神华集团党组副书记、总经理，教授、博士生导师，中国工程院院士。副组长：韩建国，神华集团党组副书记、副总经理，研究员；蒋文化，神华科学技术研究院党委书记、院长，教授级高级工程师。成员：韩悦，神华科学技术研究院信息情报所专项情报室副主任，高级经济师，注册咨询工程师；董娟，神华科学技术研究院信息情报所专项情报室主管，高级工程师；李卫东，神华科学技术研究院信息情报所专项情报室主管，工程师。

发展战略为引领，把战略转型、调整结构、创新驱动作为新引擎，充分发挥一体化运营优势，努力建设成为世界一流清洁能源供应商。

关键词：　神华集团　供给侧结构性改革　战略转型　去杠杆

一　神华集团发展历程

（一）发展情况

神华集团有限责任公司（以下简称“神华集团”）成立于1995年10月，是由国务院批准设立的国有独资公司，属中央直管国有重要骨干企业。神华集团是以煤为基础，电力、铁路、港口、航运、煤制油与煤化工为一体，产运销一条龙经营的特大型能源企业，核心业务包括煤炭、电力、铁路、港口、航运、煤制油、煤化工等。2016年，神华集团商品煤产量4.2亿吨、商品煤销量5.2亿吨，电力总装机8305万千瓦，发电量3303亿千瓦时，自有铁路运营里程2155公里，铁路发运煤炭3.97亿吨，港口吞吐能力2.63亿吨，总资产9793亿元，实现营业收入2479亿元，利润总额361亿元。

2016年，中国能源领域发生一系列深刻变化，供给侧结构性改革成为煤炭产业结构调整和转型升级的主旋律。面对复杂多变的市场形势，神华集团积极应对，坚定实施“1245”清洁能源发展战略（“1”是指瞄准“一个目标”：要创建世界一流清洁能源供应商和清洁能源技术方案提供商；“2”是指抓好“两个转变”：转变发展理念和转变发展方式；“4”是指推进“四个发展”：安全发展、转型发展、创新发展、和谐发展；“5”是指“五个提高”：提高企业的发展质量和效益、提高企业管理水平、提高国际化能力、提高企业软实力、提高履行社会责任的能力），积极推进“化石能源清洁化、清洁能源规模化”，努力建设成为世界一流的清洁能源供应商。

（二）成就与社会贡献

神华集团始终坚持战略引领，突出价值创造，加快转变发展方式和调整产业结构步伐，实现企业稳健高效运营，目前已发展成为我国规模最大、现代化程度最高的煤炭企业和世界上最大的煤炭经销商。国有资本保值增值率一直处于行业一流水平，企业经济贡献率连续多年居全国煤炭产业第一位，年利润总额一直在中央直管企业中名列前茅，安全生产多年来保持世界先进水平。截至 2016 年底，神华集团共有全资和控股子公司 22 家，生产煤矿 49 个，在册员工 20.23 万人，在 2016 年度《财富》全球 500 强企业中排名第 270 位。

神华集团高度重视社会责任工作，在市场低迷的不利情况下，讲政治、顾大局，带头限产保价，维护国内煤炭市场的稳定。积极响应国家“一带一路”倡议和“走出去”战略，努力拓展海外新能源市场，树立全球企业公民形象。不断加大节能环保工作投入，积极开展温室气体减排行动，创新绿色开采技术，2016 年投入节能环保专项资金 26.05 亿元。积极开展精准扶贫和公益活动，依托神华公益基金会，参与实施了援藏、援青、援疆、定点扶贫等工作，在扶贫救济、医疗救助、文化教育等方面捐资总额达 12.3 亿元。持续深入开展神华爱心行动、神华爱心学校、神华爱心书屋等公益慈善项目，累计受益 864 万人。公司在社会责任领域做出的努力得到社会各界的广泛认可，连续三年荣获“全国煤炭工业社会责任报告发布优秀企业”、“中国工业企业履行社会责任五星级企业”和“中华慈善奖”。

二　当前企业杠杆强度分析

2016 年，神华集团把供给侧结构性改革作为发展的新机遇，抓住煤炭市场供需弱平衡的外部有利时机，扎实有效落实好“三去一降一补”重点任务，利用去产能提高煤炭供给质量，优化产业布局；利用去库存、去杠杆调整资本机构、降低经营风险；利用降成本实现降本增效目标；利用补短板实现科技创新、转型升级。在煤炭市场巨大压力下生产经营稳健发展，杠杆强度保持在合理水平。

资产负债率可以反映出企业运营中对外债务的依赖情况，也是衡量企业杠杆强度的直观数据。由神华集团独家发起成立的中国神华能源股份有限公司2005年、2007年分别在香港、上海上市，神华集团煤炭、电力等主营业务板块大部已纳入上市公司范围。根据中国神华能源股份有限公司年报，中国神华近5年资产负债率年均在34%左右，2016年负债总计1917.6亿元，资产负债率33.5%，远低于煤炭上市公司负债率平均水平（见图1）。

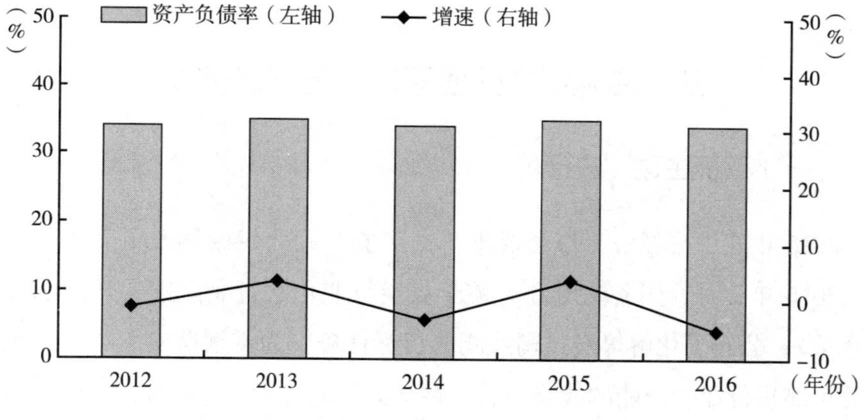

图1　中国神华资产负债率情况（2012～2016年）

资料来源：神华集团内部财务数据。

中国神华不断优化资金管理，改善资金结构，财务费用保持下降。2016年财务费用较2015年减少50%，在经营成本中的占比由6.8%下降至3.8%，资金成本压力显著缩小。

2012年以来，中国神华投资规模持续压减，其中煤炭业务2016年完成资本开支58.3亿元，较2015年减少11.7亿元（见图2）。根据中国神华2016年年报披露的成本构成，企业管理费用、固定资产折旧费用均有所降低，有效抑制了经营杠杆的提高。

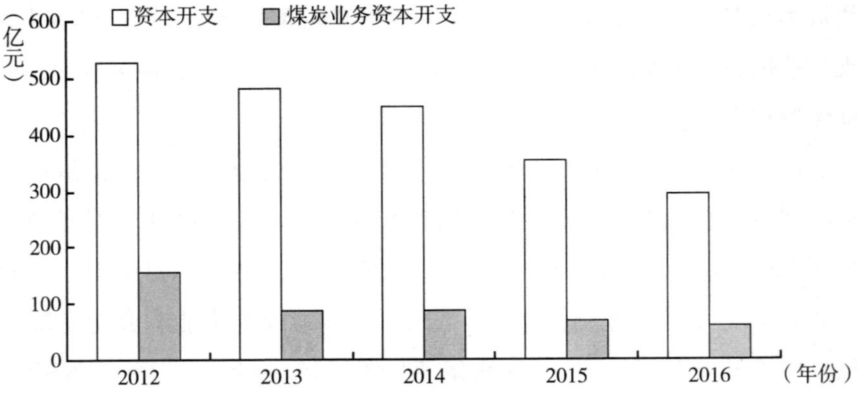

图 2　中国神华资本开支情况（2012～2016 年）

资料来源：神华集团内部财务数据。

三　控制杠杆强度采取的措施及效果

（一）积极主动“去产能”

2015 年底中央经济工作会议将“去产能”列为供给侧改革五大任务之首。2016 年 2 月，国务院出台《关于煤炭行业化解过剩产能实现脱困发展的意见》，公布了化解煤炭过剩产能的目标任务。为贯彻落实党中央、国务院关于煤炭行业去产能的战略部署，神华集团成立了以总经理为组长、分管煤炭生产领导为副组长、相关部门和单位人员为成员的化解过剩产能领导小组，制订了化解煤炭过剩产能方案，积极主动实施去产能。

2016 年 8 月，神华集团提前完成全年化解产能任务。石炭井焦煤公司、乌兰煤矿、苏亥图煤矿、天荣公司、唐公沟煤矿等 5 处矿井按照化解过剩产能要求全部退出，化解产能 787 万吨/年，有序分流安置人员 5830 人。

（二）提质增效成果显著

为贯彻落实国资委关于中央企业提质增效工作的有关部署，提升神华集团发展质量和效益，2016 年神华集团全面开展提质增效工作。煤炭板块创新机制、加强与地方政府的沟通，推进产能替代认定工作，在依法合规、总体不超产的前提下提高煤炭板块盈利水平。大力推行产品结构调整和业务结构调整，提供符合环保和节能减排政策，满足不同下游行业客户需求的分级清洁煤炭产品，提高煤炭资源综合效益，实现转型升级、科学发展。

2016 年，神华集团调整优化煤炭板块业务结构，集中优势资源强化主业结构，加大设备维修、后勤服务等市场成熟业务的外包比重，降低项目初始投资和运营成本。各煤炭生产单位面对市场低迷期，逆势图强，生产商品煤 4.2 亿吨，创造利润 154 亿元。通过严格管理，回采工效、单产单进水平不断提高，煤炭板块降本提质实现利润近 32 亿元。

（三）强化成本管控机制

神华集团将控制成本作为企业管理的重心，把降本增效作为重点目标，最大限度地挖掘潜力提升经营效益。推行全面预算管理，从严压缩可控费用。通过优化战略布局、大力推进结构调整、加强资金管理等措施全面提升战略性成本管控水平。深入挖掘一体化运营在降成本方面的潜力，从资源共享、深度合作、协同效应和低成本运营上，加强内部资源整合与业务协同，积极推进低成本战略，提高企业竞争力和运营效率。

通过严格落实预算管控制度，提高成本精细化管控水平，成本控制成效明显。中国神华 2016 年营业成本较 2015 年减少 19.4 亿元，经自主开发的神华煤炭交易网实现煤炭销售量 1.91 亿吨、采购量 1000 万吨，有效降低了营销费用，全年煤炭生产平均成本同比下降 8.9%。

（四）创新资金管理模式

资金管理是现代企业管理的重要环节，也是提升企业管理水平的关键。神华集团紧扣财务去杠杆，创新资金管理模式，实行统一筹资、统一结算、集中账户的资金集中管理。通过建立健全财务组织机构体系和实施预算管理，提高了各子公司和集团整体的运用效率。通过统借统还、综合授信等资金管理方法，统一筹划、全面监控神华集团资金活动，提高资金运用效率，降低资金成本，优化企业债务结构，控制资金使用风险度。

神华集团不断创新发展金融工具，拓宽资金融资渠道，优化融资结构，在期限匹配、风险可控的前提下降低融资成本。圆满实现了境外债券发行，资金成本显著低于境内，展示了国际投资者对神华集团的高度认可和充分信心。标准普尔、穆迪、惠誉分别授予中国神华 AA-、Aa3、A+的综合评级，中国神华成为极少数获得全部三项中国主权评级的企业之一。

（五）加速发展现代物流

神华集团积极发展现代物流产业，在做好自有煤炭运输的基础上，利用巴准、准池线开通形成的运输网络，逐步向社会开放经营，打开了运输体系由煤炭运输专用线向神华“大物流”转型的新局面。增加万吨列车开行对数，加快车辆周转，提升煤炭运输效率，铁路运量和自有港口下水煤量大幅提升。积极开展长距离、钟摆式“大物流”运输业务，努力扩大非煤物资运输和反向运输规模，提高板块盈利能力，物流产业已经成为神华集团重要的利润增长点。

2016 年，神华集团完成自有铁路运输周转量 2000 亿吨公里，自有港口下水煤量约 2 亿吨，同比分别增长 22.2% 和 27%。黄骅港煤炭发运量大幅提升至 1.74 亿吨，首次成为国内下水煤量第一的港口。自有铁路为第三方提供运输服务获得收入 41.74 亿元，同比增长 22%。

（六）加快创新驱动步伐

神华集团持续加强产业技术和科技创新能力建设。煤炭开采、安全生产技术处于国际先进水平，清洁燃煤发电、重载铁路运输等技术处于国内领先水平，初步形成了科学决策、系统管理、研究开发、成果转化的科技资源一体化运行模式和科技创新驱动型发展模式。通过强化创新驱动，逐步释放全集团的创新潜能，为供给侧结构性改革提供了有力支撑。

2016 年，神华集团主持完成 2 项行业标准，获得专利授权 1000 余项。“煤炭开采水资源保护与利用”国家重点实验室正式挂牌成立，“智能煤矿建设关键技术与示范工程”获国家科技进步二等奖。以煤电为核心，集供应“电、汽、冷、热”为一体的清洁能源供应模式——“富平模式”开始建设，被国家能源局列为综合能源供应创新试点。神华宁煤400万吨煤制油项目，是全球单套投资规模最大、拥有自主知识产权的煤炭间接液化示范项目，项目的成功建设和胜利投产，标志着我国在能源战略储备方面迈出了实质性步伐。

四　取得的经验

（一）完善投资体制，提高资金使用效益

煤炭产业“黄金十年”期间，受煤炭市场供不应求、价格上扬的驱动，部分企业缺乏理性判断，盲目追求规模效应，煤炭行业投资猛增，这也是造成煤炭产业产能过剩、企业杠杆偏高的重要原因。2012年以来，我国煤炭市场格局发生了巨大变化，煤炭经济持续下行，行业呈现产能过剩、供过于求的态势，煤炭投资效益逐年下降。为应对经济新常态下煤炭投资特征，神华集团进一步完善投资管理体制，提高资金使用效益。一是严控投资强度，对于煤质较差、开采条件复杂的矿井，从经济效益的角度考虑予以缓建、停建。二是加强投资管理制度建设，强化内部控制和管理，修订完善集团投资管理相关制度，加大投资项目后评价管理力度。三是建立覆盖项目全生命周期的投资管理体制，投资项目要符合国家的产业发展政策、符合集团公司的发展战略和盈利水平要求。四是投资决策中做到民主化、程序化、科学化、法治化，控制投资风险，提高决策效率和资本运用效率。

（二）创新运营模式，树立轻资产理念

煤炭产业经营过多依赖固定资产等重资产投入，在经济转型的背景下，重资产模式虽然还能发展，但难度在加大，煤炭行业向轻资产模式转变已经成为趋势。为贯彻落实《中共中央、国务院关于深化国有企业改革

的指导意见》，神华集团逐步开展轻资产运营、混合所有制改革，以推进集团清洁能源战略落地为主线，以国有资本投资改革试点为契机，探索创新运营模式，逐步向轻资产经营过渡。强化轻资产理念，在确保不影响正常运营的前提下，开展生产设备租赁模式，降低固定资产投资。神东煤炭集团深入推进轻资产运营模式，2017 年 3 月正式投产的补连塔煤矿 8 米大采高工作面，成套设备除了采煤机之外，几乎全部采取了租赁模式。同时借鉴现有外委运营的成功经验，逐步探索扩大外委建设运营范围，缓解资金压力。

（三）充分发挥产业协同效应，提升整体竞争力

神华集团始终坚持一体化运营模式，主要特点是深度合作，资源共享，协同效应，低成本运营，规模化、专业化和集群化发展，充分发掘和获取煤基产业链上每一环节的经营利润。一体化经营模式，可提供稳定、可靠的供应保障和内部消费市场，有助于降低运营成本、提高业务竞争力。2016 年，神华集团积极落实国家产业调控政策，充分发挥一体化优势，成本控制成效显著，业务协同效果明显，整体竞争力持续加强，经营业绩大幅上升。对于能提高一体化运行效率的项目，神华集团从整体效益最大化出发，加快实施建设，充分发挥产业协同效应。煤炭板块抢抓市场机遇，逆势发展；电力板块充分发挥一体化运营的调节作用，有效保障库存处于合理水平；煤化工板块不断优化产品结构，提升市场竞争力；运输板块持续优化组织，实现了运力利用最大化。实践证明，一体化运营不仅是科学的发展模式，而且是高效的发展模式，是神华集团创造规模效益的关键所在。

五 “去杠杆”下一步思路及建议

（一）加快清洁能源发展战略落地

下一步神华集团将紧扣清洁能源发展战略目标，加快清洁能源发展战略

落地，倾力塑造神华清洁、高效能源提供者的形象。一是持续加大煤炭质量管理力度，努力开发清洁煤产品，扩大清洁煤替代区域，打造神华煤炭绿色品牌。二是继续推进智能绿色数字矿山建设，推动安全、绿色、高效、环保的矿业科技变革。三是进一步加快燃煤机组“超低排放”改造，争取东部和中部地区燃煤机组全部实现“超低排放”，打造“绿色”煤电样板。四是着力打造“运行稳定、经济可行、环保领先”的国家煤制油战略工程，打造煤炭间接液化升级版。五是加大国内风、光、水、核等清洁电力项目开发力度，积极寻找海外清洁电力项目投资机会，同时积极布局核电、氢能产业。六是推动物流产业发展，着力发展“互联网+”物流模式，为社会提供绿色、便捷、经济的运输通道。

（二）进一步提升企业管理水平

加强基础管理，推动管理提升，提高管理的科学化、规范化水平。加强人力资源管理，全面提升人力资本的贡献率；加强以成本管理为核心的财务管理，提高经济效益。进一步理顺各层级间的责权界面和管理关系，建立与市场化、国际化相适应的现代企业管理体制。以建设完备的规章制度体系、高效的实施体系、严密的监督体系、有力的保障体系和精干的法律服务体系为抓手，全面推进法治神华建设。

（三）做好电力增值布局

抓住电力体制改革契机，积极参与电力市场建设。一是积极研究新电改，密切跟踪试点动向，提出有针对性的应对举措。二是主动开拓、储备优质电力用户，探索参与电能直接交易，筹建售电公司，布局售电市场。转变电力营销工作重心，实现多方共赢。三是在具备条件的地区，以超低排放燃煤热电冷多联产项目为核心，实施区域电力、热力、蒸汽、热水和冷水等终端能源产品综合供应，大力推进神华陕西富平新兴产业园综合能源供应中心建设，实现“电、汽、冷、热、水”五联供，进一步提高能源利用效率。

（四）充分发挥科技创新驱动

围绕创建世界一流企业的战略目标，提高自主创新能力，推动企业转型升级。一是进一步完善技术创新体系，加强重点研发平台建设。二是继续健全科技创新体制机制，进一步推动科研机构与生产企业密切合作，建立共同投入、联合开发、利益共享、风险共担的机制，实现技术创新要素的集聚、创新成果和知识产权的共享。三是围绕神华的核心产业和优势领域，抓好煤炭智能化开采技术、绿色智慧港口建设、清洁火电、煤炭分级液化等一批重大核心技术研发。四是加大国家科技项目申报力度，主动承担国家重要科研项目，围绕重大科技攻关和示范工程，进行专利挖掘和布局。五是推进知识产权和标准的结合，加快技术标准的研究和制定，引领行业发展。

（五）夯实国际化战略基础

加快制定先进的、契合神华实际的国际化战略，发挥整体优势，提升海外投资战略规划和投资决策能力。深入落实国家“一带一路”倡议，加快“走出去”步伐，积极推进神华国际能源合作项目落地。建立有效的风险管控体系，培养一批精通海外业务的复合型人才。培育和利用海外投资开发平台，加强项目融资和资本运作、海外项目投资监控等能力建设。研究整合集团海外组织机构，建立区域统一管理平台，逐步推行人才、资本属地化管理。

去杠杆是中央经济工作会议提出的重要任务，也是煤炭行业发展面临的重大挑战，应尽快出台相关改革政策和措施，保障煤炭行业去杠杆顺利推进。对此，我们提出如下建议。

1. 出台相关政策，支持煤炭企业去杠杆

过去几年，煤炭经济下行，煤炭企业普遍经营困难，资产负债率高企、现金流短缺。特别是在煤炭去产能实施过程中，企业人员安置任务繁重，转型发展资金短缺。建议国家出台相关政策，加大对去杠杆煤炭企业的政策、金融扶持力度，帮助企业改善发展环境。一是加大国有企业改革力度，推进混合所有制改革，帮助煤炭企业实现资金筹措方式多样化。二是利用中央财政设立专项基金，帮助去杠杆煤炭企业做好退出人员的安置工作。三是加大对去杠杆煤炭企业的金融支持力度，解决煤炭企业由于高负债率引起的融资难问题。四是支持企业通过发行企业债券等方式替代高成本融资，通过债转股等方式降低资产负债率，有效降低资金成本。

2. 去杠杆要因类施策，差异化执行

杠杆是市场经济发展的必然产物，不同市场环境对企业产生的作用存在差异。煤炭经济上行期，较高的杠杆能够加快企业提升规模、增强融资能力，促进企业快速发展，煤炭经济下行阶段杠杆的负面作用开始凸显，容易诱发经营风险。不同发展阶段的煤炭企业使用财务杠杆也存在差异，成熟企业特别是行业龙头企业，具备成熟的市场运作掌控能力，能够较好地调控杠杆强度。因此，建议去杠杆要积极稳妥推进，实施过程中要针对不同发展阶段的煤炭企业区别对待，结合煤炭经济走势实行差异化策略。

B.3
积极实施市场化债转股助推企业转型升级

陕西煤业化工集团有限责任公司*

摘　要：在经济进入新常态，经济增速换挡、结构优化及动能转换的大背景下，陕煤集团顺势而为，持续深化供给侧结构性改革，在主动超前去产能的同时，抢抓机遇，积极实践市场化债转股，降低企业杠杆率，优化资本结构，调整优化产能和产业新格局，以科技和资本为驱动，去杂归核，创新发展，努力转型成为煤炭优势明显，能源和材料主业突出的错位多元企业。

关键词：陕煤集团　市场化债转股　转型升级　错位多元

一　企业概况

1. 发展历程

陕西煤业化工集团有限责任公司（以下简称“陕煤集团”或“陕煤”）

* 课题组组长：杨照乾，陕西煤业化工集团有限责任公司党委书记、董事长，高级会计师。副组长：赵福堂，陕西煤业化工集团有限责任公司副总经理、总会计师，高级会计师。主执笔：李秀平，陕西煤业化工集团有限责任公司财务部主任主管，会计师。其他成员：袁景民，陕西煤业化工集团有限责任公司财务部经理，高级会计师；仇宏龙，陕西煤业化工集团有限责任公司副总会计师，高级会计师；车建宏，陕西煤业化工集团有限责任公司副总会计师，会计师；刘莹，陕西煤业化工集团有限责任公司财务部副经理，高级会计师；韩宝安，陕西煤业化工集团有限责任公司财务部副经理，高级会计师。

是陕西省人民政府为落实国家西部大开发战略，充分发挥煤炭资源优势和行业、区域等整体优势，从培育壮大以煤炭开采和煤炭清洁转化为主的能源化工支柱产业出发，按照现代企业制度规范要求，对省属煤炭企业、煤化工企业及钢铁等企业经历了政府主导下的三次重大重组而设立的特大型能源化工企业。三次重大重组分别是：2004 年 2 月，在省政府主导下把原煤炭部下放的省内十户煤炭企业重组整合成立陕西煤业集团有限责任公司；2006 年 6 月又重组了陕西渭化集团、陕化集团、陕西焦化公司三家化工企业；2011 年 11 月又重组了陕西钢铁集团公司、陕西铁路投资（集团）公司。陕煤集团是陕西省能源化工产业发展的骨干企业，也是省内煤炭大基地、大园区开发建设的主体。

2. 企业现状

经过十多年的发展，陕煤集团已经形成了以煤炭开采和煤化工为两大主业，燃煤发电、钢铁冶炼、机械制造、建筑施工、科技研发、金融服务、运输物流等 13 个产业板块。产业上下关联又多点支撑，企业相互依存又互补共生，既在内部形成了较大的市场空间，也扩大了经济运行的回旋余地。截至 2016 年末，陕煤集团所属二级参控股企业 94 户（其中：全资 32 户，控股 37 户，参股 25 户），三级企业 193 户。资产总额 4458.20 亿元，从业人员 12.36 万人。产业分布已从陕西延伸至河南、山西、湖北、湖南、重庆、四川、安徽、海南、新疆、青海、内蒙古、北京等 13 个省（区、市）和吉尔吉斯斯坦、澳大利亚、美国、阿根廷 4 个国家。煤炭产量连续六年过亿吨，2016 年实现营业收入 2120 亿元，利润总额 30 亿元，经济规模连续两年跻身世界 500 强，在 2017 年财富世界 500 强榜单中列第 377 位，较上年前移 10 位。

3. 企业发展面对两大困难

（1）传统产业发展空间受限，转型发展尚需时日。煤炭、钢铁、电力等产业供给侧结构性改革任务艰巨。受政策性调控影响，在建的新煤矿项目核准及开发进度缓慢，实施压缩关中、强化陕北的“一退一进”策略被延缓，大大挤压了结构调整的空间。煤化工产品多为大宗产品，市场竞争程度较高，附加值较低；以煤炭分质利用为代表的新型煤化工产业受技术产业化进程、环保新标准约束、能源价格等多重因素影响，项目核准难度大，推进较慢。钢铁产业配套投入大，连续几年大额亏损，处于资不抵债的边缘，近期虽有回升，但历史欠账短期内难以弥补。电力产业与煤炭产业在区域结构方面匹配程度不够，且被列入潜在过剩产能产业。布局并培育新能源、新材料产业尚需时日，短期内难以形成新的发展动能。

（2）以煤独撑风险过大。从能源消费情况看，我国能源消费结构倚重煤炭，占全球20%左右的人口消耗了全世界50%以上的煤炭消费总量，在我国能源消费比重中多年居65%以上，随着能源消费总量的增加，节能减排任务艰巨，治霾压力持续加大，环境容量硬约束等因素，迫使国家能源结构需要进一步调整优化，据有关机构预计，2017年，非石化能源消费比重达13%，到“十三五”期末预计增长到15%左右，产业替代及能源结构调整优化是国家能源战略的方向之一。从产能状况看，煤炭行业属于产能严重过剩行业，去产能任务艰巨，过去几年煤炭市场断崖式下跌也印证了这个结论。此外，从企业发展战略角度分析，产业结构单一及区域过度集中对于企业的持续健康发展存在较大战略风险，进行适度多元化的转型发展是必由之路，对于大型企业尤为重要。

二　着眼长远　转型升级

1. 适应新常态，引领新常态，提出新发展战略

随着改革开放的不断深入，传统企业转型已成为必然。陕煤集团经过对自身资源和内外环境的全面审视，对新能源革命和新经济趋势的深入洞悉，于2016年提出了“以科技和资本为驱动，去杂归核，创新发展，努力把陕煤转型成为煤炭优势明显，能源和材料主业突出的错位多元企业”的新发展战略。并且明确了“以煤为基，能材并进，技融双驱，蜕变转型”的发展模式。

（1）新的发展战略定位了陕煤未来成为一个“错位多元企业”。以前的

发展战略表述为“以煤炭开发为基础，以煤化工为主导，相关多元互补发展”。这种以纵向关联产业链为特色的战略，适应和引领了“十一五”和“十二五”时期的快速发展，但也随之产生了新的问题。经济新常态要求必须从“以煤独撑天下”走向“适度相关多元”，再从“适度相关多元”向“错位多元发展”转型跃升。

（2）新的发展战略界定了陕煤始终以“能源”和“材料”为两大主业。主业定位基于两点因素。一是陕煤既有的产业基础。现有的产业大多集中在能源和材料领域，而且已经拥有新能源、新材料的技术萌芽。二是能源和材料前景广阔。未来的主业由化石能源和应用材料，稳步进入新能源、新材料领域，陕煤就有了打造“百年老店”的产业基础。

（3）新的发展战略明确了陕煤的转型必须以“技术”和“资本”为驱动。企业要发展，必须要有永续不竭的动力。科学技术是第一生产力，科学技术革命往往引发社会资本的优化配置，推动生产力的飞跃发展。科学技术创新和科学的资本运作，形成虚实相生，互为依存，同步驱动的良性格局。

总之，新战略是与时俱进和着眼长远的转型战略。未来一段时间，还要充分利用国家有关政策，发挥资源和技术优势，加快三项措施推进，确保新战略落地生根。

一是做大做优煤炭产业。煤炭工业“十三五”规划明确的开发布局是“压缩东部、限制中部和东北、优化西部”，内地确定的十三个煤炭基地，只有与陕西相关的陕北、黄陇和神东三个基地为发展类，在这个范围内，目前陕煤已经拥有的优质资源，完全可以满足“十三五”，甚至“十四五”的发展开发。这为陕煤“以煤为基”的战略实施奠定了基础。

二是加快推进大园区建设。陕煤多年谋划和布局的四大化工园区，均已列入国家能源局《煤炭深加工升级示范“十三五”规划》和国家发改委《煤化工产业创新发展布局方案》，近期有望正式发布，这是国家颁发给陕煤进军新材料领域的“门票”，为陕煤加快推进大园区建设，跻身材料领域的战略谋划找到了支点。

三是积极培育新兴产业。陕煤技术研究院在三元动力电池、纳米流体吸能材料等 8 个项目上，已经取得实质性科技突破，2017 年部分技术可进入生产阶段。这既增强了战略自信，也为转型升级做好了项目支撑。

2. 新发展面对新问题

（1）资产负债率处于高位，去杠杆任务艰巨。过去十多年间，通过组合运用各类融资工具实现大规模融资，保障集团十多年的持续快速健康发展。在此期间，基本完成了老企业的升级改造，实现了彬黄、陕北新区的开发，承担了省内钢铁和铁路产业的大额投资，也完成了集团内部的主辅分离和产业化重组，为区域经济的健康发展做出了应有的贡献。但这在客观上也加长了企业的财务杠杆。此外受去产能等政策调控等因素影响，一批在建项目审批受限，大量资金沉淀，加剧了融资结构的错配。加之 2012 年 5 月以来煤炭等大宗商品的价格出现了近四年的断崖式下跌，对企业的经营效益和现金流产生了重大影响，进一步推高企业的资产负债率。从根本上讲，短期内依托企业经营来降低杠杆率难度很大，必须配套必要的政策措施方能渡过难关。

（2）去产能遗留问题较多，承担压力大。过去两年煤炭去产能关闭矿井 18 对，淘汰落后产能 1815 万吨，落后产能淘汰之后，需要分流转移富余人员约 5.2 万人，企业可容纳的岗位有限，加之职工年龄结构老化、技能单一、伤残职业病多等行业特点，致使转岗培训、人员安置分流和社会稳定压力大。落后产能关闭退出后，遗留的不少“僵尸企业”和壳公司，大多地处偏远工矿区，井巷、地面建筑物、构筑物以及闲置设备等资产难以盘活；而且这些企业经历了连年亏损后，基本依靠贷款和母体企业补贴维持生存，这些债务中带息债务基本均由母体企业统借统贷或提供担保，其他营业性债务也急需清偿，不但影响企业的经营效益，也面临较大的诉讼风险。另外，由于历史原因集团一直承担着不小的社会负担，“三供一业”符合分离移交的家属区普遍地处偏远，部分矿区家属区不具备改造价值，需要改造的项目总体资金需求量大，财政补助资金难以满足，资金缺口较大，“三供一业”移交难度和市场化运营难度大。

三　审时度势，积极推进市场化债转股

1. 积极推进市场化债转股是解决新发展面对新问题的新举措

一是降低企业杠杆率的必然要求。煤炭产业经历了“十年黄金期”的快速发展，大规模投资推高了企业杠杆率。近几年煤炭产业经济下行、企业效益下滑后，资金缺口大，依托债务融资势必进一步推高企业杠杆率，给企业资金链的安全和持续健康发展带来较大不利影响。为了保障资金链的安全，积极稳妥降低企业杠杆率，实践市场化债转股势在必行。

二是优化资本结构的客观需要。煤炭产业十年快速投资增长不仅加长了企业杠杆，同时也伴随着融资结构的错配问题，一方面存在“短贷长投”的期限错配问题。由于部分项目不具备直接向金融机构融入长期资金条件，项目投资资金来源主要依赖短期融资，期限短，借贷频繁导致必须备付大量资金，不但使资金链紧绷，还推高了资金成本。另一方面存在“表内表外”的结构错配。金融机构对产能过剩行业表内资金增量极其有限，近两年甚至几乎没有表内增量资金，企业不得不通过“表外”融资作为补充，导致“表内表外”融资结构错配。实践市场化债转股融入长期限资金，实现以长换短，也是解决融资结构错配问题和优化资本结构的客观要求。

2. 市场化债转股贯彻落实情况

2016 年 9 月 22 日，国务院发布了《关于积极稳妥降低企业杠杆率的意见》及《关于市场化银行债权转股权的指导意见》，标志着市场化债转股正式具备了实务操作的政策基础。陕煤集团抢抓机遇，率先践行，先后与多家金融机构沟通接洽，积极推进市场化债转股工作。

（1）市场化债转股实施情况

先后与国家开发银行、建设银行、陕西金融资产管理公司、交通银行、平安保险公司等金融机构沟通接洽，积极推进市场化债转股工作。截至目前，陕煤集团已经与金融企业签订了 845 亿元的市场化债转股合作框架协议，已落地债转股资金 372.5 亿元，其中：国家开发银行 139.5 亿元、陕西

金融资产管理公司150亿元（一期100亿元，二期50亿元）、建设银行63亿元、浙商银行20亿元。可降低资产负债率约7个百分点。全年预计实施债转股550亿元左右。

（2）市场化债转股实施过程

陕煤集团实施市场化债转股具体操作可以总结为四个阶段或步骤。

第一阶段：优选合作对象。先后与国家开发银行、建设银行、交通银行、平安保险公司、陕金资产等多家金融企业沟通接洽，优选合作意向强烈，资信实力强大，综合成本低，具体操作简单的金融企业签订市场化债转股合作框架协议，约定合作意向，确定合作原则等事项。

第二阶段：搭建有关平台。在目前的法律和政策框架下实施市场化债转股，至少需要搭建两个平台，即实施“债转股主体平台”和“标的企业平台”。我国《商业银行法》第四十三条规定，即“商业银行在中华人民共和国境内不得向非银行金融机构和企业投资”，商业银行不能直接持有企业股权，据此需要新设立“债转股主体平台”。按照市场化债转股的指导意见，扭亏无望、资产质量不高的企业明确禁止实施债转股，此外，金融企业真正感兴趣的标的企业也只是资产质量高、发展前景好的企业。在当前条件下，真正能实施债转股的企业只有资产优良、发展后劲足的企业，为了保持对这些企业的控制权，势必要重新搭建“标的企业平台”。

第三阶段：办理资产交割。按照合作双方市场化债转股协议，办理股权和股权收购资金交割和划转。

第四阶段：完成债务置换。实施债转股企业集团用新筹集到的资金置换存量短期债务，进而完成市场化债转股的实施。

（3）市场化债转股实施案例——与陕西金融资产管理有限公司合作实施市场化债转股

陕煤集团为了降低资产负债率，优化资本结构，与陕西省金融资产管理股份有限公司（以下简称“陕金资产”）多次磋商后，合作实施债转股，债转股总规模初步定为400亿元，首期规模100亿元。具体方案如下：

由陕金资产设立陕西金资基金管理有限公司（以下简称“陕金基金”），

再由陕金基金做 GP，陕煤集团、陕金资产做劣后级 LP 各出资 10 亿元，中邮证券出资 80 亿元做优先级 LP，共同成立西安宏轩投资管理合伙企业（简称“西安宏轩”），作为实施债转股的主体平台企业。陕煤集团将对榆北公司的内部贷款转增资本，增资后出资额增至 105 亿元；西安宏轩出资 100 亿元投资榆北公司，榆北公司的所有者权益增至 205 亿元，榆北公司由陕煤集团的全资子公司变为合资企业，其中，陕煤集团持股 51.22%，保持对榆北公司的控制权，西安宏轩持股 48.78%，向榆北公司派出董事和监事。通过债转股实现融资 100 亿元用于置换集团短期融资（见图 1）。

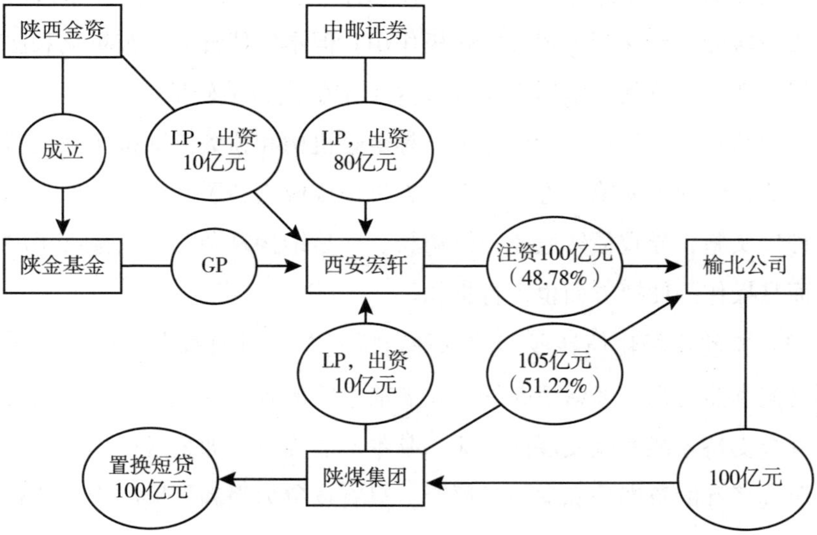

图 1　债转股案例操作流程

资料来源：根据陕煤化集团债转股方案整理。

3. 当前市场化债转股存在的主要问题

（1）市场化债转股与政策性去产能不匹配。国家在推进供给侧结构性改革以来，将“三去一降一补”作为五大重点任务进行推进，尤其是煤炭、钢铁行业率先实施了行政性去产能，近两年来去产能推进力度大，实施成效显著，煤炭、钢铁市场得到了合理回升。但作为供给侧结构性改革和去产能重点配套措施的去杠杆政策出台时间相对滞后，而且作为去杠杆重中之重的债转股工作，受经济发展阶段、法律环境变迁、煤炭行业及企业自身发展状况等因素制约，推行市场化和法治化机制下的债转股，与行政性去产能在政策层面上不匹配，产生的后果是落后产能矿井快速实施关闭，遗留的债务问题难以得到有效解决，出现了“车已卸，套没有解”的局面。

（2）债转股业务链条长，交易结构复杂。在现行法律环境下，商业银行不得向非银行金融机构和企业投资，此次债转股本有希望成为商业银行获得权益类投资牌照的起点，中国银行业的混业经营或可因此起步。但目前的情况是商业银行法禁止金融机构直接持有企业股权这条禁令并未打开。在上一轮政策性债转股实施过程中，国务院重组设立了四大国有资产管理公司，对推进债转股工作起到了很大的积极作用。但本轮债转股以市场化和法治化为前提，商业银行禁持实体企业股权这个条款使得债转股在实务操作方面，迫使参与债转股的债权方及商业银行等金融机构和债务方即拟实施债转股的煤炭企业，必须引入第三方甚至第四方机构或成立转股基金及类似中介机构才能推进实施，导致债转股业务链条长、交易结构复杂，不仅推高了融资成本，而且操作的便捷方面也大打折扣。

（3）本轮市场化债转股标的选择范围过窄。目前符合市场化债转股企业都是盈利能力强、经营情况好、发展前景好的企业，但对具有发展潜力又急需资金支持才能实现发展的企业，基本不能支持，即金融机构推进市场化债转股选择标的资产的标准非常严苛，只有竞争力强和发展潜力大的企业才能成为债转股的目标企业。这对去产能债务处置、职工安置以及急需转型发展的企业很难获得支持和帮助。同时，国务院出台的《关于市场化银行债权转股权指导意见》对实施债转股企业进行了明确限制。对于涉及去产能的煤炭企业而言，基于目前煤炭企业集团的一体化运营和统借分拨的融资模式，产能退出关闭的实体矿井沉淀了大量的债务，包括金融类带息负债和经营类债务，其中带息负债要么由母体煤炭企业集团统贷分拨，要么由母体企业集团提供了担保；经营类债务基本为企业集团内部债务。无论是经营类债务还是金融类债务，依据《企业破产法》实施法定破产核销债务无法减轻母体企业集团的债务负担，故通过企业法定破产对煤炭企业集团而言无法减轻债务负担，但目前而言这些债务又很难成为市场化债转股的选择标的。

（4）融资成本高。本轮市场化债转股除了要求固定收益外，在将来股权退出时还要求实现溢价收益，这虽然符合资本投资规则，但客观上融资成本会升高。另外，债转股范围受限、通道狭窄、操作链条长环节多也会推高债转股融资成本。

4. 政策建议

（1）建议国家健全关于金融监管及市场化债转股的顶层设计，解决法律和制度层面的障碍。修改现有商业银行法或相关条款，以利于银行直接持有符合条件企业的股权，减少中间环节，简化交易程序，降低融资成本，方便实务操作。

（2）本轮市场化债转股的主要目的是解决去杠杆和去产能转型发展企业的资金需求，为企业扭亏脱困提供助力，但煤炭、钢铁企业由于目前又处于爬坡过坎的关键阶段，当前行业效益和企业的现状以现行模式又难以实现债转股，建议在特别时期应采取特别的政策，建立债转股及融资重点支持企业名单。

（3）在实施债转股标的资产或标的企业范围方面对去产能企业给予适当的倾斜政策。如，对于西部煤质好、开采成本低、发展潜力大后劲足、资源优势明显的煤矿项目，应当给予一定的生存发展空间，促进这些优质资源作为标的资产实施债转股。对于一些资源条件差、缺乏竞争力、扭亏无望的低效无效产能应当尊重市场规律，坚决淘汰。

（4）建议出台新政策支持优先股转股政策，并且将优先股融资成本规定在一个较低的合理水平。

（5）对于目前实施市场化债转股出现推高资金成本的现象，由国家给予企业适当的财政补贴或其他政策支持，帮助实体企业在转型升级阶段渡过难关。对于实施市场化债转股的重点行业和重点企业，适度建立容错机制和免责机制。

B.4
破解困局　优化结构 积极稳妥降低企业杠杆率

大同煤矿集团有限责任公司*

摘　要：本报告介绍了同煤集团针对资产负债率过高问题，多措并举，积极稳妥降低煤炭企业杠杆率的做法，并就去产能、关闭退出矿井的资产负债处置等问题提出了解决思路和政策建议。

关键词：同煤集团　三大核心能力　去杠杆

一　同煤集团基本情况

同煤集团是全国亿吨级动力煤大集团之一，煤炭产销量稳居行业前三位；是煤电深度融合的特大型国有现代化能源集团，山西省最大的发电企业，同时也是世界500强企业。“十二五”入选国家首批“矿产资源节约与综合利用示范基地”，先后荣获中国工业大奖表彰奖、全国“五一劳动奖状”、全国文明单位、全国社会扶贫先进集体等众多国家级荣誉。

同煤集团的前身是大同矿务局，成立于1949年8月30日，是共和国煤炭工业的长子。1985年产量突破3000万吨，被誉为“世界煤都”。1998年

* 课题组组长：张有喜，同煤集团党委书记、董事长，成绩优异的高级工程师；郭金刚，同煤集团党委副书记、副董事长、总经理，成绩优异的高级工程师。副组长：荣君，同煤集团董事会秘书处处长，经济师。主执笔：郝忠美，同煤集团董事会秘书处科员。协助撰稿人：闫建新，同煤集团董事会秘书处副科长，助理经济师；王日杰，同煤集团董事会秘书处副科长；王欢，同煤集团董事会秘书处科员。

从煤炭部下放到地方，成为省属国有企业。2000 年 7 月，改制为大同煤矿集团有限责任公司。2002 年重组了原轩岗矿务局。2003 年 12 月，省委、省政府将晋北市属地方煤矿及省煤运所属的四大铁路公司重组划归同煤集团。2005 年 12 月实施债转股后，成为了由 7 家股东共同出资的国有企业。截至 2016 年底，同煤集团总资产 2780.64 亿元。现有 20 万名员工，80 万名员工和家属，产业布局在山西、内蒙古、新疆等 7 省（区、市）18 个市（区），拥有子分公司、二级单位 170 个。

近年来，同煤集团全面贯彻落实党的十八大和十八届三中、四中、五中、六中全会精神，严格落实山西省委、省政府的决策部署，紧紧围绕“建设新同煤、打造新生活”的战略愿景推进企业改革与发展的各项工作。

“十二五”期间，同煤集团培育形成了千万吨级安全高产高效矿井集群、深度融合的煤电一体化基地和高科技、高效益、高品位的循环经济园区三大核心能力。（1）千万吨矿井集群 2016 年商品煤产量 5103 万吨，占集团总产量的 46.5%，实现利税 53 亿元，成为同煤第一大效益支撑；（2）2016 年在运和在建电力装机容量 1643 万千瓦，发电 333 亿度，实现利税 13 亿元；（3）已建成的塔山园区 2016 年产值达到 161 亿元，实现利税 38 亿元，释放了产业升级新引擎的强力助推作用。现已发展成为以煤炭、电力为主，金融、煤化工、机械制造、物流贸易等多业并举的特大型国有现代化能源集团。

“十三五”期间，同煤集团将紧紧围绕山西省委、省政府“一个指引，两手硬”的重大思路要求和各项决策部署，以“两新”战略为引领，以创新驱动、转型发展为主线，把“依托煤、发展煤、延伸煤、超越煤”作为优势产业发展布局的出发点和落脚点，突出产业互补，突出优势整合，突出结构再造，突出做好煤与非煤“两篇大文章”，在继续夯实 3 大核心能力的基础上，再强化“金融板块 + 现代物贸板块”2 个效益增长极，形成“3 + 2”核心能力，形成综合性、大规模、高端化、效益好的立体式产业格局，建设具有市场竞争力和话语权的国内领先、国际一流的综合能源大集团，站稳世界 500 强。

到“十三五”期末，同煤集团要通过建设国家晋北煤炭绿色开采基地、国家晋北清洁能源基地、山西晋北现代化煤化工基地三大基地，发展五大循环经济园区，推进五大通道建设，着力打造煤炭、电力、煤化工、铝、金融、现代物贸六大产业升级版，实现清洁利用煤炭产量1.5亿吨；电力装机2500万千瓦；资产总额2500亿元；营业收入2500亿元；利税100亿元，企业做强做优的奋斗目标。

二　同煤集团降杠杆采取的措施

2015年底，中央经济工作会议把“去杠杆”列为2016年结构性改革的重点任务之一。2016年9月22日，国务院正式印发《关于积极稳妥降低企业杠杆率的意见》后，各部委又相继出台了《市场化银行债权转股权专项债券发行指引》《关于适当调整地方资产管理公司有关政策的函》《关于发挥政府出资产业投资基金引导作用推动市场化银行债权转股权相关工作的通知》《关于落实降低企业杠杆率税收支持政策的通知》等一系列配套支持政策，形成了支持降低企业杠杆率的政策体系。经过一年多的实践，我国总杠杆率上升速度明显放缓，趋于稳定，企业杠杆率开始下降。

同煤集团认真贯彻落实国家、各部委和山西省关于降低企业杠杆率有关要求，在企业降本增效上取得了显著成效，主要体现在以下7个方面。

1. 有效化解过剩产能

积极发挥市场在资源配置中的决定性作用，“对症下药”加快退出落后产能，妥善处置低效、无效资产，从而降低企业负债率。

2016年，利用国家出台的“减量置换”政策，实现了“去3换4”，也就是利用2016年去产能的同家梁、宏达、北杏庄3个关闭退出矿井，375万吨落后产能，换回了正在建设、验收的4个矿井（同发东周窑、北辛窑、梵王寺、马道头）、3000万吨先进产能，先进产能占比由2015年的27.6%提高到51.3%。

2017年将继续坚定不移淘汰落后产能，努力完成雁崖、东周窑、金海3

座矿井、370 万吨产能的关闭退出任务，妥善做好 5758 名员工的分流安置工作。

到“十三五”期末，同煤集团将关闭退出 13 座矿井，化解过剩产能 1225 万吨，分流安置职工 14209 人。

2. 建立完善现代企业管理制度

从 2012 年起，同煤集团就建立了战略投资、薪酬考核、审计监督、招标采购、编制审核“五个委员会”的决策支持体系，形成了权责明确、制衡有效的决策执行监督机制，有效提高了控制企业负债率的决策水平。

2017 年，同煤集团明确了各子公司党政负责人作为降杠杆的第一责任人，将其贷款使用情况纳入对班子成员的薪酬考核，倒逼子公司提升经营管理能力。2017 年上半年，共有 22 家子公司资产负债水平有所下降，负债率平均下降了 2.31 个百分点。

3. 多措并举盘活存量资产

同煤集团积极落实国家、山西省资产闲置处置相关规定，严格办理中介评估、公开招标、挂牌交易，对集团公司部分闲置和废旧资产进行了处置。2016 年处置、盘活闲置资产近 20 亿元。

特别是，积极推进国有资产价值重估工作。2017 年 4 月 27 日，向山西省国资委、财政厅、国土厅申请首批重估的资产有 23 项采矿权（含 2 项探矿权），预估增值约 300 亿元；授权经营土地 713 宗，共计约 34109 亩，预估增值约 40 亿元，合计预估增值约 340 亿元。6 月 1 日，取得了经济行为的同意批复。7 月 7 日，聘请专业评估勘测公司对采矿权、土地资产进行评估。这部分资产注入后，预计能降低资产负债率 8.75 个百分点。

4. 多方式优化企业债务结构

一是形成利润支撑。2016 年 7 月，同煤大友资本投资公司成立，这标志着“1+5”金融平台（财务公司、上海和香港融资租赁公司、和晋担保公司、大友投资公司、资产管理公司）全面构建。2016 年金融板块实现利润 9 亿元，节约财务费用 20 亿元，形成了煤炭、电力、金融“三足鼎立”的新格局。

二是压缩管理成本。从2012年煤炭市场开始下行以来，出台了经营管理20条“双控”措施，在采购、新建项目投入和煤炭生产、加工、销售等环节实行精细化管理，不断减少可控成本投入，提升企业经营效益，改善财务杠杆率。2016年压缩成本费用11亿元。

三是降低财务负担。同煤集团利用债转股、发行永续债等新型融资工具降低企业资产负债率。2016年发行了50亿元永续债，降低资产负债率1.8个百分点。2017年计划再发行70亿元永续债，将再次降低资产负债率2.6个百分点，目前已通过山西省国资委等主管部门批准。

5. 积极开展市场化债转股

通过与多家银行合作的190亿元债转股项目，预计降低资产负债率3.5个百分点。

一是与工行签订《债转股合作框架协议》，总规模100亿元，按照8∶2原则，成立债转股基金，工行出资80亿元作为优先级LP，同煤及第三方出资20亿元作为劣后级LP。分批次采用多种模式，全部落地后，预计可以降低同煤集团资产负债率至80%以下，首期15亿元已在2017年8月中旬完成。

二是与农行达成债转股合作意向，基金规模50亿元，期限“5+N”，资金来源为80%农行优先级LP，同煤或第三方共同出资20%作为劣后级LP，模式采用并表基金模式，分两个批次落地，规模分别是30亿元和20亿元。

三是与兴业银行达成合作意向，将共同设立“兴银同煤产业升级基金”，向同煤集团发放委托贷款人民币40亿元，贷款资金用于置换同煤集团兴业银行存量债务。

6. 积极发展股权融资

一是与央企进行“大煤大电”高层次、全方位合作。同煤集团的千万吨级大矿和坑口电厂，都是与大唐、国电、浙能等股权合作的。最近与华能、大唐集团进一步商谈，共同探讨大集团之间相互参股，进一步降低企业杠杆率。

二是引资改制医院集团。2016年重组整合了集团内部5家矿处级医院，成立了医院集团管理公司。引入信达、汉石等社会资本，形成了4∶3∶3的股权结构，盘活现有资产，实现自养，为医疗板块对接资本市场奠定了基础。2017年9月底，改制后的股份制医院集团将正式挂牌。

三是发挥上市公司作用。2016年，完成漳泽电力新股定向增发融资28亿元，这是火电企业在2016年极少成功完成定增的经典案例。2017年6月份完成了同达热电51%的股权转让，把优质的电厂资源装入漳泽电力上市公司平台。下一步还要将其他优质煤矿资源装入上市公司，加速推动国有资源资产化、资本化、证券化。

7. 切实减轻社会负担

当前，国有企业和民营企业的区别就是国有企业要承担国家责任和社会责任。以同煤集团来讲，一方面要承担起国家能源战略供应；另一方面还要通过深化改革来调结构、卸包袱、降负债。

2015年7月，同煤集团被山西省委、省政府列为全省深化改革试点后，制定了《同煤集团深化改革发展做强做优总体方案》。2016年6月29日又下发了正式的批复文件，成立了由董事长和总经理任组长的同煤集团工作领导组及“6+1”工作小组，明确了各组责任人、工作任务、时间节点、责任清单，纳入了月度工作考核。

一是破解企业办社会的困局。2016年12月5日，《同煤集团分离企业办社会职能工作试点方案》得到了山西省国有企业深化改革领导组办公室的批复，与大同市建立了联合工作机制，在省委、省政府的高度关注下，在大同市的密切配合下。2017年7月7日，大同地区“两区”10万户、30万名职工家属区135亿元资产平稳顺利移交给大同市政府，达到了减人提效的目的，实现了“政府、地方、企业、职工”四满意的效果。

下一步，还要制定第二批分离移交办社会职能方案，解决平旺地区以及轩岗、朔煤等子公司的“三供一业”等办社会职能，确保2018年底不再承担企业办社会职能。

二是破解厂办大集体的困局。厂办大集体企业是计划经济时期的产物，国企主办、个体经营。进入市场经济以来，多数主体企业自身由于小、散、乱等问题凸显，多数企业资不抵债，经营面临困境。同煤集团积极落实国家、山西省有关要求，计划用2～3年的时间，将列入改革范围的厂办大集体，通过发展混合所有制经济、改制重组、关闭、破产等多种途径，改革为产权清晰、权责明确、面向市场、自负盈亏的独立法人实体，进一步降低企业负债率。

目前，《同煤集团厂办大集体改革总体方案》已获得山西省批复，完成了调研摸底工作，制定了《实施细则》，两户试点企业的资产评估、审计工作已基本完成。

下一步，由集团公司董事长担任“施工领导组”组长，亲自组织制定操作办法，明确责任人和月度目标，亲自督战，到2018年底，全面完成厂办大集体企业的改制、关闭、破产、退出工作，最终实现“三消”，即消除大集体企业，消散大集体职工，消灭大集体资产。

三是破解人员负担重的问题。目前已完成了对距法定退休年龄不足5年的职工情况摸底。

三　有关建议

1. 去产能关闭退出矿井的资产债务处置问题

大部分去产能煤矿债务均由集团公司统借统贷统还，或者由集团公司为其担保。煤矿关闭退出后，所有债务均由集团公司承担，造成企业负债负担增加，不良资产率上升，经营风险加大。以同煤集团为例，去产能关闭的13个煤矿自身没有融资能力，共有贷款117亿元，几乎都是通过同煤集团贷款或者担保，用于这些煤矿的技术改造等，大大增加了同煤集团债务风险，影响大集团的融资，容易造成资金链断流。

建议：国家协调财政部门和银行出台去产能关闭煤矿债务处置的具体政策。

一是允许企业集团公司层面成立清算机构，将关停产能煤矿涉及的资产、负债进行剥离，人民银行停息挂账。

二是由国资委聘请中介机构对关停产能煤矿开展专项清产核资，结果报地方政府审批确认后，国家给予企业专项全额补贴资金，用于企业归还银行贷款等债务。

三是企业集团公司层面为关闭煤矿承担的担保责任随之免除。

2. 争取国家开发银行支持，降低国家开发基金的投放门槛，置换高息贷款

现在国家开发银行的资本金贷款，只局限于棚户区改造等有限项目，期限不超过 10 年，应放宽到近三年投资的新能源、产业转型等领域。允许在母公司层面上，根据投资总额的一定比例持有，使用范围可用于该领域高息贷款的置换。

3. 争取国土资源部、财政部支持，将资源价款转增资本金，增加企业的实收资本

将企业已经缴纳，通过资本金注资方式；或对企业尚未缴纳的资源价款，变为政府出资，增加企业实收资本，降低企业资产负债率。

B.5

开拓创新　多措并举　努力完成去杠杆改革任务

山西焦煤集团有限责任公司*

摘　要：报告针对企业资产负债率过高问题，分析了问题的成因和过程，阐述了市场化债转股的重要意义，介绍了该项工作的推进过程及取得的经验，针对存在的困难和问题，提出了政策建议和下一步深入开展的思路。

关键词：山西焦煤集团　去杠杆　市场化债转股

一　企业与资产负债基本情况

（一）企业概况

山西焦煤集团有限责任公司（以下简称“山西焦煤集团”或“山西焦煤”）是我国煤炭行业第一家以资产为纽带组建的煤炭大集团，是我国目前最大的炼焦煤生产加工企业，是山西省最大的焦化、盐化企业。现有西山煤电、汾西矿业、霍州煤电等22个子分公司和西山煤电、山西焦化、南风化

---

* 课题组组长：武华太，山西焦煤集团公司党委书记、董事长，成绩优异的高级工程师。副组长：栗兴仁，山西焦煤集团公司总会计师，高级会计师。主执笔：李俊，山西焦煤集团公司党政办公室副主任，经济师。其他成员：席北明，山西焦煤集团公司董事会秘书、党政办公室主任，高级政工师；杨世红，山西焦煤集团公司财务部部长，高级会计师；原蓉军，山西焦煤集团公司董事会秘书处处长，统计师；徐瑾，山西焦煤集团公司财务部副部长，高级会计师。

工3个A股上市公司。

山西焦煤以煤炭、发电、焦化为主业，兼营金融投资、物流贸易、装备制造、建筑建材等产业。现有100座煤矿，规划生产能力1.74亿吨/年；28座选煤厂，入洗能力1.26亿吨/年；5座焦化厂，焦炭产能1180万吨/年；9座燃煤电厂，装机容量3468MW；14座瓦斯及余热电厂，装机容量221MW；盐化日化产能256万吨/年。

山西焦煤主导产品有焦煤、肥煤、1/3焦煤、瘦煤、气肥煤、贫煤等多个煤种；其中强粘焦煤和肥煤均为世界稀缺资源，被誉为“世界瑰宝”。产品市场涵盖国内20多个省份和地区并出口日本、韩国等国家，炼焦煤产品在全国市场占有率稳定在9%以上。

2016年，企业生产原煤9151万吨，炼焦精煤4312万吨，焦炭928万吨，发电量141亿度，实现商品煤总销量11493万吨，销售收入1669亿元，利润2.7亿元，上缴税费80亿元，位列2016年世界企业500强第337位。

（二）资产与负债情况

山西焦煤为国有独资企业，出资人为山西省人民政府，注册资本42.72亿元，由于债转股及历年财政资金转增等影响，2016年末实收资本为133.97亿元。

截至2016年底，山西焦煤资产总额为2725亿元，其中固定资产、在建工程、无形资产共1534亿元，占比56.3%；资产具体构成如图1所示。

截至2016年底，山西焦煤负债总额2127亿元，其中债务融资总额1072亿元，占比50.4%；负债具体构成如图2所示。

截至2016年底，山西焦煤融资总额1132亿元（其中包含永续债60亿元，列示所有者权益项），主要包括银行借款、融资租赁和债券融资，具体构成如图3、图4所示。

其中银行借款的主要债权人为工行、农行、中行、建行、交行等金融机构，利率在人民银行基准贷款利率的基础上，根据融资主体情况做相应调整；融资租赁主要债权人为各融资租赁公司；债券融资主要债权人为证券交

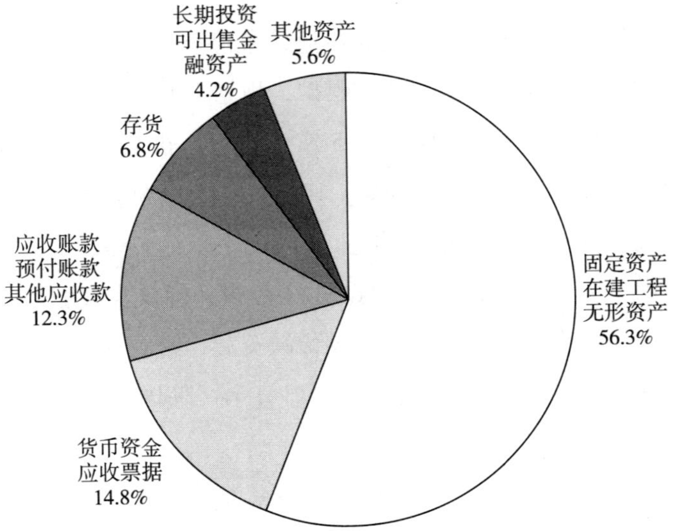

图1　山西焦煤资产构成情况

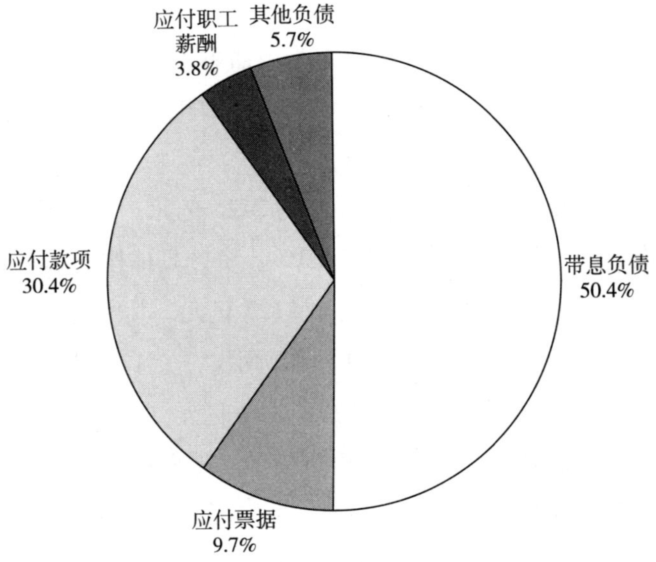

图2　山西焦煤负债构成情况

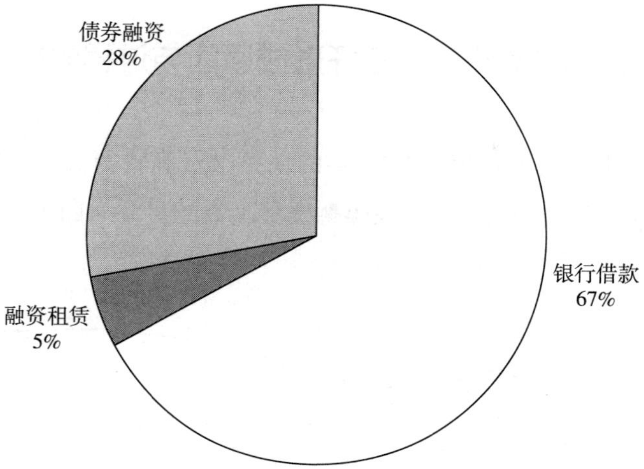

图 3　山西焦煤融资构成情况（按类别分）

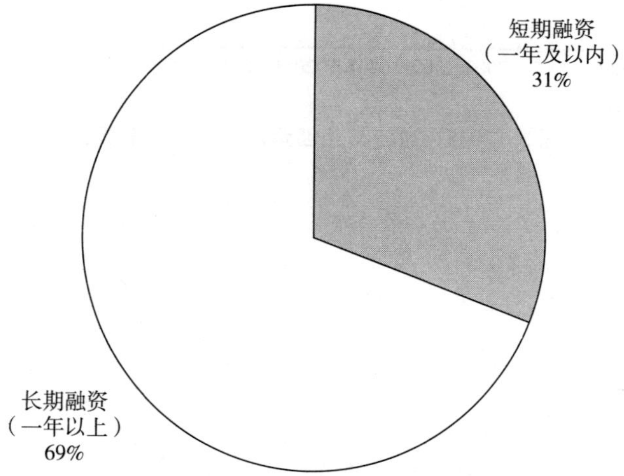

图 4　山西焦煤融资构成情况（按期限分）

易市场上合格投资者，发行利率根据发行时的市场利率确定。

截至 2016 年末，山西焦煤资产负债率为 78.07%。与先进企业和标准相比处于较高水平，与省内同类企业相比相对较低，从企业自身看处于可控水平。综合考虑各方面因素，结合企业发展实际，山西焦煤的资产负债率降到 70% 左右较为合理。

二　高负债、高杠杆形成原因与过程分析

综合分析山西焦煤2005～2016年的债务融资和资产负债率情况（见图5、图6），可以明显看到，山西焦煤融资情况大致可分为四个阶段。

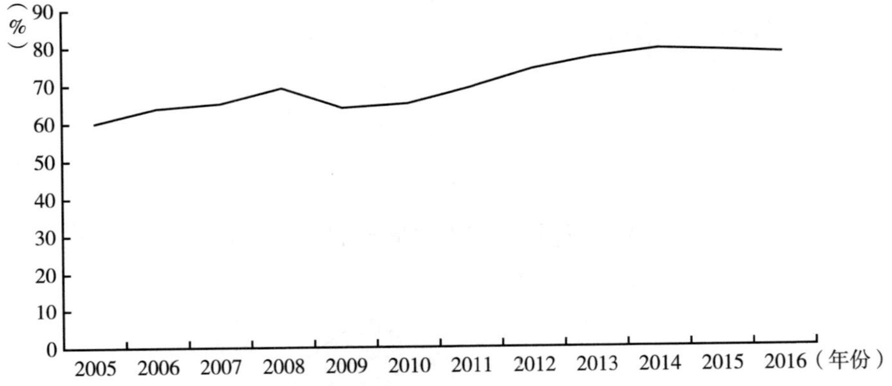

图5　2005～2016年山西焦煤资产负债率情况

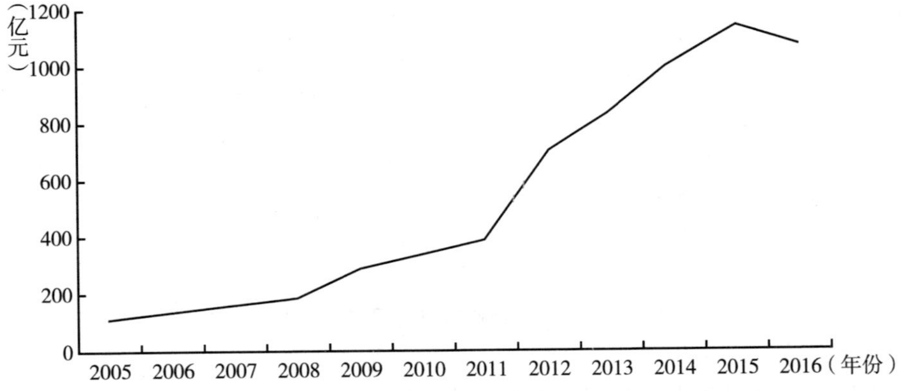

图6　2005～2016年山西焦煤融资总额情况

第一阶段为2005年至2008年相对平稳阶段。这一时期煤炭企业正处于"黄金十年"发展期，煤炭产品供不应求，价格持续上涨，企业资金宽裕，融资较少，资产负债率也保持在70%以下。

第二阶段为2008年至2011年较快增长阶段。这一时期，山西省深入开展煤炭资源整合小煤矿兼并重组工作，山西焦煤作为整合主体，重组整合省内173座小煤矿，投入大量资金，也导致企业债务融资快速增长。但这期间煤炭仍处于“黄金十年”，煤价维持高位，企业收入、资产规模快速增长，资产负债率依然保持在70%以下。

第三阶段为2011年至2014年的快速增长阶段。随着煤炭市场2011年下半年出现拐点并持续低迷，煤价开始大幅下滑，煤炭企业经营形势出现困难，特别是资金十分紧张，外欠煤款大幅增长，而企业大额固定资产投资、办社会负担、职工薪酬社保，特别是正在推进的上下游产业兼并重组整合等都需要大额刚性支出，为确保企业平稳有序运行，企业不得不大额举债，导致债务融资和资产负债率快速增长。

第四阶段为2014年至2016年的合理调控阶段。这期间，随着煤炭市场进入“严冬”，企业多措并举瘦身健体、开源节流，优化融资结构降低负债，千方百计挖潜堵漏降低成本，压缩非生产性投资和非盈利业务，确保了资产负债率合理可控，并且连续两年保持下降，债务融资也在2016年出现近十多年来的首次下降。

综合以上分析，山西焦煤当前较高的资产负债率和债务融资，主要是受持续低迷的煤炭市场影响，煤价持续低位、回款不畅、资金紧张、企业盈利能力下降经营困难；与此同时，企业新建大型现代化矿井、资源整合矿井技改、产业链延伸、新兴产业培育等转型升级发展支出刚性；企业税费负担、办社会负担、物流成本、融资成本、人工薪酬社保支出维持高位；为确保企业资金需求和平稳健康发展，增加信贷融资成为企业的必需手段。2014年以来，企业年度债务融资总额保持在千亿元以上。

在企业不断增加债务融资的同时，同样由于煤炭市场的低迷及其导致的煤企经营困难局面，银行等金融机构对煤炭企业信贷不断压缩收紧，并采取减少授信额度、提高贷款利息、增加担保条件等措施，也直接导致了煤炭企业融资成本不断增加，杠杆率居高不下。2014～2016年，山西焦煤的利息支出分别为58亿元、66亿元、65亿元，同期企业的实现利润仅有7.94亿元、1.44 亿元、2.68 亿元。较高的杠杆率已经成为企业成本高企、负担沉重的重要因素之一。

三　市场化债转股工作推进过程

（一）基本模式及基金设立

山西焦煤集团市场化债转股项目的基本模式为股债结合、投贷联动。具体方式为建设银行与山西焦煤集团下属的西山、汾西和霍州分别合作成立有限合伙制基金，建行方为优先级有限合伙人，山西焦煤集团方为劣后级有限合伙人。基金注册成立后，采取债权加股权的方式进行投资运作，债权部分到期后由目标公司以综合经营收入等为还款来源；股权部分最终通过上市退出或大股东回购股权方式退出。

2016 年 12 月，山西焦煤与建设银行签订了山西省首单市场化债转股合作框架协议，双方以多种形式共同出资设立总规模约 250 亿元的山西焦煤降本增效基金和转型发展基金。其中降本增效基金主要用于置换山西焦煤及其下属公司高息负债，从而降低山西焦煤资产负债率，减少财务费用支出，优化财务结构；转型发展基金主要用于支持山西焦煤围绕发展战略进行产业整合，做大做强做优，提升企业综合竞争力。

（二）推进原则及操作策略

一是充分把握政策机遇，及早对接沟通。在 2016 年国务院 54 号文件尚未发布之前，建设银行就与山西焦煤集团进行了专项沟通，通过实地调研，对集团公司的经营、财务及战略有了客观深入的了解和认识，看好集团公司的发展前景，由此选定山西焦煤集团作为其在山西省首家也是规模最大的债转股合作对象。

二是坚持市场化原则，实现互利共赢。本次债转股整个过程都充分体现了市场化的原则。比如在目标企业选择方面，就是经过银企双方反复沟通，最终确定双方均可接受的目标企业，通过市场化谈判既满足了企业的现实需要，又保证了银行风险可控、收益合理，有助于实现互利共赢。

三是优化调整操作模式，促进快速落地。山西焦煤与建设银行充分协商，决定采取先债后股、分步推进的策略，即先以委托贷款的债权形式投入用于置换目标企业的高息负债，其来源主要为建设银行投入基金的投资，是合伙企业的合伙人资本。西山煤电、汾西矿业和霍州煤电则通过合并合伙企业报表的方式直接达到去杠杆的目的。这种通过债权部分落地的方式，进一步增进银企双方了解，使企业的降杠杆需求和融资需求先行得到满足，更有利于后续股权部分项目的落地。

（三）把握股权落地关键环节

股债结合的市场化债转股项目中股权部分推进较为复杂，但不能因为其程序复杂就不推进，债权部分落地仅仅是债转股项目实施的开始，股权部分落地才是标志债转股项目成功实施的关键，为保证股权部分的顺利落地，在项目推进过程中应注意以下几个方面。

1. 定价机制市场化

本轮债转股并不是简单地把债权直接转为股权，必须由第三方执行。山西焦煤集团市场化债转股项目中的股权部分是由建设银行关联方对目标企业进行增资或受让目标企业股权，目标企业取得股权投资后专项用于偿还其现有的高息负债，以间接方式实现债转股。在股权受让或增资中也涉及定价，国有企业转股定价要坚持市场化原则，并履行评估、报批等手续，确保以公允对价实现债转股，避免国有资产流失。

2. 转股股东实质化

与上一轮债转股不同，本轮债转股债权方对债转股企业不再是阶段性持股，不再是“临时股东”，而是依法行使股东权利，参与公司实质性经营管理，通过引进外部监督来改善公司治理机制、优化企业管理。

3. 退出机制市场化

国发 54 号文件明确，债转股实施机构对股权有退出预期的，可以定退出方式。债权方出于风险防控的考虑，要对收益有一定要求，鉴于国内多层次资本市场还不太完善的情况下，如果目标企业届时不能实现上市，则银行持有股权在退出方面存在障碍，因此需要设置大股东回购条款。

（四）保障相关主体的合法权益

山西焦煤集团与建设银行合作设立债转股基金，山西焦煤集团的责权利主要体现在以下几个方面。

（1）前期洽谈意向时由山西焦煤集团与各金融机构统一对接，集团公司充分发挥大集团优势，选择实力最强、成本最低、服务最好的金融机构进行合作。

（2）集团公司在与建设银行商谈操作方案、选择目标企业时，要结合集团公司整体发展战略来选择合适的目标企业。

（3）集团公司对建行出资部分本金和应享有收益承担连带保证责任，对于选定的目标子企业，集团公司为其承担连带保证责任以促成其利益实现。

（4）债转股的公允对价以中介机构进行独立客观公正的评估价值为依据，一方面是为了遵循国资委相关规定，维护企业合法权益，防止国有资产流失；另一方面是为了遵循市场化原则，本次债转股完全是由建行和山西焦煤两个平等市场主体自主协商、双向选择的结果，只有对价公允才有可能达成一致。

四 相关问题及建议

（一）存在的困难和问题

1. 目标企业选择存在矛盾

银行在对债转股实施对象进行甄选时，基于风险控制需要，倾向于选择优质企业，但由于优质企业一般经营性资金较为充裕，也具备较强的融资能力，对债转股基金需求程度较弱，而迫切需要债转股基金支持的企业大多经营情况不佳，难以满足银行的要求，因此银行选择与企业需求间存在一定程度的矛盾。

2. 市场退出机制有待健全

对于债转股后如能顺利实现上市的目标企业股权，不存在退出障碍，但对于非上市目标公司股权的退出则需要进一步考虑，毕竟我国多层次产权交易市场尚未形成，在此情况下银行出于自身利益考虑，在总体方案设计时会有要求目标公司大股东回购股权的保障性条款，如最终按此执行，则从某种程度上丧失了债转股应有的股性安排。

3. 债转股的实施对象范围受限

根据《关于市场化银行债权转股权指导意见》，银行应将其对企业的债权先转让给资产管理机构，由其来实施债转股，该规定相当于延续上一轮政策性债转股的做法，在市场化原则下可操作性较差，银行愿意打包转让的只会是不良债权，基于现行银行风控体系已经较为严格的情况下，企业尤其是国有企业存在大量不良资产的可能性较小。即使有大量不良资产，在没有政策引导的情况下，资产管理机构愿意接收的可能性很小，因此该规定实质上大大限制了债转股的实施对象范围。

（二）相关政策建议

1. 加快完善债转股相关政策配套落地

一是目前市场化债转股涉及的合作方式及期限多为固定期限的阶段性股权或债权投入，合作到期后的企业很有可能面临新一轮的接续问题。建议从政策层面给予指导，建立巩固本轮市场化债转股成果长期有效的体制机制，引导金融资本进一步加强支持实体经济的意愿与途径。

二是债转股所涉及的股权部分需要通过对目标企业进行增资或受让目标企业股权取得，增资或股权受让时势必要涉及资产评估、股权定价、尽职调查、监管报批等程序，程序复杂、耗时过长且面临较大的不确定性，建议政府相关部门就债转股涉及的审批流程进一步优化简化。

三是债转股涉及的股权转让或者增资扩股的前提是资产或股权合法有效，而目前企业部分优质资产或项目由于证照手续不全，必然会制约债转股工作的推进，建议政府相关部门进一步加大煤炭企业项目证照手续办理力度。

2. 逐步引入债转股多元化退出机制

市场化债转股在退出机制上要逐步实现多元化，对于资产质量较高、规模较大、盈利状况较好且公司治理结构较为完善的成熟型企业，银行或资产管理公司可进行实质战略性持股，坚持持股较长时间并获取稳定分红收益，在外部环境较好时再择机退出；对资产规模较小，企业股权较为分散且管理层融资能力较强的小型企业，可采取由企业管理层收购的方式退出；对于具有较强资金实力或融资渠道较为通畅的转股企业，可采取企业回购或大股东回购方式实现退出；对于市场前景较好的成长型企业，可通过改制重组上市后退出；对于所处行业不涉及国家安全或国计民生的企业，可适当引进民营资本参股，以期进一步优化企业股权结构，改善企业内部治理机制。

3. 深化国企改革提升企业综合竞争力

积极稳妥推进市场化债转股，还要着眼于企业内部，还得从企业内部体制机制改革上下功夫。首先应大力推行契约化管理，通过对企业管理人员进行“市场化聘用、契约化管理”，逐步形成干部能上能下、人员能进能出、工资能高能低的选人用人机制；其次应坚定不移地推进混合所有制改革，通过股权多元化建立起规范的法人治理结构，健康规范的法人治理结构是科学有效的投资决策机制形成的基础；最后应坚持走自主创新之路，通过体制机制创新不断激发企业活力、通过技术创新来促进企业提质增效，逐步培育企业的核心竞争力，由此才能在激烈的市场竞争中占得先机。

五　下一步工作思路

继续深入落实上级去杠杆各项部署要求，将去杠杆列为当前及今后的重点工作，将继续创新思路、多措并举推进去杠杆工作。

一是盘活资金资源资产。切实发挥财务公司平台作用，盘活沉淀资金，提高资金使用效率；以大型设备为重点，继续加强内部闲置设备、洗选站台等闲置能力、土地房屋等不动产的盘活力度；全面梳理非主营业务和资产，对低效、无效的业务、资产、资源和股权充分运用转让、划转等方式处置，回笼资金；坚决出清“僵尸企业”，切实减少资源资金占用和消耗。

二是加强股权融资。继续发挥好西山煤电、山西焦化、南风化工三个上市公司平台作用，力争全部启动股市再融资工作；继续推进安瑞风机等内部优质中小企业的提级管理和新三板挂牌。积极探索开展股权融资，对煤炭主业在保持绝对控股的基础上引进战略投资者，新项目坚持引资引技引智发展，非主业通过股份转让逐步退出，大力引进产业投资基金和股权投资基金。

三是优化融资结构。充分利用金融环境向好契机，加强与银行等金融机构的高层对话和对接沟通，深化银企战略合作；不断拓宽融资渠道，积极利用企业债、永续债、私募基金以及其他金融创新产品，进一步扩大直接融资规模；努力控制银行贷款总量，保持合理债务融资规模；深入开展好融资租赁和融资担保业务，充分利用电商平台开展供应链融资，促进融资成本持续降低。

四是积极加强资本运作。积极推进上市平台作用发挥，山西焦化资产重组取得重大突破，国有股东持股比例大幅提升，上市公司资产负债率明显下降；积极推进优质中小企业新三板挂牌，山西焦煤爱钢装备再制造股份有限公司作为山西省国企所属首家单位成功登陆新三板。

五是创优外部融资环境。积极参与省政府组织的省属国有七大煤炭集团北京路演活动，与各金融机构充分交流沟通；在省政府统筹安排下，深入组织百名行长经理进煤企下基层调研活动，让金融机构对煤炭企业的发展现状和经营形势有更准确的认识，增强金融机构对煤炭企业的信心，使企业的外部融资环境继续得到改善。

六是利用好去产能对去杠杆的积极影响机遇。由于去产能系列政策的落实，煤炭供求关系得到改善，煤炭市场从 2016 年 4 月开始回暖，煤价逐步理性回归。市场向好直接带来了煤炭企业经营状况的改善和金融环境的改善，也促进了企业资产负债水平的改善。2016 年企业债务融资的首次降低以及资产负债率的下降也得益于此。长远看，去产能系列政策的持续发力，对合理降低煤企在困难时期形成的高杠杆、高负债提供了有力支撑。

七是继续深入推进债转股工作。落实山西省委、省政府要求，对企业资产进行全面核查，还原资产真实价值。继续做好与建设银行的深度对接，确保市场化债转股基金的快速落地和使用；同时积极推进与其他银行的对接，促进市场化法治化债转股。积极争取各类政策扶持和优惠资金，缓解企业资金压力。

B.6

降本提效　补漏止血 积极稳妥降低企业杠杆率

阳泉煤业（集团）有限责任公司*

摘　要：　阳泉煤业（集团）有限责任公司针对金融债务不断攀升、企业杠杆率居高不下的状况，结合企业的实际情况，积极研究、探索市场化债转股等去杠杆措施，并对企业在去杠杆中存在的相关问题进行分析并提出相应对策。

关键词：　阳煤集团　去杠杆　债转股

一　企业基本情况

阳泉煤业（集团）有限责任公司（以下简称“阳煤集团”）的前身为阳泉矿务局，成立于1950年1月，1997年12月改制为国有独资公司，是原煤炭工业部直属的94家国有重点煤炭企业之一，1998年划归山西省政府管理。2005年12月经过债转股后，现已成为由山西省国资委、中国信达资产管理公司和山西焦煤集团有限责任公司共同出资组建的大型煤炭企业集团。

* 课题组组长：翟红，阳煤集团党委书记、董事长，成绩优异的高级工程师；裴西平，阳煤集团党委副书记、总经理，高级经济师。副组长：高彦清，阳煤集团总会计师，高级会计师。成员：王强，阳煤集团财务部部长、阳泉煤业股份公司董事长，高级会计师；张新平，阳泉煤业股份公司规划发展部部长，机电工程师；张利华，阳煤集团调研室主任；祁建强，阳煤集团化解煤炭过剩产能领导小组办公室副主任，采矿工程师；陈守珏，阳煤集团化解煤炭过剩产能领导小组办公室人员，工程师；曹振江，阳煤集团财务部财务会计科科长，高级会计师。

阳煤集团注册资本为758037万元，其中：山西省国资委409592万元，占比54.03%；中国信达资产管理公司306415万元，占比40.42%；山西焦煤集团42030万元，占比5.55%。

经过60余年的发展，阳煤集团已发展成为一个集煤炭、煤化工、煤电铝、地产建筑、装备制造、金融及现代服务业等产业于一体的跨行业、跨区域的国有特大型企业集团。2016年全年实现收入1613亿元，利润2.3亿元。

二　企业资产负债率偏高的成因分析

（一）资产负债基本情况

阳煤集团2016年末资产总额2140亿元，其中：流动资产716亿元，非流动资产1424亿元；负债总额1838亿元，其中：流动负债1288亿元，非流动负债550亿元；资产负债率85.89%。

1. 资产情况

阳煤集团2016年资产总额2140亿元，其中：经营性资产525.13亿元，占比24.54%，主要包括往来性资产315.16亿元、存货139.12亿元、应收票据62.26亿元。

非经营性资产1615亿元，占比75.46%；主要包括：固定资产、在建工程等投资类1089亿元；无形资产182亿元；其他长期资产344亿元。

2. 负债情况

阳煤集团2016年负债总额1838亿元，其中：经营性负债525亿元，占比28.56%；主要包括：往来性负债334亿元；应付票据111亿元；薪酬、税费79亿元。

非经营性负债1313亿元，占比71.44%，其中：融资性负债1274亿元，其他非经营性负债39亿元。融资性负债1274亿元构成为：商业银行借款751亿元，占比58.95%；发行债券融资451亿元，占比35.4%；融资租赁等融资72.08亿元，占比5.66%。

基于阳煤集团经营性资产与经营性负债基本相当，集团公司正常运营的自有资金基本可满足日常生产经营的需求，同时阳煤集团大量的带息负债主要用于长期投资项目，造成集团公司目前资产负债的结构现状。我们认为资产负债率的合理水平应控制在75%以下，这样会降低企业的兑付风险及财务费用支出。目前，阳煤集团财务费用大约占煤炭总成本的29%，如果资产负债率能够下降到75%，需净减少外部借款230亿元以上，大概节约利息支出14亿元，财务费用支出将占煤炭总成本的22%左右，较目前下降7个百分点。

（二）负债率偏高的成因

一是企业效益下滑。由于产能过剩，煤炭产业从2012底开始逐步下滑，尤其是2013年下半年开始，煤炭价格持续下跌，大部分整合煤矿处于亏损状态，影响煤炭企业整体盈利大幅下降；同时，化工、铝业等产品也存在产能过剩，市场持续低迷、价格走低等现象，从而影响企业整体经济效益的下滑，直接影响权益减少。

二是“十二五”期间投资规模过大。由于“十二五”期间政府主导考核GDP指标的影响，煤炭企业在此期间对整合煤矿及非煤转型项目投入了大量的资金，但项目投资的达产达效又在3～5年，甚至更长；加之投资资金的来源基本为外部各种渠道的融资款项，资金成本也在不断提高。投资规模大引起了带息负债直线攀升，以及资金成本负担越来越高，这些是造成财务杠杆过高的主要原因。

三　降低负债率采取的措施

（一）提升企业盈利水平

开展“降本增效，补漏止血”三十条措施，重点提升煤炭、化工、铝电等实体经济的效益，大幅提高企业整体盈利水平，通过增加利润降低资产负债率。

一是在煤炭产业方面，全力开展降成本工程，大力推进最低价竞标和集中采购，开展整组提效，精简机构和领导干部，强化队伍管理，有效降低吨煤成本，避免成本随售价增长。同时，随着煤炭市场理性回归和价格的稳定，保守预计2017年煤炭综合售价保持370元/吨以上，比2016年上涨115元/吨，影响利润现金流增加80亿元以上。

二是在化工产业方面，组织新疆国泰、寿阳化工、平定化工等新项目投产，增加化工实体的收入和利润；同时，按照山西省国资国企改革的整体部署，尽快完成三维集团与路桥集团重组事项，预计影响集团公司每年减少亏损7亿元。

三是在铝电产业方面，随着氧化铝市场的好转，以及自身成本管控效果的显现，氧化铝一季度已实现扭亏为盈，2017年预计将盈利1.2亿元，比2016年减亏增盈5.38亿元，为集团公司利润提升做出贡献。

（二）推进去产能工作

从目前去产能相关工作的推进情况及长远角度看，关闭的煤矿均属落后低效矿井，煤炭资源储量少、赋存条件差、安全无保障、扭亏无望的煤矿，将其关闭对煤炭供需关系的改善起到一定作用，去糙存精，将安全的、高产高效的、盈利的煤矿保留下来，会强有力地支撑集团的盈利能力，增加企业的权益，降低资产负债率。

（三）调整优化结构

一是对投资项目进行全面清理，大力压缩项目投资，严格控制非生产性项目，有效降低投资成本，加强资金预算，节约资金，逐步调整企业的资产、负债结构。

二是利用国家市场化债转股政策，积极推动与工行、交行、农行、华夏银行等金融机构的债转股工作，替代高成本融资项目，同时调整负债、权益结构。

三是利用多个上市公司平台，实现权益再融资，逐步替换金融负债；同时，对今后的可行性（充分论证）、符合国家产业政策的投资项目，通过设立产业基金、并购基金等模式，调整融资结构。

四是发行优先股、永续债券、可转换公司债券等方式降低资产负债率。

四　存在问题与对策建议

（一）存在问题

1. 债转股落地难

近年来，由于我国企业杠杆率上升，债务规模增长过快，企业债务负担不断加重，一些企业经营困难加剧，一定程度上导致债务风险上升。在此背景下，国务院于 2016 年 9 月出台了《关于开展市场化债权转股权的指导意见》（以下简称《指导意见》）和《关于积极稳妥降低企业杠杆率的意见》（以下简称《降杠杆意见》），不仅为企业实施债转股提供了政策支持，而且明确了市场化债转股的重要意义、指导思想、实施方式。

截至目前，阳煤集团与工商银行、交通银行分别签署了各 100 亿元债转股合作框架协议；另外，集团公司还先后与华夏银行、农业银行就合作开展债转股事宜进行了沟通、座谈，预计下一步将会确定债转股的规模、模式并签署框架协议。

债转股工作作为一项系统化的工程，涉及的部门、程序较多，这就决定了债转股审批时间较长，资金落地困难。另外，由于各大银行对实体经济了解不够、信心不足，造成了债转股并未落到实处，名股实债居多，真正的股权投资很少，这是由多方面的因素所导致的，可以说也是现阶段债转股一个必然的特点。

2. "去产能"与"去杠杆"不匹配

供给侧结构性改革开展以来，煤炭产业去产能任务完成得很好，但由于没有明确的资产、债务处置实施细则，遗留的资产、债务处置问题非常棘手、亟待解决。现阶段来看，煤矿关闭后，造成矿关了，楼还在；井封了，人看护；证销了，母集团还在负担还本付息的恶性循环，给企业造成了极大的负担和包袱。在当前煤炭企业全行业负债率普遍居高甚至即将突破警戒线的背景下，母集团公司没有能力承接如此巨大的经济负担，一方面阻碍了企业的正常发展；另一方面受煤矿关闭后巨大的负担拖累，造成了母集团从发展速度、发展质量、经营效益等方面都严重滞后，举步维艰。

3. 企业接续问题间接增加负担

一是先进产能煤矿项目手续办理的问题。去产能最大的矛盾是人员安置问题。鉴于煤矿行业的特殊性，煤矿职工技能单一、就业市场竞争力弱的特点，我们认为从根本上解决人员安置问题的最好方法就是矿井的正常接续，用安全、高效、现代化程度高的先进煤矿替换落后、低效、安全无保障的煤矿，在产能总量减少的前提下实现煤炭产业的优化升级和结构调整。既做到人尽其用，煤矿职工继续从事他们所熟悉的行业和工作；同时又保证社会稳定，矿井正常接替，企业能够做到不给政府增加一名失业人员，自己的事情自己办，保证企业自身的稳定和社会的稳定；最后实现煤炭企业的结构优化和可持续发展，提高企业的产业集中度，焕发企业的生机和活力。但是煤矿建设从手续办理到建成投产至少需要 5 年时间，尤其是手续办理工作直接影响到建设进度，所以必须从现在开始正视并理顺“关”与“建”的关系。

二是产能置换方面的问题。煤矿项目产能置换政策不到一年的时间，连续下发了 1602、1897、561、606、609、279、763 号等 7 个文件，并且后期还在陆续下发中。每个政策文件计算复杂，重重制约，产能指标比例繁多，可以说是一项系统而复杂的浩大工程。609 号文件下发后，2017～2020 年关闭的煤矿，企业承诺不享受中央财政奖补资金，产能置换比例可以提高到 80%，并且作为方案外的指标使用。鉴于当前市场上可用于产能置换的指标非常有限，价格严重高估，直接影响到了新建煤矿产能置换指标的匹配，加重了新建煤矿的成本负担，延长了矿井投资回收期。针对上述情况，对于 2016 年退出产能比例大的企业集团，在产能指标折算比例方面吃亏非常严重。以阳煤集团为例，2016 年退出产能 740 万吨，按 606 号政策，折算比例为30%，可折算方案内产能指标222万吨/年，如果按照609号政策，折算比例提高到80%，可折算方案外产能指标592万吨/年，前后相差高达370万吨/年，基本上就失去了一座大型新建煤矿的置换量，如果对外交易的话，按照当前市场价格180元/吨测算，直接经济损失高达6.66亿元。

（二）对策建议

1.优化市场化债转股环境

一是加速推动“银行系”资产管理公司的组建，提高债转股工作的专业化，提高工作效率。目前债转股从项目洽谈到资金落地最起码也需要半年，这对于某些负债过高、资金压力较大的企业根本耗不起。

二是通过制定一系列的政策引导真正的债转股落地，具体包括税收优惠、资本占比、资金筹集等。《商业银行资本管理办法》规定，对于银行被动持有股权的资本占用，两年内风险权重为400%，两年后是1250%，资本占用将会大幅影响债转股的规模，影响银行开展债转股的积极性和主动性；另外，目前银行所用债转股的资金成本并不低，加上各环节的费用及税金，到企业手中成本已经普遍高于6%，所以对银行来说更加愿意收取固定回报而不愿冒风险换取可能连本金也收不回的股权投资，对企业来说杠杆率、财务费用也没有真正下降。鉴于此，希望政府能在债转股的各环节制定一揽子的政策，引导银企双方加速推动真正的债转股落地。

2.着力解决关闭矿井债务问题

一是国家、省级层面尽快研究出台可操作的、实质性的资产债务处置政策，指导关闭煤矿处置资产债务，以大幅降低企业负债率。

二是组建新公司，逐步消化各项损失。针对去产能煤矿资产、金融债权债务等损失情况，建议由各省政府出面主导成立一个资产公司，将各地方省属煤炭集团“去产能”煤矿剥离装入该资产公司，降低企业杠杆率；但实质的日常管理、费用支出、外部银行借款的归还等仍由各集团公司负担，以便给各集团公司一个消化损失的过渡期；避免走破产程序，损失、矛盾集中爆发。

三是建议给予财政补贴支持。建议呼吁国家针对资产损失，由国家财政、省财政分别按照一定的比例适当给予一部分财政资金补贴；其余损失由企业自行承担。

3. 完善产能置换政策

一是对于已完成置换方案的先进产能煤矿建设项目，结合政府职能转变中提出的“放权、管理、服务”机制，采取多部门联合办公、窗口式流水审批的方式，提高证照办理速度，理顺前后衔接关系，确保淘汰落后产能和建设先进产能同步进行，有序接替，平衡市场的供需关系。

二是建议国家督办各省级政府，指定部门，尽快建立产能指标交易平台，公布产能指标需求方信息和出售方信息，便于指标的合理分配。

三是建议国家明确产能指标交易区间政府指导价，防止短视行为和恶性竞争，哄抬价格。

四是建议国家明确、简化产能指标交易程序，省级政府明确牵头部门，一站式受理上报，同时缩短方案审批时限，使新建煤矿能早投产、早见效。

此外，鉴于阳煤集团对2016年度国家及省化解过剩产能起到了“引领”作用，占山西省年度去产能总量的32%，同时一直未使用2016年预拨的中央财政奖补资金的实际情况，国家能否出台政策允许退还2016年预拨的奖补资金，足额退还2016年奖补资金后，允许2016年关闭的煤矿产能指标置换比例按照609号文件执行，即提高到80%。

4. 探索煤炭资源资本化

借鉴石油企业资源资本化国际惯例，煤炭企业完全可以推进煤炭资源资本化，这是国家资源战略的积极改变，也是改善煤炭集团资产负债表的一种可能。依据国际认可的公信力强的权威机构探明的石油可采储量，可以直接增加石油公司的估值，中国煤炭企业也可以向这方面考虑。无论是资源抵押融资的经验，还是以资源为担保发行煤炭资源债券，政策上需要与国土资源部政策法规司沟通，市场上需要与银行、基金等金融机构咨询，从而实现用储量盘活存量，保证增量发展。为此，可开展资源抵押融资或利用金融产品和工具进行资源资本化的探索实践，实现地上资本和地下资本共同运作、货币资本和资源资本共同管理。

B.7
积极稳妥去杠杆 大力推进债转股 提质增效促转型

山西潞安矿业（集团）有限责任公司*

摘 要： 在对企业资产负债状况进行自我判断的基础上，潞安集团从制度、政策和发展三个层面分析了高杠杆问题的成因，对降低企业负债率的方法进行了多维度的思考，重点阐述了市场化债转股的现实意义，介绍了该项工作的开展情况，并针对存在困难提出了有关政策建议。

关键词： 潞安集团 高杠杆成因 去杠杆 市场化债转股

一 企业基本情况

山西潞安矿业（集团）有限责任公司（以下简称“潞安集团”）前身是成立于1959年1月的潞安矿务局，2000年8月整体改制为潞安矿业（集团）公司，是国家重要的优质动力煤和喷吹煤生产基地，山西七大煤炭企业集团之一。潞安集团于2007年重组原新疆哈密煤业（集团）有限责任公司成立潞安新疆煤化工（集团）有限公司，2010年重组天脊煤化工集团，

* 课题组组长：李晋平，潞安集团党委书记、董事长，成绩优异的高级工程师；游浩，潞安集团党委副书记、副董事长、总经理，成绩优异的高级工程师。主执笔：郭成刚，潞安集团政策和战略研究中心主任，经济师。其他成员：王会波，潞安集团财务处处长，注册会计师；王菊芬，潞安集团财务处副处长，注册会计师；张霄，潞安集团财务处资金科科长，高级经济师；冯敏捷，潞安集团政策和战略研究中心秘书，经济师。

由此成为一个跨地区、跨行业的现代化能源企业集团。目前，在世界500强排名第448位，中国能源企业500强中排名第20位，中国煤炭企业排名第9位，山西企业100强排名第3位。拥有职工近10万人，各级子公司共计163户，拥有一家上市公司——潞安环保能源开发股份有限公司。

成立50多年来，潞安集团认真贯彻国家宏观调控政策和煤炭产业政策，主动承担社会责任，坚持“黑色煤炭绿色发展，高碳资源低碳发展，化石能源清洁发展”，践行“以阳光的心开采光明、以感恩的心回报社会、以真诚的心造福员工”，努力做优秀的企业公民，企业综合实力明显增强。

二　企业负债率过高及其原因

（一）资产负债状况

截至2016年末，潞安集团资产总额2017.16亿元，负债总额1698.77亿元，资产负债率超过80%。其中：

流动资产余额662.53亿元，占总资产比例的32.84%，其中货币资金、应收账款、应收票据和存货占总资产的25.39%，充足的货币资金和其他可变现资产是企业经营发展扩大需要及按期偿还债务的有力保证。

非流动资产余额1354.63亿元，占总资产比例的67.16%，其中固定资产、在建工程和无形资产占总资产比例的63.48%。

从债权人结构分析，潞安集团主要债权人是银行、券商、基金等各金融机构及各供应商、工程承包商等。

2016年末，潞安集团欠付供应商等应付账款账期主要集中在1~3年，主要是企业利用自身信用与供应商等沟通协商推迟支付所致，支付时一般是用承兑结算，该类债务没有利息。

（二）资产负债率的自我判断及依据

在企业管理中，资产负债率的高低也不是一成不变的，要看从什么角度分析，债权人、投资者（或股东）、经营者各不相同，要看国际国内经济大环境是顶峰回落期还是见底回升期，要看管理层是激进者、中庸者还是保守者，所以多年来也没有统一的标准。

国务院国资委对央企资产负债率的监管要求是（2012 年）：超过 70% 的是重点关注对象，超过 85% 的是重点监控对象，也是对央企高管的主要绩效考核指标。资产负债率被称作生死比率，主要是因其直接揭示了资产与负债的关系，如果资不抵债，即资产负债率大于 100%，就要申报破产，进入破产程序。

从潞安实际情况及未来发展预期来看，近几年债务规模扩张过快，加上转型项目仍处于效益爬坡期，短时期内难以降低融资规模，资产负债率维持在 70% ~80% 属于较为合理。

值得注意的是，在企业办社会的资产结构中，有住房、学校、医院、后勤设施等大量的非经营性资产；同时，用于离退休职工和冗员职工的养老金和失业保险金的支出也属于具有保险金积累性质的资产，在价值上同样不属于生产性资产。如果扣除这些非经营性资产，资产负债率还将大幅提高。除此之外，企业还要承担包括企业对企业的商业负债，也就是“三角债”。企业的债务问题不仅表现为负债率高，更为严重的是企业偿债能力比较差，存在大量的不良债务。

（三）高杠杆问题的成因分析

1. 制度因素

（1）社会负担沉重

由于集团地处偏僻，属于独立工矿区，企业办社会单位自身生存发展能力不足，参与社会竞争能力有限，未能实行独立核算，自负盈亏。目前，集团仍然承担了大量企业办社会、办后勤职能，主要有职业技术学校、医院、“三供一业”、离退休人员管理机构及统筹外养老保险补助、社区、保险公司等，每年负担费用高达 12 亿元。在煤炭价格断崖式下跌，企业经营入不敷出的情况下，此笔负担势必增加集团负债，增加资产负债率。

（2）融资渠道不通畅

企业面临融资难是导致企业陷入债务困境的一个主要因素，主要体现在以下四个方面：一是监管部门实施信贷规模管控，国内资金处于紧平衡状态，金融机构发放信贷资金的积极性和主动性受到影响，煤炭企业发债需求量只增不减，一定程度上加大了企业融资的难度；二是由于利率市场化的推进，金融机构存在融资业务考核指标和资金风控补偿的要求，对一些较为困难的企业上浮利率，加剧了企业的财务成本和压力；三是企业为生存和发展，在正规金融机构不能满足融资需求的前提下，被迫通过“影子银行”和民间高利贷的方式获得高成本融资；四是在经济下行的大背景下，企业经营风险增加，一些银行出于风险可控、商业可持续等原则的考量，提前采取了抽贷、压贷的措施，特别是个别银行利用信贷优势，虚假承诺，收回贷款后不再续贷。一旦银行不再继续发放贷款，企业资金链就会断裂，甚至破产。

（3）缺乏有效的监管约束机制

企业高管由监管部门任命，自身对企业经营管理缺乏责任意识和担当意识，尽力追求企业规模，盲目发展，盲目扩张。而企业的监管者不能及时制止企业高管人员的非理性行为，没有及时调整企业主要负责人，导致一些企业的问题长期得不到有效解决，在一定程度上积累了企业债务的高风险。

（4）资源要素未实现高效的优化配置

由于各种历史原因，比如土地、采矿权等资产账面净值过低，导致企业净资产被严重低估，造成企业账面资产负债率偏高。

（5）行业性税负过重

煤炭是潞安的基础产业，承载着大额的税费负担。2016 年煤炭板块缴纳税费 42.86 亿元，总税负率已达到 20%，其中增值税及资源税税负尤为突出：煤炭的增值税税负率在 11% 左右，尽管“营改增”带来了一定的红利，但对于煤炭这一传统产业来说，较高的增值税税率并没有带来明显的减负优惠，大额人工成本等不可抵扣部分已经成为企业成本降低的底线；资源税税负 2015～2016 年持续上升，与原先从量计征资源税相比，2016 年资源税税负增加 2.8 亿元，无形中垒高了企业负债风险。

2. 政策因素——去产能政策与去杠杆政策不协调

2016年以来，潞安集团认真按照国家推进供给侧结构性改革和煤炭去产能的决策部署，根据山西省委“一个指引，两手硬”的重大思路和要求，站在“讲政治、讲大局、讲发展”的高度，本着“带头抓、主动抓，不观望、不动摇、不松懈”的理念，按照系统推进、强力推进、科学推进“三个推进”的原则，全力推进化解过剩产能工作，不断优化完善《潞安集团化解煤炭过剩产能方案》，最终确定在未来三年关闭退出煤矿15座，化解过剩产能1320万吨。其中，2016年关闭退出石圪节、忻丰、忻岭和大木厂4座矿井，实现去产能300万吨。

在去产能过程中，各去产能矿井绝大部分为资源整合时的整合矿。这些整合矿井在当时整合时因不能满足投产条件，确需投入的基建资金及缴纳的资源价款均以银行贷款形式取得，多是潞安集团统贷统还。因此，合理处置去产能债务、有效降低企业杠杆率成为煤炭去产能的关键。

以潞安集团2016年四座去产能关闭煤矿为例，石圪节、忻丰、忻岭、大木厂四座去产能煤矿均无外部金融机构直接借款，都是通过集团内部借款形式，从金融机构合计融资12.73亿元，背负巨大的债务负担，使处于正爬坡过坎的集团公司更是雪上加霜。具体情况见表1。

表1　2016年四座去产能关闭煤矿债务情况

单位：万元

企业名称	集团内部借款	其他债务	银行债务	债务总额
石圪节	7400	32381	0	39781
忻丰	34042	19824	0	53866
忻岭	25502	3140	0	28642
大木厂	110337	16998	0	127335

3. 发展因素

（1）企业未能适应产业周期性变化

2000年煤炭产业迎来“黄金发展期”，企业在国家政策引导和市场利好形势下过度投资，过多倚重银行信贷融资，通过向金融机构和银行间债券市场大量举债，快速扩张，从事多元化经营，加之内控机制和风险防控意识较为薄弱，导致企业规模迅速膨胀，债务规模不断扩大。经济新常态下，煤炭企业受经济增速放缓、经济转型升级、能源结构和产业结构调整等多重因素影响，经营困难加剧，效益大幅下滑，特别是日趋恶化的财务状况使企业利润率小于债务融资成本率，财务杠杆放大了市场环境的不利变化，加大了企业的债务风险。

（2）资源整合矿井转型脱困难推高债务

自2009年开始，潞安集团响应山西省委、省政府号召，在全省范围内开展煤炭资源整合工作，整合形成34座矿井。在资源整合过程中向各地政府缴纳的资源整合保证金15.5亿元至今无法完全收回。同时，由于煤炭价格持续下降，部分整合矿井效益大幅下滑，处于半生产半停产状态，部分基建矿井停建缓建，这些矿井的供电、通风、财务费用等基本投入和人员基本工资等需要集团公司承担。潞安集团为尽快落实资源整合工作大量举债，导致企业资产负债率迅速攀升。

（3）重大转型项目和战略性新兴产业见效慢

煤炭市场持续低迷，煤炭行业整体弱势运行。面对不断下行的煤炭经济，为探索煤炭企业转型发展道路，确保集团公司“十三五”期间煤炭清洁利用重大项目投资建设，实现煤炭产业转型升级脱困目标，潞安集团投资建设潞安高硫煤清洁利用油化电热一体化示范项目，项目总投资236.7亿元。目前投资基本依赖于贷款，而且有“短贷长用”现象，致使资产负债率大幅提高。

（4）“市场好时不想转，市场不好时无力转”意识制约了企业发展

由于煤炭业经营的特殊性，在经济繁荣时期，融资渠道广泛，加之煤炭的高利润特点使得煤炭企业更加受到金融机构的欢迎，财务杠杆效应在这一阶段不断被放大，煤炭企业应用杠杆的“以小博大”效应长期处于负债经营状态。

三　降低企业负债率的思考

（一）关键是努力减负增效

经历了20世纪80年代的经济危机，经过十余年的发展，我国企业再一次面临债务问题严峻的现状。理论上说，如果企业有足够的盈利能力，债务危机并不是负债经营的必然结果。只有当企业盈利能力比较低时，负债经营才会演变为债务危机。所以，企业债务负担过重只是表象，问题的本质是企业运营的低效率。提高企业运营效率，需要政府在税费和企业办社会等问题上帮助企业减负，企业自身则应致力于加强精细化管理和加快转型升级，从而实现效率效益的提升。

（二）最有效手段是发展直接融资

直接融资，特别是股权融资，对完善我国企业资产负债结构，降低社会融资成本，可以起到非常大的作用。在经济总体下行的情况下，企业的杠杆率不断上升，企业还付利息的压力巨大，一些企业还面临债务违约风险。这种情况下，大力发展直接融资，特别是股权融资，能够为实体企业提供长期的资本支持，改善企业资产负债结构，减轻现金流压力和经营困难，有效降低融资成本。

（三）重点是有序重组债务

有效化解银企矛盾。企业通过债务重组，能够有效地降低企业资产负债率，缓解企业面临的财务困境，为企业的重新发展提供机会，也能够改变债权人的资产结构，帮助债权人维护客户关系，最大限度地回收债权。可以说，企业债务重组的运用在债权人资产的保护、权利的发挥以及企业得以继续经营等方面都发挥着非常重要的作用。

（四）市场化债转股具有现实可行性

20 世纪末，我国为防范和化解金融风险，促进企业改革发展，对部分企业实施政策性债转股。总体来说，前一轮政策性债转股取得了积极成效，在化解金融风险、推进国企建立现代企业制度等方面取得一定的突破；但也存在一些问题，比如，转股的资产管理公司难以行使股东权利等。目前，实施新一轮债转股，应当充分借鉴以前债转股的经验教训，充分运用市场化、法治化的手段，帮助困难企业解决债务危机。同时，要通过债转股的方式，使债转股的股东依照公司法真正行使股东权利，帮助企业建立现代企业制度，规范法人治理结构，全面提升企业经营质量和效益。

市场化债转股是实现供给侧结构性改革“三去一降一补”重要任务的重要配套措施，也是企业“以时间换空间”赢得转型升级重要窗口期的重要手段。其意义和现实可行性在于：（1）实施市场化债转股，可引入金融机构和其他投资机构持有国企股权，从而改变国有股权一股独大的局面，实现投资主体多元；在优化股权结构的基础上，完善公司治理，全面提升企业的再融资能力和经营管理水平，推动深化国企国资改革落地见效。（2）从债务企业来看，在经济新常态下，随着债转股市场化法治化进程的不断推进，运作模式的逐步成熟，其对企业转型升级、脱困发展的支撑作用将逐渐显现。（3）从债务人来看，在引入新的股权所有者，尤其是控股股东之后，要按照规范的法人治理机制要求，严格照规办事、依法治企，会倒逼企业管理层增强经营意识、效益意识，推动企业尽快实现提质增效。（4）从债权人来看，债转股意味着放弃了原有的债权固定收益，放弃了对原有债权抵押担保的追索权，转而借此换得股本收益权，会更关心企业的经营与发展。（5）从深化国企国资改革来看，经过债转股调整后的国有企业产权更为明晰、分工更加合理、管理更趋科学，既能够进一步转变企业经营管理机制，也能够提升国有企业的经营效率，促进国有资本保值增值。

四 债转股开展情况、存在问题及政策建议

（一）债转股进展情况

2016 年以来，潞安集团按照《国务院关于积极稳妥降低企业杠杆率的意见》（国发〔2016〕54 号）中提出的“以市场化、法治化方式，优化煤炭企业债务结构、开展市场化银行债权转股权，积极稳妥降低企业杠杆率，为经济长期持续健康发展夯实基础”指导意见，积极与中国工商银行、中国建设银行对接，探讨债转股可行性。

银企双方坚持市场化原则，按照市场化方法和市场化价格进行，并约定债转股后，按照市场化价格实现退出。目前工作进展情况如下：

1. 2016 年 3 月 29 日，潞安集团与中国建设银行在太原签署规模为 100 亿元的市场化债转股合作框架协议。双方共同设立潞安集团“降本增效基金”和“转型发展基金”，其中建设银行出资 80 亿元、潞安集团出资 20 亿元，基金期限不超过“5 + 2”年。具体合作方案建行正在上报总行审批。

2. 2016 年下半年以来，潞安集团与中国工商银行合作，双方确定市场化债转股规模 100 亿元，共同成立有限合伙企业，其中工行出资 80 亿元、潞安集团出资 20 亿元，期限不超过 7 年，置换高息债务、调整债务期限结构。具体合作方案工行正在上报总行审批。

2017 年 2 月 20 日，山西省国资委批复同意潞安集团与工行债转股方案。

（二）债转股存在的困难及政策建议

1. 银行总行对煤炭企业的债转股政策不明晰

尽管潞安集团与建设银行已经签署 100 亿元债转股框架协议，并与工行总行进行了多次接触，但是建行总行、工行总行等金融机构对于“市场化债转股”这类新型业务尚未形成统一的操作模式和实施方案，在具体方案

和操作模式等审批工作方面花费时间较多、手续烦琐，业务落地时间与企业预期有差距。

建议国家尽快出台相应鼓励银企进行市场化债转股合作的配套实施细则，对相关的市场化债转股工作给予科学引导、正确指导，简化市场化、法治化债转股程序，建立煤炭企业债转股绿色通道，特事特办、急事急办，保证银企双方债转股市场行为依规推进、高效实施。

2. 债转股资金计入企业负债，影响企业去杠杆进程

根据方案规定，公司具有定期支付利息（无论公司盈利与否均需支付）与到期按原值回购“债转股转型基金”的义务，根据《企业会计准则第37号》第八条中关于金融负债的定义，即“向其他单位交付现金或其他金融资产的合同义务”和“在潜在不利条件下，与其他单位交换金融资产或金融负债的合同义务”（即使未来回购时项目公司股权的公允价值低于约定的回购价，大股东也必须以该固定价格回购），公司应当将该笔基金视为金融负债，计入负债方。所以，即使债转股项目及时落地，债转股资金也要计入负债，无法降低资产负债率，这不利于调动企业开展债转股工作的积极性、主动性，一定程度上影响国家去杠杆政策的推进实施。

建议国家主管部门结合企业债转股的实际需求，着眼降低企业负债的目的，酌情明确债转股资金可以不计入企业负债的豁免范围和豁免期限，进一步赢得企业改善生产经营质量的空间和时间，为最终实现银企双赢奠定坚实基础。

3. 债转股实施所带来的预期增加税负会造成负面影响

在集团和银行等金融机构市场化债转股运作过程中，涉及的资金流转环节多，相应的税负成本会增高，不利于债转股措施的顺利实施，也会新增企业进行债转股的风险成本。

建议国家主管部门给予潞安集团这样的优质企业优质政策，提供适当的债转股财政补贴和其他税收优惠，并在去产能的减量置换上向集约高效矿井倾斜，尽快核准，促进优质资源作为优质标的资产实施债转股。

最后，为保障煤炭企业降杠杆工作全面协调、有序高效推进，还建议在政策层面给予灵活的支持。在国有资产的处置上出台关闭退出矿井的资产损失及债务核销、资源价款退还、计息挂账等关键问题的具体操作细则，帮助企业核减国有资本、减轻债务负担，减少企业的经营压力；在继续推进市场化债转股、债务重组的基础上，允许煤炭企业计息挂账、减记兑付以及核销部分债务，对去产能企业实施补贴、减税等激励手段，进一步减低企业在去产能过程中的增值损益，全面降低企业的高杠杆率风险。

B.8 去杠杆需用“乘除加减”综合运算

山西晋城无烟煤矿业集团有限责任公司*

摘　要：　晋煤集团用创造性思维，积极主动去杠杆、降低企业资产负债率，做好“乘除加减”综合运算，进一步提质增效，激发企业活力，使企业在经济转型中轻装上阵，为深化改革和转型升级赢得战略空间，为企业持续健康发展夯实基础。提出去杠杆要取得进一步的成效，需要精准的政策支持。

关键词：　晋煤集团　去杠杆　“乘除加减”综合运算

一　基本情况

晋煤集团是由山西省国资委控股，国开金融、中国信达持股的有限责任公司，是我国优质无烟煤重要的生产基地、全国最大的煤层气开发利用企业、最大的煤化工企业集团、最大的瓦斯发电企业和山西最具活力的煤机制造企业。现有省内外在岗员工15万余人，69个子公司、10个分公司、1个托管企业，列2016年世界企业500强第384位、中国企业500强第93位。进入21世纪以来，晋煤集团依托无烟煤、煤层气两种资源优势，积极转变

---

* 课题组组长：李鸿双，晋煤集团党委书记、董事长，高级工程师。副组长：王茂盛，晋煤集团党委副书记、副董事长、总经理，高级工程师；郑绍祖，晋煤集团总会计师，高级会计师。主执笔：张建民，晋煤集团财务中心主任，高级会计师；马鸿斌，晋煤集团秘书局局长，高级经济师；李健，晋煤集团秘书局副局长，高级经济师。其他成员：崔晋鹏，晋煤集团秘书局副处长，经济师；常巨龙，晋煤集团财务中心科长，会计师。

发展方式，大力推动产业升级，逐步构建起了以煤炭产业为核心，煤化联动、煤气共采、煤电一体、煤机并进“一核四翼”的产业格局，企业经济运行规模和质量、产业发展水平逐年提升，取得跨越式发展成就。

在经济新常态下，随着宏观经济增速放缓，煤炭产业“黄金十年”终结，企业效益出现滑坡，而新建、资源整合等项目对资金需求较大，依靠自身经营积累的资金远远不能满足建设与发展需求，大部分资金通过银行借款，使企业资产负债率逐步走高。截至 2016 年末，晋煤集团资产总额 2290.11 亿元，负债总额 1945.34 亿元，年末所有者权益 344.77 亿元，资产负债率达到 84.95%。

过高的杠杆率加剧了企业经营困难，同时也积聚了巨大的债务风险。晋煤集团清醒地意识到企业杠杆率过高的危险性。2016 年以来，按照党中央、国务院、山西省委省政府有关推进供给侧结构性改革、降低企业杠杆率的决策部署，积极发挥企业第一主体责任，以市场化、法治化方式，系统推进，综合施策，标本兼治，连续打出组合拳。

二　主要做法

在去杠杆、去负债、降低企业资产负债率工作中，晋煤集团运用了颇具特色的“乘除加减”综合运算做法。

（一）做好“乘法”，优化企业资产和负债结构

优化企业资产和负债结构，是去杠杆最直接有效的手段。通过双管齐下，发挥乘数效应，降低企业资产负债率。

双管齐下的具体做法是：通过兼并重组、清理盘活资产，以改善资产结构；通过拓展融资渠道，提高直接融资比例，推行市场化债转股，发展股权融资，以优化负债结构。

1. 积极推进企业兼并重组

2017 年以来，晋煤集团对下属 310 家各级子公司的资产、财务及经营

状况进行了“大起底”，将所有子公司按照资产经营状况，划分为“正常运行、改善运营、改革重组、注销清理、新建项目”五大类。下一步，将重点对改革重组类的34家公司，一企一策，分别采取内部重组、改制、混合所有制改造、股权多元化改造、股权转让、引进战略合作伙伴等措施；对注销清理类的61家公司，分批启动清算注销或对外转让或破产等程序，加快兼并重组步伐，进一步推动企业资源得到优化配置，发展规模经济，提高综合竞争力。同时，晋煤集团还将进一步引深混合所有制改革，推行经过十多年总结、已被实践证明行之有效的“35·51”模式（35%持股、51%股东会表决权），在已有141家混合所有制公司的基础上，2017年再选定14家企业推进混合所有制改造，加快开放合作。

2. 清理盘活资产

2016年度，晋煤集团对下属单位累计1700余万元资产鉴定后予以批复核销；对各子公司合计50余辆办公用车评估后在产权交易市场拍卖；对各矿废旧钢材、铁丝、电缆以及其他无效资产进行清理，销售变现1200余万元；通过物资回收分公司，将闲置矿用机械设备在各矿之间进行调配使用，最大限度盘活资产，确保国有资产保值增值。目前，正着手通过盘活关闭矿井闲置的土地、建筑物和基础设施等资源，积极寻求承接产业转移、对外合作，以实现价值最大化。

3. 稳步推进市场化债转股

市场化债转股项目，可使银行债权转股权，在降低负债的同时引入股权投资，是当前主动有序去杠杆的重要方式。在2016年10月国务院正式发布《关于积极稳妥降低企业杠杆率的意见》与《关于市场化银行债权转股权的指导意见》之后，晋煤集团深入研究政策，积极对接各大商业银行与相关金融机构，推动市场化债转股工作取得积极进展。2017年1月12日，与山西煤炭清洁利用投资有限公司签订了战略合作框架协议，拟设立30亿元的煤炭清洁利用投资基金和80亿~100亿元的供给侧改革发展子基金。3月29日，与山西省国资委、建设银行三方签订市场化债转股业务合作框架协议，拟与建行设立总额100亿元的“降本增效基金”和“转型发展基金”。

同时，与工商银行即将签订债转股合作框架协议。上述方案落实后都将实现基金并表，可大幅降低晋煤集团的资产负债率，增强企业资本实力和市场竞争力。

4. 大力拓展融资渠道

2016 年，受国家煤炭去产能政策、煤炭市场价格下跌、银行压缩煤炭企业授信、债券市场发债受阻等不利因素影响，晋煤集团现金流受到了较大挑战。在此形势下，晋煤集团参加了由山西省政府组织的北京路演活动，组织了“百名行长、经理进煤企”晋城分会场活动，向金融机构正面宣传企业，想尽一切办法筹措资金。通过大力拓展融资渠道，提高直接融资比例，全年共发行债券 110 亿元，其中超短期融资券 80 亿元、短期融资券 20 亿元、企业债券 10 亿元，通过融资租赁、信托、保险等渠道筹措资金 65 亿元，有效保障了资金运行的总体平稳。

5. 积极发展股权融资

与银行信贷等债权融资不同，企业股权融资无须还本付息，不增加企业负债，具有独特优势。晋煤集团资产负债率高，有一个很重要的原因是一直未彻底打通上市融资渠道。2016 年，晋煤集团推进上市实现重大突破，于 12 月 30 日圆满完成资产交割，拥有了全国第一家煤层气全产业链上市公司。这一重大历史性突破，不仅有效化解了煤气化上市公司的退市危机，而且为煤层气产业管理升级、提质增效，为大力发展股权融资，为晋煤集团在资本层面深化企业改革，搭建起了新的更高的发展平台。下一步，将尽快推动其他优质资产装入上市公司或独立开展上市工作，做到股权和债权融资“两条腿”走路，降低企业资产负债率，平衡企业融资结构，降低企业融资负担。

（二）做好“除法”，建立企业举债“硬约束”

近年来，晋煤集团不断健全完善资金管理和融资决策机制，保证相关决策的科学性，对企业举债建立起“硬约束”，有效控制企业融资。同时，强化投资管理，解决资金拖欠，保证集团公司资金正常运行。

1. 健全完善资金管理及融资决策机制

在资金管理方面，下发施行了《晋煤集团资金集中与使用管理办法》，以集团财务公司为平台，各单位将货币资金交存到财务公司，实现“集中归集”；按照自下而上、逐级审批的方式，由集团公司对各单位资金支付事项分类别和明细进行审批，实现“集中审批”；所有资金支付业务必须在财务公司办理，实现“统一支付”；以法人单位为主体，由上至下，逐级实行资金收、付、存的管理，实现“分级管理”，进一步加强了企业资金集中管理，防范了资金风险。

在融资管理方面，下发施行了《晋煤集团融资管理办法》，规定了集团公司和下属子公司在实施融资行为时，必须遵循的原则、履行的流程、各相关管理部门的职责和融资风险管理情形。其中，在业务流程上，融资事项必须由集团公司统一审批、主体自主实施，各主体在认真编制融资方案并上报集团公司后，要履行各专业部门审核、董事会融资担保管理委员会审议、集团党政联席会审议、集团董事会或股东会批准等多道程序，建立起融资自我约束机制，进一步规范融资行为，控制融资总量，防范融资风险。

2. 严格投资管理

2016年，晋煤集团切实强化投资管理，严格限制非生产性投入，严格控制生产性过度投入，全年维简投资在保障超额完成业务预算指标的前提下，比上年下降22.5%，非生产性投入仅占维简投资的0.48%，杜绝了资金浪费使用。

3. 积极清理欠款

2016年在煤炭、化工行业产能过剩、销售困难的状况下，晋煤集团通过加强应收款项各环节的管理工作，最大限度地控制了应收款项的增长幅度。截至2016年末，集团公司应收账款和其他应收款分别较年初减少11.46亿元、1.67亿元，特别是煤炭外部应收款项余额较年初减少6.44亿元，应收款项管理工作取得积极成效。

（三）做好“加法”，持续提升企业发展水平和质量

从长远来看，企业去杠杆的根本出路在于加快发展，持续提升发展水平

和质量，增强造血功能和发展动力，提高运行效率、经济效益、盈利能力和偿债能力。2016 年，晋煤集团在市场需求极度疲软、资金运行极度紧张、生产经营极度困难的严峻形势下，加快产业转型升级，提升各产业板块盈利能力，推动企业生产经营保持了总体平稳，经济运行效果优于预期，稳中有进，为去杠杆提供了良好条件。

煤炭产业强化市场创效，通过狠抓先进产能建设，加强精采细收，提高回收率，紧盯市场变化，优化品种结构，增加有效供给，确保企业效益最大化，推动板块实现扭亏为盈。化工产业依托煤化联动竞争优势，大力推进改造升级和结构调整，推广应用新型煤化工技术工艺，加强销售网络建设，有效保障了板块整体稳定运行。煤层气产业加快实施瓦斯抽采、利用两个全覆盖工程建设，以市场利用为导向，全力提高抽采利用规模和效率，进一步巩固提升了领军地位。煤电产业加快构建“煤—气—电”特色循环经济产业链，持续推进瓦斯发电项目建设运营，瓦斯发电量实现逆势增长，创效显著。煤机产业着眼于提升煤机并进互为支撑的差异化竞争优势，坚持以园区承载产业、以基地集聚项目，建设涵盖煤炭开采装备、煤层气抽采装备及部分煤化工装备的煤机制造园区，稳步开拓外部市场。多种经营产业不断提升专业化经营水平，加快培育发展绿色可持续建筑、激光投影仪等新兴产业，积极培育新的经济增长点。2016 年，在煤炭、尿素、甲醇、煤层气等主要产品价格比上年分别下降 6%、22%、5% 和 17% 的不利条件下，晋煤集团全年完成营业收入 1520 亿元，上缴税费 69.23 亿元，实现利润 3.21 亿元，实现了“十三五”良好开局。特别是“一核四翼”、晋煤特色现代能源产业体系加快构建，非煤产业实现营业收入 1334 亿元，占集团总收入的比例达到 87.7%，除煤化工产业外，其他产业全部实现盈利。

（四）做好“减法”，消灭“出血点”，推进节支降耗、减员减负

去杠杆是一项复杂的系统工程。2016 年以来，晋煤集团以壮士断腕的决心，通过去产能、处置“僵尸企业”，消灭“出血点”，消解存量债务，阻止债务累积，同时大力推进节支降耗、减员减负，多措并举去杠杆。

1. 积极推进去产能

2016 年，晋煤集团严格落实煤炭去产能政策部署，严格执行 276 个工作日制度，主动压减煤炭产量，关闭高都煤业、清河二矿，合计退出产能 105 万吨/年，圆满完成了山西省政府的任务要求。2017 年又计划关闭退出 3 座矿井，合计产能 635 万吨，占山西省 2017 年退出总量（1740 万吨）的 36%，位居全省第一。同时，狠抓先进产能建设，抓紧现有生产矿井优化升级，推动整合矿井基本建设，提高安全质量效益水平，2018 年先进产能占比将达到 60% 以上。坚定不移推进新井建设，把握减量置换政策，东大矿井产能置换方案通过国家能源局核准，三交一号矿井正式核准，车寨矿井资源置换方案已经山西省发改委同意，发展后劲持续增强。

2. 稳步推进处置煤炭产业“僵尸企业”

按照山西省政府相关要求，根据判定煤炭产业“僵尸企业”的六个条件，晋煤集团从资源赋存、经营管理、财务状况等方面入手，结合各矿井的实际情况有针对性地进行了深入分析，不遗不漏地做了全面排查，列出了企业名单并分户提出了处置建议，编制了“僵尸企业”处置的总体方案，拟“引导退出”的“僵尸企业”13 家，拟“兼并重组”的“僵尸企业”3 家。

3. 强力推进降成本

2016 年，晋煤集团深入开展全要素成本管理，努力通过调整人员结构、优化设备选型、加强现场管理、盘活存量资产、降低储备资金、优化借款结构等多种措施，降低人工成本、资产成本和资金成本，提高企业运营效率。2016 年，企业煤炭成本同比下降 32.40 元/吨，实现增收节支 8.38 亿元。

4. 大力推进减员减负

实施减员增效，2016 年晋煤集团启动了建企以来力度最大的人力资源配置改革，一年就精简分流结构性冗员 1.5 万余人，三年累计精简冗员 3 万余人。在此作用下，2016 年煤炭板块工效月度最高达 13.5 吨/工，创历史最好水平。充分利用和落实税收优惠政策，积极加强与税务部门沟通协调，2016 年晋煤集团共享受各类税收优惠政策节税 3.34 亿元。

三 政策建议

2017年一季度资产负债率比2016年底下降0.08个百分点，去杠杆初见成效。要取得进一步的成效，需要精准的政策支持。

第一，建议出台煤炭产业“僵尸企业”债务处置相关政策。在退出产能当中，资源整合矿井占有很大比重，这部分矿井无论是各煤炭集团，还是各矿井自身投入都较大，但目前基本处于停缓建状态，投入产出严重倒挂，矿井一旦退出，对债务没有合理地处置，必然会增加煤炭企业的财务风险。在目前资金整体依然趋紧、融资难度较大的情况下，建议制定和出台煤炭产业“僵尸企业”债务处置的相关办法和细则，研究建立专门渠道，采取债务转移、坏账处置、银行借款停息挂账等办法，切实化解债务风险。

第二，建议银行业给予实体经济积极的融资支持，降低企业融资成本。近年来，实体经济和金融运行不协调、资金“脱实向虚”的问题日益突出。资金或者在金融体系内部“空转”，或者流转链条拉长，虽然最终可能还是进入实体经济，但是提高了实体经济的融资成本。建议营造有利于实体经济发展的金融环境，建立虚拟经济运行监控体系，提高金融与实体经济的匹配度，引导好金融创新发展和金融资源的流向，促进其服务于实体经济，促进“脱实向虚”信贷资金归位。

第三，建议进一步创造条件发展股权融资。目前，我国由私募股权、新三板、主板构成的多层次资本市场已经建立。应积极为企业特别是大型煤炭企业集团重组上市提供更多的便利和优惠政策，减轻税费负担，加快对重大疑难问题的解决，鼓励企业采取不同形式步入资本市场，使之逐步转变为公众公司。同时，精心营造良好的环境，引导更多资金通过股权融资进入实体经济，为实体经济提供长期稳定、低成本的资金，同时也从实体经济发展中得到合理回报。

第四，建议规范和清理功能性重复的行政收费，为企业减负。煤炭企业除缴纳国家规定的各类税金外，还依照煤炭产量、销售收入等指标缴纳各项行政收费，部分行政收费项目存在功能性重复，费用项目多，企业负担重。建议对一些功能重复的行政收费采取规范清理或者合并缴纳的方式，并适当降低征收率，比如：采矿排水水资源费、采矿权使用费、矿补费等规费，地方教育费附加、残疾人保障金等地方性收费等，以帮助企业降低税费负担，缓解资金紧张压力，增强企业市场竞争力。

B.9
去杠杆　降负债　谋发展

兖矿集团有限公司*

摘　要：　兖矿集团针对自身存在的问题，大胆创新，多措并举，优化调整资产负债结构，有效降低资产负债率。下一步将积极构建多层次融资平台，开拓融资渠道，制定中长期融资方案，安排融资计划，调整融资方式，科学控制资产负债率水平。

关键词：　兖矿集团　去杠杆　组合融资

一　企业基本情况

（一）企业发展概况

兖矿集团是以煤炭、化工、装备制造、金融投资为主导产业的国有特大型能源企业，是我国唯一一家拥有纽约、香港、上海、澳洲境内外四地上市平台的煤炭企业。经过40多年发展，现已形成山东本部、陕蒙、贵州、新疆、澳大利亚、加拿大“六大基地”发展格局。2016年，实现煤炭产量1.14亿吨；营业收入1398亿元，同比增加385亿元；利润总额14亿元，同比增加0.85亿元；利税总额82亿元；年末资产总额2317亿元，跨

* 课题组组长：李伟，兖矿集团总经理，工程技术应用研究员。副组长：王福存，兖矿集团副总经济师，高级统计师；周剑波，兖矿集团决策咨询中心副主任，高级经济师。主执笔：田德凤，兖矿集团决策咨询中心业务主管，经济师。其他成员：李彬，兖矿集团综合办公室高级业务主管，经济师、政工师。

入煤炭产量过亿吨、营业收入过千亿元、资产总额超2000亿元的大型企业集团行列。

（二）企业资产结构

兖矿集团1996年在山东省工商管理局注册，注册资本为20.27亿元；2001年，增资后注册资本为30.90亿元；2006年，增加注册资本为33.53亿元；2015年，山东省国资委将发行人30%的股权10.06亿元及享有的权益划至省社会保障基金理事会持有；2016年，兖矿集团由省国资委占比70%，省社保基金占比30%。截至目前，兖矿集团注册资本为33.53亿元，其中，省国资委出资23.47亿元，省社保基金理事会出资10.06亿元。

（三）资产负债情况

兖矿集团2016年底资产总额比年初增加182亿元，负债总额同比增加134亿元，资产负债率为74.8%。截至2016年底，兖矿集团持有的各大银行等金融机构综合授信额度为2511亿元，实际使用1076亿元，尚余1435亿元。

兖州煤业作为兖矿集团的上市公司，是进行资本运作的重要平台，兖州煤业的负债率和债务情况，对兖矿集团具有深远影响。据统计，兖州煤业2014年末、2015年末及2016年末，负债总额分别为874.96亿元、960.61亿元和945.71亿元，资产负债率分别为67%、69%和65%（见表1）。

表1　兖州煤业2014~2016年债务情况

单位：亿元，%

项目	2014年	2015年	2016年
流动负债合计	272.51	411.56	515.48
短期借款	28.28	60.99	56.62
一年内到期的非流动负债	36.33	82.99	121.83
其他流动负债	84.05	126.77	161.86
非流动负债合计	602.45	549.06	430.24

续表

项目	2014 年	2015 年	2016 年
长期借款	325.48	279.72	224.53
应付债券	160.41	156.77	105.27
其他非流动负债	0.58	0.14	0.15
负债合计	874.96	960.61	945.71
资产合计	1311.35	1390.62	1456.22
资产负债率	67	69	65

二 资产负债问题原因分析

企业为提高经营利润，扩大资产规模，投资新项目，加之资本注入相对较少，前期融资方式相对单一，主要是债务融资等多种因素共同作用，逐步推高了企业资产负债率。

（一）产业规模快速扩张

煤炭类企业发展更多依赖购置资源，在煤炭“黄金十年”时期，经济周期处于上行阶段时，国家加强固定资产投资，相继出台四万亿元投资等政策，拥有国企背景的兖矿集团获取银行贷款较民营企业更具优势。为了解决本部资源枯竭，十万名职工的生存问题，兖矿集团在内蒙古、新疆、贵州、澳大利亚等区域购置煤炭资源新建煤矿，并投资建设了煤制油、煤化工、电厂等大型项目，使集团的产业规模快速扩张。因此，资金需求也急剧增长，自有资金已经不能满足集团发展，对外部融资的依赖逐渐增强，资产负债规模也逐步增大。目前石拉乌素矿井及选煤厂项目、转龙湾矿井项目、营盘壕矿井及选煤厂项目、万福矿井及选煤厂项目等项目建设，莫拉本煤矿项目改造等一批项目的实施，使得企业项目融资规模增大，一定程度上推高了资产负债率。

（二）资本注入相对较少

受国有企业资本补充机制不够完善的影响，兖矿集团自 1996 年注册后，仅在2001年增加10.63亿元注资，2006年增加2.63亿元注资，直到2015年的国有投资公司改革，九年未再增加注资。集团在40多年的发展过程中，更多地以自有积累资金、银行借款、上市融资、发行债券等方式募集发展资金，股东未对企业进行直接资本注入，但是在资金募集过程中给予了一定的支持和帮助。集团在经营管理过程中，除了完成上级管理部门每年下达的考核指标外，还要想方设法完成各类借款利息，负担较重。同时，集团需要继续筹集资金，为不断上马的项目提供建设资金，企业银行负债持续增加，在资金注入较少的情况下，资产负债率不断升高。

（三）融资结构存在失衡

兖矿集团相对其他企业在融资方式方面已经多样化，并且积极利用各类融资平台，降低融资成本和费用，但是受早期发展方式局限，需要继续不断调整和优化。从目前集团资产负债率现状来看，高负债率大都是间接融资造成的，如果适当增加直接融资比重，可以更好降低资产负债率。当前我国债券市场利率较低，通过发债直接融资，可以有效降低融资成本，同时改变对银行贷款等间接融资的高依赖，减少利息负担。

三　资产负债优化调整策略

兖矿集团积极推进债转股工作，双向优化降低企业资产负债率；抓住改革机遇，实施土地作价出资，增加国有资本直接投入资本金；瞄准澳洲优势资源，创新“配股+并购”组合融资；完成首期私募可交换债券，实施降低财务费用等各项策略，优化调整资产负债。

（一）积极推进债转股

兖矿集团积极收集有关政策并与四家国有控股银行进行了多轮接触，选定多家资产结构较优，市场潜力较大，暂时存在经营困难的集团权属企业作为债转股方案主体。同时，兴业银行75亿元债转股工作已全面推开，2017

年5月17日，集团已经收到兴业银行15亿元的债转股为东华建设增资扩股，这是兖矿集团首单债转股落地。

一是科学选择方式。兖矿集团债转股选择的是以新股还旧债的基本方式。由银行吸纳社会资本，通过设立产业基金，投资兖矿集团控股子公司股权、债权资产，用以归还集团银行贷款等有息负债。根据签订的市场化债转股合作协议，分别与中国银行建立100亿元的基金，与中国工商银行建立100亿元的基金，总规模为200亿元。初步构想为“转型发展基金”“资本结构优化基金”等，各基金分阶段、分别组织实施。

二是凸显“三个”市场化。集团与中国银行、中国工商银行的债转股要突出“三个”市场化：合作对象市场化选择；资金市场化筹集；价格市场化确定。由银行和集团依据集团债转股子公司的资产状况、财务质量、发展前景等进行评估，并与市场上已经进行的债转股企业进行比对，各自履行相关程序后自主协商确定。

三是明确银行股权退出机制。本次债转股协议要明确银行股权的退出机制。债转股基金到期后，债权部分集团将以综合经营收入等为来源进行全额还款；股权部分将通过股权上市、股权转让或股东回购、基金份额转让等方式确保合作银行退出。如果未能上市退出，则通过设定条件由集团负责回购或通过基金份额转让实现产品退出。

四是债转股预期效果显著。集团与银行开展市场化债转股合作，预期效果惠及各方，影响长远。对集团而言，首先，降低资产负债率，优化财务结构。全部资金投入后，可将集团资产负债率由当前的74.8%降至66.8%，负债率下降8个百分点，集团财务结构得到有效改善，资本实力显著增强，同时也有助于防范债务风险。其次，降低带息负债成本，节约财务费用支出。集团带息负债比率为82.7%，带息负债为1433亿元，有效减少275亿元债务，降低集团融资成本，促进企业轻装转型、减负发展。

（二）划拨土地作价入股

兖矿集团以作价出资方式，将省内生产类用地、生活及市政设施用地处置划拨为建设用地，有效降低资产负债率，提升企业融资能力，更好地发挥土地资产综合效用。

一是土地处置依据。集团严格按照国土资源部《关于支持钢铁煤炭行业化解过剩产能实现脱困发展的意见》、山东省国土资源厅《关于规范土地资产处置促进省属国有企业改革的意见》规定，省级以上人民政府批准兼并重组改制的国有企业，其使用的原生产经营性划拨土地，可以国家作价出资（入股）方式处置。

二是土地处置方式。集团将261宗生产类划拨用地共计17442.2亩纳入土地作价出资处置范围。其余的93宗职工住宅、城区道路、市政设施用地共计6119.9亩继续维持划拨方式。这次国有划拨土地使用权作价后形成的土地资产由省政府注入集团，增加集团的国家资本金，集团再根据各二级单位的实际情况配置给二级单位。

三是分类办理不同产权人土地资产。土地使用人、土地产权人均为兖矿集团所属单位或全资子公司的，直接将土地作价出资处置到兖矿集团名下。土地使用人和产权人为兖矿集团控股单位，在征得其他股权持有人同意后，将土地作价出资处置到兖矿集团名下，增加兖矿集团国有股权。土地产权人为兖矿集团控股单位，使用单位为兖矿集团子公司，在征得其他股权持有人同意后，将土地作价出资处置到兖矿集团名下，增加兖矿集团国有股权。现土地产权人为兖矿集团控股单位，土地使用人为兖矿集团全资子公司，控股单位在破产前由集团全部安置了职工。破产单位划拨用地未进行处置，在征得其他股权持有人同意后，将土地作价出资处置到兖矿集团名下，增加兖矿集团国有股权。

截至2016年底，实现土地作价出资34.77亿元，降低资产负债率1.5个百分点，有效盘活了土地资产，将国有土地作价出资，注入兖矿集团资本金，增加国有资本直接投入资本金，有效改善资产负债结构，增强集团融资能力。

（三）“配股+并购”组合融资

自上市以来，兖州煤业先后成功发行五次股票、多次债券融资，实施了十余次重大战略性并购。目前，集团拟通过兖州煤业 A 股定向增发和澳洲公司配股融资 24.5 亿美元，收购联合煤炭公司 100% 股权。

一是“配股 + 并购”组合拳。按照兖煤澳洲与力拓 2017 年 1 月 24 日签订的收购协议约定，兖煤澳洲公司首笔支付金额为 19.5 亿美元，后续 5 年每年支付 1 亿美元，共计 24.5 亿美元。考虑到交易涉及的印花税等交易费用，项目交割首笔资金需求约 21 亿美元。本次交易改变过去高负债的融资模式，采用股权融资方式，以兖煤澳洲为收购主体，利用兖煤澳洲配股和兖州煤业 A 股非公开发行进行融资，现金收购联合煤炭公司 100% 股权及附属资产。兖州煤业认购兖煤澳洲 25 亿美元配股中约 10 亿美元，剩余 15 亿美元由其他股东和新的投资者认购。兖煤澳洲公司将使用配股、定向发行股票以及永续混合债转股等股权融资方式，融资 15 亿美元。同时，兖煤澳洲将借机变美元为记账本位币，通过形成的收购溢价一次性抵销前期套保期间累积的汇兑浮亏，彻底消除汇兑损失。通过“配股 + 并购”组合拳，优化澳洲公司资产包，利用优质资产正现金流，改善运营质量，提高盈利能力。

二是细化收购工作步骤。本次收购分八个步骤进行：第一步，获得国家发改委、省国资委、商务厅以及境内外交易所等有关部门和监管机构的预批准或审核。第二步，兖煤澳洲作为收购主体与力拓公司签署附生效条件的认购协议。第三步，获得国家发改委、省国资委、商务厅以及境内外交易所等有关部门和监管机构的正式批准。第四步，兖州煤业启动境内非公开发行，并获得股东大会批准。第五步，兖煤澳洲向现有股东及第三方投资者配股。第六步，兖煤澳洲配股完成后，与力拓公司进行资产交割。第七步，兖州煤业境内非公开发行获得中国证监会核准，并完成发行。第八步，兖州煤业利用募集资金置换配股认购资金。

三是审慎推进收购工作。兖煤澳洲自 2015 年起，开展广泛深入调研论证。集团领导班子多次召开会议，专题听取有关情况汇报。2016 年 6 月，集团组成调研组，深入兖煤澳洲现场考察，从经济、技术两方面进行深入研究。2016 年 10 ~ 11 月，集团组织外聘专家组、集团公司综合评价组和有关技术咨询公司，再次对该项目进行现场勘察，开展资源评估和经济技术评价。2016 年 12 月 7 日，集团召开项目推进工作专题会，听取资源评估状况及外部专家意见、技术审核报告，经过深入研究，同意继续推进该项目。兖煤澳洲与力拓公司经过多轮谈判，目前已达成收购联合煤炭股权的意向。

四是大幅降低资产负债率。本次收购，兖州煤业和兖煤澳洲通过股权融资的方式补充资本，三级公司资产负债结构将得到极大改善。兖矿集团资产负债率从 74.8% 降至 68.8%，兖州煤业资产负债率从 65% 降至 59.6%。特别是兖煤澳洲实施配股后，将兖州煤业持有的兖煤澳洲 18 亿美元可转债顺势转为普通股，资产负债率降至 50% 以下，显著提升公司市场形象、股价流动性和交易活跃度，恢复兖煤澳洲在资本市场的独立融资能力，减轻对兖州煤业和兖矿集团的融资依赖。

（四）有形资产证券化

兖矿灵活运用多手段金融技术，兖煤澳洲以“凤凰项目”为载体，东华建设以上海奉贤保障房项目为突破口，实施资产证券化运作，筹集发展资金，保障优势项目资金来源，提升资产管控水平，为资本运作积累宝贵经验。目前，兖矿正在对科蓝凯美特、开阳化工、国际焦化三家公司进行股权改革和清产核资审计，并进入产权交易市场，以公开挂牌交易方式转让，降低资产负债率。

一是筹划债券融资方案。兖煤澳洲果断启动“凤凰项目”，优化现有资产。兖煤澳洲将其旗下拥有的艾诗顿、澳斯达及唐纳森 3 个亏损比较严重的煤矿资产打包装到一个全资壳公司里，在其所有权不发生任何变化的前提下，创造性地通过让渡其经营权实施资产证券化，实现融资 9.5 亿美元，折合人民币 61.75 亿元。本次以让渡控制权而不是转移所有权的资产证券化运作在澳大利亚仅此一例，堪称首创。“凤凰项目”把并非优质的不动产置换成“流动性”，备有充足的现金流，确保扩大优质资产莫拉本煤矿的产能，夯实长远发展的基础，用时间置换生存空间。

二是证券化融资方式。“凤凰项目”以有形资产证券化变现融资，参照了国际市场中长期债券收益与投资风险相配比，以基础资产为支撑，增加了债券浮动收益条款，实现投资方与资产利益捆绑，以及发行人与投资者的双赢。债券分两部分发行，分别为第一部分 7.6 亿美元和第二部分 1.9 亿美元，发债方以平均 8.55% 的年利率支付第一部分债券的利息。根据发债方及其下属公司的息税折旧摊销前利润，第二部分债券的年利率介于 0 ~ 15%。前期共有 8 家境内外投资机构有意认购此项目，最终 3 家机构参加了本次认购。债券固定期限九年，收益分为固定和浮动两部分，平均固定基准收益率 6.84%/年。

三是合理布局融资空间。东华建设将保障房项目未来的房款收益作为标的物，实施资产证券化，成功融资 9.1 亿元，开了国内建筑施工产业进入金融资本市场融资先河。本次融资重点对利率和还款期进行布局，融资共划分了 6 个还本付息日，5 个提前偿还选择期。第 1 ~ 5 期票面年利率控制在 4.2% ~4.6%，综合券商佣金、资金过桥费用及各中介机构的服务费后，实际综合年利率约为 4.7%，低于商业银行同期基准利率。根据建设进度及回款节点规定，2017 年 6 月底可以归还第 1 期本金融资，项目主体封顶时的回款可以归还第 2、3 期融资，2018 年 4 月底交房后，剩余房款按时回收后可以归还剩余的 2 期融资。其间，东华建设可以平衡公司整体利率，自主选择还款日期，实现整体盈利空间最大化。

四是资产证券化效果显著。兖煤澳洲"凤凰项目"融得资金可加快发展优质资产，提高盈利能力。本次融资中的部分资金将用于兖煤澳洲所属的莫拉本煤矿二期扩产项目，极大缓解兖煤澳洲公司和莫拉本煤矿扩产所需的资金压力，并在未来创造较为可观的中远期效益。根据现行会计准则，发债方的财务状况和财务业绩被相应披露并体现在报表说明中，而不再汇总其账面亏损额，实现"自然减亏"，顺理成章地修复了负债表。东华建设保障房项目融得资金，可用于归还银行发贷款、支付工程款及其他工程建设支出，有效地解决了项目建设资金问题，优化了融资结构，降低了资产负债率。

（五）首期私募可交换债

为充分发挥资本市场融资功能，优化资产负债结构，提高集团公司整体经济效益及竞争力，经山东省国资委批准集团公司于2016年11月向上海证券交易所申请非公开发行以兖州煤业A股股票为标的的可交换公司债券。本次交换债于2017年4月19日成功完成首期40亿元的簿记竞价发行，实现了高转股溢价率和低票面利率的优质条款组合。

一是全面论证发行方案。集团公司在对自身财务资源需求测算及金融能力评估基础上，提出了非公开发行可交换公司券商的提议，经过内部详细论证，与券商多次沟通，初步形成非公开发行可交换公司债券的可行性方案，集团针对本次交换债发行的目的、时机及核心条款设置进行充分论证。

二是重视发行路演。为把握发行时间窗口，保证发行效果，集团公司在券商的协助下，在北京、上海、深圳进行了一对多、一对一形式的集中路演，与近130家专业投资机构进行沟通交流，向投资者推介了企业发展前景和券商投资价值，取得投资者的认可和认同。

三是严控发行成本。为配合本次交换债发行的股票担保，需要20亿元过桥资金对原股权质押融资质押的股票进行解质押，集团积极与原质押融资机构沟通，同时选取多家银行采取竞价的模式保证资金低成本、按时到位。

四是大幅降低财务费用。在集团公司和券商的多方努力下，最终实现了1.26倍的超额认购，在确保40亿元发行规模的情况下，将首年票面利率控制在2%，年化利率较集团公司三年期债券成本大幅降低3个百分点以上，每年利息费用节约在1.2亿元以上，三年可节约利息费用3.6亿元以上。

本次交换债发行募集资金将全部用于偿还金融机构借款，在极大降低财务费用、优化负债结构的同时，也为集团公司在保证对上市公司实际控制权的前提下开展国有股权运作和市值管理拓展了空间。

（六）有效运用政府奖补

兖矿集团积极争取政府奖补资金，成立专门工作组，协调各级单位相关工作。2016年争取国家奖补资金11亿元，2017年制定10亿元的奖补资金计划，将有效降低资产负债率。

一是细化工作分工。兖矿集团成立专门工作组，由集团副总经理任组长，集团公司投资发展部、运营管理部、财务管理部等部门主要负责人为工作组成员。投资发展部为牵头部门，财务管理部为资金管理部门，运营管理部为考核部门，其他有关部门根据职责分工积极协助各级单位争取政府奖补资金工作。

二是明确奖补资金范围。集团可以获得政府、中央及地方预算内资金、财政资金等方式进行资金补贴的项目，主要包括：产业规划、体制结构改革、资本运营类奖补资金；煤矿安全改造、煤炭产业升级等中央预算内投资项目，科技创新、信息化和产业升级项目，环保节能、清洁利用项目，招商引资、对外开发、服务业项目，机电装备制造业、电力产业项目，建筑房地产业项目等建设项目类政府奖补资金；煤矿塌陷区治理等土地奖补资金，企业结构调整、“三供一业”移交资金，财政补贴及税收返还资金，贸易进出口奖补资金，建设“双创”奖补资金等费用补贴类政府奖补资金；符合国家有关规定的其他奖补资金。

三是考核奖补资金。每年第一季度集团公司下达年度争取政府奖补资金计划，并按照管理层级明确责任，落实牵头部门和配合单位，实行月调度、季平衡、年终奖罚兑现。每年 12 月份集团公司各牵头部门根据业务分工情况，及时收集到账的政府奖补资金项目，由集团公司统一汇总后，对年度争取政府奖补资金工作进行考核，完成较好的单位进行奖励，未完成年度目标的单位进行通报批评并相应扣减绩效奖金。

四　下一步思路与政策建议

兖矿集团下一步将构建多层次融资平台，制定中长期融资方案，全面降低资产负债率。

（一）构建多层次融资平台

集团按照分类培育、梯次推进的要求，将具备发展前景的产业项目、核心业务资产分阶段推向境内外资本市场。第一阶段重点推进新三板挂牌，形成3~5家新三板挂牌公司，条件成熟时向主板或创业板转板。加快推进上海中期公司新三板挂牌，推进西安科技公司、国拓科技公司、金通橡胶公司股改及上市工作。第二阶段重点推进区域公司（境外公司）上市，将符合条件的区域公司和金融业务板块推向境内外资本市场，拓展资本市场运作空间。第三阶段重点推进专业板块上市，力争实现集团主体业务资产整体上市目标，形成主板、创业板、新三板等境内外多元上市平台并存的发展格局，增强融资能力。

（二）制定中长期融资方案

集团公司尽快研究制定中长期融资方案，优化筹资结构和融资方式。积极采取股权融资、发行债券、债转股等多种方式，满足发展资金需求，提高资金使用效率。尽快完成股票定向增发和可转换债发行等。努力将短期债置换为长期债，降低债率和债息，有效减少财务费用，为集团发展赢取时间。大力压缩各类担保，并向各单位收取担保费用，减少担保项目，降低集团各类担保风险。缜密安排融资计划，根据“去产能”“去库存”经营需要，合理编制融资计划，适当降低融资规模，主动抑制投资冲动。

（三）建立国有企业资本补充机制

国家应建立国有企业资本补充机制，使企业的资本充足率保持在稳定水平。一方面通过注入国有资本收益预算资金、政府引导基金等方式，壮大实收资本。另一方面通过留存利润、权益融资、私募基金、股权转让等市场化方式补充企业资本金，使企业恢复到健康的资产负债率水平。

（四）协调推进债转股相关工作

债转股工作时间紧、任务重、要求高，建议：一是各级政府加强对辖内金融机构窗口指导，督促其落实国家关于债转股工作的有关政策，加快推进债转股工作。二是各级政府加强对辖内重点企业宣传推介，谋求银行对重点产业、重大项目及融资困难企业的支持。三是减少去杠杆工作的相关手续和进场成本。债转股工作尽量以年度审计报告为依据，减少转让评估等相关工作程序，畅通债转股工作渠道，减免进场成本。

（五）畅通直接融资渠道

国家应持续改革和创新直接融资方式、运作流程、监管方式，一是要引导煤炭企业匹配运用债券、创投、股票、股权等方式直接融资，并适度延长还款期限，降低还款利率，减轻企业还款压力。同时简化优质上市公司的融资程序，节约融资时间。二是要给煤炭企业提供适度宽松的监管环境，在监管框架设计中，主要针对投资者保护进行设定，对企业运作及管理的监管不易过度。三是要降低煤炭企业拓展新的产业领域，发展新兴产业的融资费用，减少担保费用，降低评估、审计费用，取消过桥资金要求等。同时给予适度优惠政策，实行减税、贴息、补贴等优惠政策。

B.10
降低企业财务杠杆 促进健康稳定发展

河南能源化工集团有限公司*

摘　要：本报告介绍了河南能源化工集团，坚持问题导向，抢抓政策机遇，实施市场化债转股等一系列措施，着力优化资产负债结构，有效降低企业杠杆率的具体实践，以及下一步着力强化企业造血功能，构建多层次融资平台，拓宽融资渠道，优选融资方式，控制资产负债率，保障企业健康发展的战略构想。

关键词：河南能源化工集团　去杠杆　市场化债转股

一　企业基本情况

河南能源化工集团有限公司（以下简称“河南能源”）是经河南省委、省政府批准，分别于2008年12月、2013年9月经过两次战略重组，

* 课题组组长：马富国，河南能源党委书记、董事长，审计师。副组长：刘银志，河南能源党委副书记、副董事长、总经理，教授级高级工程师；刘魁景，河南能源专家咨询组组长，教授级高级工程师；张毅，河南能源副总经济师、董事会秘书，高级会计师；李乔成，河南能源副总会计师，正高级会计师。主执笔：刘润涛，河南能源综合办公室主管，编辑。其他成员：棘军，河南能源资金管理中心主任，高级经济师；王长利，河南能源财务管理部部长，正高级会计师；蔡胜之，河南能源综合办公室副主任，高级经济师；刘道龙，河南能源综合办公室副主任，高级政工师；罗剑波，河南能源资金管理中心副主任，会计师；王庆红，河南能源财务管理部主管，高级会计师。

成立的一家国有独资特大型能源化工集团，由河南省政府国资委代表政府履行出资人职责，产业主要涉及能源、化工、现代物贸、金融服务、智能制造和合金新材料等，主要分布在河南、新疆、青海、贵州、内蒙古、陕西等省份。拥有煤炭产能近 1 亿吨、化工产品产能合计近 1000 万吨（其中甲醇 282 万吨，煤制乙二醇 150 万吨、规划建设 300 万吨，二甲醚 70 万吨，醋酸 60 万吨，碳纤维 1000 吨，1，4 - 丁二醇 19 万吨，聚甲醛 10 万吨，PVC 24 万吨）。2016 年，河南能源实现营业收入 1241 亿元，上缴税金 56 亿元，完成项目投资 33 亿元，列 2015 年世界 500 强企业第 364 位、2016 年中国 500 强企业第 101 位、2017 年中国 500 强企业第 129 位、2017 年中国煤炭企业 50 强第 12 位、2017 年中国煤炭企业煤炭产量 50 强第 12 位。

二 资产负债率的自我判断

从理论上讲，资产负债率超过 75%，就意味着企业的偿债风险已经比较高了。从实践角度看，如果经济发展处于上行期，货币政策取向相对宽松，企业取得借款比较容易，或者企业所处的行业是国家予以重点支持的行业，能够获得财政资金的支持，或者如果企业规模很大，对所在地区经济发展具有重要影响，能够获得较多的政府支持。在这些情况下，表明企业具有较强的融资能力，融资相对容易，即使资产负债率高一些，企业也能利用其较强的融资能力偿还到期借款，总体风险不大。

从目前情况看，一是宏观经济进入结构调整、动力转换、增速换挡的关键时期，大水漫灌式的经济刺激政策被精准刺激政策取代，各大金融机构的贷款额度较为紧张，对煤炭行业的未来展望也不太乐观，融资难问题比较突出。二是国内煤炭行业总体产能过剩，煤炭去产能工作任务繁重，国家严格控制煤炭新增产能，煤炭行业发展获得国家财政的支持有限。

河南能源的资产负债率与央企 66.5% 的平均值相比和与煤炭行业 72.1% 的平均值相比，虽然略显偏高，但是，河南能源是河南省第一大国有企业，河南省委、省政府和省政府国资委等部门高度重视并持续支持企业转型发展，目前正在以深化国企改革攻坚战为抓手，从各方面给予支持帮助。综上所述，河南能源的资产负债率风险总体仍然是可控的。

三 资产负债率的合理区间

在具体的生产经营实践中，资产负债率处于何种水平是合理的，没有绝对统一的标准，而与企业所处的发展阶段、发展环境有密切的关系。处于扩张期的企业，资产负债率可能会高一些；处于收缩期的企业，资产负债率可能会低一些。此外，企业外部经营环境、行业特点、盈利能力、财务状况、未来发展和融资能力等，都会对资产负债率的高低产生影响。

因此，资产负债率在什么水平上是合理的，需要针对企业实际情况，进行具体分析，在评估各种影响因素后综合确定。从河南能源的实践经验看，企业在合理的资产负债率下，利息支出不应超过息税前利润，否则，企业就会出现亏损。从目前河南省大型煤炭企业情况看，资产负债率保持在70%左右，是相对较为合理的。

四 高杠杆率的形成原因及影响

（一）形成原因

1. 政策性兼并重组

一是按照河南省政府的统一安排部署，河南能源经历了2008年、2013年两次战略重组。战略重组的中原大化、省煤气化公司、安化公司等化工企业，原来资产负债率就相对较高，战略重组后进一步推高了河南能源整体的资产负债率。二是兼并重组省内小煤矿。从2011年开始，按照河南省政府的统一安排，河南能源共兼并重组省内小煤矿165对，投入资金上百亿元，资金来源几乎全部为借款。

2. 政策性投资与借款

截至 2016 年末，按照河南省产业发展战略，河南能源累计承担政策性投资、政策性借款高达 70 多亿元，占用了企业大量资金。

3. 产品价格大幅下滑

近年来，受国家宏观经济调控影响，河南能源所处的煤炭、化工、有色金属等产业持续低迷，煤炭、化工等主要产品价格大幅下滑，导致经营收入下降，经营活动现金净流量减少，资产负债率进一步攀升。

4. 规模扩大影响

2016 年末，河南能源在建工程投资占资产总额的 21%。在建项目多为煤炭、化工、有色金属等板块固定资产投资项目，这些项目资金密集、建设周期长、回款慢，近年来由于市场下滑，这些本应该发挥效益的项目没有及时形成新的经济增长点，在占用企业极度紧张的大量资金的同时，加剧了企业偿债压力。

（二）主要影响

经济发展新常态下，高负债率对煤炭企业的持续健康发展的影响是明显的。一方面，较高的资产负债率给企业后续生产经营带来了巨大的还款压力，特别是在宏观经济增速换挡、现有产业盈利能力下降、新建项目还没有形成增长点之前，导致资金链高度紧绷，到期还款的压力巨大。虽然目前煤炭行业产销两旺、盈利水平不断提高，但由于沉重的债务集中到期，企业既要保生产，更要保信用，被迫“勒紧腰带”还债，有时连职工工资都不能及时发放，必要的安全生产投入更是显得捉襟见肘。另一方面，产业转型升级的关键时期，债台高筑使得企业在技术创新、科技研发、储备后续发展项目等方面，缺少资金支撑，有好项目也没有钱上，推动煤炭产业转型升级就无从谈起，企业无奈被动陷入恶性循环的泥潭。

五　苦练内功降杠杆的主要措施

国有煤炭企业降低杠杆率，必须综合施策、内外发力、统筹推进，做到立足当前降杠杆与着眼长远稳发展紧密结合，寻求政府政策支持和企业苦练内功双向发力，供给侧结构性改革和深化国企改革齐头并进。只有这样，才能推动杠杆率显著降低，为煤炭企业持续稳健发展夯实基础。

第一，着力发展股权融资。一是加快煤炭板块整体上市。充分利用现有煤炭上市公司平台，尽快推动煤炭板块整体上市。二是推进化工板块整体上市。依托化工新材料公司，理顺鹤壁、义马、濮阳、永城、安阳、洛阳、新乡、商丘等化工园区的管理体制，梳理化工企业产权，引入市场化债转股资金，持续优化资本结构，尽快将化工企业负债率降至70%以内，推动化工板块扭亏为盈并尽快上市。三是有序推进混合所有制改革，列入河南省试点的2家单位，在2017年年底将顺利完成；新选取的3家企业，准备通过增资扩股等方式积极推进混改。同时，积极探索实施员工持股，培育成熟的企业在新三板挂牌上市。

第二，着力实施瘦身去虚。一是化解煤炭过剩产能。河南能源计划2016～2018年去产能关闭矿井97对，涉及产能2692万吨、人员59519人、资产总额144亿元、负债总额140亿元。其中，2016年已经关闭矿井29对，退出产能781万吨，20681人全部安置到位；2017年已经关闭矿井54对，退出产能1002万吨，正积极做好职工安置工作；2018年计划关闭矿井14对、退出产能909万吨；2019年实现煤炭板块的整体转型升级。河南能源的煤炭去产能工作经验得到国务院国资委的充分肯定，并在全国推广。二是处置“僵尸企业”。河南能源2017年已经启动全部“僵尸企业”的处置工作，计划2017年完成50%，2018年全部处置到位。河南能源主要坚持“多重组搞活、少破产清算”的思路和“价值最大、损失最小、操作规范、风险可控”的原则，分类甄别，一企一策，做到解散注销一批、兼并重组一批、对外转让一批、放开搞活一批、破产清算一批。三是剥离移交办社会职能。截至2017年6月底，河南能源圆满完成涉及11个省辖市（县）、11家二级企业的“三供一业”分离移交任务，共移交254个职工家属区、127个农村转供的供水129291户、供电153898户、供热74595户、供气12279户、物业143693户，移交退休人员 115999 人，移交社区管理组织 16 家、人员 60 人，移交幼教机构 2 家。同时做好所属医疗机构、学校的剥离改制工作。截至 2017 年 6 月底，38 家医疗机构的剥离工作已经完成，已初步确定 3 家专业医疗投资机构作为合作意向方，严格按程序推进改制工作。35 所教育机构已实施移交或市场化运营。

第三，着力盘活各类资产。一是盘活闲置资产。河南能源对闲置土地、厂房、设备等闲置资产以及各类重资产进行全面清查。一方面，充分利用河南省对能够转变性质的划拨土地的特殊政策，积极做好闲置土地的盘活工作；另一方面，采取出售、转让、租赁、回租、招商合作等多种形式，有效盘活闲置厂房、设备等资产。二是大力清理外部欠款。自 2016 年 11 月以来，河南能源坚持立足自身，积极开展专项清欠行动，确保做到能清必清，减少应收款项占用。截至 2017 年 9 月末，已经收回资金占基期（2016 年 10 月末）应收款项的 29.3%。

第四，着力强化内部管理。一是优化内部管理机制。对化工、有色、装备制造等产业实施园区化、专业化管理，实现互联互通，循环利用资源，提高经济效益。同时，调整优化园区领导班子和考核机制，有效推进产业园区实现深度融合。推动集团化工事业部与相关化工单位等资源重组整合，持续优化产业产权结构。二是强化全面预算管理。按照“以收定支、量入为出”的原则，算好账，把好关，严格控制资金支出额度和进度，分项分类科学合理安排资金预算。三是强化产销组织。抓住当前煤炭等主要产品价格相对高位的市场机遇，紧盯量本利变化科学优化生产组织，坚持效益最大化调整产品结构，提高产品质量，提高盈利能力。四是强化成本管控。进一步加大全面成本管理力度，采取成本倒逼机制落实降本增效措施，着力推进分流安置富余人员压减人工成本，提升成本管控能力。

六　2016年以来债转股进展情况

河南能源根据国家和河南省相关规定，把推进市场化债转股作为降低杠杆率、优化融资结构的重要举措，2017年以来，已经与中国建设银行、中国工商银行、中国农业银行、交通银行签订合作框架协议共计475亿元。目前，与建行合作的市场化债转股首单50亿元已于2017年6月29日顺利落地，第二批债转股资金50亿元也于2017年9月8日成功落地；与农业银行、工商银行、交通银行等其他银行合作的债转股项目，正在稳妥有序推进落实。

（一）主体及关系的确定

建设银行通过其旗下子公司深圳建合投资有限公司与河南能源下属全资子公司河南能源化工集团产业发展有限公司等共同设立河南能源产业发展转型基金，通过该基金对河南能源及下属子公司实施债转股，债转股资金主要以股权方式投资河南能源及下属永煤公司，债转股资金专项用于偿还到期存量债务。

（二）推进措施及遵循的原则

2016年10月10日国务院发布《国务院关于积极稳妥降低企业杠杆率的意见》（国发〔2016〕54号），并同时发布《关于市场化银行债权转股权的指导意见》以来，河南能源在河南省委、省政府和省政府国资委、金融办等的正确领导支持下，积极抢抓政策机遇，主动与金融机构对接。随着市场化债转股合作框架协议的签订和落地，形成建设银行、农业银行和交通银行以煤炭产业为主，工商银行及其他金融机构以化工产业为主的债转股工作总格局。

在推动债转股过程中，河南能源探索实施了“四化模式”。

一是市场化运作。坚持市场化的基本原则，在对所属单位债权债务进行分析和梳理的基础上，建立了债转股项目投资标的库，积极与金融机构沟通对接，积极关注各方诉求，兼顾各方利益，谋求与金融机构建立利益共同体，努力促成合作框架协议的签订。

二是法治化推进。积极与相关主管部门对接，加快股权投资基金设立、国有企业资产评估、股权转让、注册资本变更、上市公司定向增发等相关工作的研究和梳理工作；争取债转股相关税费优惠政策；充分发挥债权人委员会作用，提振金融机构信心，争取各家银行对到期借款进行续贷，并做好债券续发等工作；做好债转股相关协议与项目法律合同的审核工作，着力防范法律风险。

三是多元化设定。与建设银行签订债转股框架协议，设立河南能源转型发展基金，基金规模125亿元，主要以股权投资方式投资到河南能源及所属永煤公司，用于偿还有息负债。组建产业发展公司及化工新材料公司，积极与工商银行和国家开发银行等金融机构沟通，争取债转股尽快在化工产业落地。

四是高效化实施。成立了专门的工作机构，明确职责，加强沟通，定期会商，积极协调推进基金的注册登记和备案、投资标的项目资产评估和股权协议转让等工作，督促各项工作高效落实落地。

（三）存在的突出问题及解决措施

实践证明，市场化债转股是降低煤炭企业杠杆率的有效途径，虽然有国家政策的支持，但这个途径走起来还不是那么顺畅。这里面的一个核心矛盾，就是煤炭企业和金融机构的着眼点不同，目标上存在不一致性，即煤炭企业着眼于脱困转型，金融机构更多考虑的是投资效益，或者说着力把资金风险降到最低，再加上后者有更多的话语权，导致煤炭企业在推进债转股过程中，还存在签约难、落地慢等问题，主要体现在以下几个方面：

一是双方需求存在差异。对于集团型企业，资金质量存在优良级次，市场参与者对企业进行市场化债转股时，往往看中的是企业最优质资产对应的债权，而企业最优质的资产盈利能力强、资产负债率低，不需要进行债转股。如何将市场参与者引导到暂时存在困难、未来前景可观的资产上面，需要政府部门给予引导和支持，协调市场化债转股参与者的诉求同企业降杠杆脱困的需求，实现有机结合。

二是操作时间相对较长。金融机构的资金以股权形式进入或者收购债权转为股权之前，由于需要确定转股价格，对目标企业进行资产评估、审批、进场交易等程序较为烦琐，且金融机构内部审批时间相对较长，如果是不同金融机构的标的债权，时间将更长，所以债转股资金落地大部分都需要半年或更长时间，企业很难短期内有效使用资金、及时降低杠杆率。

三是对标的项目条件要求较高。金融机构开展债转股的资金有限，主要来源为银行理财资金和市场化募集资金。银行理财资金对安全性要求较高，理财产品到期后需要偿付本金和收益，而市场化募集资金对回报率要求也较高，金融机构从防范风险的偏好考虑，要求债转股标的项目多集中在企业优质资产中，同时还需要提供增信措施、承诺回购兜底、设置对赌条款等，导致债转股落实存在一定困难。

四是要求标的项目有退出机制。目前，金融机构参与债转股不是为了长期持有，而是待企业经营状况好转后，实现股权退出并获得收益。股权退出是债转股项目最关键的一环。转股企业如果是上市公司，退出渠道相对顺畅；如果是非上市公司，由于目前多层次产权交易市场不够健全，退出方式受限。所以，金融机构要求债转股企业有未来上市公司的概念，而多数需要债转股的企业都很难达到这一要求。

（四）需要政府给予的政策支持

建议在原《指导意见》的基础上，进一步制定市场化债转股的实施办法，指导市场参与者同企业一道，依法依规、务实高效开展债转股业务。一是在可操作性方面，建议国家从财务处理、税收政策、注册登记、审计评估、操作流程等方面，制定详细的实施办法及配套措施，使金融机构和企业更容易规范操作。二是在债转股标的企业筛选方面，建议国家有关部门明确指导意见，对符合债转股的企业，指导金融机构尽量简化审批流程，推动债转股尽快落地。建立债转股资金退出方式方面，加快健全完善债转股企业股权交易市场，推动非上市企业充分利用并购、全国中小企业股份转让系统挂牌、区域性股权市场交易、证券交易所上市等渠道实现转让退出。三是在资金成本控制方面，建议符合债转股的企业，债转股最终资金使用成本不应高于银行同期贷款利率。四是在激励和引导方面，建议国家出台相关政策，对实施债转股的金融机构采取补助或贴息等政策，提高金融机构开展债转股的积极性。也可考虑设立政府引导基金，引导和吸引社会资本积极投资债转股项目。

七　有关意见建议

（一）充分发挥煤炭先进产能功能效用

对煤炭企业来说，去产能不仅要实现总量控制，更要实现产能结构调整，最终才能提升能源稳定供应的能力。所以，在推进去产能过程中，必须统筹好兼并重组、结构调整、转型升级、优化布局等重点工作，进一步减少无效供给，持续扩大有效供给，带动产业转型升级。建议：一是修订完善先进产能标准，统筹考虑不同区域煤炭企业的地质条件、自然灾害、资源禀赋等实际情况，体现区域差异、开采条件差异等，从实际出发，引导煤炭企业安全高效开采、清洁绿色供给。二是应鼓励支持煤炭先进产能企业上市直接融资，而不应把煤炭企业作为整体过剩行业抬高或限制上市。三是在控制总产能的前提下，推动煤炭企业对先进产能进行重组整合，并积极推向资本市场进行资本运作。

（二）进一步减轻煤炭企业税费

煤炭企业涉及的税费品种多、负担重。我国共有 18 个税种和 1 个具有税收性质的收费，煤炭企业需交 16 项。涉煤行政事业性收费项目有 31 项。目前煤炭企业税费负担总体水平为 35.04%，高于全国工业企业实际增值税率 3 倍多。建议：第一，增值税方面。一是将煤炭企业的增值税率由目前的 17% 调整为 11%。二是扩大增值税抵扣范围，将煤炭企业取得矿产资源探矿权、采矿权等发生的支出，视同购进原材料，按 17% 计算抵扣增值税；允许煤炭企业的土地塌陷补偿费（土地塌陷补偿费、青苗补偿费、征地迁村费等）和环境治理费用，按 17% 的比例计算抵扣增值税；对煤炭企业从农民手中购进材料（黄沙、石子等），采用与采购农产品按11%税率抵扣进项税相同的政策；将煤矿开拓井巷投入发生的支出列入增值税抵扣范围。第二，采煤沉陷区占用耕地缴纳的耕地占用税方面。对地质条件限制、出于科学复垦需要而在2年内无法完成的，应根据实际复垦情况进行返还。

（三）明确过剩产能退出矿井和“僵尸企业”处置的资产损失处理政策

去产能和去僵尸工作表面上看是淘汰过剩和落后产能，本质上则是要提升资源要素的配置效率。河南能源计划关闭退出的97对矿井，涉及资产总额、负债总额较高，这些单位的负债绝大部分为内部借款，关闭和处置这些企业将导致主体企业严重亏损，净资产大幅下降，整体财务状况急剧恶化。建议：一是国家出台政策明确由相应的资产管理公司收购，减轻企业负担。二是出台政策将这些债务划转到国家开发银行等国有独资银行，进行不良资产核销，最终转为企业的资本金。

B.11
降低煤炭企业杠杆率需要多措并举

内蒙古伊泰集团有限公司*

摘　要：　本报告认为高强度投资、资本市场融资难、信贷资金不合理使用、企业负担过重是推高企业杠杆率的主要原因；多措并举，从政策层面减轻企业的负担，着力打通资本市场融资渠道，从企业层面优化债务结构，加快转型升级，提高产品附加值，是积极稳妥降低煤炭企业杠杆率的根本出路。

关键词：　伊泰集团　去杠杆　优化债务结构　转型升级

一　伊泰集团基本情况

内蒙古伊泰集团有限公司（以下简称"伊泰集团"或"公司"）成立于1988年3月，是以煤炭生产、运输、贸易为基础，集铁路、煤制油与煤化工为一体，房地产开发、生态修复及有机农业等非煤产业为互补的大型清洁能源企业。公司是动力煤"4+1"大型煤炭企业和煤炭行业协会协调机制成员单位，是内蒙古最大的地方煤炭企业；2016年，居中国企业500强第396位，在全国煤炭企业50强中排名第20位，截至2016年底，公司总资产1004亿元，员工7300人，拥有直接和间接控股子公司65

* 课题组组长：张双旺，内蒙古伊泰集团原党委书记、董事长，高级经济师，全国劳动模范。副组长、主执笔：翟德元，内蒙古伊泰投资公司副总经理，工学博士，教授。其他成员：刘春林，伊泰集团总会计师；吕贵良，伊泰煤炭股份公司财务总监；杨海军，伊泰集团行政管理部高级文秘专员。

家，其中，内蒙古伊泰煤炭股份有限公司是煤炭行业首家 B + H 股上市公司。

公司煤炭年生产能力超过5000万吨，控股并投入运营的铁路全长500余公里，拥有我国首个完全自主知识产权的16万吨/年的煤间接液化工业化示范项目，现已进入规模化生产阶段。企业经济贡献率连续多年位居鄂尔多斯市地方企业之首，经济效益、安全生产在行业中名列前茅。公司荣获全国煤炭工业优秀企业“金石奖”；被中华全国总工会、劳动和社会保障部、全国工商联联合评为“全国就业与社会保障先进民营企业”；被中华全国总工会、劳动和社会保障部、中国企业联合会联合评为“全国模范劳动关系和谐企业”；被中央文明办评为“全国文明单位”；被国务院授予“全国民族团结进步模范集体”荣誉称号；是全国首批通过工信部两化融合管理体系评定的企业；五次荣获“中华慈善奖”，并获得内蒙古自治区首届“主席质量奖”“第四届中国工业大奖表彰奖”。

二　伊泰集团资产状况

伊泰集团资产结构总体上分为煤炭、铁路、煤化工、置业四大板块，煤炭为主业占比41%，煤化工占比28%，铁路板块占比13%，置业板块占比16%。截至2016年底，伊泰集团资产总额10040759.52万元，其中流动资产3258644.39万元、非流动资产6782115.13万元。

负债总额6954394.55万元，资产负债率为69.26%，其中流动负债1864232.83万元、非流动负债5090161.72万元。银行短期借款为280234.60万元；一年内到期非流动负债170279.68万元；短期融券为99831.11万元；长期借款为3798754.23万元；应付债券为1144386.58万元。

2016年，伊泰集团财务费用利息支出共计356737.33万元，其中，费用化利息174297.31万元，资本化利息182440.02万元。

2012～2016年，伊泰集团的负债率由54%上升至69%，基本上到了预警的红线水平。2016 年，由于煤炭行业去产能政策取得重大成效，煤炭价格止跌回稳，供需失衡局面有所缓解，伊泰集团的效益得到提升，实现净利润 12.1 亿元。公司偿债能力虽然较上年有所提高，但由于受公司投资结构的影响，公司仍面临一定的短期偿债压力。

三　高杠杆率形成的原因

（一）产品价格下跌，盈利能力下降，资产缩水、收益率低是煤炭企业高杠杆率的主要原因

“发展靠投资、增长靠增量、盈利靠涨价”是煤炭企业的发展模式。煤炭产品价格持续下跌、产能过剩，企业盈利能力下降，资产不断缩水、收益率低，负债比重增加造成煤炭企业近几年负债率大幅上升。

21 世纪以来，我国煤炭产业曾有过辉煌的十年。从 2000 年至 2011 年，煤炭产量增加 25.5 亿吨，年均增加 2 亿多吨，年均增长接近 10%。从原煤消费增长率来看，2012 年以前，中国煤炭消费量年均增长 9.02%。

从 2012 年下半年开始，受宏观经济增速放缓、市场需求下降，进口煤冲击市场严重以及在大气污染治理和节能减排的压力之下，主要煤炭消费省区加强了对煤炭消费总量的控制等多重因素的影响，煤炭市场量价齐跌，企业的效益明显下滑，2015 年全国规模以上煤炭企业利润同比下降 60%，与 2012 年同期相比下降 68%。在煤炭价格大幅下滑的同时，企业成本却难以降低，因此，总资产收益率低、盈利水平下降成为煤炭行业的共性问题，企业的负债也被进一步推高。产能严重过剩，加剧了价格下跌。伊泰集团 2005 ~2016 年煤炭销售价格变化如图 1 所示。港口平均销售价格最高时的 2012 年达 544 元/吨（不含税），最低时（2016 年初）为 374 元/吨（不含税），价差达 170 元/吨，部分矿井的坑口价低于成本形成倒挂，致使煤炭企业大面积亏损，企业杠杆率也随之提高。

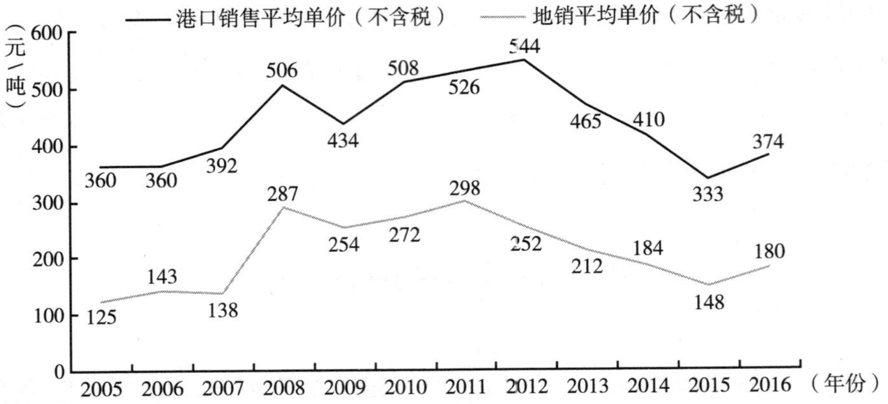

图1　伊泰集团 2005～2016 年煤炭销售价格变化

（二）高强度投资及信贷资金不合理使用

煤炭行业是重资产行业，同时，大部分煤炭企业将产业结构调整锁定在与煤炭相关的重资产行业。每个项目投资少则百亿元，多则千亿元。高强度的投资直接推高了企业的杠杆。另外，项目建设过程中很多企业存在“短融长投”的现象，不仅加重了企业杠杆还增加了运营风险，民营企业在这方面尤为突出。伊泰鄂尔多斯杭锦旗 120 万吨/年精细化学品项目总投资近 192 亿元，由于贷款落实难，企业只能通过短期搭桥贷款和自有资金支撑，企业资金压力巨大，是近几年导致伊泰集团负债率上升的主要原因。此外，部分项目投资回报率太低，不利于煤炭企业去杠杆。伊泰集团近年来参股了蒙冀铁路、新包神铁路、南部铁路、准朔铁路、蒙西华中铁路的建设，累计投资近 44 亿元，仅收益了 3177 万元。

（三）资本市场融资困难，增加了伊泰的负债率

伊泰集团下属的内蒙古伊泰煤炭股份有限公司是我国煤炭行业首家 B + H 股上市公司，1997 年 B 股和 2012 年 H 股上市时分别募集了 5.6 亿元人民币和 69.9 亿港元资金，到目前 B 股已累计分红 107.5 亿元人民币。一方面，由于 B 股的先天不足，作为 B 股上市公司无法借助国内资本市场实现融资

功能，在资本市场上与同行业A股上市公司相比发展转型明显处在不利位置；另一方面，伊泰B股价格长期居于每股净资产之下，市盈率仅为6.5左右，市值不到实际价值的1/4，面临市场流动性不足，价格长期低迷的困境。同时，H股也面临类似的困境。随着公司规模的不断扩大，资本市场再融资困难只能依靠其自有资金和银行贷款来维持企业发展，不仅提高了企业负债率，增加了融资成本，对扩大生产规模，延伸产业链、培育新的利润增长点，特别是给煤制油产业化的推进造成了极大的困难。

（四）煤炭企业产品结构单一，多元化发展收效甚微

目前，从全国煤炭企业来看多为单一化经营模式，煤炭生产和营销市场大起大落是常态。过去，特别是“黄金十年”，煤炭产业的快速发展掩盖了企业短板。在经济下行的情况下，这些弊端就凸显出来。以伊泰集团为例，2012年，煤炭销售收入占集团公司总收入的比重为93.8%。2016年，这一比例仍然高达86.8%。单一的产品结构使得煤炭企业的抗风险能力极其脆弱，加之，企业内部产业结构调整速度慢，是煤炭行业杠杆率居高不下的根本原因。

早在多年前，煤企已关注多元化发展并进行了许多尝试，特别是“黄金十年”期间，煤炭企业在多元化发展方面可以说是进行了“盲目扩张”，经营领域广阔，涉及几乎所有产业，产品多达6000多种。受计划经济体制和经营观念的束缚，煤炭企业多元化经营的模式还是比较粗放。大多煤炭企业盲目多元化发展，形成许多低端产品和同质化较为严重的产品，资金被困死在低端产品上，导致资金没有很好聚焦和储备，多元化发展成为企业持续扩张杠杆的重要原因。

（五）煤炭深加工政策不明确，项目审批困难，给企业投融资带来了重大风险

煤炭深加工既是煤炭清洁利用的重要途径，也是去过剩产能的重要途径，有利于煤炭产业可持续发展，有利于实现煤炭清洁高效利用，有利于企

业多元化发展。然而，煤化工产业政策在很长的一段时间内不明朗，给企业投资带来了重大的风险。从2008年开始，政府出台的一系列煤化工产业发展的政策使得现代新型煤化工的建设与发展受到了很大影响。如，2008年和2009年，国家发改委《关于加强煤制油项目管理有关问题的通知》等文件的出台再次提出严格煤制油项目审批，要求各地方投资主管部门立即停止审批；2011年3月，国家发改委又发布了规范煤化工行业的政策文件《国家发展改革委关于规范煤化工产业有序发展的通知》（发改产业〔2011〕635号），特别针对现代煤化工行业提出了规模限制，防止再次出现由于一哄而上、盲目投资进而出现产能过剩的现象。一直到2017年2月《煤炭深加工产业示范“十三五”规划》才对相关政策予以明确。由于新型煤化工的发展受水资源、运输、产品规范标准的缺乏、投资强度大等因素制约，政府在其产业政策方面一直比较慎重，并未出台明确的产业政策。不明确的煤化工政策发展导向和艰难的核准过程，使煤企转型发展的道路异常艰辛。传统煤炭企业难以将发展动力向新的增长点转移，其间还导致了大量煤炭企业出现投资性损失。

同样，煤炭项目审批程序多、审批周期长，不仅增加了企业负担，还不利于煤炭企业可持续发展。伊泰年产600万吨的塔拉壕煤矿和年产1500万吨的红庆河煤矿审批核准的时间接近10年，给企业造成了很大的经营风险。

四　伊泰集团去杠杆举措

从伊泰集团的实践来看，企业负债率保持在60%左右比较合理，一方面企业可以进行合理的融资维持企业的正常运营和项目建设；另一方面利息支出也可以维持在合理的限度之内。近年来，面对企业负债率持续上升的实际情况，伊泰集团也采取了多种措施，并取得了一些效果。

（一）加快产业结构升级，提高产品附加值是去杠杆的重要举措

为了改变传统煤炭企业粗放式的增长模式，探索通过研究开发、自主

创新和技术进步来提高资本利用效率和市场竞争力，进而使企业走上发展壮大“做强”的路子，伊泰集团将煤间接液化作为产业结构调整的主攻方向。

从2002年起，公司出资1800万元与中科院山西煤化所联合开展煤间接液化技术的研发，并在千吨级中试装置上取得成功，打通了流程，产出了第一批粗油品。2005年，“煤基液体燃料合成浆态床工业化技术”通过了中科院成果鉴定和科技部863专家组的验收，具备了工业化放大的条件。2006年，公司先后斥资4.54亿元，以煤基合成油浆态床技术为核心，控股创立中科合成油技术有限公司，成为国内煤间接液化自主知识产权技术的拥有者。同年，经自治区发改委核准，投资37.7亿元开工建设一期16万吨/年煤间接液化示范项目，成为国内首套煤间接液化工业化示范装置。2009年3月，装置首次投料试车，顺利产出我国煤间接液化工业化第一桶合格成品油，连续8年多“安、稳、长、满、优”运行。国家能源局和自治区发改委对该项目进行了两次性能标定，获得的主要技术指标均具有先进性和可靠性，能源转化效率较高，“三废”排放达到国家标准要求，标志着我国具有完全自主知识产权的煤间接液化制油成套技术从中试到工业化放大完全获得成功。2016年，16万吨/年示范项目生产各类油品及化工品19.4万吨，在油价大幅下跌、消费税不断提高的市场形势下，仍实现净利润1000多万元，社会效益和经济效益良好。

在此基础上，为了应对国家油价下行的压力，进一步延长煤炭产业链，公司在内蒙古自治区鄂尔多斯市杭锦旗实施了年产120万吨精细化学品项目。目前已经打通全工艺流程，并已顺利产出合格化工品。

公司还通过对萨索尔、壳牌等公司的考察，就费托合成技术生产的中间产品进一步深加工进行了深入了解。费托合成技术生产的中间产品除了可生产成品油外，还可以直接加工生产140多种精细化学品，且市场空间很大，附加值高，效益很好。为此，公司在怀柔研发基地，针对煤制精细化学品继续进行了技术及应用研发工作，共开发了26种高端精细化学品，并对精细化学品项目所涉及的主产品进行了中试，还从国际一流研究所招聘了30余位学科带头人，领导相关化学品的基础研究工作，部分产品的研究已经走在了煤化工行业的世界前沿。

此外，在积极响应去产能的同时，公司还加快培育先进产能。截至2016年，公司先进产能占比高达95.7%。年产1500万吨的红庆河煤矿和年产600万吨的塔拉壕煤矿在2016年相继投入试生产，使公司的抗风险能力得到进一步增强。

（二）优化债务结构和比例是去杠杆过程控制的关键

减少负债是企业去杠杆化的一项直接措施。伊泰集团于2015年7月成立了集团财务公司，为企业内部成员提供金融服务，通过有效配置内部资源，减少了企业对外部金融机构的资金需求。截至2016年12月31日，伊泰财务公司为上线的成员单位62家，办理各类结算业务2.97万笔，结算金额累计2153.19亿元，其中吸收成员单位存款业务0.38万笔，吸收成员单位存款669.89亿元；办理付款业务2.49万笔，付款金额924.62亿元；办理发放贷款业务9笔，发放贷款金额12亿元；办理协定存款业务13笔；办理通知存款业务6笔，发生额11.58亿元；办理其他结算业务969笔。

公司还通过申报国家发改委、工信部设置的重大项目专项建设基金的方式，缓解项目建设资金压力，进一步优化了债务结构。

（三）积极推进B股转A股工作，打通资本市场融资通道从根本上解决“短贷长投”的问题

随着中国证监会政策引导方向的明确，针对B股存在的问题，公司正在与内蒙古自治区人民政府、中国证监会等部门沟通协调尽快实现B股转A股，争取通过资本市场发行股票，最大限度吸收社会资本，用于生产运营，弥补资本不足，通过增加企业的权益资本达到去杠杆的目的。

伊泰集团还在进一步完善职工全员持股激励机制，使员工成为公司的股东，减少企业对于负债的依赖性，实现资本多元化。

（四）和银团联合积极探索债转股

2016年9月22日，国务院发布的《关于市场化银行债权转股权的指导意见》，是《关于积极稳妥降低企业杠杆率的意见》的唯一附件。按照文件精神，公司在杭锦旗120万吨/年精细化学品项目上，正在与建设银行、工商银行就债转股事宜进行对接，但由于政策不完善、退出渠道不畅通，转股定价等问题导致债转股工作进展缓慢。

五　关于煤炭企业去杠杆的建议

（一）以提高煤炭企业竞争力为导向制定相关产业政策

当前，国家实施的一系列去产能政策取得了实效，为煤炭企业去杠杆奠定了基础。煤炭价格得到理性恢复的同时，必须坚定不移地贯彻落实去产能政策。一要统筹全国一盘棋研究，科学合理地去产能，以点带面，健康稳步推进。二要对去产能政策的执行情况进行动态评估，特别是对存在的问题予以关注，及时调整产业政策，促进煤炭企业健康发展。三要对于落后的产能、“僵尸企业”，坚决予以关停退出。实践证明，中国煤炭工业只有保持合理的产能结构，才能使企业保持合理的盈利水平。

（二）多措并举，从政策层面减轻煤炭企业负担

1993年以前，煤炭企业全部税收占煤炭销售收入的比重平均为5.58%（含税收入）。1994年税制改革后，煤炭行业执行13%的增值税税率。2009年煤炭行业增值税税率进一步提高至17%。由于煤炭开采是以资源为劳动对象，原材料、设备购置等进项税抵扣额很小，加上铁路建设基金，远高于其他工业企业，目前煤炭企业产运销环节承担的税费仍较重。建议国家将煤炭企业总税负降低至一般加工和制造企业的实际税负水平，通过减轻企业负担达到降杠杆的目的。一是将煤炭企业增值税税率恢复至原来的13%，或

更低一档。同时，扩大增值税抵扣范围。二是取消铁路建设基金。铁路建设基金的收取对企业有较大的影响，建议国家对铁路收费进行科学研究，统筹考虑各地区的实际情况进行区别对待。三是坚定不移贯彻落实李克强总理2017 年 6 月 7 日主持召开的国务院常务会议精神“清理能源领域政府非税收电价附加，取消其中的工业结构调整专项基金”，尽快将减税降费政策不折不扣地落到实处。

B.12
高负债高亏损煤炭企业的政策诉求

四川省煤炭产业集团有限责任公司*

摘　要：杠杆率过高导致的企业负担过重等问题如何有效化解，已成为当务之急，甚至影响到企业的生存发展。本文从川煤集团当前的经营和债务状况入手，分析探讨企业和政府联手努力，有效化解债务和降低杠杆率对促进企业持续健康发展的重要性，分析高负债企业面临的主要困难，提出有效降低高负债企业债务的政策诉求。

关键词：川煤集团　高负债　脱困发展

一　川煤集团资源和负债基本情况

川煤集团是四川省委、省政府为了提高全省煤炭资源控制力，保障全省能源安全，促进煤炭产业健康发展，于2005年8月以原煤炭部属管理的攀枝花矿务局、芙蓉矿务局、华蓥山矿务局、达竹矿务局、广旺矿务局、煤炭工业供销总公司和省属威远煤矿为基础，组建成立的国有大型煤炭企业集团。集团组建后，为适应企业发展，对具有一定规模的产业进行了调整，实行专业化管理，撤并了煤炭供销总公司，陆续组建了四川川煤华荣能源股份

* 课题组组长：刘万波，四川省煤炭产业集团有限责任公司党委副书记、副董事长、总经理，教授级高级工程师，国务院特殊津贴获得者。主执笔：何江，四川省煤炭产业集团有限责任公司运营管理部主管，管理学硕士，工程师、政工师。

有限公司等9个子公司；截至目前，共拥有下属子企业18家，企业资产总额392.6亿元，是四川最大且在西南地区有较高知名度的资源开采型企业集团。高峰时期年生产原煤1400万吨，营业收入逾120亿元。受煤炭产业形势影响，2016年营业收入降至82.34亿元。通过改革改制，员工由成立初期的6.3万人减至当前的4.7万人。

川煤集团成立以来，按照省委、省政府的战略定位和产业发展总体要求，一直肩负着全省煤炭资源安全保供和促进区域经济发展的重任，确保了电煤、冶金煤保供和重大灾害恢复重建等重大项目的顺利实施，为地方经济发展和社会稳定做出了不可磨灭的贡献。

截至2016年底，川煤集团在四川省境内拥有煤炭地质资源量222587万吨，保有地质储量191147万吨。其中，采矿权许可证范围内煤炭地质资源量167856万吨，占总资源量的75.4%，保有地质资源量136506万吨。2016年以来，川煤集团积极响应国家号召，坚定不移贯彻落实去产能政策，实施矿井退出14对，退出产能783万吨；核减产能矿井1对，核减量60万吨。

截至2016年12月末，川煤集团资产总额392.60亿元，负债总额362亿元。

二　企业负债过高的成因

一是国家经济较快发展的客观现实引导了煤炭产业的快速增长。2002年以来，我国经济发展进入了快速增长期。在这一时期，以投资拉动经济增速是其显著特征。大量的基础设施建设、房地产业、城市扩容扩建等蓬勃发展。高增长引导高需求。由于市场对电力、钢材、建材需求急速增加，拉动了煤炭消费的大幅上升，一度出现市场煤炭的极度短缺。为满足社会需求，煤炭企业普遍存在举债进行大规模新建扩建和超能力生产。川煤集团的鲁班山南北矿150万吨产能近20亿元的投资和攀煤公司100万吨焦炭生产线的近18亿元投资就是在当时环境下形成的。

二是产业发展规划使煤企对煤炭市场需求形势产生误判而出现了盲目投资推高负债。尽管2011年全国煤炭产量已达33亿吨，但国家“十二五”

规划中，又规划了包括川南古叙、筠连在内的 11 个煤田，给煤炭企业释放的信息是我国煤炭在今后相当长时期内都可能会处于供不应求的阶段，价格也会长期处于稳中有升的状态。为获得长期稳定收益和发展预期，川煤集团也无例外地加入了跑马圈地、获取资源的煤企行列，新建煤矿和扩能技改也成了投资主旋律。投资新建 8 对矿井、扩能技改 5 对矿井和 5 对拟建矿井共计新增 1311 万吨的产能规模就是在这样的历史条件下形成的，全部借贷投入达 112.07 亿元，快速推高了企业负债。而这些在建矿井大部分仍处于建设期间，个别矿井由于资金链断裂已被迫停建，恢复续建遥遥无期；拟建矿井也成了沉睡项目，前期投入的 15.37 亿元资金不仅无法产生收益，而且资金利息和各种费用支出仍在逐年递增。

三是煤炭产能过度扩张，导致各类要素价格快速上涨。我国煤炭消费经历了由低迷向加速，再到低速增长的发展过程。进入 21 世纪以来，持续大规模的煤矿投资，拉动了煤矿建设所需的原材料和劳动力成本的快速上涨。川煤集团 2006 年前建设煤矿的吨煤投资仅为 700 元，2009 年上升到 1400 元，2011 年为 1700 元，到目前已逾 2000 元。十年间，煤矿基本建设投资上升了近 3 倍。由于煤矿建设具有周期长、见效慢的特点，一些矿井进入建设时处于投资成本低位期，随着时间的推移，虽然各种要素价格在快速上涨，但已无法止住脚步，不能眼睁睁地看着前面的投入打水漂，只能咬牙硬挺继续投资，如此恶性循环，债务愈垒愈高，个别矿井建成投产之日就是亏损之时。

2016 年国家正视煤炭产能严重过剩的客观事实，适时出台了化解煤炭过剩产能政策，给煤炭企业带来了希望和曙光，认为通过化解过剩产能，就能够去掉相应债务。但事实是，矿井关闭了，产能去掉了，产量没有了，负债仍背着。无产出，只支出，包袱却愈加沉重了。

三　降低负债所采取的措施

（一）深入推进实施企业改革

一是调整集团运行管控模式，确定集团总部“战略投资、资本运营、人事考核、投资收益”四个中心和子公司“安全生产、经营利润、成本控制、矿区稳定”四个中心及煤矿（车间）“安全生产、成本核算、矿区稳定”三个执行主体的“四四三”模式，通过一年多的运行，权责更加清晰、管理更加科学、控放更有韧性。

二是下放部分销售权和物资采购权，充分调动各公司搏击市场的积极性。

三是改革矿井单位经营模式，适度下放管理权限，激发员工参与企业管理的积极性。

四是深入推进三项制度改革。从2015年起启动并大力推进三项制度改革，全员竞聘上岗、减员分流，集团人数由2015年初的58151人下降到现在的46805人，净减11346人，其中2016年解除劳动合同7393人。

（二）多措并举减亏扭亏

煤炭主业方面：一是着力推进去产能工作。2016年退出矿井9对，退出产能435万吨，分流安置员工7381人。其中解除劳动合同1744人、内养1428人、转岗安置3496人、留守254人、长病长伤454人。2017年退出4对矿井，退出产能276万吨，调减产能60万吨，分流安置人员6706人。计划于2019年退出1对矿井、退出产能72万吨已进入前期准备阶段。二是推行矿井集中精益生产。集中开采适应市场需求的优质煤炭资源，取得了较好收益。以增产提效为目标，严格现场生产管理，推行正规循环作业。根据国家宏观措施和市场变化，科学灵活实施产能减放，调减低效产能80万吨，释放先进产能50万吨。三是以科技创新助推产业升级。创建了国家级企业技术中心、煤炭行业复杂煤层机械化开采工程中心和省级院士（专家）工作站，一站两中心已建设成为全国复杂煤层的技术攻关基地、装备制造基地、人才培训基地。不断提高矿井机械化、自动化、信息化、标准化水平，全集团机采率86.4%、综采率82.4%、综掘率为19.3%。四是加大煤炭营销工作力度。创新营销模式，建立完善激励约束机制，推行全员营销，不断巩固大客户，积极开拓新渠道和新用户。努力争取省经信委及省内主网火电厂对采购川煤集团电煤的支持，实现了全产全销。

非主业方面：一是对非煤产业按照产业形态和产业特征，实施分兵突围、放权搞活，非煤子公司主动走进市场，拓展业务，盈利能力进一步增强；煤炭子公司下属辅助单位基本实现扭亏为盈或大幅减亏。2016 年，非煤产业实现了整体减亏 2 亿元目标。二是大力推进企业办社会中的“三供一业”分离移交工作，分别与电力、水务、供气和物业管理等企业签订了框架协议，预拨资金已到地方财政，分离移交工作正在有序推进。企业办社会职能全面剥离后可减少约 5 亿元/年的费用支出。

（三）创新思路提升管理节耗减亏

一是强力推进全面预算严控成本。2016 年全年原煤单位变动成本同比减少 33. 55 元/吨，原煤制造总成本同比减少 2. 71 亿元。

二是纵深推进精细化管理。着力推进粗放式管理向精细化管理的转变。通过大力开展深挖内潜、盘活存量、修旧利废、回收复用和内部调剂等工作，减少生产性支出 1. 2 亿元。从“节约一度电、节约一张纸、节约一滴水”出发，深入开展“拧毛巾”活动，降低非生产性费用支出 3000 万元。

三是有保有压精准调控。保压结合，精准调控建设项目，集中资金保证了“有效益、能发展、可持续”的重点工程建设；精细调控资金使用，缩减安全投入，停提维减费用，保本保命，维持简单再生产；进一步优化薪酬分配体制，精益调控工资分配结构，工资分配进一步向一线倾斜，领导人员主动带头降薪，全年工资总额同比下降 3. 5 亿元。

四是强化资金使用管理。为将有限的资金用在刀刃上，实现保职工工资发放、保维持简单再生产、保安全必要投入，促成了川煤集团债权人委员会的组建和“金融帮扶一致行动方案”的形成，在本金展期、利率降低和付息延后三个方面缓解了贷款压力。克难攻坚，依靠多方力量，穷尽一切办法艰难完成了两笔债券兑付工作。目前正在全力推进以成立川煤集团转型发展基金的方式一揽子解决川煤集团债务融资工具的工作。

（四）加快转型取得实质进展

确定了在现代物流、非煤矿山、现代建筑、医疗康养、煤层气及新能源开发利用等五大板块的转型发展方向，分别完成方案制定并积极推进实施。现代物流方面，与投资股东签订了战略合作和组建四川国新联程物流集团有限公司协议，目前公司已开始正式运行。非煤矿山方面，参股并实际管理的白玉县章都金矿获取黄金产品 3510 克，取得了初步成效。现代建筑方面，完成了公司的体制机制调整；成立了劳务公司和机械材料公司；完成了川煤六处改制；成立了投资管理有限公司。医疗康养方面，对集团内部医疗、酒店和旅游资源进行了摸底调查并制定了实施方案，成立了泽润健康管理有限公司。煤层气及新能源开发利用方面，完成了生产矿井和古叙筠连矿区空白区煤层气资源量的调查工作；已与北京九尊公司共同开发利用新维矿区煤层气达成共识，并签订了战略合作框架协议；攀煤 30 兆瓦光伏发电项目已正式开工建设。

川煤集团 2016 年尽管利用各种方法手段并采取了系统性扭亏减亏脱困措施，各类成本费用较 2015 年再度下降 3.44 亿元，但当年总亏损额度仍然高达 15.98 亿元，较 2016 年上升 2.04 亿元。主要原因在于 2016 年 1～7 月煤价处于历史低位，8 月份有小幅回升，直到 12 月才恢复正常水平，导致降本降费成果被低迷的煤价抵销。加之融资负债不断上升导致财务费用不断增加推高了整体亏损。亏损额中的银行利息就高达 14 亿元，占亏损额的 87.6%。高负债带来高亏损是川煤集团面临的经营现实。

（五）下一步工作措施和方向

煤炭产能依然较大，国内煤炭需求逐年下降是常态趋势，供大于求的问题依然存在。在国家目前对降负债、降杠杆率还没有明确的政策支持情况下，川煤集团要改善目前的经营状况，必须进一步增添有力措施，负重前行。

一是要继续推进改革。进一步完善和优化管理体制，精简机构、减层缩链，激发企业活力。

二是将三项制度改革常态化。在减人提效上再下功夫，不断扩大改革受益面，让员工有更多的获得感。

三是进一步强力扭亏。以市场为导向，科学合理生产组织，全力保障安全生产；依靠科技进步，提高劳动生产率，进一步增收提效，推动煤炭主业的升级转型；抓好中长期合同的签订和履行工作。同时按照“一产业一路径、一单位一举措”的原则，采取承包经营、租赁经营等多种方式，搞活非煤产业，实现有条件有能力的辅业反哺主业。进一步实施分兵突围，积极探索引进战略投资者，优化产权结构，解决辅业过度依赖主业的问题。

四是进一步做好去产能和“三供一业”移交工作。过剩产能退出与“三供一业”分离移交同时推进，其中，去产能在2017年11月底完成全年目标；尽快签订好“三供一业”移交协议，力争2017年底实现改造费用15亿元；落实好国家剥离国有企业办社会职能和解决历史遗留问题的相关政策，尽快实现轻装上阵。

五是进一步强化管理。将行之有效的全面预算管理常态化、制度化；将深挖内潜、降本降费的各项精细化管理活动推向纵深，将生产成本和各项费用再减再压。针对资金紧张的现状，加大资金精准调控力度，建立经济运行预警机制，多渠道筹资融资，想尽办法改善资信能力，增强资产的流动性，妥善化解债务风险。

六是要进一步推进转型。坚持“以煤为基、产业相关、产权多元、科学转型”发展战略，以煤炭生产经营为核心与基础，以物流贸易、工程建设为支柱，以非煤矿产、新能源、医疗康养旅游服务业为支撑，加快转型步伐，争取在2017年取得重大进展，培育1~2个具有较强竞争力和盈利能力的项目。

四　高负债下企业面临的主要困难

1. 高负债形势下的经营极度困难，举步维艰，各类矛盾一触即发

企业负债承载能力和水平对于具体企业和行业来讲，由于实际情况不同，没有统一的评判标准，作为当前的煤炭行业，负债水平控制在50%左右较为合适。川煤集团目前拥有的资产总额为392.60亿元，负债总额362亿元，资产负债率达92.2%，远高于70%的“红色”警戒线。相较全国煤炭行业16年来最高平均负债67.7%还高出24.5个百分点，濒临资不抵债。企业正常生产经营局势已被严重打乱。为了稳住形势，只能保命经营，大幅削减生产和安全投入，维持简单再生产。如果继续推高债务，企业将无法继续生存，带来的后果是近5万名产业工人失业和与之相关的几十万名矿区家属生活陷入困境，很可能引发大面积不稳定因素和社会动荡。

2. 融资渠道变窄，经营现金净流量大幅下降

由于负债过高，严重超越警戒线，金融机构贷款额度和贷款渠道收窄，一个时期出现无款可贷，经营现金净流量大幅下降，自身又供血乏力，甚至无血可供，资金链几近断裂。为获得贷款，只能求助于地方和城市商行或者其他机构，杠杆率被不断推高，融资成本大幅增加，形成恶性循环。

3. 去产能矿井债务长时间悬空，进一步加重了母体企业中存续矿井负担

由于去产能相关政策对去产能矿井关闭退出后的债务分割处置没有明确的意见和政策支持，产能去掉后的债务仍由母体企业承担而且长时间悬空。川煤集团退出矿井债务高达77.66亿元，不仅总负债率被推高19.8个百分点，而且每年还会产生5.44亿元的借贷利息，更进一步加重了母体存续矿井的负担。

4. 债转股具体实施十分困难

2016年9月22日国务院发布的《关于市场化银行债权转股权的指导意见》（国发〔2016〕54号）和2016年12月19日国家发展改革委办公厅发布的《关于印发〈市场化银行债权转股权专项债券发行指引〉的通知》（发改办财金〔2016〕2735号）均明确规定，企业债转股必须遵循市场化、法治化原则，金融企业债转股资金主要来源于市场。债转股的对象企业又必须市场化选择，价格市场化定价、资金市场化筹集、股权市场化退出，政府不强制企业、银行及其他机构参与债转股。同时要求市场化债转股对象企业应当具备发展前景较好，具有可行的企业改革计划和脱困安排；主要生产装备、产品、能力符合国家产业发展方向，技术先进，产品有市场，环保和安全生产达标；信用状况较好，无故意违约、转移资产等不良信用记录等条件，并禁止将扭亏无望、已失去生存发展前景的“僵尸企业”作为市场化债转股对象。

从川煤目前的情况来看，一是掌握的矿产资源禀赋有限，与北方大型煤炭企业在开采成本、煤炭质量等方面存在一定差距，行业排位也不占优势，同金融机构债转股对象选择不相符。二是金融企业债转股资金主要来源于市场，对于资金成本和项目收益要求较高。而目前川煤集团的融资成本、生产成本相对较高，企业历史包袱也比较沉重，导致项目收益率总体水平偏低。三是川煤集团纳入关闭退出的 14 对矿井均是扭亏无望、已失去生存发展前景的矿井或事实上的“僵尸矿井”，其资产、债务无法作为市场化债转股对象。四是川煤集团属国有独资企业，无上市公司，债转股后退出通道问题暂时也无法解决。

国家在推行债转股方面确定的原则条件同川煤集团的实际情况差异较大，具体实施起来道路狭窄，困难重重。要实施好债转股，首先必须从减轻历史负担，去掉不良债务，降低杠杆率入手，并且三管齐下，使企业尽快走上良性循环，才能取得好的效果。

五　有效降低企业债务的政策诉求

在今后相当长的时期内，我国富煤缺油少气的能源资源条件，决定了煤炭仍将作为我国未来的主要能源。到 2020 年、2030 年，煤炭在我国一次能源消费结构中仍将占 60% 和 50% 左右。因此，必须坚持煤炭产业长期健康稳定发展的基本原则不动摇，切实保障国家能源供给安全。要促进煤炭产业长期健康发展，就得在如何降低企业负债、降低杠杆率等方面有所作为和创新。为此提出如下建议：

1. 去退出矿井的悬空债务需要政府出手

过剩产能的形成因素极其复杂，去过剩产能是在国家为了调整产业结构，促进国民经济健康发展的历史大背景下出台的一项重大决策，既是政府行为，也是由政府引导实施。退出矿井的债务是在矿井存续期间形成的，矿井退出后，债务主体事实上已经消亡，这部分债务由于没有了承载主体，就成了悬空债务，如果转由存续矿井或企业承接和负担，既不合理也承受不了，应当由政府承接并解决。政府如何解决这部分悬空债务，有三条路径选择：一是由政府安排专项资金，按各个退出矿井的债务减去债权后的实际额度拨付，用于债务清偿；二是由财政将退出矿井的债务以财政转移支付方式拨付给金融机构，由金融机构对退出矿井的债务进行核减；三是对退出矿井直接实施破产清算并对清算后的剩余债务在政府支持下予以豁免。

2. 充分利用金融和财税政策降低杠杆率

“三去一降一补”中的核心目标应当是降低生产和运营成本，也只有降低生产和运营成本才能增加企业的发展动力和参与市场充分竞争的能力，而降低杠杆率对降成本也是最直接有效的方法之一。“三去”中的“去杠杆”是一个资本概念，对于大型资源开采型企业，去杠杆率才是根本需求。目前川煤集团年总产值在 83 亿元左右，而在杠杆率方面承担的总支出约为 24 亿元，其中融资成本支出约 14 亿元，各类税赋支出约 10 亿元。融资成本支出中的综合借贷利率为 7%；税赋支出方面，由于煤炭企业属劳动密集型企业，劳动工资总额较大，增值税抵扣额度较小，综合税赋率达 11.7%，综合杠杆率明显较高。要降低目前存在的较高杠杆率，只有依靠国家采取措施，出台金融和财税优惠政策加以解决。建议将煤炭行业的综合借贷利率降至 4%，平均税赋率降至 7% ~9%，这样既能让企业低成本运行，又能有效降低企业负债。

3. 实施债转股的政策应实事求是灵活运用

当前出台的债转股政策，对债转股范围、操作方法和实施方式的限制较严，条件要求较高，可操作性也较差。对于川煤集团这样的大型国有老企业，应当允许根据企业自身实际，利用多种途径和方式实施债转股和降低负债。一是多措并举实施债务重整。以对不良债务核呆、建立产业发展基金、以优质项目引进战略合作和风险投资等方式降低债务负担；二是实施部分债转股，即以子公司为资产包的形式，将具有产业优势和发展优势的子公司实行整体债转股；三是破产重整。将集团的优质资产和优质矿井及相应债务进行整合剥离组建为一个或两个子公司，实施债转股；将剩下的不良资产和虽有存在价值但又不具备充分市场竞争能力的存续矿井及相应债务装入一个公司，并实施整体破产清算或债务重整。

4. 增加资本注入降低企业负债

川煤集团组建设立时，省委、省政府在公司设立批复中要求注册资本为30亿元，并由省政府现金注入。但事实上，省政府并未注入现金，而是采取将五大煤炭集团的实收资本、土地资产、当年国债资金和国家下拨给子公司的建设资金作为注册资本，其中实收资本16.47亿元，划拨土地转增国家资本9.8亿元，国债转增资本1.42亿元，国家建设资金转增资本0.79亿元。直到目前，川煤注册资本也仅有28.48亿元，尚差1.52亿元。要解决川煤资产负债率过高的问题，可由省政府按照企业组建批复将30亿元资本金以现金实际注入，或者由政府以追加资本金方式给企业注入30亿~50亿元的资金以增加企业流动资本，企业则可将政府实际注入的资金或追加注入的资金用以先行偿还高利率部分的融资借贷，从而优化资本和负债结构，降低企业债务负担、融资成本和资产负债率，为企业转型升级发展和实施债转股创造基础条件。

B.13 山西省国有重点煤炭企业去杠杆工作情况

山西省煤炭工业厅*

摘　要：本报告在客观分析煤炭企业杠杆率过高及其影响的基础上，重点介绍了山西省贯彻落实积极稳妥降低国有重点煤炭企业杠杆率特别是债转股的基本情况，分析了存在的困难，提出了相关对策建议。

关键词：山西煤炭　去杠杆　债转股

一　国有重点煤炭企业基本情况

山西省是煤炭生产大省，是我国重要的能源供应基地。新中国成立至2016年底，山西省累计生产原煤174.3亿吨，外调量120亿吨左右。供应全国28个省（区、市）用煤。其生产主体主要由同煤集团、山西焦煤、阳煤集团、潞安集团、晋煤集团等省属五大煤炭集团构成。

自2012年以来，受煤炭产品价格下跌的影响，煤炭企业的销售毛利率呈下滑态势，2016年受益于煤炭供给侧结构性改革，山西率先实施减量化生产和积极去产能政策，五大煤炭集团公司原煤产量合计3.96亿吨，占当年山西全省原煤产量8.32亿吨的48%，企业利润在内部抓管

* 课题组组长：向二牛，山西省煤炭工业厅厅长；副组长：牛建明，山西省煤炭工业厅巡视员；主执笔：仇瑞欣，山西省煤炭工业厅财务处处长；其他成员：要文化、郭静、赵江。

理、外部抓机遇的双重作用下，出现恢复性上涨，但整体盈利能力仍处于较弱水平。

二 企业杠杆现状

（一）企业资产负债率偏高

据山西省煤炭工业厅统计，省属五大煤炭企业2015年底资产总额11338.95亿元，负债总额9414.67亿元，资产负债率为83.03%；2016年底资产总额11952.54亿元，负债总额9959.99亿元，资产负债率为83.33%，资产负债率有小幅提高。2017年上半年资产总额12528.2亿元，负债总额10415.55亿元，资产负债率为83.14%，相比变化不大。各企业均认为目前企业资产负债率偏高。结合央企对下属生产类企业资产负债率一般不高于70%的要求，各集团公司普遍认为在现阶段资产负债率能够控制在75%左右比较合理。

（二）资产负债率偏高的原因

一是企业效益下滑。由于市场原因，煤炭企业的效益从2012年底开始逐步下滑，尤其是自2013年下半年开始，煤炭价格持续下跌，部分矿井处于亏损状态，影响煤炭企业整体盈利大幅下降。

二是投资规模较大。煤炭企业在“十二五”期间对整合煤矿及非煤转型项目投入了大量的资金，但项目投资的达产达效又在3~5年时间，甚至更长；投资资金的来源基本为外部各种渠道的融资款项，资金成本也不断在提高。投资规模大引起了带息负债直线攀升，以及资金成本负担越来越高，这些都是形成财务杠杆过高的主要原因。

三是新产业尚处于起步阶段。随着各国有煤炭集团多元化发展，其投资的新兴产业处于爬坡期，短期内无法盈利，而新型产业的发展大多数依靠银行借款，这也是导致负债负担较高的原因。

三　煤炭去产能工作对去杠杆的影响

为推动山西省建设多层次资本市场，优化资源配置，拓宽融资渠道，提高直接融资比重，有效降低融资成本和杠杆率，充分发挥股权投资基金促进实体经济发展的重要作用，山西省下发了《山西省人民政府关于加快股权投资基金业发展的若干意见》（晋政发〔2017〕19号）以及省委、省政府要求企业进一步深化改革，建立健全法人治理结构，完善财务会计制度，加强内部控制，强化成本约束，充实资本金，优化资产负债结构，有效降低企业负债率。

（一）山西省煤炭去产能工作进展情况

去产能工作开展以来，山西省主动加压力、带头增任务，将2016年关闭退出煤矿由年初目标责任书签订的21座调整增加为25座，退出能力由2000万吨增加为2325万吨。在2016年10月31日前全部完成了山西省内验收工作，比国家要求的时间整整提前了1个月。

国家钢铁煤炭行业化解过剩产能和脱困发展工作部际联席会议验收抽查组对山西省化解过剩产能工作从三个方面给予了高度肯定：一是高度重视、组织有力；二是真抓实干、真去真退；三是程序总体齐全、验收基本规范。

2017年，列入关闭退出的18座煤矿，退出能力1740万吨，已全部按照要求在5月底停工停产。目前，阳煤集团河寨煤矿已关闭并通过市、县验收，正在申请省级验收；焦煤集团庆兴煤矿、晋煤集团广利煤矿井筒已封闭，市、县政府正在协调、组织验收；其余15座退出煤矿正在有序开展设备回撤工作，预计均能按计划时间节点关闭到位。

按照国家发改委等十一部委《关于印发煤炭行业处置“僵尸企业”工作方案的通知》（发改运行〔2017〕342号）要求，山西省以晋政办发〔2017〕48号文下发了《关于开展处置煤炭行业“僵尸企业”工作的通知》，对全省煤炭行业“僵尸企业”处置工作进行了全面安排部署，制定了《山西省煤炭行业处置“僵尸企业”总体方案》，三年内处置“僵尸企业”29 个，去产能 2645 万吨/年，已于 2017 年 6 月 20 日上报国家部际联席会议办公室，比国家要求时间提前了 10 天。

（二）煤炭去产能对去杠杆工作的影响

煤炭行业去产能以来，煤炭供求关系得到改善，煤炭价格逐步回升，煤炭行业效益开始好转。据初步统计，山西煤炭行业的亏损户数和亏损金额都在减少，这对煤矿企业杠杆率走高起到了明显的抑制作用。但对集团公司来讲，从短期看，关闭的矿井是企业的车间，并非法人。资源整合矿井去产能全都集中于集团公司总部。因此矿井关闭所带来的资产、债权债务损失及相关费用巨大，同时其外部直接金融借款及统筹统借资金还需集团公司背负，对整个集团的资产负债率明显下降增加了一定难度。

四　煤炭企业债转股有关工作

（一）整体情况

目前，山西省属五大煤炭集团均已获得新一轮债转股项目。2016 年 12 月 8 日，焦煤集团与建设银行签署了市场化债转股合作框架协议，这是自国务院出台《关于积极稳妥降低企业杠杆率的意见》及《关于市场化银行债权转股权的指导意见》后，山西省首单国有企业市场化债转股合作项目；2016 年 12 月 26 日，同煤集团、阳煤集团等省内企业与工商银行签署债转股合作框架协议，共计 300 亿元，这也是 2016 年工商银行最大单“债转股”项目；2017 年 3 月 29 日，潞安集团、晋煤集团与建设银行签署市场化债转股合作框架协议，总规模为 200 亿元，这是继焦煤集团 250 亿元债转股合作项目之后，建设银行在山西省签约的第 2 批市场化债转股项目。

（二）推进情况

1. 同煤集团

债转股工作开展以来，同煤集团已与多家银行合作完成190亿元债转股项目。分别是以下几项。

一是与中国工商银行签订《债转股合作框架协议》，总规模100亿元，按照8∶2原则，成立债转股基金，中国工商银行出资80亿元作为优先级LP，同煤集团及第三方出资20亿元作为劣后级LP。分批次采用多种模式开展，全部落地后，预计可以降低同煤集团资产负债率至80%以下，首期15亿元已在2017年8月中旬完成。

二是与中国农业银行达成债转股合作意向，基金规模50亿元，期限为“5+N”，资金来源为80%中国农业银行优先级LP，同煤集团或第三方共同出资20%作为劣后级LP，模式采用并表基金模式，分两个批次落地，规模分别是30亿元和20亿元。

三是与兴业银行达成合作意向，将共同设立“兴银同煤产业升级基金”，向同煤集团发放委托贷款人民币40亿元，贷款资金用于置换同煤集团兴业银行存量债务。

2. 焦煤集团

山西焦煤债转股实施主体为下属西山煤电、汾西矿业和霍州煤电三个煤炭子公司，基本模式为股债结合、投贷联动。具体方式为建设银行与山西焦煤下属西山、汾西和霍州分别合作成立有限合伙制基金，建设银行方作为优先级有限合伙人，通过多渠道募集银行理财、保险资金等社会资金认购该基金份额的80%，焦煤集团作为劣后级有限合伙人以自有资金认购该基金份额的20%。基金注册成立后，分别采取股权加债权的方式进行投资运作，债权部分以委托贷款方式投资于目标公司，到期后以综合经营收入等为还款来源；股权部分采取股权受让或增资方式投资于目标公司下属的西山煤电、汾西矿业和霍州煤电子公司，预期将通过上市退出或大股东回购股权方式退出。

3. 阳煤集团

2016年12月26日，工商银行与阳煤集团签署《债转股合作框架协议》，规模为100亿元。后经双方协商，决定分期出资，首批资金为40亿元。自签订协议以来，双方先后完成了合作方案的设计、标的企业的选择、资产评估价值的确认、内部审批、国资委的审批等一系列的工作。目前阳煤集团内部审批已经完结，工商银行内部审批已到总行，2017年6月可以结束。下一步，双方将按照协议加速推进首批产业基金的设立，争取资金早日落地。

2017年3月31日，阳煤集团与交通银行山西省分行签订了100亿元的市场化债转股合作协议。目前双方就债转股合作的方式及标的企业的选择进行了多次沟通，已经初步达成一致。此外，阳煤集团公司还先后与华夏银行、农业银行就合作开展债转股事宜进行了沟通、座谈，预计下一步将会确定债转股的规模、模式并签署框架协议。

4. 潞安集团

2016年3月29日，潞安集团与中国建设银行在太原签署规模为100亿元的市场化债转股合作框架协议。双方共同设立潞安集团“降本增效基金”和“转型发展基金”，其中建设银行出资80亿元、潞安集团出资20亿元，基金期限不超过“5+2”年。目前正在上报总行审批中。

2016年下半年至今，与工商银行山西省分行进行多次沟通，就债转股事项（债转股金额、模式等）进行了详细论证，敲定市场化债转股规模100亿元。双方共同成立有限合伙企业，其中工商银行出资80亿元、潞安集团出资20亿元，期限不超过7年，置换高息债务、调整债务期限结构。

2017年2月20日，山西省国资委已批复同意潞安集团与工商银行债转股方案。目前工商银行正在上报总行审批中。

5. 晋煤集团

2017年1月12日，晋煤集团与山西煤炭清洁利用投资有限公司签订了战略合作框架协议，拟设立30亿元的煤炭清洁利用投资基金和80亿~100亿元的供给侧改革发展子基金。3月29日，与山西省国资委、建设银行三方签订市场化债转股业务合作框架协议，拟与建设银行设立总额100亿元的“降本增效基金”和“转型发展基金”。同时，晋煤集团即将与工商银行签订债转股合作框架协议。

（三）存在的困难

1. 去产能关闭退出矿井的资产债务处置问题

大部分去产能煤矿债务均由集团公司统借统贷统还，或者由集团公司为其担保。煤矿关闭退出后，所有债务均由集团公司承担，造成企业负债负担增加，不良资产率上升，经营风险加大。以同煤集团为例，去产能关闭的13个煤矿自身没有融资能力，共有贷款117亿元，几乎都是通过同煤集团贷款或者担保，用于这些煤矿的技术改造等，大大增加了集团债务风险，影响大集团的融资，容易造成资金链断流。

2. 债转股工作涉及的部门、程序较多，决定了债转股审批时间较长，资金落地较困难

各大银行对煤炭企业了解不够，造成了债转股无法落到实处，名股实债居多，真正的股权投资很少，这是由多方面的因素导致的，可以说也是现阶段债转股的一个特点。

3. 对于市场化债转股尚未出台具体的业务操作指引

目前相关主体理解和认识差异大，导致在具体实施过程中分歧大、落地难，如国家层面无更新更细的债转股相关政策出台，部分签署时间较晚或推进速度较慢的债转股项目可能面临夭折的风险。

（四）相关建议

一是由国家层面出台去产能关闭煤矿债务处置的具体政策。将关停产能煤矿涉及的资产、负债进行剥离，先期停息挂账，日后酌情处理。

二是争取国家开发银行支持，降低国家开发基金的投放门槛，置换高息贷款。现在国家开发银行的资本金贷款，只局限于棚户区改造等有限项目，期限不超过10年，建议放宽到近三年投资的新能源、产业转型等领域。允许在母公司层面上，根据投资总额的一定比例持有，使用范围可用于该领域高息贷款的置换。

三是争取国土资源部、财政部支持，将资源价款转增资本金，增加企业的实收资本。将企业已经缴纳，或对企业尚未缴纳的资源价款，通过资本金注资方式，变为政府出资，增加企业实收资本，降低企业资产负债率。

四是建议证监会出台优惠政策，支持煤炭行业利用煤炭资源资产进行资本运作，提升企业价值降低杠杆率。同时发改、国土等部门加大对企业部分优质煤矿资产由于手续滞后或不全导致无法装入上市公司进行资本运作的支持力度。

五是目前债转股从项目洽谈到资金落地最少需要半年时间，效率较低。应该加速推动“银行系”资产管理公司的组建，提高债转股工作的专业化、提高工作效率。

六是目前市场化债转股涉及的合作方式及期限多为固定期限的阶段性股权或债权投入，合作到期后的企业很有可能面临新一轮的接续问题。建议从政策层面给予指导，建立巩固本轮市场化债转股成果长期有效的体制机制，引导金融资本进一步加强支持实体经济的意愿与途径。

七是进一步出台鼓励企业进行兼并重组的相关支持政策以及实施细则，加大政府补贴、税收优惠力度，鼓励金融资本支持重点行业的整体规划、产业整合。

八是建议就进一步积极发展股权融资给予监管部门、资本市场、资金市场、企业等多方具体的实施指导意见和操作细则，在合法合规的前提下，完善中央、地方、民营等多层次股权市场，拓宽国内外各类资金来源，企业优化债权股权性融资结构，多方共同努力，共同积极稳妥推进降低企业杠杆率工作。

B.14

积极稳妥降低煤炭企业杠杆率实证报告

山东省煤炭工业局*

摘 要：去杠杆是供给侧结构性改革的重点任务，实施债转股是降低企业杠杆率的重要途径。本文通过兖矿集团、山东能源集团债转股的探索实践，分析出存在着受金融政策限制约束大、资金偏好明显、资金用途受限和成本较高等问题，有针对性地提出放宽金融政策限制约束、减少资金用途限制、降低债转股成本等建议。

关键词：山东煤炭　供给侧结构性改革　去杠杆

山东省是我国重要的产煤省份之一，现有生产矿井121处、在建矿井6处，核定生产能力1.5亿吨，从业人员50万人。近年来，山东煤炭产业深入贯彻落实习近平总书记能源“四个革命、一个合作”重要讲话精神，牢牢抓住供给侧结构性改革这条主线，更加主动、更加有效地落实“三去一降一补”目标任务，着力提高煤炭工业增长质量和效益，在推进煤炭企业去杠杆方面进行了有益探索，取得了初步效果。2016年全省原煤产量1.29亿吨，居全国第五位；销售商品煤1.27亿吨。全产业实现营业收入3118.8亿元，同比增长23.83%；利税254亿元，同比增长31.79%；利润55亿

* 课题组组长：乔乃琛，山东省煤炭工业局分党组书记、局长。副组长：黄传富，山东省煤炭工业局分党组成员、副局长。主执笔：贺永杰，三任科员。其他成员：郭强，主任；张咏琰，处长；孙高亮，副主任。

元，同比增长 233.20%。现有兖矿集团和山东能源集团两大省属煤炭企业。企业去杠杆是供给侧结构性改革的重点工作。目前，山东煤炭产业的去杠杆工作，主要是兖矿集团、山东能源集团做了一些探索实践。

一　资产负债情况

2016 年以来，随着煤炭市场逐渐升温，兖矿集团和山东能源集团生产经营状况日趋向好。2016 年，兖矿集团煤炭产量为 1.14 亿吨，完成收入 1397 亿元、同比增加 385 亿元，实现利润 14 亿元、同比增加 0.85 亿元；至 2016 年末，集团资产总额 2317 亿元，比年初增加 182 亿元。山东能源集团由原省属的新汶矿业、枣庄矿业、淄博矿业、肥城矿业、临沂矿业、龙口矿业 6 家集团公司重组而成，资产总额由 2010 年的 1295 亿元攀升至目前的 2700 亿元，年营业收入最高达到 2297 亿元，2015 年集团实现利润 10 亿元，2016 年实现利润 23.6 亿元。

从负债情况看，由于两家集团或其所属企业正处于改革和转型发展的关键期，均存在大量资金需求。2016 年末，兖矿集团负债总额 1732.33 亿元，同比增加 133.82 亿元，资产负债率为 74.8%。其中：兖州煤业 2014 年末、2015 年末及 2016 年末，负债总额分别为 875 亿元、961 亿元和 946 亿元，资产负债率分别为 67%、69% 和 65%。主因是石拉乌素矿井及选煤厂、转龙湾矿井、营盘壕矿井及选煤厂、万福矿井及选煤厂等项目建设，莫拉本煤矿等改造项目的实施，使企业融资规模增大。集团总负债中，流动负债总额 894.22 亿元，同比增加 166.49 亿元，其中短期借款 353.63 亿元，同比增加 80.67 亿元；非流动负债总额 838.1 亿元，同比减少 32.67 亿元，其中长期借款 489.36 亿元，同比增加 31.24 亿元，应付债券 198.99 亿元，同比减少 46.7 亿元。

山东能源集团 2016 年末贷款存量 1376.93 亿元，比年初增加 82.08 亿元，贷款规模占资产比重为 49%。按融资品种结构分：银行借款 782.42 亿元，比年初增加 77.17 亿元；中期票据、超短融等债券融资 294.85 亿元，比年初下降 38.42 亿元；保险资金、信托融资、股权融资等其他方式融资 299.66 亿元，比年初增加 43.33 亿元。按融资单位分：集团总部贷款 207.20 亿元，比年初增加 77.2 亿元；新矿集团贷款 721.25 亿元，比年初增加 55.25 亿元；枣矿集团贷款 115.16 亿元，比年初增加 40.06 亿元；淄矿集团贷款 112.33 亿元，比年初增加 7.85 亿元；肥矿集团贷款 118.48 亿元，比年初减少 15.65 亿元；临矿集团贷款 171.37 亿元，比年初减少 6.67 亿元；龙矿集团贷款 91.45 亿元，比年初增加 7.86 亿元。新矿集团贷款规模最大，偿还债务压力也最大。

二　资产负债率偏高的原因

1. 受全球宏观经济环境影响

近几年来全世界的经济增速恢复过程缓慢、结构改革举步维艰、经济复苏脆弱而且不均衡，导致煤炭消费量连年大幅度下降。2015 年美国煤炭消费下降 10.98%；欧盟 28 国下降 4% 左右；煤炭占一次能源消费比重降至 30% 以下，国际煤炭市场价格持续下跌，近两年跌幅近 40%。

2. 受我国经济新常态影响

进入新常态后，我国经济由持续多年的高速增长转为中高速增长，经济结构不断优化。加之国家大力实施能源生产和消费革命，能源结构优化步伐加快；煤炭在我国一次能源消费结构中的比重逐渐下降，需求增幅回落，给我国煤炭产业发展带来空前压力。

3. 受产业发展现状影响

“煤炭黄金十年”，煤炭企业迅速扩展、大量投资，上项目、铺摊子、扩规模，煤炭企业发展超高速膨胀，掩盖了结构性调整矛盾，延缓了结构调整步伐，重规模、重外延、轻效益、轻质量的问题十分突出。2012 年以来煤炭市场持续下行，行业发展的深层次矛盾及问题开始出现。企业面临着转型升级和资金紧张的现实矛盾，资金问题严重制约着企业转型发展。

4. 去产能政策的影响

2016年国家开始实施煤炭产业化解过剩产能，但对去产能企业债务处置尚无具体实施细则。有的去产能矿井为非独立法人，关井后债务由母体企业承接，债务数额较大难以进行处置，加重了母体企业负债率，导致企业净资产减少、资产负债率提高，进一步加剧企业财务状况和融资条件的恶化。以山东省为例，去产能计划退出的114处矿井，涉及资产总额521.85亿元、负债总额449.45亿元，其中金融机构借款123.56亿元，负债率高达86.13%。

5. 受“五期并存”的影响

目前，山东煤炭产业步入市场低迷困难期、安全风险加剧期、可持续发展紧迫期、区位优势全面减弱期和历史遗留问题凸显期“五期”并存的困境。特别是企业社会包袱沉重，山东能源集团现有未移交企业办社会机构512个，年承担运行费用15亿元；兖矿集团每年仅支付离退休人员的各项统筹外费用就高达近7亿元。煤炭企业经营压力巨大，高负债带来的不利影响愈加凸显。

三　高负债率产生的不利影响

杠杆是一种具有放大效应的机制。一方面，在经济快速增长时期，使用杠杆可以使企业以较低的成本获取数十倍甚至更大的收益，在扩张时期大多数企业会大量使用杠杆效应增加投资、扩大产业。另一方面，杠杆还可以放大债务危机，一旦产生这种效应，多数企业轻者会增加偿债压力，通过“借债还债”的方式来存活，重者则会导致企业资金流断裂，最终走向破产。

通常将资产负债率达到70%看作警戒线。总地来看，兖矿集团、山东能源集团债务负担总体偏高，给企业经济运行带来了不利影响。

1. 制约企业再融资能力

面对煤炭产业去产能任务重、市场对煤炭企业预期降低，煤炭企业经济实力和盈利水平下降，给企业融资工作带来了巨大压力。金融机构对兖矿集团及成员单位分别采取授信额度锁定管理、限制新增贷款发放等措施，普遍维持贷款余额总量，不再新增借款；部分金融机构压缩债券发行额度存量，机构投资者大都投资意愿差，债券发行难度大。山东能源集团属下新矿集团、龙矿集团、临矿集团、肥矿集团、山东能源重装等单位，资产负债率均超过70%，被债券评级机构下调评级，金融机构收缩信贷规模，使这些原本就融资困难的单位再融资难度更大。当前两家集团正处于改革和转型发展的关键时期，项目投资、资本运作和改革重组急需大量资金，融资能力下降将直接影响改革发展的推进。

2. 项目投资成本升高，债务偿付压力巨大

企业盈利能力下降，致使借款风险溢出增大，借款成本随之上升，财务费用在项目投资中的占比升高。加之企业流动资金贷款多以短期借款为主，项目建设完成后随着项目贷款的到期，带息债务结构恶化，致使偿债压力加大。同时，受环保等多项政策制约，项目投产后不可控风险逐步增加，若投产后无法正常偿还项目借款，将会步入借新还旧的恶性循环，降低经济效益及效能，使生产经营陷于窘境。山东能源集团2016年负担贷款利息支出69亿元，平均贷款利率5.5%，其中有120亿元年息率高于5.5%，导致财务负担异常沉重。

3. 资金紧张难以缓解，阻碍企业装备升级及技术进步，资产运行质量受到影响

由于历史及多重原因，两家集团产业格局偏重“两高一剩”（高污染、高能耗和产能过剩）产业，生存发展空间较小，绝大多数单位处于微利和亏损状态，只有通过装备升级及技术革新才能提升综合竞争力，在激烈的产业竞争中争取更多主动权。但资金紧张的局面使企业难以投入大量资金进行技术改造和人才引进等工作部署，新建的配套项目和扩产项目往往依靠短期贷款投入，资产运行质量受到冲击，风险兜底的不确定性因素增多。

四　减负债去杠杆的主要途径

2016年9月，国发〔2016〕54号文出台后，兖矿集团、山东能源集团结合各自实际积极贯彻落实，相关工作取得实质性进展。

兖矿集团去杠杆的路径：一是通过债转股，双向优化降低企业资产负债率。先后与4家国有控股银行进行多轮接触，选定多家资产结构较优，市场潜力较大，暂时存在经营困难的集团权属企业作为债转股方案主体。建设银行150亿元债转股工作，双方正进一步甄选增资主体优化合作模式。与山东国惠投资有限公司、中国银行股份有限公司山东省分行债转股业务合作框架协议已签约，签署债转股合作框架金额100亿元。同时，兴业银行75亿元债转股工作已全面推开，部分资金于2017年4月底到位。二是以土地作价出资，增加国有资本直接投入资本金。2016年，省政府支持兖矿集团加快化解过剩产能，优化资产负债结构，盘活土地资产，同意兖矿集团国有土地作价出资，省国土资源厅发函同意兖矿集团按照2016年6月30日的土地作价注入兖矿集团资本金，兖矿集团增加国有资本直接投入资本金34.77亿元。三是设立合伙基金，银行认购份额计入少数股东权益，直接降低兖州煤业整体资产负债率。兖州煤业通过控制合伙基金的决策，达到会计上合并合伙基金的条件，使合伙基金成为兖州煤业的一家控股子企业，合伙基金所募资金以委托贷款形式支付给兖州煤业，合伙基金和兖州煤业之间的债权债务属于母公司和子公司之间的债权债务，在合并报表层面均予以抵销。截至2016年底，完成并表合伙基金80亿元。通过土地作价出资和并表合伙基金，兖矿集团资产负债率降幅5%。目前兴业银行对东华建设增资扩股15亿元也将到位，集团资产负债率将进一步优化。

山东能源集团主要是与建设银行合作，实施债转股去杠杆。在省委、省政府主导下，2016年11月14日，建设银行、省国资委、山东能源集团共同签署了市场化债转股框架合作协议。这是山东省也是全国煤炭产业首单市场化债转股项目。2016年底首笔债转股资金39.38亿元到位，截至2017年3月末，债转股资金累计到位94.55亿元。债转股方式是用新股置换旧债。由建设银行募集理财资金，通过设立产业基金方式，投资山东能源集团及控股子公司股权、债权资产，用以归还山东能源集团银行贷款等有息负债和经营周转，从而降低资产负债率和节省财务成本。债转股项目分阶段设立三只总规模210亿元基金，分别为150亿元“山东能源集团转型发展基金”、30亿元“新华医疗并购重组基金”和30亿元“资本结构优化基金”，三只基金分阶段、分别组织实施。目前正在实施第一阶段融资方案，基本办法：一是建设银行和山东能源集团共同出资，发起设立山东能源集团转型发展私募基金，采用契约型基金模式，基金规模150亿元人民币，期限不超过7年。建设银行发行理财产品募集资金，通过招商证券资产管理有限公司设立的资产管理计划，认购基金份额120亿元，占基金规模的80%；山东能源集团委托山东国惠投资有限公司下属济南远慧投资管理有限公司，认购基金份额30亿元，占基金规模的20%。二是基金以“股+债”方式投资山东能源集团及其子公司，用于偿还银行贷款、债券等有息债务以及经营周转。用31.25亿元以债权方式投放给山东能源集团总部；118.75亿元以股权方式增资山东能源集团子公司，其中对新矿集团增资43.75亿元，增资后基金持股30.55%；对枣矿集团增资25亿元，增资后基金持股21.55%；对淄矿集团增资25亿元，增资后基金持股17.73%；对临矿集团增资25亿元，增资后基金持股10.12%。三是到期后，债权投资由山东能源集团总部筹资还款；股权投资通过股权上市、股权转让或股东回购、基金份额转让等方式实现退出。

五　积极稳妥推进债转股的思考和建议

理论分析和政策实践证明，按国发〔2016〕54号文件精神，积极稳妥推进市场化、法治化的债转股，在煤炭产业具有可行性，而且也符合山东煤炭产业发展的实际，为了更好地开展此项工作，必须解决好以下问题。

1.金融政策限制约束大

煤炭、钢铁产业市场化债转股诉求企业较多，而受去产能产业金融政策约束的影响，企业在债转股实施中，银行追加了抵押担保等附加条件，积极跟进的银行机构相对较少，削弱了去产能企业在债转股运作中的主动权。如山东能源集团的债转股方案中，银行要求其提供价值230亿元的抵押资产，抵押率52%，抵押率偏低，且抵押资产中包含持有上市公司新华医疗股权，不便操作。

2. 资金偏好明显

在对市场化债转股的总体考量和具体运作上，银行资金偏好企业资产质量相对较好的子企业，分配给困难子企业的额度较少。兖矿集团债转股协议中，银行资金偏向于上市公司兖州煤业等优质资产，而对存在暂时性经营困难的子企业积极性不高；山东能源集团债转股方案中，分配给枣矿集团、淄矿集团等经营较好企业的额度较大，分配给新矿集团、龙矿集团等当前相对困难企业的额度较少，甚至没有。

3. 资金用途受限

在市场化债转股运作中，银行机构关于债转股资金用途限制较多，不利于企业资金盘活存量、用好增量。兖矿集团和山东能源集团债转股方案中，都要求债转股资金大部分用于偿还银行贷款，甚至提前偿还部分未到期贷款，不允许用于项目建设或补充流动资金，制约了企业再发展。

4. 运作成本过高

市场化债转股的运作过程中，需要经过进场调研、审计评估、产权转让等诸多环节，增加了交易成本；银行资金主要通过基金、股权、信托等渠道投放，不能直接注入企业，流转过程涉及金融机构较多，增值税、所得税、印花税等税收成本较高，以第一阶段150亿元“山东能源集团转型发展基金”为例，每年支付投资收益需缴纳增值税1.3亿元，缴纳所得税1.9亿元。

针对以上存在的问题，建议如下。

1. 放宽金融政策限制约束，推进去产能企业市场化债转股

鼓励更多的银行机构积极主动与去产能企业开展市场化债转股业务，帮助扶持发展前景良好但暂时遇到困难的优质企业渡过难关。

2. 给予资金投向政策指导，引导资金向困难企业倾斜

通过监管部门对银行机构债转股资金投向给予政策指导，加大银行对重点产业、重大项目及融资困难企业的支持，引导债转股资金向集团困难子企业的投入，帮助暂时遇到困难的优质企业解决资金燃眉之急。

3. 减少资金用途限制，扶持企业盘活存量、用好增量

加强对重点企业的宣传推介，适当放宽企业债转股资金用途，允许企业依据自身实际情况灵活使用债转股资金，增强企业的议价能力。

4. 给予一定税收优惠政策扶持，降低企业成本

出台市场化债转股税收优惠政策，减免资金流转环节涉及的增值税、所得税、印花税等税费。如：企业劣后出资基金取得投资收益减免增值税、所得税，企业支付股权投资收益允许所得税税前扣除。

5. 积极推进集团权属企业的土地作价工作

增加权属企业国有资本的直接注入，降低企业的资产负债率。

6. 帮助解决煤炭企业办社会问题

剥离企业办社会职能，将有利于煤炭企业债权转股权更好地实施。将这项工作纳入各级地方政府的政绩绩效考核当中，督促各级加大国有企业“三供一业”分离移交力度，使企业真正轻装上阵。

B.15
附录：积极稳妥降低煤炭企业杠杆率中央及部委文件

《国务院关于积极稳妥降低企业杠杆率的意见》

（国发〔2016〕54号）

各省、自治区、直辖市人民政府，国务院各部委、各直属机构：

近年来，我国企业杠杆率高企，债务规模增长过快，企业债务负担不断加重。在国际经济环境更趋复杂、我国经济下行压力仍然较大的背景下，一些企业经营困难加剧，一定程度上导致债务风险上升。为贯彻落实党中央、国务院关于推进供给侧结构性改革、重点做好"三去一降一补"工作的决策部署，促进建立和完善现代企业制度，增强经济中长期发展韧性，现就积极稳妥降低企业杠杆率（以下简称降杠杆）提出以下意见。

一　总体要求

降杠杆的总体思路是：全面贯彻党的十八大和十八届三中、四中、五中全会精神，认真落实中央经济工作会议和政府工作报告部署，坚持积极的财政政策和稳健的货币政策取向，以市场化、法治化方式，通过推进兼并重组、完善现代企业制度强化自我约束、盘活存量资产、优化债务结构、有序开展市场化银行债权转股权、依法破产、发展股权融资，积极稳妥降低企业杠杆率，助推供给侧结构性改革，助推国有企业改革深化，助推经济转型升级和优化布局，为经济长期持续健康发展夯实基础。

在推进降杠杆过程中，要坚持以下基本原则：

市场化原则。充分发挥市场在资源配置中的决定性作用和更好发挥政府作用。债权人和债务人等市场主体依据自身需求开展或参与降杠杆，自主协商确定各类交易的价格与条件并自担风险、自享收益。政府通过制定引导政策，完善相关监管规则，维护公平竞争的市场秩序，做好必要的组织协调工作，保持社会稳定，为降杠杆营造良好环境。

法治化原则。依法依规开展降杠杆工作，政府与各市场主体都要严格依法行事，尤其要注重保护债权人、投资者和企业职工合法权益。加强社会信用体系建设，防范道德风险，严厉打击逃废债行为，防止应由市场主体承担的责任不合理地转嫁给政府或其他相关主体。明确政府责任范围，政府不承担损失的兜底责任。

有序开展原则。降杠杆要把握好稳增长、调结构、防风险的关系，注意防范和化解降杠杆过程中可能出现的各类风险。尊重经济规律，充分考虑不同类型行业和企业的杠杆特征，分类施策，有扶有控，不搞“一刀切”，防止一哄而起，稳妥有序地予以推进。

统筹协调原则。降杠杆是一项时间跨度较长的系统工程。要立足当前、着眼长远，标本兼治、综合施策。要把建立规范现代企业制度、完善公司治理结构、强化自身约束机制作为降杠杆的根本途径。降杠杆要综合运用多种手段，与企业改组改制、降低实体经济企业成本、化解过剩产能、促进企业转型升级等工作有机结合、协同推进。

二　主要途径

（一）积极推进企业兼并重组

1. 鼓励跨地区、跨所有制兼并重组。支持通过兼并重组培育优质企业。进一步打破地方保护、区域封锁，鼓励企业跨地区开展兼并重组。推动混合所有制改革，鼓励国有企业通过出让股份、增资扩股、合资合作等方式引入民营资本。加快垄断行业改革，向民营资本开放垄断行业的竞争性业务领域。

2. 推动重点行业兼并重组。发挥好产业政策的引导作用，鼓励产能过剩行业企业加大兼并重组力度，加快“僵尸企业”退出，有效化解过剩产能，实现市场出清。加大对产业集中度不高、同质化竞争突出行业或产业的联合重组，加强资源整合，发展规模经济，实施减员增效，提高综合竞争力。

3. 引导企业业务结构重组。引导企业精益化经营，突出主业，优化产业链布局，克服盲目扩张粗放经营。通过出售转让非主业或低收益业务回收资金、减少债务和支出，降低企业资金低效占用，提高企业运营效率和经营效益。

4. 加大对企业兼并重组的金融支持。通过并购贷款等措施，支持符合条件的企业开展并购重组。允许符合条件的企业通过发行优先股、可转换债券等方式筹集兼并重组资金。进一步创新融资方式，满足企业兼并重组不同阶段的融资需求。鼓励各类投资者通过股权投资基金、创业投资基金、产业投资基金等形式参与企业兼并重组。

（二）完善现代企业制度强化自我约束

5. 建立和完善现代企业制度。建立健全现代企业制度、完善公司治理结构，对企业负债行为建立权责明确、制衡有效的决策执行监督机制，加强企业自身财务杠杆约束，合理安排债务融资规模，有效控制企业杠杆率，形成合理资产负债结构。

6. 明确企业降杠杆的主体责任。企业是降杠杆的第一责任主体。强化企业管理层资产负债管理责任，合理设计激励约束制度，处理好企业长期发展和短期业绩的关系，树立审慎经营观念，防止激进经营过度负债。落实企业股东责任，按照出资义务依法缴足出资，根据股权先于债权吸收损失原则承担必要的降杠杆成本。

7. 强化国有企业降杠杆的考核机制。各级国有资产管理部门应切实履行职责，积极推动国有企业降杠杆工作，将降杠杆纳入国有资产管理部门对国有企业的业绩考核体系。统筹运用政绩考核、人事任免、创新型试点政策倾斜等机制，调动地方各级人民政府和国有企业降杠杆的积极性。

（三）多措并举盘活企业存量资产

8. 分类清理企业存量资产。规范化清理资产，做好闲置存量资产相关尽职调查、资产清查、财产评估等工作，清退无效资产，实现人资分离，使资产达到可交易状态。

9. 采取多种方式盘活闲置资产。对土地、厂房、设备等闲置资产以及各类重资产，采取出售、转让、租赁、回租、招商合作等多种形式予以盘活，实现有效利用。引导企业进入产权交易市场，充分发挥产权交易市场价格发现、价值实现功能。

10. 加大存量资产整合力度。鼓励企业整合内部资源，将与主业相关的资产整合清理后并入主业板块，提高存量资产的利用水平，改善企业经营效益。

11. 有序开展企业资产证券化。按照“真实出售、破产隔离”原则，积极开展以企业应收账款、租赁债权等财产权利和基础设施、商业物业等不动产财产或财产权益为基础资产的资产证券化业务。支持房地产企业通过发展房地产信托投资基金向轻资产经营模式转型。

（四）多方式优化企业债务结构

12. 推动企业开展债务清理和债务整合。加大清欠力度，减少无效占用，加快资金周转，降低资产负债率。多措并举清理因担保圈、债务链形成的“三角债”。加快清理以政府、大企业为源头的资金拖欠，推动开展中小企业应收账款融资。对发展前景良好、生产经营较为正常，有技术、有订单，但由于阶段性原因成为资金拖欠源头的企业，鼓励充分调动多方力量，在政策允许范围内，统筹运用盘活资产、发行债券和银行信贷等多种手段，予以必要支持。

13. 降低企业财务负担。加快公司信用类债券产品创新，丰富债券品种，推动企业在风险可控的前提下利用债券市场提高直接融资比重，优化企业债务结构。鼓励企业加强资金集中管理，支持符合条件的企业设立财务公司，加强内部资金融通，提高企业资金使用效率。通过大力发展政府支持的担保机构等措施，提高企业信用等级，降低融资成本。

（五）有序开展市场化银行债权转股权

14. 以市场化法治化方式开展债转股。由银行、实施机构和企业依据国家政策导向自主协商确定转股对象、转股债权以及转股价格和条件，实施机构市场化筹集债转股所需资金，并多渠道、多方式实现股权市场化退出。

15. 以促进优胜劣汰为目的开展市场化债转股。鼓励面向发展前景良好但遇到暂时困难的优质企业开展市场化债转股，严禁将“僵尸企业”、失信企业和不符合国家产业政策的企业作为市场化债转股对象。

16. 鼓励多类型实施机构参与开展市场化债转股。除国家另有规定外，银行不得直接将债权转为股权。银行将债权转为股权应通过向实施机构转让债权、由实施机构将债权转为对象企业股权的方式实现。鼓励金融资产管理公司、保险资产管理机构、国有资本投资运营公司等多种类型实施机构参与开展市场化债转股；支持银行充分利用现有符合条件的所属机构，或允许申请设立符合规定的新机构开展市场化债转股；鼓励实施机构引入社会资本，发展混合所有制，增强资本实力。

（六）依法依规实施企业破产

17. 建立健全依法破产的体制机制。充分发挥企业破产在解决债务矛盾、公平保障各方权利、优化资源配置等方面的重要作用。完善破产清算司法解释和司法政策。健全破产管理人制度。探索建立关联企业合并破产制度。细化工作流程规则，切实解决破产程序中的违法执行问题。支持法院建立专门清算与破产审判庭，积极支持优化法官配备并加强专业培训，强化破产司法能力建设。规范和引导律师事务所、会计师事务所等中介机构依法履职，增强破产清算服务能力。

18. 因企制宜实施企业破产清算、重整与和解。对于扭亏无望、已失去生存发展前景的“僵尸企业”，要破除障碍，依司法程序进行破产清算，全面清查破产企业财产，清偿破产企业债务并注销破产企业法人资格，妥善安置人员。对符合破产条件但仍有发展前景的企业，支持债权人和企业按照法院破产重整程序或自主协商对企业进行债务重组。鼓励企业与债权人依据破产和解程序达成和解协议，实施和解。在企业破产过程中，切实发挥债权人委员会作用，保护各类债权人和企业职工合法权益。

19. 健全企业破产配套制度。政府与法院依法依规加强企业破产工作沟通协调，解决破产程序启动难问题，做好破产企业职工安置和权益保障、企业互保联保和民间融资风险化解、维护社会稳定等各方面工作。加快完善清算后工商登记注销等配套政策。

（七）积极发展股权融资

20. 加快健全和完善多层次股权市场。加快完善全国中小企业股份转让系统，健全小额、快速、灵活、多元的投融资体制。研究全国中小企业股份转让系统挂牌公司转板创业板相关制度。规范发展服务中小微企业的区域性股权市场。支持区域性股权市场运营模式和服务方式创新，强化融资功能。

21. 推动交易所市场平稳健康发展。进一步发展壮大证券交易所主板，深入发展中小企业板，深化创业板改革，加强发行、退市、交易等基础性制度建设，切实加强市场监管，依法保护投资者权益，支持符合条件的企业在证券交易所市场发行股票进行股权融资。

22. 创新和丰富股权融资工具。大力发展私募股权投资基金，促进创业投资。创新财政资金使用方式，发挥产业投资基金的引导作用。规范发展各类股权类受托管理资金。在有效监管的前提下，探索运用股债结合、投贷联动和夹层融资工具。

23. 拓宽股权融资资金来源。鼓励保险资金、年金、基本养老保险基金等长期性资金按相关规定进行股权投资。有序引导储蓄转化为股本投资。积极有效引进国外直接投资和国外创业投资资金。

三　营造良好的市场与政策环境

24. 落实和完善降杠杆财税支持政策。发挥积极的财政政策作用，落实并完善企业兼并重组、破产清算、资产证券化、债转股和银行不良资产核销等相关税收政策。根据需要，采取适当财政支持方式激励引导降杠杆。

25. 提高银行不良资产核销和处置能力。拓宽不良资产市场转让渠道，探索扩大银行不良资产受让主体，强化不良资产处置市场竞争。加大力度落实不良资产转让政策，支持银行向金融资产管理公司打包转让不良资产。推动银行不良资产证券化。多渠道补充银行核心和非核心资本，提高损失吸收能力。

26. 加强市场主体信用约束。建立相关企业和机构及其法定代表人、高级管理人员的信用记录，并纳入全国信用信息共享平台。构建参与各方失信行为联合惩戒机制，依据相关法律法规严格追究恶意逃废债和国有资产流失等违法违规单位及相关人员责任。

27. 强化金融机构授信约束。银行业金融机构应通过建立债权人委员会、联合授信等机制，完善客户信息共享，综合确定企业授信额度，并可通过合同约定等方式，避免过度授信，防止企业杠杆率超出合理水平。对授信银行超过一定数量、授信金额超过一定规模的企业原则上以银团联合方式发放贷款，有效限制对高杠杆企业贷款。

28. 健全投资者适当性管理制度。合理确定投资者参与降杠杆的资格与条件。鼓励具有丰富企业管理经验或专业投资分析能力，并有相应风险承受力的机构投资者参与企业市场化降杠杆。完善个人投资者适当性管理制度，依法建立合格个人投资者识别风险和自担风险的信用承诺制度，防止不合格个人投资者投资降杠杆相关金融产品和超出能力承担风险。

29. 切实减轻企业社会负担。完善减轻企业非债务负担配套政策，落实已出台的各项清理规范涉企行政性、事业性收费以及具有强制垄断性的经营服务收费、行业协会涉企收费政策。加大对企业在降杠杆过程中剥离相关社会负担和辅业资产的政策支持力度。

30. 稳妥做好重组企业的职工分流安置工作。各级人民政府要高度重视降杠杆过程中的职工安置，充分发挥企业主体作用，多措并举做好职工安置工作。鼓励企业充分挖掘内部潜力，通过协商薪酬、转岗培训等方式，稳定现有工作岗位。支持企业依靠现有场地、设施、技术开辟新的就业岗位。对不裁员或少裁员的企业，按规定由失业保险实施稳岗补贴政策。依法妥善处理职工劳动关系，稳妥接续社会保险关系，按规定落实社会保险待遇。积极做好再就业帮扶，落实就业扶持政策，加大职业培训力度，提供公共就业服务，对就业困难人员按规定实施公益性岗位托底安置。

31. 落实产业升级配套政策。进一步落实重点行业产业转型升级和化解过剩产能的配套支持措施，加大对重点企业兼并重组和产业整合的支持力度，发挥产业投资基金作用，吸引社会资本参与，实行市场化运作，推动重点行业破局性、战略性重组，实现产业链整合及产业融合，通过资源重新配置降低企业杠杆率，进一步提升优质企业竞争力。

32. 严密监测和有效防范风险。加强政策协调，强化信息沟通与研判预警，提高防范风险的预见性、有效性，严密监控降杠杆可能导致的股市、汇市、债市等金融市场风险，防止风险跨市场传染。填补监管空白与漏洞，实现监管全覆盖，完善风险处置预案，严守不发生系统性风险的底线。

33. 规范履行相关程序。在降杠杆过程中，涉及政府管理事项的，要严格履行相关核准或备案程序，严禁违法违规操作。为适应开展降杠杆工作的需要，有关部门和单位应进一步明确、规范和简化相关程序，提高行政效率。

34. 更好发挥政府作用。政府在降杠杆工作中的职责是制定规则，完善政策，适当引导，依法监督，维护公平竞争的市场秩序，保持社会稳定，做好职工合法权益保护等社会保障兜底工作，确保降杠杆在市场化、法治化轨道上平稳有序推进。政府在引导降杠杆过程中，要依法依规、遵循规律、规范行为，不干预降杠杆工作中各市场主体的相关决策和具体事务。同时，各级人民政府要切实履行好国有企业出资人职责，在国有企业降杠杆决策中依照法律法规和公司章程行使国有股东权利。

国家发展改革委、人民银行、财政部、银监会等相关部门和单位要建立积极稳妥降低企业杠杆率部际联席会议制度，加强综合协调指导，完善配套措施，组织先行先试，统筹推进各项工作。及时了解新情况，研究、解决降杠杆过程中出现的新问题。通过多种方式，加强舆论引导，适时适度做好宣传报道和政策解读工作，回应社会关切，营造良好的舆论环境。及时归集、整理降杠杆相关信息并进行分析研究，适时开展降杠杆政策效果评估，重大问题及时向国务院报告。

附件：关于市场化银行债权转股权的指导意见

国务院

2016 年 9 月 22 日

附件

关于市场化银行债权转股权的指导意见

为贯彻落实中央经济工作会议精神和政府工作报告部署，切实降低企业杠杆率，增强经济中长期发展韧性，现就市场化银行债权转股权（以下简称债转股）提出以下指导意见。

一　重要意义

为有效落实供给侧结构性改革决策部署，支持有较好发展前景但遇到暂时困难的优质企业渡过难关，有必要采取市场化债转股等综合措施提升企业持续健康发展能力。在当前形势下对具备条件的企业开展市场化债转股，是稳增长、促改革、调结构、防风险的重要结合点，可以有效降低企业杠杆率，增强企业资本实力，防范企业债务风险；有利于帮助企业降本增效，增强竞争力，实现优胜劣汰；有利于推动企业股权多元化，促进企业改组改制，完善现代企业制度；有利于加快多层次资本市场建设，提高直接融资比重，优化融资结构。

随着社会主义市场经济体制的逐步完善，当前具有开展市场化债转股的较好条件。公司法、证券法、企业破产法、公司注册资本登记管理规定等法律法规已较为完备，为开展市场化债转股提供了重要制度保障；银行、金融资产管理公司和有关企业治理结构更加完善，在资产处置、企业重组和资本市场业务方面积累了丰富经验，为开展债转股提供了市场化的主体条件。

二　总体要求

全面贯彻党的十八大和十八届三中、四中、五中全会精神，认真落实中央经济工作会议和政府工作报告部署，遵循法治化原则、按照市场化方式有序开展银行债权转股权，紧密结合深化企业改革，切实降低企业杠杆率，助推完善现代企业制度、实现降本增效，助推多层次资本市场建设、提高直接融资比重，助推供给侧结构性改革、增强企业竞争力和发展后劲。

开展市场化债转股要遵循以下基本原则：

市场运作，政策引导。充分发挥市场在资源配置中的决定性作用，建立债转股的对象企业市场化选择、价格市场化定价、资金市场化筹集、股权市场化退出等长效机制，政府不强制企业、银行及其他机构参与债转股，不搞拉郎配。政府通过制定必要的引导政策，完善相关监管规则，依法加强监督，维护公平竞争的市场秩序，保持社会稳定，为市场化债转股营造良好环境。

遵循法治，防范风险。健全审慎监管规则，确保银行转股债权洁净转让、真实出售，有效实现风险隔离，防止企业风险向金融机构转移。依法依规有序开展市场化债转股，政府和市场主体都应依法行事。加强社会信用体系建设，防范道德风险，严厉打击逃废债行为，防止应由市场主体承担的责任不合理地转嫁给政府或其他相关主体。明确政府责任范围，政府不承担损失的兜底责任。

重在改革，协同推进。开展市场化债转股要与深化企业改革、降低实体经济企业成本、化解过剩产能和企业兼并重组等工作有机结合、协同推进。债转股企业要同步建立现代企业制度、完善公司治理结构、强化激励约束机制、提升管理水平和创新能力，为长期持续健康发展奠定基础。

三　实施方式

（一）明确适用企业和债权范围

市场化债转股对象企业由各相关市场主体依据国家政策导向自主协商确定。

市场化债转股对象企业应当具备以下条件：发展前景较好，具有可行的企业改革计划和脱困安排；主要生产装备、产品、能力符合国家产业发展方向，技术先进，产品有市场，环保和安全生产达标；信用状况较好，无故意违约、转移资产等不良信用记录。

鼓励面向发展前景良好但遇到暂时困难的优质企业开展市场化债转股，包括：因行业周期性波动导致困难但仍有望逆转的企业；因高负债而财务负担过重的成长型企业，特别是战略性新兴产业领域的成长型企业；高负债居于产能过剩行业前列的关键性企业以及关系国家安全的战略性企业。

禁止将下列情形的企业作为市场化债转股对象：扭亏无望、已失去生存发展前景的“僵尸企业”；有恶意逃废债行为的企业；债权债务关系复杂且不明晰的企业；有可能助长过剩产能扩张和增加库存的企业。

转股债权范围以银行对企业发放贷款形成的债权为主，适当考虑其他类型债权。转股债权质量类型由债权人、企业和实施机构自主协商确定。

（二）通过实施机构开展市场化债转股

除国家另有规定外，银行不得直接将债权转为股权。银行将债权转为股权，应通过向实施机构转让债权、由实施机构将债权转为对象企业股权的方式实现。

鼓励金融资产管理公司、保险资产管理机构、国有资本投资运营公司等多种类型实施机构参与开展市场化债转股；支持银行充分利用现有符合条件的所属机构，或允许申请设立符合规定的新机构开展市场化债转股；鼓励实施机构引入社会资本，发展混合所有制，增强资本实力。

鼓励银行向非本行所属实施机构转让债权实施转股，支持不同银行通过所属实施机构交叉实施市场化债转股。银行所属实施机构面向本行债权开展市场化债转股应当符合相关监管要求。

鼓励各类实施机构公开、公平、公正竞争开展市场化债转股，支持各类实施机构之间以及实施机构与私募股权投资基金等股权投资机构之间开展合作。

（三）自主协商确定市场化债转股价格和条件

银行、企业和实施机构自主协商确定债权转让、转股价格和条件。对于涉及多个债权人的，可以由最大债权人或主动发起市场化债转股的债权人牵头成立债权人委员会进行协调。

经批准，允许参考股票二级市场交易价格确定国有上市公司转股价格，允许参考竞争性市场报价或其他公允价格确定国有非上市公司转股价格。为适应开展市场化债转股工作的需要，应进一步明确、规范国有资产转让相关程序。

完善优先股发行政策，允许通过协商并经法定程序把债权转换为优先股，依法合理确定优先股股东权益。

（四）市场化筹集债转股资金

债转股所需资金由实施机构充分利用各种市场化方式和渠道筹集，鼓励实施机构依法依规面向社会投资者募集资金，特别是可用于股本投资的资金，包括各类受托管理的资金。支持符合条件的实施机构发行专项用于市场化债转股的金融债券，探索发行用于市场化债转股的企业债券，并适当简化审批程序。

（五）规范履行股权变更等相关程序

债转股企业应依法进行公司设立或股东变更、董事会重组等，完成工商注册登记或变更登记手续。涉及上市公司增发股份的应履行证券监管部门规定的相关程序。

（六）依法依规落实和保护股东权利

市场化债转股实施后，要保障实施机构享有公司法规定的各项股东权利，在法律和公司章程规定范围内参与公司治理和企业重大经营决策，进行股权管理。

银行所属实施机构应确定在债转股企业中的合理持股份额，并根据公司法等法律法规要求承担有限责任。

（七）采取多种市场化方式实现股权退出

实施机构对股权有退出预期的，可与企业协商约定所持股权的退出方式。债转股企业为上市公司的，债转股股权可以依法转让退出，转让时应遵守限售期等证券监管规定。债转股企业为非上市公司的，鼓励利用并购、全国中小企业股份转让系统挂牌、区域性股权市场交易、证券交易所上市等渠道实现转让退出。

四　营造良好环境

（一）规范政府行为

在市场化债转股过程中，政府的职责是制定规则，完善政策，依法监督，维护公平竞争的市场秩序，保持社会稳定，做好职工合法权益保护等社会保障兜底工作，确保债转股在市场化、法治化轨道上平稳有序推进。

各级人民政府及其部门不干预债转股市场主体具体事务，不得确定具体转股企业，不得强行要求银行开展债转股，不得指定转股债权，不得干预债转股定价和条件设定，不得妨碍转股股东行使股东权利，不得干预债转股企业日常经营。同时，各级人民政府要切实履行好国有企业出资人职责，在国有企业债转股决策中依照法律法规和公司章程行使国有股东权利。

（二）推动企业改革

要把建立和完善现代企业制度作为开展市场化债转股的前提条件。通过市场化债转股推动企业改组改制，形成股权结构多元、股东行为规范、内部约束有效、运行高效灵活的经营机制，提高企业经营管理水平。

债转股企业要健全公司治理结构，合理安排董事会、监事会和高级管理层，建立权责对等、运转协调、制衡有效的决策执行监督机制。

（三）落实和完善相关政策

支持债转股企业所处行业加快重组与整合，加大对债转股企业剥离社会负担和辅业资产的支持力度，稳妥做好分流安置富余人员工作，为债转股企业发展创造更为有利的产业与市场环境。

符合条件的债转股企业可按规定享受企业重组相关税收优惠政策。根据需要，采取适当财政支持方式激励引导开展市场化债转股。

（四）强化约束机制

加强对市场化债转股相关主体的信用约束，建立债转股相关企业和机构及其法定代表人、高级管理人员的信用记录，并纳入全国信用信息共享平台。构建市场化债转股参与各方失信行为联合惩戒机制，依据相关法律法规严格追究违法违规单位及相关人员责任。

强化对债转股企业的财务杠杆约束，在债转股协议中，相关主体应对企业未来债务融资行为进行规范，共同制定合理的债务安排和融资规划，对资产负债率作出明确约定，防止企业杠杆率再次超出合理水平。

规范债转股企业和股东资产处置行为，严格禁止债转股企业任何股东特别是大股东掏空企业资产、随意占用和挪用企业财产等侵害其他股东权益的行为。防范债转股企业和实施机构可能存在的损害中小股东利益的不正当利益输送行为。

建立投资者适当性管理制度，对投资者参与市场化债转股设定适当资格与条件，鼓励具有丰富企业管理和重组经验的机构投资者参与市场化债转股。完善个人投资者适当性管理制度，依法建立合格个人投资者识别风险和自担风险的信用承诺制度，防止不合格个人投资者参与市场化债转股投资和超出能力承担风险。

（五）加强和改进服务与监督

各部门和单位要健全工作机制，加强协调配合，做好服务与监督工作。要按照分工抓紧完善相关政策，制定配套措施。要加强监督指导，及时研究新情况，解决市场化债转股实施中出现的新问题。加强政策宣传，做好解读、引导工作。

各地人民政府要营造良好的区域金融环境，支持债权人、实施机构、企业自主协商，维护公平竞争的市场秩序，保持社会稳定，做好相关工作。

国家发展改革委、人民银行、财政部、银监会等相关部门和单位要指导银行、实施机构和企业试点先行，有序开展市场化债转股，防止一哄而起；加强全过程监督检查，及时归集、整理市场化债转股相关信息并进行分析研究，适时开展市场化债转股政策效果评估，重大问题及时向国务院报告。

《国务院办公厅关于同意建立积极稳妥降低企业杠杆率工作部际联席会议制度的函》

（国办函〔2016〕84号）

发展改革委：

你委《关于报送积极稳妥降低企业杠杆率工作部际联席会议制度的请示》（发改财金〔2016〕1918 号）收悉。经国务院同意，现函复如下：

国务院同意建立由发展改革委牵头的积极稳妥降低企业杠杆率工作部际联席会议制度。联席会议不刻制印章，不正式行文，请按照有关会议和文件精神认真组织开展工作。

附件：积极稳妥降低企业杠杆率工作部际联席会议制度

国务院办公厅

2016 年 10 月 18 日

附件

积极稳妥降低企业杠杆率工作部际联席会议制度

为贯彻落实中央经济工作会议精神和政府工作报告有关部署，进一步加强组织领导，强化统筹协调和协作配合，有序推进降低企业杠杆率（以下简称降杠杆）工作，经国务院同意，建立积极稳妥降低企业杠杆率工作部际联席会议（以下简称联席会议）制度。

一　主要职责

在国务院领导下，联席会议履行以下职责：

（一）研究拟定《国务院关于积极稳妥降低企业杠杆率的意见》（国发〔2016〕54号）相关配套文件。

（二）组织开展市场化银行债权转股权试点。

（三）研究确定降杠杆的具体政策，组织协调实施降杠杆相关支持政策和监管政策。

（四）跟踪分析研究非金融企业债务问题并提出建议。

（五）开展降杠杆重大问题专题研究，及时协调解决降杠杆过程中出现的问题。

（六）组织建立健全约束机制，推动依法惩处违法行为、联合惩戒失信行为，确保降杠杆不偏离市场化、法治化轨道。

（七）负责就降杠杆问题与地方人民政府沟通协调，引导地方营造良好的区域金融环境，指导地方做好相关支持和协调工作。

（八）建立降杠杆信息收集和报送机制，组织对降杠杆政策的效果评估。

（九）组织协调降杠杆相关舆论引导工作，适时适度做好宣传报道和政策解读工作。

（十）承办国务院交办的其他事项。

根据降杠杆工作的进展情况，经国务院同意可适时调整联席会议的职责和工作重点。

二　成员单位

联席会议由发展改革委、人民银行、财政部、银监会、中央宣传部、中央网信办、工业和信息化部、人力资源社会保障部、国土资源部、商务部、国资委、税务总局、工商总局、法制办、证监会、保监会、高法院等17个部门和单位组成，发展改革委为牵头单位。

联席会议由发展改革委主要负责同志担任召集人，发展改革委、人民银行、财政部、银监会各一位分管负责同志担任副召集人，其他成员单位有关负责同志为联席会议成员。联席会议成员因工作变动等原因需要调整的，由所在单位提出，联席会议确定。根据工作需要，经联席会议研究确定，可增加成员单位。

联席会议办公室设在发展改革委，承担联席会议日常工作，由发展改革委、人民银行、财政部、银监会派员参加；必要时，可邀请其他相关成员单位派员参加并组织相关人员集中办公。联席会议设联络员，由联席会议成员单位有关司局负责同志担任。

三　工作规则

联席会议由召集人或副召集人主持，根据工作需要定期或不定期召开。成员单位可以提出召开会议的建议。研究具体工作事项时，可视情况召集部分成员单位参加会议，也可邀请其他单位参加会议。联席会议以纪要形式明确议定事项，经与会单位同意后印发有关方面，同时抄报国务院。重大事项按程序报国务院。

四　工作要求

发展改革委要牵头做好联席会议各项工作。各成员单位要按照职责分工，主动开展工作，切实履行职责，认真落实联席会议议定事项及工作任务。各成员单位要相互支持，密切配合，互通信息，形成合力，充分发挥联席会议作用，形成高效运行的长效工作机制。联席会议办公室要加强对联席会议议定事项的跟踪督促落实，及时向成员单位通报进展情况。

联席会议应与各省、自治区、直辖市人民政府，有关银行、实施机构建立有效的信息沟通协调机制。

积极稳妥降低企业杠杆率工作部际联席会议成员名单

召 集 人：徐绍史　发展改革委主任
副召集人：连维良　发展改革委副主任
　　　　　范一飞　人民银行副行长
　　　　　史耀斌　财政部副部长
　　　　　王兆星　银监会副主席
成　　员：郭卫民　新闻办副主任
　　　　　任贤良　中央网信办副主任
　　　　　辛国斌　工业和信息化部副部长
　　　　　张义珍　人力资源社会保障部副部长
　　　　　王广华　国土资源部副部长
　　　　　童道驰　商务部部长助理
　　　　　沈　莹　国资委总会计师
　　　　　孙瑞标　税务总局副局长
　　　　　刘玉亭　工商总局副局长
　　　　　袁曙宏　法制办副主任
　　　　　姜　洋　证监会副主席
　　　　　陈文辉　保监会副主席
　　　　　杜万华　高法院审判委员会副部级专职委员

《财政部　国家税务总局关于落实降低企业杠杆率税收支持政策的通知》

（财税〔2016〕125号）

各省、自治区、直辖市、计划单列市财政厅（局）、国家税务局、地方税务局，新疆生产建设兵团财务局：

按照党中央、国务院决策部署，根据《国务院关于积极稳妥降低企业杠杆率的意见》（国发〔2016〕54 号，以下简称《意见》）有关精神，现就落实降低企业杠杆率税收政策工作通知如下：

一 充分认识贯彻落实降杠杆税收支持政策的重要意义

近年来，我国企业杠杆率高企，债务规模增长过快，企业债务负担不断加重。党中央、国务院从战略高度对降低企业杠杆率工作作出决策部署，把去杠杆列为供给侧结构性改革“三去一降一补”的五大任务之一。《意见》将“落实和完善降杠杆财税支持政策”作为重要任务。各级财税部门要充分认识积极稳妥降低企业杠杆率的重要性，坚决贯彻执行中央决策部署，严格按照《意见》要求认真落实好有关税收政策，充分发挥税收职能作用，切实减轻企业负担、降低企业成本，为企业降杠杆创造良好的外部环境。

二 落实好降杠杆相关税收支持政策

（一）企业符合税法规定条件的股权（资产）收购、合并、债务重组等重组行为，可按税法规定享受企业所得税递延纳税优惠政策。

（二）企业以非货币性资产投资，可按规定享受 5 年内分期缴纳企业所得税政策。

（三）企业破产、注销，清算企业所得税时，可按规定在税前扣除有关清算费用及职工工资、社会保险费用、法定补偿金。

（四）企业符合税法规定条件的债权损失可按规定在计算企业所得税应纳税所得额时扣除。

（五）金融企业按照规定提取的贷款损失准备金，符合税法规定的，可以在企业所得税税前扣除。

（六）在企业重组过程中，企业通过合并、分立、出售、置换等方式，将全部或者部分实物资产以及与其相关联的债权、负债和劳动力，一并转让给其他单位和个人，其中涉及的货物、不动产、土地使用权转让行为，符合规定的，不征收增值税。

（七）企业重组改制涉及的土地增值税、契税、印花税，符合规定的，可享受相关优惠政策。

（八）符合信贷资产证券化政策条件的纳税人，可享受相关优惠政策。

三　工作要求

降杠杆相关税收政策涵盖交易多个环节，涉及面广，政策内容多。各级财税部门要高度重视，进一步加强学习培训，熟悉、掌握政策内容；要加强对纳税人的宣传辅导，跟踪税收政策执行情况和实施效应，加强调研反馈，及时了解执行中遇到的问题，研究提出调整和完善税收政策的建议。

特此通知。

财政部　国家税务总局

2016 年 11 月 22 日

《中国银监会　发展改革委　工业和信息化部关于钢铁煤炭行业化解过剩产能金融债权债务问题的若干意见》

（银监发〔2016〕51号）

各银监局，各省（区、市）发展改革部门、工业和信息化部门，各政策性银行、大型银行、股份制银行，邮储银行，外资银行，金融资产管理公司，其他会管金融机构：

为贯彻《国务院关于钢铁行业化解过剩产能实现脱困发展的意见》（国

发〔2016〕6号)、《国务院关于煤炭行业化解过剩产能实现脱困发展的意见》(国发〔2016〕7号)精神,妥善处置化解过剩产能过程中的有关金融债权债务,根据《中华人民共和国银行业监督管理法》、《中华人民共和国商业银行法》等法律法规,现就钢铁煤炭行业化解过剩产能涉及金融债权债务问题提出以下意见:

一、支持钢铁煤炭企业合理资金需求。银行业金融机构要提高对钢铁煤炭行业在国民经济中支柱性、战略性地位的认识,认真贯彻落实区别对待、有扶有控的信贷政策。对技术设备先进、产品有竞争力、有市场的钢铁煤炭企业,银行业金融机构应当按照风险可控、商业可持续原则,继续给予信贷支持,不得抽贷、压贷、断贷。

二、加大对兼并重组钢铁煤炭企业的金融支持力度。鼓励符合条件的钢铁煤炭企业开展并购重组。支持银行业金融机构按照依法合规、自主决策、风险可控、商业可持续原则,对能产生整合效应的钢铁煤炭兼并重组项目采取银团贷款等方式,积极稳妥开展并购贷款业务。对符合并购贷款条件的兼并重组企业,并购交易价款中并购贷款所占比例上限可提高至70%。

三、鼓励银行业金融机构对主动去产能的钢铁煤炭困难企业进行贷款重组。对符合国家产业政策、主动去产能、具有持续经营能力、还款能力与还款意愿强、贷款到期后仍有融资需求但暂时存在资金困难的钢铁煤炭企业,银行业金融机构在风险可控、商业可持续原则前提下,可以进行贷款重组,调整贷款结构,合理确定贷款期限,按照国家有关规定减免利息。

四、严控违规新增钢铁煤炭产能的信贷投放。对违规新增钢铁煤炭产能项目,银行业金融机构一律不得提供信贷支持;对违规新增产能的企业,停止贷款。

五、坚决停止对落后产能和"僵尸企业"的金融支持。对不符合国家产业政策规定的落后产能企业,或环保、能耗、质量、安全生产、技术等不达标且整改无望的企业,或已停产半停产、连年亏损、资不抵债、失去清偿能力的"僵尸企业",以及有恶意逃废债行为的企业,银行业金融机构要坚决压缩、退出相关贷款。

六、推动组建债权人委员会，对困难钢铁煤炭企业实施债务重组。对符合国家产业政策，主动去产能、调结构、转型发展，产品或服务有市场，发展有前景的钢铁煤炭企业，银行业金融机构应当组建债权人委员会，按照市场化、法治化原则，通过调整贷款期限、利率、还款方式等措施，实施金融债务重组。银行业金融机构组建债权人委员会，应当按照银监会关于做好银行业金融机构债权人委员会有关工作的通知精神，开展自主重组、协议重组和协议并司法重组，支持暂时困难的钢铁煤炭企业发展。债券投资人可以加入债权人委员会，共同解决企业债务问题。切实做到稳定预期、稳定信贷、稳定支持，帮助企业渡过难关。

协调地方人民政府及相关部门采取有力措施，支持债权人委员会相关工作，共同解决企业债务重组等重大问题。

七、支持金融资产管理公司、地方资产管理公司等多类型实施机构对钢铁煤炭企业开展市场化债转股。对资产负债率较高、在国民经济中占重要地位、具备发展潜力的钢铁煤炭骨干企业，支持金融资产管理公司、地方资产管理公司、银行现有符合条件的所属机构或设立的符合规定的新机构等多种类型实施机构按照国家法律法规和国家有关规定，按照市场化、法治化的原则，开展债转股工作，依法行使股东权利，改进公司治理结构。

八、支持产业基金和股权投资基金投资钢铁煤炭骨干企业。引导社会资本参与钢铁煤炭企业的脱困发展，支持产业基金和股权投资基金特别是地方政府成立的产业基金和股权投资基金，投资入股产品有市场、发展有前景、但资产负债率较高的钢铁煤炭骨干企业，依法行使股东权利。

九、妥善处置钢铁煤炭企业集团的担保问题。对钢铁煤炭企业集团主动去产能、依法关闭破产子公司，履行担保责任确有困难的，由钢铁煤炭企业集团与银行业金融机构按照市场化、法治化、互惠互利的原则进行协商处理，妥善处置担保问题。

十、妥善处置涉及钢铁煤炭企业的不良资产。要按照市场化、法治化、互惠互利的原则，充分发挥金融资产管理公司和地方资产管理公司批量处置不良资产和综合性金融服务功能的积极作用。银行业金融机构要加大涉及钢铁煤炭企业不良资产的转让力度，鼓励银行业金融机构与资产管理公司创新合作处置模式，发挥好双方优势，通过合作处置，提升价值，实现银行业金融机构、资产管理公司与钢铁煤炭企业的共赢，维护经济金融秩序。

十一、依法维护涉及破产清算钢铁煤炭企业的金融债权。对严重资不抵债、不能清偿到期债务的“僵尸企业”，或不达标产能、落后产能、整体退出产能的企业，要依照《中华人民共和国企业破产法》等法律法规，建立债权人委员会，通过债务和解、破产重整、破产清算等方式，妥善处理企业债务，积极维护金融债权安全。

十二、依法打击逃废金融债务行为。钢铁煤炭去产能过程中，一些地区和企业借转型、转产之机悬空金融债务，或通过转移、出售企业有效资产逃废金融债务，或不尊重金融债权人的合法权益，组织破产逃废金融债务。各级银行业监督管理机构要组织银行业协会、银行业金融机构加强金融债权管理，及时制止逃废金融债务行为，并向地方政府报告；对于拒不纠正的企业，组织实施停止贷款、停止结算等制裁措施，纳入全国信用信息共享平台，通过失信惩戒机制实施联合惩戒，切实遏制逃废金融债务行为。

十三、加强主管部门、行业协会和企业与银行业金融机构的信息沟通。银行业金融机构在落实政策过程中，应加强与发展改革部门、工业和信息化部门等主管部门、行业协会和钢铁煤炭企业的沟通与交流，解决银政、银企信息不对称问题。各银监局应加强对银行业金融机构的指导和监督。

各级发展改革部门、工业和信息化部门等应及时公布行业发展情况、产业规划调整方案、“僵尸企业”、涉及淘汰落后和过剩产能企业和项目名单，帮助银行业金融机构落实好“有保有控”的差别化信贷政策。

各银监局、各省（区、市）发展改革部门、工业和信息化部门以及银行业金融机构在贯彻落实本意见过程中遇有问题应及时报告。银监会、发展改革委、工业和信息化部将适时组织对本意见执行情况的检查监督。

中国银监会　发展改革委　工业和信息化部

2016 年 12 月 1 日

国家发展改革委办公厅关于印发《市场化银行债权转股权专项债券发行指引》的通知

（发改办财金〔2016〕2735号）

各省、自治区、直辖市及计划单列市、新疆生产建设兵团发展改革委：

为贯彻落实《国务院关于积极稳妥降低企业杠杆率的意见》（国发〔2016〕54号）精神，积极发挥企业债券融资对积极稳妥降低企业杠杆率的作用，有序推进市场化银行债权转股权工作，现将我委制定的《市场化银行债权转股权专项债券发行指引》印发你们，请认真贯彻执行。

附件：市场化银行债权转股权专项债券发行指引

国家发展改革委办公厅

2016年12月19日

附件

市场化银行债权转股权专项债券发行指引

为贯彻落实《国务院关于积极稳妥降低企业杠杆率的意见》（国发〔2016〕54号）“探索发行用于市场化债转股的企业债券”相关要求，充分发挥债券资金在市场化银行债权转股权（以下简称债转股）中的作用，积极稳妥降低企业杠杆率，根据《公司法》、《证券法》、《企业债券管理条例》等法律法规和规范性文件，制定本指引。

一 发行条件

市场化银行债权转股权专项债券（以下简称债转股专项债券）的发行

条件如下：

（一）发行人：市场化债转股实施机构，包括但不限于国有资本投资运营公司、地方资产管理公司等。

（二）转股债权要求：转股债权范围以银行对企业发放贷款形成的债权为主，适当考虑其他类型债权。债转股对象企业应符合《关于市场化银行债权转股权的指导意见》的相关要求。

（三）债券申报核准：发行人向积极稳妥降低企业杠杆率工作部际联席会议办公室（以下简称联席会议办公室）报送项目基本信息后，即可向我委申报发行债转股专项债券。在我委核准债券前，发行人应完成市场化债转股合同签订并正式生效，向我委提供相关材料，并向联席会议办公室报送项目进展信息。

（四）债券募集资金用途：主要用于银行债权转股权项目（以下简称债转股项目），债转股专项债券发行规模不超过债转股项目合同约定的股权金额的70%。发行人可利用不超过发债规模40%的债券资金补充营运资金。债券资金既可用于单个债转股项目，也可用于多个债转股项目。对于已实施的债转股项目，债券资金可以对前期已用于债转股项目的银行贷款、债券、基金等资金实施置换。

（五）债券期限：对于有约定退出时间的债转股项目，债券期限原则上与债转股项目实施期限一致，到期一次还本。也可在实施期限基础上，设置可续期条款。

（六）偿债保障：债转股专项债券优先以股权市场化退出收益作为偿债资金来源。

（七）增信措施：债转股专项债券原则上应以转股股权作为抵押担保，如果该股权早于债券存续期提前变现，应将变现后不低于债券存续期规模的资金用于债券抵押。对于债项级别为AAA的债转股专项债券，可不提供上述增信措施。

（八）债券发行：核准文件有效期1年，可选择分期发行方式。债转股专项债券在银行间市场面对机构投资者发行。

（九）发行方式：允许以公开或非公开方式发行债转股专项债券。非公开发行时认购的机构投资者不超过二百人，单笔认购不少于 500 万元人民币，且不得采用广告、公开劝诱和变相公开方式。

（十）加速到期条款：债转股专项债券应设置加速到期条款。如债转股项目的股权早于债券存续期提前变现，由债权代理人召开债券持有人大会，经债券持有人会议通过后，可提前清偿部分或全部债券本金。

二 工作要求

（一）严格做好信息披露。发行人应按规定做好债券信息披露。债转股项目实施后，债转股项目专项债券发行人应每半年公开披露债转股对象企业经营情况。

（二）加强信用约束。建立对发行债转股专项债券相关各方失信行为的联合惩戒机制，依据相关法律法规追究违法违规单位及相关人员责任。

（三）鼓励地方政府对债转股专项债券进行贴息等政策支持。

特急

《中国人民银行办公厅关于做好2017年信贷政策工作的意见》

（银办发〔2017〕48号）

中国人民银行上海总部；各分行、营业管理部、省会（首府）城市中心支行、副省级城市中心支行；国家开发银行；各政策性银行、国有商业银行、股份制商业银行；中国邮政储蓄银行；交易商协会：

为贯彻落实中央经济工作会议和 2017 年人民银行工作会议精神，坚持稳中求进工作总基调，创新信贷政策实施方式，改进信贷政策评估机制，着力提高信贷政策定向结构性调整功能，着力推动供给侧结构性改革取得实质性进展，着力振兴实体经济和促进经济结构转型升级，现提出如下意见：

一　加快农村金融创新，推进农业供给侧结构性改革

（一）全面深入推进“两权”抵押贷款试点。人民银行有关分支机构要与地方相关部门密切配合，加强试点工作督导，积极推动确权登记颁证、产权交易平台建设、抵押物处置和风险分担等试点配套措施落实落地。支持地方司法部门和银行业金融机构依法处置抵押物。做好统计监测、政策宣讲和评估总结，及时推广经验模式。银行业金融机构特别是全国性金融机构要切实落实绩效考核、资源配置、信贷授权等制度安排，丰富完善信贷产品，持续推动试点业务增量扩面。

（二）扎实做好农村产权制度改革配套金融服务。人民银行有关分支机构要按照中央关于农村集体产权制度改革的统一部署，结合当地试点任务，研究提出农民以所持集体产权股份向金融机构申请抵押、担保贷款的具体办法。积极推进林权抵押贷款业务，创新抵押物处置和风险补偿机制，加大林业产业、林下经济金融支持。鼓励银行业金融机构在产权明晰、流转规范的地区，探索开展农垦国有农用地使用权抵押贷款业务。加快农村各类资源资产权属认定，推动部门确权信息与银行业金融机构联网共享，促进盘活农业资源资产。

（三）聚焦农业结构调整加大金融支持。鼓励银行业金融机构探索开展大型农机具、农业生产设施抵押、动产质押等业务，支持农业适度规模经营，优化产品产业结构。加大粮食多元市场主体入市信贷支持。鼓励发放中长期贷款，加大农业节水工程、高标准农田建设、农村人居环境治理、农村公路等农村基础设施支持力度。支持粮食生产功能区、重要农产品保护区和现代农业产业园区建设，在条件成熟的地区探索开展粮食生产规模经营主体营销贷款试点。加大对农村地区第一、第二、第三产业融合发展的金融支持，优化农业走出去金融服务，支持农业对外合作和农业企业跨国经营。

（四）助推农业新兴业态加快发展。充分发挥“大数据”、“云计算”和“移动互联”等资源技术在农村普惠金融服务中的积极作用。引导银行业金融机构紧密围绕特色农业、乡村休闲旅游、农村电商、农产品精深加工等新兴业态，提供供应链融资、订单融资、电商融资等金融服务。做好农业科技研发、设施农业、绿色农业、现代食品产业等新兴领域的金融支持，增加绿色优质农产品供给。加快推进与新型城镇化相配套的金融创新，推动农民工市民化。

二　扎实做好金融服务，推动落实去产能任务有实质性进展

（五）切实落实差异化信贷政策。银行业金融机构要坚持区别对待、有扶有控原则，不断优化行业信贷资源配置。对钢铁、煤炭等产能过剩行业中有市场、有竞争力但暂遇困难的优质骨干企业，继续给予信贷支持，满足企业合理资金需求。要在风险可控的前提下，积极加强对产能过剩行业企业兼并重组、转型升级、优化布局和国际产能合作的融资支持。对落后产能、不安全产能、不符合产业政策的产能和扭亏无望的“僵尸企业”，要坚决压缩、退出相关贷款。对违规新增产能项目，一律不得提供授信支持。

（六）妥善处置企业债务问题。人民银行各分支机构要积极发挥协调推动作用，做好去产能过程中的债务处置工作。鼓励银行业金融机构综合运用债务重组、破产重整或破产清算等手段，妥善处置企业债务问题和银行不良资产。对符合国家产业政策、有一定清偿能力的企业，可通过实施调整贷款期限、还款方式等债务重组措施，帮助企业渡过难关。鼓励开展应收账款质押融资、融资租赁等业务，支持企业提高现金偿付能力。平稳推进市场化债转股工作，支持企业优化财务结构、增强资本实力。

（七）加强去产能金融服务监测统计分析。人民银行各分支机构要积极加强与地方政府和中央企业的沟通联系，及时掌握钢铁煤炭行业化解过剩产能的工作目标和进度安排。指导银行业金融机构做好对钢铁煤炭行业金融债

务的统计监测工作，密切跟踪监测行业贷款数量和质量的变化趋势，分析研判化解过剩产能对区域金融稳定的影响。切实摸清风险底数，完善风险应对预案，及时应对企业去产能可能引发的违约风险。

三 加强信贷政策与产业政策协调配合，着力振兴实体经济

（八）全力做好制造强国建设金融服务。银行业金融机构要围绕“中国制造2025”重点领域，切实改进信用评价机制，加强融资支持力度。构建制造业创新中心等公共服务平台的多元化融资渠道，支持关键共性技术研发和科技成果转化应用。加强对“四基”企业融资支持，促进提升工业基础水平。提高企业技术改造中长期贷款比重，支持制造业两化融合发展和智能升级。拓宽制造业绿色项目融资渠道，促进制造业绿色发展。运用出口信贷、融资租赁等业务，支持高端装备领域突破发展。

（九）稳妥推进产融合作。鼓励金融机构大力发展产业链金融产品和服务，有效满足产业链上下游企业融资需求，切实提高金融服务实体经济的质量和效率。加快制造业领域融资租赁业务发展，支持制造业企业“以租代购”和“以租代售”。建立和完善产融合作信息共享和工作联动机制，促进产业政策信息、企业生产经营信息、金融产品信息交流共享。及时形成制造业重点企业和重点项目融资对接清单，探索对制造业部分重点行业建立企业“白名单”制度。

（十）加大有效投资领域金融支持。银行业金融机构要全力做好深化投融资体制改革配套服务，促进民间投资健康发展，继续加大对国家重大项目、地下管廊、海绵城市、铁路、能源等领域支持力度。以投贷联动试点为契机，探索股权债权相结合的科技金融服务模式。瞄准战略性新兴产业五大支柱和21项重大工程，完善信贷管理制度。按照商业化原则积极支持集成电路等重点行业企业海外并购。切实做好海洋、船舶、机械、石化、新材料、应急、医药、生物、军民融合等重点产业和领域金融服务。

（十一）促进服务业发展和消费升级。银行业金融机构要全面落实金融支持生产性和生活性服务业的政策要求，着力拓宽抵质押范围，支持实体零售、内贸流通、电子商务等领域加快发展。加强互联网技术运用，提升“互联网＋”普惠金融水平。大力推动养老金融组织、产品和服务创新，切实做好养老领域金融服务。推动科技、文化与金融合作，创新财政金融协作模式。要围绕推动供需结构有效匹配，进一步完善消费金融布局，支持教育、健康、旅游、农村等新消费重点领域加快发展。

（十二）大力发展绿色金融。人民银行各分支机构要积极推动辖区绿色金融改革创新和金融市场发展，探索建立正向激励绿色金融的政策，通过再贷款和宏观审慎评估等机制支持绿色信贷和绿色债券市场发展，引导金融机构发行绿色金融债券和绿色信贷资产支持证券，推动将企业环境信息纳入金融信用信息基础数据库。引导银行业金融机构落实绿色发展理念，创新产品服务，大力开展与环境相关的收益权、排放权、排污权抵押贷款等业务，探索环境风险压力测试，积极为循环经济、绿色制造、清洁能源和污染防治提供金融服务。

四　完善住房金融服务，促进房地产市场平稳健康发展

（十三）积极配合地方政府做好房地产调控工作。人民银行各分支机构要加强与地方政府及相关部门的沟通协调，将住房信贷政策作为调控房地产一揽子政策的组成部分，合理搭配使用最低首付款比例、贷款利率优惠幅度和最长贷款年限等住房信贷政策工具，严格按照相关程序及时对辖区内住房信贷政策做出适度调整，支持地方政府落实房地产调控的主体责任。银行业金融机构要认真落实房地产金融调控要求，积极参与自律决策，严格遵守自律机制决议。

（十四）加强住房信贷管理。人民银行各分支机构要加强对商业银行的窗口指导，督促其优化信贷结构、合理控制房贷比重和增速，做好房贷资源投放的区域分布，支持三四线城市去库存，有效防控信贷风险。积极会同当

地银监部门，将差别化住房信贷政策严格落实到位并加强检查，严肃处理违反相关政策的行为。银行业金融机构要严格遵守差别化住房信贷政策有关要求，支持居民合理自住购房，加大对首付资金来源和收入证明真实性审核，禁止开展任何形式的“转按揭”业务，杜绝价格恶性竞争。

（十五）推进房地产投资信托基金（REITs）试点工作。人民银行各分支机构要加强对 REITs 产品的研究，了解辖区内企业关于 REITs 的融资需求，鼓励保障房开发企业、物业持有机构、住房租赁经营企业等通过 REITs 创新融资。银行业金融机构要积极支持企业开展 REITs 试点，促进保障性住房建设融资和住房租赁市场发展。

（十六）加强房地产市场及住房金融监测和分析。人民银行各分支机构要密切跟踪当地房地产市场运行情况，加强对调控政策实施效果的监测，对出现的苗头性、倾向性问题，要及时进行分析并上报；要会同当地有关部门，配合做好购地资金来源的审查，继续做好房地产市场资金的管控。银行业金融机构要加强对住房信贷风险的监测和评估，按要求及时向人民银行报送差别化住房信贷政策执行、个人住房贷款抽样调查等数据及有关情况。

（十七）加强房地产金融改革相关基础制度研究。人民银行各分支机构要加强对住房公积金制度运行、棚户区改造建设融资、新市民进城购房、农民住房财产权抵押贷款试点等工作的实地调研，及时将代表性信息和有关政策建议上报总行。可结合当地的实践和探索，深化对政策性住房金融、住房金融宏观审慎管理、促进房地产市场平稳健康发展长效机制等基础制度的研究，并将有关成果报告总行。

五　强力助推脱贫攻坚，提升金融扶贫的精准度和有效性

（十八）统筹做好金融扶贫信息对接和统计监测。人民银行相关分支机构要进一步优化金融扶贫信息系统软硬件环境，保证金融扶贫信息的真实、准确、完整。加强与扶贫部门沟通协调，精准确定、采集扶贫企业和扶贫项

目信息，保证金融精准扶贫贷款能够穿透到建档立卡贫困人口。做好金融精准扶贫信息系统与金融精准扶贫贷款专项统计制度的衔接一致，及时动态跟踪监测各地、各银行业金融机构脱贫攻坚金融服务工作情况。

（十九）积极开展金融扶贫示范区创建。人民银行相关分支机构要充分发挥金融扶贫工作的牵头和组织协调作用，重点围绕财税金融结合、金融扶贫信息共享、农村信用体系建设、金融产品创新、易地扶贫搬迁、产业发展和贫困户创业就业等方面，选择工作成效突出、金融扶贫评估结果较好的地市级或县级贫困地区，扎实推进金融精准扶贫示范区创建，切实发挥示范区以点带面、示范引领作用。

（二十）着力推进精准扶贫与金融支持深度融合。要进一步管好用好扶贫再贷款。加强易地扶贫搬迁相关资金筹措、衔接投放和管理，做好贫困人口安置综合金融服务。要创新金融产品和服务方式，精准对接贫困户多元化融资需求。鼓励和支持贫困地区企业发行短期融资券、中期票据等债务融资工具。支持金融机构积极参与社会效应债券发行、地方扶贫专项基金设立等扶贫投融资机制创新，拓宽贫困地区的融资渠道。

六　加大对小微企业、“双创”企业等薄弱环节支持，补足民生金融服务短板

（二十一）加强和改进小微企业金融服务。银行业金融机构要加强多元化金融产品和服务创新，积极利用互联网技术降低小微企业融资准入门槛，优化小微企业业务规范和流程。人民银行各分支机构要加强与地方政府部门和金融系统的沟通协调，统筹推进小微企业金融服务工作。在辖区内开展小微企业应收账款融资专项行动。配合总行优化小微企业信贷政策导向效果评估体系，推动评估结果在地方政府风险补偿金、财税奖补等政策中的运用，为小微企业融资营造良好的外部环境。

（二十二）深化大众创业万众创新金融服务。银行业金融机构要加强与“双创”示范基地及各类众创空间等“双创”，载体合作，加大对创业创新

企业的金融支持力度。要依托风险补偿、贷款贴息等财政手段，强化对新技术、新产品、新成果导入阶段“双创”企业的金融支持。人民银行各分支机构要继续探索金融支持创业创新市场化运作的长效机制，密切跟踪监测投贷联动试点等金融创新发展情况，引导银行业金融机构下沉服务重心，支持县域创新驱动发展。

（二十三）进一步做好就业、助学、农民工等金融服务。人民银行各分支机构要进一步细化创业担保贷款政策，切实做好对高校毕业生、返乡农民工、网络商户、建档立卡贫困户等就业困难人员和重点人群的创业就业金融服务。继续落实国家助学贷款政策，让助学贷款惠及更多家庭困难学生。实施好康复扶贫贴息贷款政策，加大对康复辅助器具产业的金融支持，为残疾人康复、创业、就业提供便利条件。

七　统筹做好重大战略金融服务，推动区域经济协调发展

（二十四）提升京津冀协同发展金融支持力度。银行业金融机构要围绕有序疏解北京非首都功能，优化调整区域业务布局，建立有利于协同发展的金融组织体系，积极参与区域金融市场一体化改革和各项综合金融试点，提升京津冀金融服务一体化水平。创新金融支持方式，持续加大对京津冀交通一体化、生态环境保护、产业升级转移等率先突破领域和基础设施建设、科技创新、扶贫开发等重点领域和薄弱环节的支持力度。

（二十五）做好西部大开发等重大区域战略的金融服务。银行业金融机构要加强对西部地区生态环境保护、完善基础设施网络、推动脱贫攻坚、培育现代产业体系、发展特色优势农业、促进创新驱动发展、推进新型城镇化等重点领域的金融支持，推动西部大开发战略深入实施。切实落实有关支持政策，扎实做好东北振兴、中部崛起、东部率先发展等区域发展总体战略和长江经济带发展、“一带一路”建设等重大战略实施推进的金融服务。

（二十六）持续改进完善老少边穷和民族地区金融服务。银行业金融机

构要结合老少边穷和民族地区产业发展需求，延伸服务网络，调剂信贷资源，灵活设立贫困老区分支机构授信审批权限，建立健全信贷资金投向老区的激励机制，切实改进民族地区金融服务水平。落实好“十三五”民族贸易和民族特需商品生产贷款优惠利率政策。加大信贷政策支持力度，推动民族地区和边疆地区经济发展和产业升级。继续做好地震、洪涝灾害受灾地区灾后重建金融服务。

八　加快创新投融资机制，做好地方政府性债务管理配套金融服务

（二十七）继续做好地方政府性债务管理配套金融服务。银行业金融机构要配合相关部门做好地方政府存量债务置换和地方政府融资平台市场化转型工作，强化债务风险监测提示，不得违法违规向地方政府提供融资，不得要求地方政府违法违规提供担保，购买地方政府债券要符合监管规定。人民银行各分支机构要及时掌握本地区地方政府债务置换和融资平台市场化转型动态，密切监测重大项目后续资金来源，督促银行业金融机构强化地方政府性债务风险监测和提示。

（二十八）加大对政府和社会资本合作（PPP）项目推广运用的金融支持。银行业金融机构要结合 PPP 模式特点，优化信贷审批方式，稳妥推进抵质押方式创新，加大对 PPP 项目的融资支持。鼓励有条件的金融机构在权益明确、风险分担机制合理的前提下，与地方政府合作发起设立或参股各类 PPP 基金，吸引更多社会资本。人民银行各分支机构要指导辖区内金融机构正确识别、计量和控制风险，按照风险可控、商业可持续原则支持 PPP 项目融资。加强对有条件的 PPP 项目开展资产证券化的指导和支持。

九　进一步推进资产证券化

（二十九）推进信贷资产证券化市场健康规范发展。参与信贷资产证券

化的金融机构要持续优化内部管理制度和激励机制，加强信息系统建设和数据积累，大力发展个人住房、汽车、消费等零售类和微小企业贷款证券化产品，提升产品标准化、规范化程度。人民银行各分支机构要继续加强信贷资产证券化业务推广指导，更多鼓励一次注册、自主分期发行，加强跟踪监测，及时分析研究信贷资产证券化对货币信贷总量调控、货币政策实施及宏观审慎管理的影响。继续稳妥推进不良资产证券化试点工作。

（三十）有序推进企业资产证券化。人民银行各分支机构要与相关部门加强协调，主动收集辖区内有需求的企业信息，坚持“真实出售、破产隔离”原则，指导企业以符合条件的经营性资产开展证券化，盘活存量资源。积极配合交易商协会加强项目收益票据、资产支持票据等企业资产证券化产品的运用推广。持续监测并及时报告辖区内企业资产证券化业务中出现的新趋势、新情况、新问题，推动标准化、规范化的企业资产证券化产品发展。

十　创新信贷政策工作实施方式，扎实开展导向效果评估

（三十一）继续做好涉农和小微企业信贷政策导向效果评估工作。人民银行各分支机构要创新评估方式，完善评估方法，做好评估结果运用。创新评估结果与宏观审慎评估（MPA）、金融机构综合评价、再贷款、再贴现等政策工具运用结合方式。推进评估结果在地方风险补偿金、财税奖补等政策中的运用。评估结果将作为银行业金融机构发行“三农”和小微企业金融债的重要参考。银行业金融机构要加强信贷政策执行情况监督检查，对列入中等和勉励档的分支机构，及时采取有效措施，督促其整改到位。

（三十二）创新开展金融扶贫政策效果评估工作。人民银行相关分支机构要加强与金融监管部门、扶贫部门的沟通协调和信息共享，组织做好辖区内贫困县和银行业金融机构评估工作。建立评估结果运用和披露机制，探索将贫困县评估结果与金融精准扶贫政策创新试点、差别化监管、脱贫攻坚工作年度考核等相结合，将银行业金融机构评估结果与宏观审慎评估

（MPA）、发行债务融资工具以及金融机构年度综合评价等相结合。银行业金融机构要做好数据采集和结果运用，以评估促进提升金融扶贫工作效果。

（三十三）发挥信贷政策和金融市场、财政政策合力。人民银行各分支机构要注重推动信贷政策产品化，发挥金融市场创新工具作用，继续完善易地扶贫搬迁专项金融债券、社会效应债券、涉农和小微企业金融债券，研究推出“双创”专项金融债券、银行间市场高收益债券，打通金融服务实体经济薄弱环节的通道。加强财政和金融政策协调联动，推动地方政府通过发行成本补贴、贷款贴息、风险补偿等支持方式，形成市场化可持续的融资工具和交易机制。

十一　加强调研监测，防控信贷风险

银行业金融机构要立足金融服务实体经济，坚持审慎经营，优化信贷资金管理配置，科学设计创新信贷产品，加强信贷风险识别和监测预警，从源头上把控和防范各类信贷风险发生。人民银行各分支机构要与相关部门加强信息交流共享，指导银行业金融机构落实有扶有控、分类施策的信贷政策，不搞“一刀切”，不盲目抽贷、压贷、断贷。进一步加强对辖区化解产能过剩、房地产市场、债转股、地方政府性债务以及重点改革领域金融风险的跟踪监测和调研分析，提高和改进监管能力，确保不发生系统性金融风险。

人民银行各分支机构要进一步完善与银行业金融机构的定期双向联动机制，及时沟通信贷政策动向，加强对银行业金融机构制定、实施信贷政策的监督指导，完善辖区内银行业金融机构信贷政策执行情况报告制度。在每季度结束后十五个工作日内，全国性银行业金融机构和人民银行各分支机构要向人民银行总行报送本机构和本地区信贷政策执行情况报告。

各银行业金融机构要根据本意见要求，制定完善内部信贷管理制度，并将贯彻落实情况以及实施过程中遇到的新情况、新问题，定期向人民银行报告。请人民银行各分支机构速将本意见转发至辖区内地方性金融机构，并加强组织协调，做好政策贯彻落实工作。

中国人民银行办公厅

2017 年 3 月 11 日

国家能源局关于印发《关于深化能源行业投融资体制改革的实施意见》的通知

（国能法改〔2017〕88号）

各省（自治区、直辖市）发展改革委（能源局）：

现将《关于深化能源行业投融资体制改革的实施意见》印发给你们，各有关单位要根据实施意见，按照职能和职责分工要求，结合实际认真贯彻落实。涉及多部门的工作，部门之间要加强协调配合，形成工作合力。贯彻落实中的重大问题要及时报告我局。

国家能源局

2017 年 3 月 27 日

《国家能源局关于深化能源行业投融资体制改革的实施意见》

为贯彻落实《中共中央、国务院关于深化投融资体制改革的意见》（中发〔2016〕18 号），进一步发挥能源投融资对稳增长、调结构、惠民生，推进供给侧结构性改革的重要作用，坚持企业为主、规划引导、放管结合、优化服务、创新机制、畅通渠道、统筹兼顾、协同推进的原则，提出以下实施意见。

一　充分激发社会资本参与能源投资的动力和活力

（一）确立能源企业投资主体地位。在增量配电网、规划内风电、背压式热电联产、燃气分布式发电等项目先行试点企业投资项目承诺制，推动以政策性条件引导、企业信用承诺、监管有效约束为核心的管理模式。

（二）实行能源投资项目管理负面清单制度。进一步取消下放能源投资项目核准权限。严格按照《政府核准的投资项目目录》规定核准能源项目，目录范围外的项目，一律实行备案制，不得进行任何形式的审批。

（三）建立能源投资项目管理权力清单制度。能源项目核准机关要根据《政府核准的投资项目目录》，制定本级能源投资项目管理权力清单，国家能源局要抓紧制定并试行《国家能源局权力和责任清单》。各省级能源项目核准机关要根据《政府核准的投资项目目录》规定的权限开展核准工作，要坚持投资审批权限下放层级与承接能力匹配，对涉及本地区重大规划布局、重要能源资源开发配置的项目，原则上不下放到地市级政府、一律不得下放到县级及以下政府核准。

（四）建立能源投资项目管理责任清单制度。能源项目核准机关要厘清职权所对应的责任事项，明确责任主体，健全问责机制。按照简化程序、优化流程、透明高效的原则，制作行政职权运行流程图，规范每个环节的承办机构、办理程序、办理要求、办理时限等，确保权力规范行使。

（五）规范能源投资项目备案管理制度。实行备案制的能源投资项目，备案机关要通过全国投资项目在线审批监管平台或政务服务大厅，提供快捷备案服务，备案不得设置任何前置条件。

（六）优化能源投资项目核准流程。实行核准制的能源投资项目，核准机关要依托全国投资项目在线审批监管平台或政务服务大厅实行并联核准，项目核准的前置许可条件不得互为前置。按照并联办理、联合评审的要求，配合推动相关部门协同下放审批权限，探索建立多评合一、统一评审的新模式。

（七）精简能源投资项目核准前置许可。能源投资项目核准只保留选址意见和用地（用海）预审作为前置条件，除法律法规明确规定的，各级能源项目核准机关一律不得设置任何项目核准的前置条件，不得发放同意开展项目前期工作的“路条”性文件。

（八）创新能源投资项目业主确定方式。在光伏、生物质能、火电站、水电站、风电等项目开展以竞争性方式确定能源投资项目业主试点。根据资源调查和专项规划，委托有资质的中介机构对纳入规划的项目进行咨询评估，通过招标、竞争性磋商等方式，公开、公平、公正确定业主。

（九）加强能源企业投资行为事中事后监管。企业投资能源项目要严格按照国家有关规定实施。未依法办理核准或备案手续开工建设，或者未按照核准的建设地点、建设规模、建设内容等进行建设的，核准机关应当根据法律法规规定，按情节轻重依法给予警告、责令停止建设、责令停产等处罚。

二　发挥好能源行业政府投资的引导和带动作用

（十）正确把握政府投资方向，明确投资范围。能源领域政府投资资金重点支持农村电网改造、煤矿安全改造、国家石油储备基地等市场不能有效配置资源的基础设施和公共服务类项目。

（十一）优化完善政府投资资金安排方式。对农村电网改造、煤矿安全改造、油气储备设施建设等政府投资的能源项目，建立政府投资资金分配信息发布机制，具备条件的项目采用招投标的方式取代行政指定性的资金分配方式，不设置歧视性条件，平等对待各类投资主体。对确需支持的经营性能源项目，政府投资主要采取资本金注入方式，也可适当采取投资补助、贷款贴息等方式进行引导。

（十二）编制能源领域三年滚动政府投资计划。依据国家宏观调控总体要求和能源发展规划，编制能源领域三年滚动政府投资计划，明确规划期内政府投资的重大能源项目。建立能源领域政府投资项目库，未入库项目原则上不予安排政府投资。

（十三）加强能源领域政府投资事中事后监管。以更严格标准加强对能源领域政府投资的概算预算、建设标准、建设工期、竣工验收等事项的要求。严格按照项目建设进度下达政府投资计划。严格概算执行和造价控制，健全概算审批、调整等管理制度。加强政府投资项目的竣工验收管理。探索与投资项目审计监督、重大项目稽查等部门实施联合监督的新机制，强化政府投资监管。

（十四）建立政府投资资金使用情况后评估制度。对能源领域政府投资项目的质量、工期、资金使用和安全性评价等事项进行专项监管和动态跟踪。完善政府投资追责体系，建立政府投资黑名单制度，项目一经发现违法违规问题，视情节轻重限制、禁止项目业主申请中央预算内投资资金，并追究法律责任。

（十五）鼓励政府和社会资本合作。落实《国家能源局关于在能源领域积极推广政府和社会资本合作模式的通知》（国能法改〔2016〕96 号），重点在城镇配电网、农村电网、电动汽车充电桩、城市燃气管网、液化天然气（LNG）储运设施等领域推广运用政府和社会资本合作（PPP）模式。建立 PPP 项目联审机制，进一步简化 PPP 项目审批流程，提高行政服务效率。建立主要由市场决定能源价格的机制，为社会资本投资能源领域创造有利条件。对确定采用 PPP 模式的能源项目，通过竞争性机制公平择优选择社会资本作为合作伙伴。

三　畅通能源投资项目融资渠道

（十六）鼓励发展能源项目直接融资。依托多层次资本市场体系，拓宽和优化能源领域投资项目的直接融资渠道，鼓励符合条件的能源企业开展股票上市融资。总结能源领域资产证券化实践经验，鼓励金融机构选择符合条件的能源信贷资产、企业应收款、信托受益权、基础设施收益权等为基础资产，开展形式多样的资产证券化业务，盘活存量能源设施资产。加大创新力度，丰富债券品种，鼓励有条件的能源企业发行企业债券、项目收益债、重点产业专项债，通过债券市场筹措资金。

（十七）大力加强能源领域“双创”项目金融扶持力度。加大对电动汽车充电基础设施、氢燃料电池、储能、综合智慧能源等科技程度高、资本密度低，并处于种子期、初创期项目的金融支持力度，鼓励金融机构有针对性地为能源领域“双创”项目提供股权、债券以及信用贷款等融资综合服务。

（十八）建立能源领域政府、银行、企业、社会合作对接机制。搭建政银企社合作平台，通过联合开展项目推介会等方式，加强与政策性、开发性金融机构以及广大社会资本的对接，为能源领域重大项目获取长期稳定、低成本的资金支持创造条件。

（十九）完善保险资金等机构资金对能源项目建设的投资机制。大力发展债权投资计划、产业投资基金、资产支持计划等融资工具，引导社保资金、保险资金、企业年金等用于收益稳定、回收期长的能源项目。建立信贷、证券、保险和基金等机构资金支持重大能源项目建设的合作对接机制，保障重大项目资金需求。

（二十）构建更加开放的投融资体制。加强与金融机构的协调配合，促进金融机构对重大能源基础设施建设合作项目提供信贷、担保、保险、国际结算等全方位、全流程的金融服务。促进金融机构针对能源领域对外合作的需求和特点，主动创新金融产品和服务方式，加快拓展和优化境外服务网络，为能源企业“走出去”和重点国际合作项目提供境内外一体化金融服务。积极搭建能源领域双多边政府间合作平台，建立健全能源行业“走出去”协调服务机制，更好地支持能源对外投资项目。加强与国际金融机构和各国政府、企业、金融机构在能源领域的多层次投融资合作。

四　提升综合服务管理水平

（二十一）落实能源投资项目审批负责制。探索建立并逐步推行能源投资项目审批、核准和备案首问负责制。能源项目核准、备案机关或审批协调机构实行“一站式”受理、“全流程”服务，一家负责到底。

（二十二）大力推进阳光审批。落实投资项目统一代码制度相关要求，充分利用全国投资项目在线审批监管平台，做好能源项目审批、监管等信息公开工作，提高透明度。制定能源项目审批工作规则，梳理整合办事环节，编制、更新企业办事流程图。推进能源项目审批管理工作的信息公开制度，及时公开项目受理情况、办理过程、审批结果。鼓励新闻媒体、公民、法人和其他组织依法对能源部门的服务管理行为进行监督。

（二十三）加强规划引领。完善能源规划体系，强化地方规划与国家规划的衔接，加强能源规划与城乡、土地、环保等领域规划的衔接。完善能源规划的约束引导机制，发挥好规划对能源投资的龙头性、引领性作用，促进能源产业科学有序发展。处理好规划和具体投资项目的关系，既要依据规划布局项目，也要防止规划制定过细、规划变相指定项目单位、规划套规划搞层层加码等有碍市场在能源投资中起决定性作用的问题出现。

（二十四）健全监管机制。按照谁审批谁监管、谁主管谁监管的原则，依托能源投资项目在线审批监管平台，加强项目建设全过程监管。完善有关规章制度，制定监管工作指南和操作规程，促进监管工作标准化、规范化、公开化。

（二十五）加强重点领域专项监管。煤矿、火电等产能过剩或存在潜在过剩风险的投资领域要严格按照国家专项规划和产业政策开展项目建设，对违规、违建项目责令停止建设或责令停产。切实保护社会资本在能源投资中的正当权益，加大监管力度，保障投资者合法合理诉求得到解决。

（二十六）加强能源企业信用体系建设。按照国家统一规划和部署，加强能源企业信用体系建设，实现信用信息公开共享。开展信用评价，曝光严重违法失信、发生重大以上安全事故“黑名单”企业。将企业信用记录纳入全国信用信息共享平台，强化政府和投资者的契约意识和诚信意识，形成守信激励、失信惩戒的约束机制，促使相关主体切实承担责任，履行法定义务，确保投资建设市场安全高效运行。

五　确保改革任务落实到位

（二十七）加强分工协作。建立能源投融资体制改革工作会商制度和协调机制，分解任务，明确责任，加强协同配合。能源项目审核机关要充分认识深化投融资体制改革的重要性和紧迫性，及时制定具体工作方案，明确任务分工、时间节点，做好相关支持配合工作。国家能源局派出能源监管机构要充分发挥监管职能，按照统一部署开展能源投融资体制改革工作落实情况专项监管。

（二十八）加快法制建设。完善与能源投融资相关的规章制度和行业标准，制定能源领域贯彻落实投资领域立法的具体管理办法或实施方案。加快推进《电力法》、《煤炭法》修订，积极推动《能源法》、《核电管理条例》、《国家石油储备条例》、《能源监管条例》、《海洋石油天然气管道保护条例》等法律法规制定出台。加快制定修订能耗、碳排放等领域技术标准，实施能效“领跑者”制度，研究建立煤电机组能效领跑者机制。

（二十九）推进配套改革。能源投融资体制改革与其他领域改革要协同推进，形成叠加效应，充分释放改革红利。加快能源体制改革，落实电力体制改革措施，深化石油天然气体制改革，推进电力市场建设、售电侧改革、油气行业上游勘探开发领域改革等试点工作，有序放开油气勘查、开采、市场准入，完善油气进出口管理体制、完善油气加工环节准入和淘汰机制，推动油气管网基础设施公平开放。推动能源价格改革，完善油气产品定价机制，有序放开上网电价和公益性以外的销售电价。积极鼓励国有能源企业开展混合所有制改革，推动体制机制创新，为社会资本在能源领域开展投融资活动创造有利条件。

《中国银监会办公厅关于开展银行业“监管套利、空转套利、关联套利”专项治理的通知》

（银监办发〔2017〕46号）

各银监局，机关各部门，各政策性银行、大型银行、股份制银行，邮储银行，外资银行，金融资产管理公司：

为贯彻落实中央经济工作会议精神，引导银行业回归本源，专注主业，规范经营行为，有效防控风险，不断提高服务实体经济质效，银监会决定在银行业金融机构全面开展“监管套利、空转套利、关联套利”（以下简称“三套利”）专项治理工作。现将有关事项通知如下：

一　提高思想认识，明确目标任务

本次专项治理工作是贯彻落实中央经济工作会议精神和银监会2017年度工作计划的具体部署，是针对当前各银行业金融机构同业业务、投资业务、理财业务等跨市场、跨行业交叉性金融业务中存在的杠杆高、嵌套多、链条长、套利多等问题开展的专项治理。

各银行业金融机构和各级监管部门机构要高度重视，狠抓落实，整治部分机构存在的“干活不弯腰”、“坐地收钱”、“只收费不服务”等官商作风；缩短企业融资链条，降低企业债务杠杆，切实查纠偏离服务实体经济的业务和行为；使资金真正投向实体经济，提高金融服务实体经济的能力和水平。

二　加强组织领导，扎实有序推进

（一）总体安排。各银行业金融机构负责组织实施本系统各级机构自查；银监会各机构监管部门负责组织推动所监管机构的自查、“上对下”抽查，并进行督导；银监会现场检查局负责组织推动对银行业金融机构的监管检查工作；各银监局负责组织推动辖内机构的自查工作，并组织实施对辖内机构的监管检查。机构自查和监管检查的业务范围均为2016年末有余额的各类业务，必要时可以上溯或下延。

（二）机构自查。各银行业金融机构要开展全系统自查及“上对下”抽查，全面覆盖体制、机制、系统、流程、人员及业务，结合自身特点细化自查方案，自主确定自查和“上查下”的机构数量及业务比例。自查和“上查下”要有组织、有安排、有实施、有记录，自查发现案件线索的，要及时移送司法机关。对机构应查未查、应发现未发现、应处未处和处理不到位的问题，监管机构一经发现，将从严从重处理。

（三）监管检查。银监会各机构监管部门根据日常监管掌握情况，结合以往非现场监管和现场检查发现的问题和风险隐患开展督导工作。各银监局要切实履行属地监管职责，可根据辖内风险状况自行确定检查机构的数量和业务比例，结合被查机构经营特点细化检查方案。监管检查原则上采取“双随机”方式进行，应实现辖内机构类别全覆盖，并注重对法人机构的检查。同时，各银监局在今年实施的所有检查项目中，都应全面落实“三套利”专项治理工作的检查要点。

三　落实报告要求，确保治理实效

（一）机构自查要求报告

1. 报告路径。各银行业金融机构应在汇总分支机构自查情况基础上，于2017年6月12日前将自查报告（文字及附表）报送监管部门。其中，银监会直接监管的法人机构将自查报告报送至银监会对应的机构监管部门，并抄送现场检查局；地方法人机构将自查报告报送至属地银监局（分局），并抄送银监会对应机构监管部门和现场检查局；银行业金融机构各级分支机构应将本级自查情况报送至属地银监局（分局）。对自查发现的重大违规问题，应及时专题报送。

2017年11月30日前，各银行业金融机构要全面完成自查、“上查下”以及监管检查发现问题的整改和问责工作，并形成报告（文字及附表）报送监管部门，报告路径同上。

2. 报告要求。银行业金融机构的自查报告将作为非现场监管和现场检查的重要参考依据，须由主要负责人签发。自查报告的内容应包括：一是自查工作组织实施情况；二是内部规章与合规机制基本情况及总体评价；三是自查发现的主要问题；四是问题存在的原因；五是整改和问责工作的具体情况，包括整改和问责进度安排、已（拟）采取的整改和问责措施、责任部门及责任人、对未整改和问责问题的说明等，并附整改问责台账；六是对监管工作的建议；七是下一步工作措施等。

（二）监管检查要求报告

1. 报告路径。各银监局的监管检查应形成“1 + N”份检查报告，即1份汇总辖内检查工作情况的总报告，N份按行别或机构类别汇总的分报告。其中，银监会直接监管机构的分支机构，以及城市商业银行、外资银行按行别（公司）分别汇总，农村中小金融机构按农村银行、农信社、新型农村金融机构类别分别汇总，非银行金融机构按信托公司、财务公司、金融租赁公司、消费金融公司等机构类别分别汇总。

各银监局于2017年6月12日前报送检查报告、附表及典型案例；6月底前报送现场检查意见书；7月底前报送“三套利”专项治理最终处理处罚结果（文字及附表）。上述材料报送银监会现场检查局的同时，抄送对应机构监管部门。

2017年6月30日前，银监会各机构监管部门汇总、上报所监管条线机构自查、监管督导及监管检查情况；现场检查局汇总、上报银监会“三套利”行为专项治理检查情况。

2. 报告内容。各银监局的检查报告应包括以下内容：一是监管检查的组织实施情况；二是机构内部规章及合规管理机制建设和执行的总体情况；三是检查发现的主要问题和风险隐患；四是问题原因分析；五是采取的审慎监管措施，以及已（拟）处理处罚措施；六是相关政策建议等。

各银监局在监管检查中要注意收集整理2～3个典型案例，对分支机构因总行制度缺陷和管理漏洞而发生的问题，应在检查报告中予以体现。同时，对检查中发现的重大风险问题，应及时专题报送银监会。

（三）监管措施

银监会各机构监管部门和各银监局应结合机构自查、监管督导、监管检查和日常监管掌握的问题，提出针对性的监管意见，一行一策，督促机构严格整改问责。并视情况采取责令暂停业务、停止批准开办新业务、停止批准增设分支机构、责令调整董事及高管等审慎监管措施。

四　严肃整改问责，依法廉洁工作监管

对“三套利”专项治理工作中发现的问题，银行业金融机构要落实风险管控的主体责任，切实整改，严肃问责。对一时难以整改和问责到位的问题，要建立台账，明确时限，责任到人。

各级监管机构要强化监管处罚，真正落实“三铁三见”要求。

一是对自查工作不落实、屡查屡犯不收手、整改问责不到位、监管检查不配合的机构，要依法从严采取监管措施。二是切实做到应处必处，应罚尽罚，特别是对于违规开展关联交易、花样翻新的套利行为和利益输送等问题，要从严从重处罚。对检查发现的案件线索，要及时移送司法机关。三是依法建立处罚机制。既要没收非法所得，也要处以罚款；要对违规机构和相关责任人员实施“双罚”；要将处罚结果与市场准入、履职评价、监管评级等挂钩；要进行通报和曝光，强化震慑效应。

各级监管机构要严格按照中央“八项规定”精神和整治“四风”要求，依法廉洁开展治理工作，严格执行银监会现场检查纪律，严格遵守保密规定，对于违反各项纪律的行为要坚决纠正并严肃查处。

为统筹推进加强对“三套利”行为专项治理工作，请各银监局确定一名局级领导牵头负责，并确定一名处级干部担任联络人，于3月底前将相关人员名单及联系电话发送报送银监会现场检查局。

附件：银行业金融机构“监管套利、空转套利、关联套利”专项治理工作要点

中国银行业监督管理委员会办公厅

2017年3月28日

附件

银行业金融机构“监管套利、空转套利、关联套利”专项治理工作要点

一　指导原则

（一）银行业金融机构董事会要切实负责同业、理财（资管）等通道类业务的发展规划和风险管控工作。各机构要制定符合经济、金融发展实际和本机构风险管理能力的目标和规模，对本机构通道类业务近年的发展情况进行梳理和总结，检查是否存在过激或与本行风险管控能力不相适应的发展战略及规划。通道类业务发展速度和规模过高且风险管理能力明显跟不上要求的机构，应制定切实有效的整改计划。

（二）对于交叉性金融产品，总体原则是资金来源于谁，谁就要承担管理责任，出了风险就要追究谁的责任；相应监管机构也要承担监管责任。

（三）对于资金来源于自身的资产管理计划，银行业金融机构要切实承担起风险管控的主体责任，不能将项目调查、风险审查、投后检查等自身风险管理职责转交给“通道机构”。

（四）各银行业金融机构在防范外部风险冲击方面，要管好自己的员工、自己的业务和自己的资金。尤其是要建立银行体系与资本市场、债券市场、保险市场、外汇市场之间的防火墙，不得为各类债券或票据发行提供担保。禁止将非持牌金融机构列为同业合作交易对手。

二　监管套利

监管套利是银行业金融机构通过违反监管制度或监管指标要求来获取收益的套利行为。

（一）规避监管指标套利

1. 规避信用风险指标。主要内容包括但不限于：

（1）是否存在通过各类资管计划（包括券商、基金、信托、保险、期货等）违规转让等方式实现不良资产非洁净出表或虚假出表，人为调节监管指标；

（2）是否违反监管规定或会计准则，通过调整贷款分类、重组贷款、虚假盘活、过桥贷款、以贷收贷、平移贷款等掩盖不良，降低信用风险指标或调整拨备充足率指标；

（3）是否存在低估抵债资产的损失程度或抵债资产减值准备计提不足的情况；

（4）是否存在理财资金投资非标债权资产总额超过规定上限的情况；

（5）是否存在同业融入资金余额占比负债总额超过三分之一的情况。

2. 规避资本充足指标。主要内容包括但不限于：

（1）是否存在同业业务、票据业务、理财业务未按照“穿透性”原则和“实质重于形式”原则，准确进行会计核算、风险计量并足额计提资本的情况，包括但不限于：通过违规提供同业增信，或通过借助券商、基金、信托、保险、期货等通道方，设立定向资管计划、有限合伙股权理财融资等模式；

（2）是否通过卖出回购或以表内资产设立附回购协议的财产权信托等模式，将金融资产违规出表或转换资产形态以达到调节监管指标的目的；

（3）转贴现卖出票据、卖断附带追索权的票据业务是否按照规定计提资本；

（4）是否存在以拆分时段买入返售相同票据资产，减少风险资产占用；

（5）是否存在利用第三方机构，将票据资产转为资管计划，以投资替代贴现，随意调节会计报表并减少资本计提；

（6）是否存在考察期末时点将风险权重相对较高的同业资金缴存央行，期末立即转回，人为调节会计报表和资产风险权重，虚增资本充足率及收益调节的情况；

（7）是否存在将不符合小微企业条件客户人为调整为小微企业，致使信用风险加权资产计量不准确。

3. 规避流动性风险指标。主要内容包括但不限于：

（1）是否存在利用票据业务，以票吸存虚增存贷款规模；

（2）是否存在通过同业业务倒存，将同业存款变为一般性存款；

（3）是否存在协助同业机构违规将同业存款变为一般性存款等；

（4）是否存在违规开展资金池理财业务，理财产品期限严重错配，通过滚动发售、混合运作、分离定价，发行分级理财产品或理财产品与代销产品之间相互交易，调节流动性，隐匿流动性风险；

（5）是否通过将非标资产人为调整按照标准资产核算，影响流动性指标；

（6）是否将理财资金转为一般性存款。

4. 规避其他类指标。主要内容包括但不限于：

（1）是否通过理财业务与自营业务之间相互交易，规避信贷规模控制或将自营资产出表或减低信用风险加权资产；

（2）是否通过违规办理同业代理转贴现业务，隐匿信贷资产规模；

（3）表外理财业务违规通过人为调整将非标准化转为标准化，突破非标监管指标；

（4）是否存在利用“卖断＋买入返售＋到期买断”、“假买断、假卖断”、附加回购承诺等交易模式，调节信贷指标；

（5）是否存在倒换业务类型，提增中间业务收入等；

（6）是否存在多头开户、多头借款、多头互保突破集团客户集中度要求；

（7）是否存在通过重分类债券投资调整利润，债券投资未准确估值或提足拨备；

（8）是否为违规交易场所提供承销、开户、托管、资产划转、代理买卖、投资咨询、保险等服务；

（9）是否存在本行自营资金购买本行理财产品现象。

（二）规避监管政策违规套利

1. 违反宏观调控政策套利。重点检查银行业金融机构是否贯彻落实国家行业调控政策和信贷调控政策。包括但不限于：

（1）信贷资金是否借道建筑业或其他行业投向房地产和“两高一剩”行业领域；

（2）是否通过同业业务和理财业务或拆分为小额贷款等方式，向房地产和“两高一剩”等行业领域提供融资；

（3）是否通过同业非标投资、理财投资等方式，继续对“僵尸企业”以及环保排放不达标、严重污染环境且整改无望的落后企业提供授信；

（4）是否违反落实新预算法和国务院关于地方政府性债务管理的有关要求，通过产业基金、委托贷款等方式提供融资放大政府性债务，通过产业基金等进行非标资产投资等；

（5）是否发放虚假用途的贷款用于股票或理财投资；

（6）是否人为调整企业标准形态，完成小微企业贷款“三个不低于”目标。

2. 违反风险管理政策套利。重点检查包括但不限于：

（1）是否放松风险管理或授信条件，以形式审查替代实质审查，为不符合条件的客户办理授信业务；

（2）是否放松信用证结算管理使企业挪用信用证结算回款，套取银行信用；

（3）是否给予企业进出口两端双重融资或开立与业务周期严重错配的信用证；

（4）是否开展三方或以上交易对手之间的买入返售或卖出回购业务；

（5）是否使用不符合监管规定的金融资产办理买入返售（卖出回购）业务；

（6）是否规避自营贷款尽职调查、风险审查和风险管理要求，通过非标准化债权同业投资业务和理财产品非标准化债权资产投资提供授信融资；

（7）是否存在银行名义上代销主动管理类信托产品，实际主导相关项目选择、尽职调查、审批以及贷后管理，并与信托公司签订隐性回购条款的情形。

3. 利用不正当竞争套利。重点检查包括但不限于：

（1）是否依据虚假的合同、增值税发票、银行进账单、他项权证以及审计报告等办理授信业务；

（2）是否向不符合固定资产贷款标准的企业和项目改为发放流动资金贷款；

（3）是否与企业签订债权债务抵销协议，为企业在会计报表中抵销金融资产和负债提供便利；

（4）是否与中介合作，离行离柜办理无真实贸易背景票据贴现非法牟利；

（5）是否通过票据业务为他行隐匿、消减信贷规模提供“通道”；

（6）是否通过签订“阴阳合同”或抽屉协议等行为为非保本理财提供保本承诺；

（7）是否存在将本行票据业务完全授信给第三方非金融机构办理。

4. 增加企业融资成本套利。重点检查包括但不限于：

（1）是否强制设定条款或协商约定将部分贷款转为存款；

（2）是否以存款作为审批和发放贷款的前提条件；

（3）是否要求客户接受不合理中间业务或其他金融服务收取费用；

（4）是否将利息分解为费用收取，变相提高利率；

（5）是否在发放贷款或以其他方式提供融资时强制捆绑搭售理财、保险、基金等金融产品；

（6）是否笼统将贷款利率上浮至最高限额；

（7）是否将经营成本以费用形式转嫁给客户；

（8）是否对小微企业贷款收取承诺费、资金管理费；

（9）是否对小微企业及其增信机构严格执行限制收取财务顾问费、咨询费等费用；

（10）是否承担抵押登记费。

三　空转套利

空转套利是指银行业金融机构通过多种业务使资金在金融体系内流转而未流向实体经济或通过拉长融资链条后再流向实体经济来获取收益的套利行为。

（一）信贷“空转”

主要内容包括但不限于：

（1）是否存在以虚增存款和中间业务收入为目的为企业组合办理表内外融资业务，拉长融资链条、造成资金低效空转、增加企业负担的现象；

（2）是否存在以本行表内表外融资违规置换他行表内表外融资等方式，用于企业举新债还旧债，资金未被真正用于生产经营的现象；

（3）多头过度授信集团企业及个人信用贷款领域，是否存在信贷资金被挪用于委托贷款、理财、信托、证券市场等现象；

（4）是否存在违规发放“搭桥贷款”，套取银行资金进行民间借贷及投向高利率行业的现象。

（二）票据“空转”

主要内容包括但不限于：

（1）是否存在循环开立无真实贸易背景的承兑汇票并办理贴现，套取保证金，虚增存款和中间业务收入的情况；

（2）是否存在通过组合运用卖断、买入返售、买断转贴等方式，将票据在资产负债表内转移出去逃避信贷规模管控、赚取买卖差价的行为；

（3）是否存在借助跨业合作通道，通过信托、券商等“通道”模式，运用理财资金投资票据资产的行为；

（4）是否存在违规办理不与交易对手面签、不见票据、不出资金、不背书的票据转贴现“清单交易”业务；

（5）是否存在违规配合客户办理无风险敞口、无真实贸易背景银行承兑汇票业务进行套利导致资金在银行体系空转。

（三）理财“空转”

主要内容包括但不限于：

（1）是否存在以理财资金购买理财产品的现象；

（2）是否存在非银机构利用委外资金进一步加杠杆、加久期、加风险等现象；

（3）是否存在理财资金为各类监管套利提供支持的情况；

（4）是否存在利用同业理财购买本行同业存单现象；

（5）简述本行理财资金委外规模（主要指购买券商、保险、基金、信托、期货等各类机构发行的资产管理计划）以及主动管理和非主动管理的规模情况，并列明简要交易结构。

（四）同业“空转”

主要内容包括但不限于：

1. 同业资金空转

（1）是否存在通过同业存放、卖出回购等方式吸收同业资金，对接投资理财产品、资管计划等，放大杠杆、赚取利差的现象；

（2）是否存在通过同业投资等渠道充当他行资金管理“通道”，赚取费用，而不承担风险兜底责任的现象（信托公司开展的风险管理责任划分清晰的事务管理类信托除外）；

（3）是否存在通过同业绕道，虚增资产负债规模、少计资本、掩盖风险等现象。

2. 同业存单空转

是否通过大量发行同业存单，甚至通过自发自购、同业存单互换等方式来进行同业理财投资、委外投资、债市投资，导致期限错配，加剧流动性风险隐患；延长资金链条，使得资金空转套利，脱实向虚。

四　关联套利

关联套利是指银行业金融机构通过利用所掌握的关联方或附属机构资源，通过设计交易结构、模糊关联关系和交易背景等形式，规避监管获取利益的套利行为。

（一）违规向关联方授信、转移资产或提供其他服务

1. 违反或规避限制性政策规定。主要内容包括但不限于：

（1）是否存在以降低定价标准、贷款贴息、腾挪收益、显性或隐性承诺等方式变相优化关联交易条件的情况；

（2）是否存在向关联方的融资行为提供显性或隐性担保的情况；

（3）是否存在通过掩盖或不尽职审查关联关系、少计关联方与商业银行的交易、以不合格风险缓释因素计算对关联方授信风险敞口、“化整为零”等方式，规避重大关联交易审批的情况；

（4）是否存在借道其他银行、信托、证券等同业机构向关联方间接提供授信资金，规避向已发生授信损失的关联方授信的情况；

（5）是否存在通过投资关联方设立的基金、合伙企业等，违规转移信贷资产，并规避关联交易审批的情况；

（6）是否通过关联方进行利益输送、调节收益及本行资产负债表等行为。

2. 违反或规避关联授信集中度控制。主要内容包括但不限于：

（1）向关联方所在集团统一授信是否覆盖全部关联企业，是否存在通过掩盖或不尽职审查关联方的关联关系，规避关联授信集中度控制的情况；

（2）是否存在未按“穿透原则”认定关联方和关联方所在集团授信或未真实反映风险敞口，规避关联授信集中度控制的情况。

3. 违反或规避股权管理规定。主要内容包括但不限于：

（1）是否存在通过掩盖关联关系、股权代持、股权转让等方式，违规

超比例持有商业银行股权、变更持股或股份总额5%以上股东的情况；

（2）在增资扩股、引入战投、员工持股、股权激励等实施过程中，是否存在股权定价偏低、“低买高卖”等违规向关联方、高管层等输送利益的情况；

（3）是否存在以股权提供质押反担保等变相接受本行股权作为质押提供授信的情况；

（4）股东质押本行股权，是否存在高估股权价值，套取信贷资金、放大股权风险的情况。是否存在通过控制关联子公司并为子公司提供资金等方式间接控制本行或他行股权。

（二）违反或规避并表管理规定

主要内容包括但不限于：

1. 是否存在未将商业银行具有实质控制权的机构，或借道理财、代销、同业等渠道通过复杂交易结构设立且商业银行具有实质控制权或重大影响的合伙企业、合伙制基金等被投资机构，或业务、风险、损失等对商业银行集团造成重大影响的被投资机构等纳入并表范围，规避资本、会计或风险并表监管的情况，并表处理是否全面合规；

2. 是否存在借道相关附属机构，利用内部交易转移资产，调节业务规模以及不良、拨备、资本等监管指标的情况；

3. 是否存在利用境内外附属机构变相投资非上市企业股权、投资性房地产，或规避房地产、地方政府融资平台等限制性领域授信政策的情况；

4. 同一或关联客户是否借道银行集团各附属机构，特别是信托公司、金融租赁公司、证券公司、保险公司、资产管理公司等机构，通过复杂交易结构和安排进行融资，形成不正当利益输送，侵害其他投资者或客户权益，或规避监管政策限制、关联集中度控制等情况；

5. 是否通过购买QDII产品等投资国内房地产企业在境外发行的债券。

《中国银监会办公厅关于开展银行业“不当创新、不当交易、不当激励、不当收费”专项》

（银监办发〔2017〕53号）

各银监局，各政策性银行、大型银行、股份制银行，邮储银行，外资银行，金融资产管理公司，其他会管金融机构，各协会：

为进一步提升银行业服务实体经济质效，规范经营行为，维护金融秩序，防控金融风险，决定自2017年4月起开展银行业“不当创新、不当交易、不当激励、不当收费”（以下简称“四不当”）专项治理工作。现就有关要求通知如下：

一　目标导向

推动银行业金融机构按照回归本源、专注主业的要求，强化合规意识，规范经营行为，自觉维护良好金融秩序。按照“有利于提升服务实体经济的效率、有利于降低金融风险、有利于保护投资者合法权益”原则开展金融创新，不断强化风险管理和内部控制，确保金融创新与自身风险管理和风险承受能力相匹配，有效管控新业务、新产品面临的各类风险，牢牢守住不发生系统性风险的底线。

二　工作安排

（一）机构自查

1. 组织开展。各银行业金融机构负责组织实施本机构自查，并与排查市场乱象相结合。银监会各机构监管部门及各银监局负责组织推动银行业金融机构的自查，并对自查工作进行指导。

2. 自查要求。各银行业金融机构均应开展自查，上级机构要对下级机构自查情况进行检查。自查应全面覆盖体制、机制、系统、流程、人员及业务。业务范围为2016年末有余额的各类业务，必要时可以适当延伸。自查和“上查下”要留有痕迹，以备监管检查。各银行业金融机构要根据检查要点（详见附件1），结合自身特点细化自查方案，认真组织实施，落实风险管控主体责任。自查发现案件线索的，要及时向监管部门报告，并依法移送司法机关。对应查未查、应发现未发现、应处未处和处理不到位的问题，监管部门应依法从重处罚。

（二）监管检查

1. 组织开展。银监会直接监管的法人机构由政策银行部、大型银行部、股份制银行部、外资银行部、非银部根据监管职责分别负责，其分支机构由各银监局按照银监会相应机构监管部门的要求实施监管检查。各银监局负责对辖内法人机构的监管检查，城市银行部、农村金融部、外资银行部、信托部、非银部根据监管职责进行指导。

2. 检查要求。各相关机构监管部门、各银监局要结合实际情况，根据本工作要点细化检查方案，检查机构的数量和业务比例结合被监管机构的风险点和业务量自行确定。检查业务范围为2016年末有余额的各类业务，必要时可以适当延伸。对于已列为银监会2017年度现场检查计划的项目，要将“四不当”专项治理工作内容纳入检查范围。各银监局监管检查原则上采取“双随机”方式进行，应实现辖内机构类型全覆盖。

3. 监管措施。银监会各机构监管部门和各银监局应结合机构自查、监管检查和日常监管掌握的问题，提出针对性的监管意见，一行一策，督促机构严格整改问责，并视情况采取责令暂停业务、停止批准开办新业务、停止批准增设分支机构、责令调整董事及高管等审慎监管措施。

三　报告要求

（一）机构自查报告

1. 报告路径。各银行业金融机构法人应在汇总分支机构自查情况基础上，于2017年7月15日前将自查报告（文字及附表）报送监管部门。其中，银监会直接监管的法人机构将自查报告报送银监会机构监管部门，各地方法人机构将自查报告报送至属地银监局。银行业金融机构各级分支机构应将本级自查报告抄送属地银监局。对自查发现的重大违规问题，应及时专题报送。

2. 报告要求。机构自查报告应由主要负责人签发，内容应包括：一是自查工作组织实施情况；二是内部规制与合规机制基本情况及总体评价；三是自查发现的主要问题和影响；四是问题存在的原因及分析；五是整改和问责工作的具体情况，包括已（拟）采取的整改和问责措施、未能及时整改和问责问题的说明、整改和问责进度安排、责任部门和责任人等，并附整改问责台账。

（二）分机构类别汇总报告

1. 报告路径。各银监局按机构类别（城市商业银行、农村中小金融机构、外资银行、信托公司、其他非银机构，农村中小金融机构进一步分为农村商业银行和农村合作银行、农村信用社、村镇银行，其他非银机构进一步分为金融租赁公司、财务公司、汽车金融公司、消费金融公司、货币经纪公司）形成本辖区汇总报告（含附表），于2017年8月15日前报送银监会相应机构监管部门，抄送银监会创新部。银监会各机构监管部门按照机构类别（政策性银行和邮储银行、大型银行、股份制银行、城市商业银行、农村中小金融机构、外资银行、信托公司、其他非银机构）形成本条线汇总报告，于2017年9月15日前报送创新部。

2. 报告要求。报告应包括：一是机构自查和整改问责情况，机构内部规章及合规管理机制建设和执行的总体情况；二是监管检查的组织实施情况；三是自查和监管检查发现的主要问题及影响；四是对问题原因的分析；五是拟采取的监管措施和行政处罚措施；六是相关政策建议等。对重大违规问题和典型案例，请及时专题报送银监会创新部。

（三）总结报告

银监会创新部根据各机构监管部门提供的分机构类别汇总报告，汇总形成“四不当”专项治理工作总结报告。

四　工作要求

（一）提高思想认识。银行业金融机构和各级监管部门要充分认识“四不当”专项治理工作的重要性，以高度的责任感组织开展专项治理和问责整改，坚持问题导向，明确组织机制，严格落实责任，确保工作质量。

（二）严肃工作纪律。各级监管部门要严格贯彻落实中央“八项规定”精神，自觉遵守各项制度规定，做好保密工作，依法廉洁开展检查工作。对违反各项纪律的行为要坚决纠正，严肃查处。

（三）加强统筹协调。本次“四不当”专项治理要与市场乱象整治工作统筹安排。各银监局和会机关相关监管部门要确定一名局级领导牵头负责，指定一名处级干部担任联络人，并于4月12日前将联络人名单和联系方式提供创新部。各机构监管部门、各银监局根据专项治理的任务分工可相应建立联络机制。在专项治理实施过程中，遇有涉及跨省业务问题线索或需跨省监管协作的，相关机构监管部门应加强指导和协调，由相关银监局协助属地银监局做好核查工作。

附件：银行业“不当创新、不当交易、不当激励、不当收费”专项治理检查要点

中国银行业监督管理委员会办公厅

2017年4月6日

附件

银行业“不当创新、不当交易、不当激励、不当收费”专项治理检查要点

一 不当创新方面

（一）治理机制

董事会和高级管理层是否知悉本机构的金融创新业务、运行情况以及市场状况；是否准确认识金融创新活动的风险，是否定期评估、审批金融创新政策和各类新产品的风险限额，使金融创新活动限制在可控的风险范围之内。

（二）管理制度与流程

（1）本机构是否建立并实施开展金融创新的内部管理制度和程序，评估开发新产品、对现有产品进行重大改动、拓展新的业务领域、设立新机构、从事重大收购和投资等可能带来的风险，采取有效措施对创新业务或产品进行科学的风险评估和风险定价；

（2）是否针对上述经营活动建立内部审批流程，要求上述经营活动需事先得到风险管理部门、法律部门/合规部门的审核同意，并获得董事会或其授权的专门委员会批准；

（3）是否对快速发展的新产品和新业务以及存在潜在重大风险的业务领域进行专项压力测试，有效测试识别新产品和新业务等可能对银行持续经营带来的重大影响。

二　不当交易方面

（一）银行同业业务

1. 同业投资业务方面

（1）是否对特定目的载体投资实施了穿透管理至基础资产，是否存在多层嵌套难以穿透到基础资产的情况；

（2）是否进行了严格的风险审查和资金投向合规性审查；

（3）是否按照实质重于形式原则，根据所投资基础资产的性质，足额计量资本和拨备；

（4）是否将穿透后的基础资产纳入对应最终债务人的统一授信管理和集中度管控。

2. 同业融资业务方面

（1）买入返售（卖出回购）业务项下金融资产是否符合规定；

（2）卖出回购方是否存在将业务项下的金融资产转出资产负债表等行为。

3. 监管指标执行方面

（1）同业借款业务期限是否超过三年，其他同业融资业务期限是否超过一年，业务到期后是否展期；

（2）单家商业银行对单一金融机构法人的不含结算性同业存款的同业融出资金，扣除风险权重为零的资产后的净额，是否超过银行一级资本的50%；

（3）若将商业银行所持有的同业存单计入同业融出资金余额，是否超过银行一级资本的50%；

（4）商业银行同业融入资金余额是否超过负债总额的三分之一；

（5）若将商业银行发行的同业存单计入同业融入资金余额，是否超过银行负债总额的三分之一。

4. 内部管理方面

（1）是否违规对同业业务接受或提供了直接或间接、显性或隐性的第三方金融机构信用担保；

（2）是否存在通过同业业务转出资产但信用风险仍保留在本机构，同时该资产未按照原风险状态进行分类的情况；

（3）是否对同业业务交易对手进行集中统一的名单制管理，是否定期评估交易对手信用风险、动态调整交易对手名单。

（二）银行理财业务

1. 组织管理体系方面

银行理财业务的组织管理体系是否完善，是否按照单独核算、风险隔离、行为规范、归口管理的要求设立专门的理财业务经营部门，负责集中统一经营管理全行理财业务。

2. 投资运作方面

2.1　资金池运作

是否对每只理财产品实施单独管理、单独建账和单独核算；是否开展了滚动发售、混合运作、期限错配、分离定价的资金池模式理财业务。

2.2　不当交易行为

（1）是否存在理财产品投资本行或他行发行的理财产品的行为；

（2）是否存在本行理财产品之间相互交易、相互调节收益的行为；

（3）是否存在代客理财资金用于本行自营业务的行为；

（4）是否存在本行自有资金购买本行发行的理财产品的行为；

（5）是否存在本行信贷资金为本行理财产品提供融资和担保的行为；

（6）理财产品与本行发生的关联交易行为，是否符合市场交易和公平交易原则。

2.3　理财投资合作机构

（1）是否存在委托非金融机构作为理财投资合作机构对理财资金进行投资管理，或者理财产品投资非金融机构发行的产品的情形；

（2）是否对理财投资合作机构实施名单制管理，建立了合作机构准入标准和程序、存续期管理、信息披露义务及退出机制。

3. 资金投向方面

3.1 债权资产投资

（1）是否存在理财产品直接投资信贷资产，直接或间接投资于本行信贷资产及其受（收）益权的行为；

（2）是否存在面向非机构客户发行的理财产品直接或间接投资于不良资产、不良资产支持证券或不良资产受（收）益权的行为；

（3）是否准确统计理财资金非标准化债权资产的规模，以及该项资产余额在任何时点是否超过理财产品余额的35%或本行上一年度审计报告披露总资产的4%；

（4）是否比照自营贷款管理流程，对非标准化债权资产投资进行投前尽职调查、风险审查和投后风险管理；

（5）是否按照规定向投资者充分披露理财产品投资非标准化债权资产的情况。

3.2 权益类资产投资

是否存在面向一般个人客户销售的理财产品投资权益类资产的行为。

3.3 隐性担保或回购

是否为非标准化债权资产或股权性资产融资提供任何直接或间接、显性或隐性的担保或回购承诺。

4. 保本型理财产品管理方面

是否对保本型理财产品准确进行会计核算，按照存款管理并纳入存款准备金的缴纳范围。

（三）信托业务

1. 信托公司内部或信托公司之间的不当交易方面

（1）信托公司是否通过信托中信托（TOT）业务规避监管，如隐匿信托产品风险、变相开展“非标资金池”业务、规避结构化产品杠杆比例要求、突破合格投资者标准和信息披露要求等；

（2）是否存在以固有资金直接或间接接盘信托风险资产，但风险揭示和拨备计提不足等情形；

（3）信托公司之间的其他不当交易。

2. 信托公司与银行之间的不当交易方面

（1）信托公司与银行开展各项业务合作时，是否存在未以合同形式明确各参与方风险管理责任、可能导致法律纠纷或投资者投诉的情形；

（2）与银行开展代销业务合作时，是否存在名义上由银行代销主动管理类信托产品，实际上由银行主导相关项目的选择、尽职调查、审批以及贷后管理，并与代销银行签订隐性回购条款的情形；

（3）是否通过安排显性或隐性回购条款等方式帮助银行转移信贷资产，助其腾挪、隐匿风险或规避相关监管要求；

（4）金融机构作为委托人投资信托产品时，信托公司是否存在接受银行等第三方金融机构以保函等方式提供显性或隐性担保的情形；

（5）银信之间的其他不当交易。

3. 信托公司与其他资管机构（证券基金期货经营机构、保险机构及其持牌资管子公司）之间的不当交易方面

（1）是否存在信托产品与资管产品相互投资，但未以合同形式明确风险管理责任、可能导致投资者纠纷的情形；

（2）是否存在信托公司通过投资资管产品，变相扩大投资范围、隐匿资金流向或突破杠杆比例等监管要求的情形；

（3）是否存在信托产品通过资管产品汇集非合格投资者资金等违规情形；

（4）信托公司与资管机构之间的其他不当交易。

4. 信托公司与非金融机构之间的不当交易方面

（1）信托公司聘请非金融机构作为证券投资信托投资顾问时，是否存在未有效履行资质审查、尽职调查及后续监督义务的情形；

（2）是否委托第三方非金融机构推介信托产品；

（3）是否作为融资渠道或放款通道，为中介机构发放个人购房首付款提供便利；

（4）信托公司与非金融机构之间的其他不当交易。

三　不当激励方面

（一）考评指标设置

（1）本机构绩效考评指标设置是否涵盖监管规定的合规经营类、风险管理类、经营效益类、发展转型类、社会责任类五类指标；

（2）经营效益类指标是否以风险调整后收益指标为核心确定分值和权重，是否考虑资产期限及风险延期暴露等因素，并相应设置中长期资产收益对经营效益类指标的贡献度；

（3）合规经营类指标和风险管理类指标权重是否明显高于其他类指标；

（4）是否设立时点性规模考评指标；

（5）是否在综合绩效考评指标体系外设定单项、业务条线或临时性考评指标；

（6）是否设定没有具体目标值、单纯以市场份额或市场排名为要求的考评指标；

（7）分支机构是否自行制定考评办法或提高考评标准及相关要求；

（8）本机构考评对象存在被采取监管措施或行政处罚、发生案件、不规范经营行为的，是否相应调低相关指标的考评等级或得分。

（二）考评机制管理

（1）是否依据董事会或相关经营决策层批准的年度经营计划，制定绩效考评制度和指标体系；

（2）是否指定专门部门负责绩效考评的制度建设、组织实施和质量控制；

（3）本机构审计和监察部门是否对绩效考评实施情况进行检查，并对将业务费用变相作为绩效奖励、弄虚作假、违规操作等问题进行严肃问责；

（4）是否建立对利润等指标的动态调整机制，在市场环境发生重大变化时，能够及时调整利润目标。

（三）薪酬支付管理

（1）薪酬支付期限是否与相应业务的风险持续时期保持一致，是否根据不同业务活动的业绩实现和风险变化情况合理确定薪酬的支付时间；

（2）针对高级管理人员以及对风险有重要影响岗位上的员工，是否按监管规定设置绩效薪酬的发放比例和延期支付期限；

（3）是否按监管规定建立了绩效薪酬延期追索、扣回制度并有效实施；

（4）是否按监管规定的标准，根据风险类指标管控情况对当年绩效薪酬实施控制。

四　不当收费方面

（一）收费行为规范

（1）向客户收取服务费用时，是否有对应明确的服务内容，是否存在无实质性服务、未提升实质性效率的收费项目，以及多收费、少服务，超出价格目录范围收费的行为；

（2）是否存在以贷转存、存贷挂钩、以贷收费、浮利分费、借贷搭售收费、一浮到顶、转嫁成本等七类附加不合理贷款条件的违法违规行为；

（3）是否严格执行政府指导价（政府定价）目录和收费规定。

（二）价格信息披露

（1）是否制定收费价目名录并按规定统一收费项目名称等要素；

（2）是否按照规定在本行营业场所和网站主页等醒目位置及时、准确公示本行实行政府指导价、政府定价和市场调节价的服务项目等；

（3）本行提高市场调节价收费水平或新设市场调节价收费项目前，是否至少提前3个月进行公示；

（4）本行为客户提供服务时，是否事前告知相关服务项目、服务价格、优惠措施（含生效和终止日期），并在客户确认接受该服务价格后，提供相关服务。

（三）内部管理程序

（1）是否由总部统一制定和调整本行实行市场调节价的收费项目，并按照监管规定的程序实施；

（2）是否指定一个部门牵头负责服务价格管理工作，并建立了服务价格内部审批制度；

（3）是否建立了明确的价格行为违规问责机制和内部处罚措施；

（4）是否建立了服务价格投诉管理制度，明确客户投诉登记、调查、处理、报告等事项的管理流程、负责部门和处理期限；是否设立统一的投诉电话、书面投诉联系方式等渠道并醒目公示。

《中国银监会关于提升银行业服务实体经济质效的指导意见》

（银监发〔2017〕4号）

各银监局，机关各部门，各政策性银行、大型银行、股份制银行，邮储银行，外资银行，金融资产管理公司，其他会管金融机构，各协会：

根据党中央、国务院有关决策部署，银行业要按照风险可控、商业可持续原则，坚持以供给侧结构性改革为主线，深化改革、积极创新、回归本源、专注主业，进一步提高服务实体经济的能力和水平。现就提升银行业服务实体经济质效提出以下具体指导意见。

一 围绕“三去一降一补”，提升银行业服务实体经济水平

（一）深入实施差异化信贷政策和债权人委员会制度。银行业金融机构要切实提升经营管理的精细化程度，进一步完善区别对待、有保有控的差别化信贷政策，细化分类名单制管理。对于长期亏损、失去清偿能力和市场竞争力的“僵尸企业”，以及包括落后产能在内的所有不符合国家产业政策的产能，坚决压缩退出相关贷款，稳妥有序实现市场出清。对于产能过剩行业中技术设备先进、产品有竞争力、有市场、虽暂遇困难但经过深化改革和加强内部管理仍能恢复市场竞争力的优质骨干企业，继续给予信贷支持。要继续推广债权人委员会制度，进一步完善债权银行信息共享、客户评价、联合授信等机制，确保一致行动，加强与企业、地方政府之间的沟通协作。

（二）多种渠道盘活信贷资源，加快处置不良资产。在深入推进去产能过程中，银行业金融机构要增强主动服务意识，加强与地方政府协作，拓宽企业兼并重组融资渠道，积极运用重组、追偿、核销、转让等多种手段，加快处置不良资产。在依法合规、风险可控的前提下，支持银行业金融机构开展资产证券化、信贷资产流转等业务盘活信贷资源，鼓励金融资产管理公司、地方资产管理公司等积极参与不良资产处置。积极推动和配合有关部门研究完善银行不良贷款处置制度和相关税收政策。

（三）因地因城施策，促进房地产市场长期稳健发展。银行业金融机构要牢牢把握住房的居住属性，分类调控、因城施策，落实差别化住房信贷政策。严禁资金违规流入房地产市场，严厉打击“首付贷”等行为，切实抑制热点城市房地产泡沫。支持居民自住和进城人员购房需求，推动降低库存压力较大的三四线城市房地产库存。持续支持城镇化建设、房屋租赁市场发展和棚户区改造，加大棚改货币化安置力度。

（四）积极稳妥开展市场化债转股。银行业金融机构应按照市场化、法治化原则，与相关市场主体自主协商确定转股对象、转股债权以及转股价格

和条件，确保银行债权洁净转让、真实出售，有效实现风险隔离，严防道德风险。支持银行充分利用现有符合条件的实施机构或申请设立符合规定的新机构开展市场化债转股。

（五）进一步提升服务质量，加强服务收费管理。银行业金融机构要牢固树立以客户为中心的理念，努力提升金融服务质量和层次，切实帮助客户防范融资风险、降低资金成本。要严格落实服务价格相关政策法规，大力整治不当收费行为。持续开展减费让利，对于能在利差中补偿的，不再另外收费。对于必须保留的补偿成本性收费，严格控制收费水平。对于巧立名目、变相收费增加借款人负担的，一律取消。对于个性化服务、定制化服务等，按照市场规则规范管理，有效降低企业成本。

（六）持续提升“三农”和小微企业金融服务水平。银行业金融机构要积极支持农业供给侧结构性改革，为新型农业经营主体和农村电商、休闲农业、乡村旅游等新产业新业态提供有效金融服务，稳妥推进农村集体经营性建设用地使用权、农民住房财产权、农村承包土地经营权抵押贷款试点。继续推进农村信用社改革，强化服务“三农”功能。要按照相关监管政策要求，继续细化落实小微企业续贷和授信尽职免责制度。要进一步推广“银税互动”“银商合作”“双基联动”等服务模式和动产抵（质）押融资等业务。要结合企业生产经营周期性特点，深入开展现金流预测和风险分析，合理确定贷款期限。要进一步完善“四单”等金融扶贫工作机制，落实扶贫小额信贷分片包干责任，继续扩大建档立卡贫困户的扶贫小额信贷覆盖面。支持银行业金融机构向贫困地区延伸机构和服务，提升金融精准扶贫效率。

（七）大力支持国家发展战略，满足重点领域金融需求。银行业金融机构要大力支持京津冀协同发展、长江经济带发展。在风险可控前提下，遵循国际通行规则，为“一带一路”建设提供长期、稳定、可持续的金融服务。根据西部开发、东北振兴、中部崛起、东部率先的区域发展总体战略，精准支持对宏观经济和区域经济具有重要带动作用的重点项目和工程。在能源、交通、电信、水利等重大基础设施领域和城市轨道交通、地下管廊、供水供电等城市建设领域，要继续发挥重要支持作用。要积极总结推广自贸试验区金融改革实践经验。

（八）积极推动产业转型升级和支持振兴实体经济。银行业金融机构应围绕《中国制造2025》重点任务提高金融服务水平，支持关键共性技术研发和科技成果转化应用，切实加强对企业技术改造中长期贷款支持，积极运用信贷、租赁等多种手段，支持高端装备领域突破发展和扩大应用。要加强与外贸企业、信用保险机构、融资担保机构和地方政府的合作，扩大保单融资和出口退税账户质押贷款，提升外贸综合金融服务质效。在风险可控前提下，对国际产能合作和外贸企业收购境外品牌、建设营销体系等加大信贷支持。鼓励银行业金融机构向企业提供以品牌为基础的商标权、专利权质押贷款，大力支持我国自主品牌发展。

（九）深入推进消费金融和支持社会领域企业发展。银行业金融机构要进一步拓展消费金融业务，积极满足居民在大宗耐用消费品、新型消费品以及教育、旅游等服务领域的合理融资需求。要积极创新有利于医疗、养老、教育、文化、体育等社会领域企业发展的金融产品，探索股权、收益权、应收账款以及其他合规财产权利质押融资，促进激发社会领域投资活力。

（十）加快发展绿色金融助力生态环境保护和建设。银行业自律组织要加快建立绿色银行评价体系。鼓励银行业金融机构通过发行绿色金融债、开展绿色信贷资产转让等方式多渠道筹集资金，加大绿色信贷投放，重点支持低碳、循环、生态领域融资需求。银行业金融机构要坚决退出安全生产不达标、环保排放不达标、严重污染环境且整改无望的落后企业。

二　推进体制机制改革创新，提高银行业服务实体经济内生动力

（十一）继续完善和加强公司治理。银行业金融机构要充分认识有效支持实体经济对银行业长期稳健发展的重要意义，自觉按照回归本源、专注主业、下沉重心的原则，确立科学的发展理念和战略方向，加强决策、执行、监督、评价等治理机制建设。加快完善全面风险管理体系，培育良好的风险

文化。要围绕服务实体经济本源，切实改进激励约束机制，纠正过于追求短期股东回报和收益、忽视客户服务和长期稳健发展的绩效考评体系。

（十二）持续深化普惠金融机制改革。银行业金融机构应深入落实普惠金融发展规划，完善配套管理流程和考核机制，立足机会平等和商业可持续原则，进一步提高金融服务的覆盖率、可得性和满意度。鼓励银行业金融机构根据自身情况，探索采用事业部、专营机构、子公司等形式，形成多层次的普惠金融服务专业化组织体系。鼓励大中型商业银行设立普惠金融事业部，国有大型银行要率先做到，实行差别化考核评价办法和支持政策，有效缓解中小微企业融资难、融资贵问题。国有大型银行、股份制银行、城市商业银行要在有效防控风险前提下，合理赋予县域分支机构业务审批权限，提高县域信贷业务办理效率。

（十三）积极稳妥创新服务模式和技术流程。稳妥有序推进投贷联动试点，试点银行要加快完善投贷联动业务内部管理制度和流程，积极支持科创企业发展。银行业金融机构应积极运用互联网、大数据、云计算等信息科技手段，缓解银企信息不对称，提高风险识别和定价能力，加强线上线下联动，丰富产品和服务渠道，优化内部流程，提高管理效率。银行业金融机构依法合规开展理财、信托等多元化业务，应引导资金直接投向基础设施、农业、制造业和服务业等实体经济领域。

（十四）进一步发挥开发性政策性金融作用。国家开发银行和政策性银行应坚守自身职能定位，突出开发性和政策性主业，发挥各自优势，以服务国家战略、审慎合规经营、有效管控风险和保本微利为原则，淡化规模类、增长类、盈利类考核指标。国家开发银行和中国农业发展银行应在风险可控的前提下，进一步提高专项建设基金的投资使用效率。鼓励国家开发银行、政策性银行探索与地方法人银行合作开展小微企业金融服务。

（十五）有序推动民间资本进入银行业。有序推进民营银行设立工作，落实民营银行监管指导意见。继续支持符合条件的民间资本发起设立消费金融公司、金融租赁公司、企业集团财务公司、汽车金融公司和参与发起设立村镇银行。推动完善银行业金融机构股东管理制度，加强控股股东行为约束和关联交易监管，严禁控股股东不当干预银行业金融机构正常经营管理。

三　强化重点领域监管约束，督促银行业回归服务实体经济本源

（十六）确保业务规范性和透明度。银行业金融机构要加强合规管理，严格遵守信贷、同业、理财、票据、信托等业务监管规定，提高产品和服务透明度。开展跨业、跨市场金融业务，要按照减少嵌套、缩短链条的原则，穿透监测资金流向，全面掌握底层基础资产信息，真实投向符合国家政策的实体经济领域。要按照实质重于形式的原则，加强风险管理，防止监管套利。充分发挥银行业理财登记托管中心、银行业信贷资产登记流转中心、中国信托登记公司等机构的作用，确保相关业务规范透明、风险可控。

（十七）加强创新业务制度建设和风险管理。银行业金融机构要持续提升对实体经济客户需求的研判能力，有针对性地开展业务创新。要系统研究各类创新业务的法律特征和风险实质，按照内控优先、信息透明的原则，将各类创新业务纳入全面风险管理体系，及时健全相关制度和管理流程，并合理控制业务增速、集中度和复杂程度，确保业务发展状况与风险管理能力相匹配。

（十八）杜绝违法违规行为和市场乱象。银行业金融机构要进一步强化股权管理并提高透明度，杜绝违法违规代持银行股份、违规开展关联交易、利益输送等现象，抑制产融无序结合。要按照统筹考虑、审慎把握的原则开展综合化经营试点。要切实自查自纠参与方过多、结构复杂、链条过长、导致资金脱实向虚的交易业务，确保金融资源流向实体经济。

四　推动优化外部环境，完善银行业服务实体经济的基础设施

（十九）加强信用信息归集共享与守信联合激励。各级监管机构要积极

推动和配合有关部门建设信用信息共享平台，提高信用信息归集、共享、公开和使用效率，健全守信联合激励机制，在行政管理、公共服务、市场交易和投融资等领域对守信企业实施优惠便利措施。

（二十）完善多方合作的增信和风险分担机制。各级监管机构、银行业金融机构要进一步推广政银保、政银担等多方合作模式，推动有关部门建立健全补偿、代偿、贴保、贴息等相结合的多层次风险分担机制。推动设立国家融资担保基金和地方政府风险补偿基金，完善财政支持的农业信贷担保体系。

（二十一）加大逃废债打击力度。各级监管机构、银行业自律组织、银行业金融机构要继续加强与地方政府、司法机关的信息共享和工作联动，积极推动落实跨部门失信联合惩戒机制，开辟金融案件快立、快审、快判、快执通道，扩大简易程序适用范围，深入开展依法保护银行债权、打击逃废银行债务活动。

五　加强组织领导和评估交流，确保政策落地实施

（二十二）加强组织领导。银行业金融机构要积极履行提升服务实体经济质效的主体责任，董事会、高管层应将有效服务实体经济纳入公司战略，并与经营目标深度融合。各总行（公司）要强化统筹安排，完善相关机制，确定牵头部门，对照本意见和相关政策，制定实施细则，分解服务实体经济的各项工作任务，与日常经营管理流程有机结合，落实责任，确保各项服务实体经济工作有效开展。

（二十三）强化考核评估。银行业金融机构要将服务实体经济工作纳入综合绩效考核体系，建立评估、检查、审计机制，制定可操作、能问责的工作方案和具体措施，对服务实体经济的成效、不足等进行定期评估考核，提出整改方向，并将结果每半年一次向相关监管机构报告。各级监管机构要将所监管的银行业金融机构服务实体经济工作情况纳入监管评价。

（二十四）促进沟通交流。银行业金融机构要围绕提升服务实体经济质

效，加大宣传力度，在服务和产品创新、授信管理、风险防控、机制改革等方面加强沟通。各级监管机构和银行业自律组织要及时解读相关政策要求，积极搭建行业交流平台，建立信息联动发布机制，为银行业服务实体经济营造良好舆论氛围。

2017 年 4 月 7 日

《中国银监会关于银行业风险防控工作的指导意见》

（银监发〔2017〕6号）

各银监局，机关各部门，各政策性银行、大型银行、股份制银行，邮储银行，外资银行，金融资产管理公司，其他会管金融机构：

为贯彻落实中央经济工作会议“把防控金融风险放到更加重要的位置”总体要求，银行业应坚持底线思维、分类施策、稳妥推进、标本兼治，切实防范化解突出风险，严守不发生系统性风险底线。现就银行业风险防控工作提出以下指导意见。

一　加强信用风险管控，维护资产质量总体稳定

（一）摸清风险底数。银行业金融机构要严格落实信贷及类信贷资产的分类标准和操作流程，真实、准确和动态地反映资产风险状况；建立健全信用风险预警体系，密切监测分析重点领域信用风险的生成和迁徙变化情况，定期开展信用风险压力测试。各级监管机构要重点关注逾期 90 天以上贷款与不良贷款比例超过 100%、关注类贷款占比较高或增长较快、类信贷及表外资产增长过快的银行业金融机构，重点治理资产风险分类不准确、通过各种手段隐匿或转移不良贷款的行为。

（二）严控增量风险。银行业金融机构要加强统一授信、统一管理，严格不同层级的审批权限；加强授信风险审查，有效甄别高风险客户，防范多

头授信、过度授信、给“僵尸企业”授信、给“空壳企业”授信、财务欺诈等风险。各级监管机构要重点治理放松授信条件、放松风险管理、贷款“三查”不到位等问题，对辖内银行业金融机构新发生的大额不良贷款暴露，要及时进行跟踪调查。

（三）处置存量风险。银行业金融机构要综合运用重组、转让、追偿、核销等手段加快处置存量不良资产，通过追加担保、债务重组、资产置换等措施缓释潜在风险；通过解包还原、置换担保、救助核心企业、联合授信管理等方式，妥善化解担保圈风险；利用债权人委员会机制，按照“一企一策”原则制定风险处置计划；加强债权维护，切实遏制逃废债行为。

（四）提升风险缓释能力。银行业金融机构要加强资产质量迁徙趋势分析，增加利润留存，及时足额计提资产减值准备，增强风险缓释能力。各级监管机构要对银行业金融机构采取风险缓释措施有效性进行跟踪评估，对风险抵补能力不足的机构，应督促其限期整改；要引导银行业金融机构通过上市融资、增资扩股、发行新型资本工具等措施，提高损失吸收能力。

二　完善流动性风险治理体系，提升流动性风险管控能力

（五）加强风险监测。银行业金融机构要完善流动性风险治理架构，将同业业务、投资业务、托管业务、理财业务等纳入流动性风险监测范围，制定合理的流动性限额和管理方案；提高对重点分支机构、币种和业务领域的关注强度，采取有效措施降低对同业存单等同业融资的依赖度。

（六）加强重点机构管控。各级监管机构要锁定资金来源与运用明显错配、批发性融资占比高的银行业金融机构，实行“一对一”贴身盯防。督促同业存单增速较快、同业存单占同业负债比例较高的银行，合理控制同业存单等同业融资规模。

（七）创新风险防控手段。探索试点城商行、农商行流动性互助机制，发挥好信托业保障基金作用，构筑中小银行业金融机构流动性安全网。

（八）提升应急管理能力。银行业金融机构要加强负债稳定性管理，确

保负债总量适度、来源稳定、结构多元、期限匹配；完善流动性风险应对预案，定期开展流动性风险压力测试；加强向央行的报告沟通，运用“临时流动性便利”等工具，满足流动性需求。

三 加强债券投资业务管理，密切关注债券市场波动

（九）健全债券交易内控制度。银行业金融机构要建立贯穿债券交易各环节、覆盖全流程的内控体系，加强债券交易的合规性审查和风险控制。坚持“穿透管理”和“实质重于形式”的原则，将债券投资纳入统一授信。

（十）强化业务集中管理。银行业金融机构应将直接债券投资以及通过特殊目的载体（SPV）、表外理财等方式开展的债券投资纳入统一监测范围，全面掌握资金真实投向和底层债券资产的基本信息、风险状况、交易变动等情况，实现准入集中、数据集中和退出集中管理。

（十一）严格控制投资杠杆。银行业金融机构要审慎开展委外投资业务，严格委外机构审查和名单管理，明确委外投资限额、单一受托人受托资产比例等要求，规范开展债券回购和质押融资，严格控制交易杠杆比率，不得违规放大投资杠杆。

（十二）加强风险监测防控。银行业金融机构要严格债券信用评级准入标准，做好债券投资久期管理。高度关注债券集中到期的企业、出现债券违约的企业，防控债券违约风险向信贷业务传导。各级监管机构要督促风险管理能力薄弱、债券投资占比高的银行合理控制持债余额。

四 整治同业业务，加强交叉金融业务管控

（十三）控制业务增量。银行业金融机构要完善同业业务内部管理架构，确保业务复杂程度与风险管理能力相匹配，审慎开展交叉金融业务。同业业务应由银行业金融机构总部统一管理、集中审批。制定统一的合作机构名单、产品投资目录，严禁与不在名单范围内的机构开展合作，严禁开展投

资目录之外的业务。

（十四）做实穿透管理。银行业金融机构要建立交叉金融业务监测台账，准确掌握业务规模、业务品种、基础资产性质、风险状况、资本和拨备等相关信息。新开展的同业投资业务不得进行多层嵌套，要根据基础资产性质，准确计量风险，足额计提资本和拨备。

（十五）消化存量风险。银行业金融机构应全面排查存量同业业务，对多层架构、复杂程度高的业务要制定整改计划。对风险高的同业投资业务，要制定应对策略和退出时间表。

（十六）严查违规行为。各级监管机构要重点检查同业业务多层嵌套、特定目的载体投资未严格穿透至基础资产、未将最终债务人纳入统一授信和集中度风险管控、资本拨备计提不足等问题。

五　规范银行理财和代销业务，加强金融消费者保护

（十七）加强银行理财业务风险管控。银行业金融机构应当确保每只理财产品与所投资资产相对应，做到单独管理、单独建账、单独核算；不得开展滚动发售、混合运作、期限错配、分离定价的资金池理财业务；确保自营业务与代客业务相分离；不得在理财产品之间、理财产品客户之间或理财产品客户与其他主体之间进行利益输送。

（十八）规范银行理财产品设计。银行业金融机构应当按照“简单、透明、可控”的原则设计和运作理财产品，在资金来源、运用、杠杆率、流动性、信息披露等方面严格遵守监管要求；严控嵌套投资，强化穿透管理，切实履行自身投资管理职责，不得简单将理财业务作为各类资管产品的资金募集通道；严格控制杠杆，防范资金在金融体系内自我循环，不得使用自有资金购买本行发行的理财产品。

（十九）加强金融消费者保护。银行业金融机构应当按照风险匹配原则，严格区分公募与私募、批发与零售、自营与代客等不同产品类型，充分披露产品信息和揭示风险，将投资者分层管理落到实处。只有面向高资产净

值、私人银行和机构客户发行的银行理财产品，可投资于境内二级市场股票、未上市企业股权等权益类资产。理财产品宣传及销售人员产品营销推介时，应真实、全面介绍产品的性质和特征，明确告知是本机构产品还是其他机构产品、是保本产品还是非保本产品、是有固定收益的产品还是没有固定收益的产品。不得误导客户购买与其风险承受能力不相匹配的理财产品，严格落实“双录”要求，做到“卖者尽责”基础上的“买者自负”，切实保护投资者合法权益。

（二十）审慎开展代销业务。银行业金融机构应当对代销业务实施严格谨慎管理。根据自身风险管理能力、合作机构风险评估情况、代销产品风险等级，合理确定代销业务品种和限额；银行业金融机构总部应对代销业务实行集中统一管理，对合作机构实行名单制管理，对拟代销产品应开展尽职调查，不得仅依据合作机构的产品审批资料作为产品审批依据；银行业金融机构应明示代销产品的代销属性，不得将代销产品与存款或自身发行的理财产品混淆销售。

六　坚持分类调控、因城施策，防范房地产领域风险

（二十一）分类实施房地产信贷调控。认真落实中央经济工作会议精神，明确住房居住属性。坚持分类调控、因城施策，严厉打击“首付贷”等行为，切实抑制热点城市房地产泡沫，建立促进房地产健康发展的长效机制。

（二十二）强化房地产风险管控。银行业金融机构要建立全口径房地产风险监测机制。将房地产企业贷款、个人按揭贷款、以房地产为抵押的贷款、房地产企业债券，以及其他形式的房地产融资纳入监测范围，定期开展房地产压力测试。加强房地产业务合规性管理，严禁资金违规流入房地产领域。各级监管机构要重点关注房地产融资占比高、贷款质量波动大的银行业金融机构，以及房地产信托业务增量较大、占比较高的信托公司。

（二十三）加强房地产押品管理。银行业金融机构要完善押品准入管理

机制，建立健全房地产押品动态监测机制，及时发布内部预警信息，采取有效应对措施。

七　加强地方政府债务风险管控，切实防范地方政府债务风险

（二十四）严格落实《预算法》。银行业金融机构要认真落实《预算法》和《国务院关于加强地方政府性债务管理的意见》（国发〔2014〕43号）要求，不得违规新增地方政府融资平台贷款，严禁接受地方政府担保兜底。

（二十五）规范新型业务模式。银行业金融机构要依法合规开展专项建设基金、政府与社会资本合作、政府购买服务等新型业务模式，明确各方权利义务关系，不得通过各种方式异化形成违规政府性债务。

（二十六）强化融资平台风险管控。各级监管机构要会同有关部门强化地方政府债务全口径监测，指导银行业金融机构配合推进融资平台转型，明晰债权债务关系，防范债权悬空风险。银行业金融机构要紧盯列入预警范围的潜在高风险地区，推动制定中长期债务风险化解规划，有效应对局部风险。

八　稳妥推进互联网金融风险治理，促进合规稳健发展

（二十七）持续推进网络借贷平台（P2P）风险专项整治。严格执行《网络借贷信息中介机构业务活动管理暂行办法》和备案登记、资金存管等配套制度，按照专项整治工作实施方案要求，稳妥推进分类处置工作，督促网络借贷信息中介机构加强整改，适时采取关、停、并、转等措施。

（二十八）重点做好校园网贷的清理整顿工作。网络借贷信息中介机构不得将不具备还款能力的借款人纳入营销范围，禁止向未满18岁的在校大学生提供网贷服务，不得进行虚假欺诈宣传和销售，不得通过各种方式变相

发放高利贷。

（二十九）做好“现金贷”业务活动的清理整顿工作。网络借贷信息中介机构应依法合规开展业务，确保出借人资金来源合法，禁止欺诈、虚假宣传。严格执行最高人民法院关于民间借贷利率的有关规定，不得违法高利放贷及暴力催收。

九　加强外部冲击风险监测，防止民间金融风险向银行业传递

（三十）防范跨境业务风险。银行业金融机构要严格遵守外汇管理相关政策，加强跨境资金流动监测预警。提高跨境并表风险管理能力，加快健全环境与社会风险管理体系，确保国别风险准备金计提充足。加强境外合规管理，及时排查反洗钱和重点领域合规风险。提高银行及其客户科学分析外汇收支、币种结构、汇率波动走势和规律的能力，避免简单跟风变动可能带来的风险和损失。

（三十一）防范社会金融风险。各级监管机构应配合地方金融监管部门规范融资担保和小贷公司行业。落实国务院清理整顿各类交易场所要求，督促银行业金融机构开展专项排查，不得为违规交易所提供开户、托管、资金划转、代理买卖、支付清算、投资咨询等服务。

（三十二）严处非法集资风险。各级监管机构要加大对未经批准设立银行业金融机构的查处力度，严肃查处非法使用“银行”名称、违法吸收公众存款、违法发放贷款的行为。银行业金融机构严禁为非法集资提供任何金融服务，严禁内部员工违规参与各类集资活动，积极协助相关部门加强账户、信息监测，及时发现和报告异常交易，劝阻客户受骗参与非法集资。

十　维护银行业经营稳定，防止出现重大案件和群体事件

（三十三）加强案件风险防控。银行业金融机构要加强员工管理，有效

防范内外勾结、利益输送等案件；加强重点环节管理，对授权卡、业务印章、空白凭证等物品管理全流程控制有效性进行评估；落实票据业务相关规定，规范业务操作，严禁与非法票据中介等机构开展业务合作；加大案件查处问责力度，切实做到发现一起、处理一起，做到“一案三问”“上追两级”，遏制案件多发频发态势；强化安全管理，加强安全防范设施建设，及时消除各类安全隐患。

（三十四）加强信息科技风险防控。银行业金融机构要全面强化网络信息安全管理，提高身份认证机制安全性；加大对新兴电子渠道风险的管理力度，完善灾备体系，制定完善应对预案；完善外包管理体系，降低外包风险，不得将信息科技管理责任外包。对发生严重信息科技风险事件的银行业金融机构，各级监管机构要及时采取必要的强制性监管措施。

（三十五）加强预期管理。银行业金融机构要主动发声，强化主动服务意识和沟通意识，提高信息披露频率和透明度。正确引导各方预期，提升各界对银行业的信心。积极研判社会舆情走势，重点关注可能导致声誉风险的各类隐患，提前准备应对预案，提升应对能力。

各级监管机构、各银行业金融机构要稳妥有序开展风险防控工作，把握好节奏平衡，防止在化解风险过程中产生新的风险。各银行业金融机构要履行风险防控主体责任，实行“一把手”负责制，制定可行性、针对性强的实施方案，细化责任分工，层层压实责任，把责任落实到具体的机构、部门和人员，对于重大违规和案件风险，要一查到底，对相关机构、违规人员和领导人员严格问责。各级监管机构要做到守土有责，及时开展工作督查，对自查整改不到位、存在违法违规问题的机构，要严肃问责。

各法人银行业金融机构应分别于 2017 年 7 月 20 日和 2018 年 1 月 20 日前，向监管机构报告本机构上半年和全年相关工作进展。各银监局应分别于 2017 年 7 月 31 日和 2018 年 1 月 31 日前，向银监会报告上半年和全年辖内银行业风险防控及督查工作情况。

2017 年 4 月 7 日

《中国银监会关于切实弥补监管短板提升监管效能的通知》

（银监发〔2017〕7号）

近年来，随着金融市场发展，银行业业务结构、风险特征出现了新变化，暴露出银行业监管制度和实践中存在一些缺陷。为进一步提升监管有效性，防范化解金融风险，促进银行业安全稳健运行，现就弥补监管短板有关工作事项通知如下：

一 强化监管制度建设

（一）补齐监管制度短板。借鉴国际监管标准，结合我国银行业实际风险状况，深入排查监管制度漏洞，尽快弥补监管制度短板。一是坚持问题导向，针对银行业目前存在的突出风险，补充完善股东管理、交叉金融产品、理财业务等监管制度。二是坚持急用先行，对需求迫切、短期效果明显的，要尽早启动，尽早印发，尽快取得实效。三是坚持协调配套，强化规制之间的衔接配合，压缩监管套利空间。

（二）完善监管实施细则。各级监管部门要按照职责分工，系统梳理市场准入、非现场监管、现场检查、监管处罚、信息披露等方面的操作规程，细化监管要求，提高监管效率和透明度，持续开展效果评估，不断查漏补缺。

（三）健全内部管理制度。银行业金融机构应全面对标监管制度，排查内部管理制度的空白和漏洞，逐项增补完善，及时将各类监管要求转化为公司治理、业务经营和风险控制的政策、流程和方法，确保各项监管制度落地实施。

二 强化风险源头遏制

（一）加强股东准入监管。研究制定统一的银行业金融机构股东管理规则，明确银行业金融机构股东资格、参控股机构数量等监管要求。各级监管部门应强化准入监管，穿透识别实际控制人、最终受益所有权人，并审查其资质；加强关联关系审查，防止通过委托他人代持股权、关联方与一致行动人联合持股等方式规避股东资格审查的行为；加强资金来源审查，确保入股资金为投资人自有资金，来源合法合规。

（二）加强股东行为监管。各级监管部门应充分利用事前审查、事中核查、事后追查等手段，强化对股东行为的持续监管。规范银行业金融机构股权转让行为，将通过一二级市场、境内外市场开展的股权转让统一纳入审查范围；从严监管控股股东及实际控制人行为，确保其依法合规行使控制权，严禁不正当干预经营决策，严禁通过关联交易获取不正当利益。对严重违规的股东，要依法责令其转让股权或限制其股东权利。

（三）加强股权管理。银行业金融机构应建立健全股权管理制度，全面梳理主要股东及关联方情况，掌握其重大变化，对超过规定比例的股权转让应及时报监管部门审查或备案，及时披露主要股东的股权质押融资信息；探索实施股权集中托管，提高股权管理规范性；严格关联交易管理，强化对股东授信的风险审查，防止套取银行资金。银行业金融机构应要求主要股东就合法行使权利、合规转让股权等出具承诺。

三　强化非现场和现场监管

（一）提高非现场监管能力。各级监管部门应积极深入运用非现场信息系统、银行风险早期预警系统功能，加强深度分析，及时捕捉风险苗头，准确定位业务扩张激进、风险指标偏离度大的异常机构作为监管重点。充分利用客户风险统计系统，有效识别多头融资、过度担保、债务率高的高风险客户，及时提示风险，督促银行业金融机构压降风险敞口。切实加强市场分析，密切关注汇市、股市、债市、房地产市场变化和风险传导，有效防控投资等相关业务风险。

（二）提升现场检查针对性。各银监局要精确制导、锁定高风险银行业金融机构开展现场检查。加大信用风险现场检查力度，核实资产质量，严肃查处不如实反映不良资产的行为。对于同业融资依存度高、同业存单增速快的银行业金融机构，要重点检查期限错配情况及流动性管理有效性。对于同业投资业务占比高的机构，要重点检查是否落实穿透管理、是否充足计提拨备和资本。对于理财业务规模较大的机构，要重点检查“三单”要求落实情况、对消费者信息披露和风险提示的充分性。

（三）加强现场和非现场协同。各级监管部门要加强非现场与现场检查工作的协调配合，利用非现场监测分析成果，准确锁定检查目标；借助现场检查发现，丰富非现场分析的维度。主动加强与其他监管机构的协调配合，实施协同监管、联动检查、联合查处，切实防止监管套利。

四　强化信息披露监管

（一）提高风险信息披露标准。银行业金融机构要不断扩展风险信息披露范围，提高信息披露内容的详细程度。要强化公司治理信息披露，定期披露股权结构及其变化情况，主要股东及实际控制人，董事会、监事会、高管人员变动等信息。要强化风险信息的披露，及时披露各类授信业务和产品的不良资产规模及分布、处置方式及效果等信息。同业融资占比高的银行业金融机构，要披露期限匹配和流动性风险信息。同业投资业务占比高的机构，应披露投资产品的类型、基础资产性质等信息。发生重大案件、重大风险事件、重大处罚等事项的，要及时披露相关信息。

（二）提高金融产品信息披露水平。银行业金融机构要建立规范的金融产品信息披露制度，严格区分公募与私募、批发与零售、自营与代客等业务类型，明确信息披露标准和规范。要以消费者是否能充分理解产品作为信息披露充分性的衡量标准，真实准确、完整及时地披露信息，不得隐瞒风险，不得误导消费者。

五　强化监管处罚

（一）规范监管处罚工作机制。进一步完善监管处罚规则和流程，提高处罚工作的规范性和时效性。要强化非现场监管的监管处罚权，对非现场监测中发现的不安全、不审慎的经营行为以及监管指标不达标情况依法进行处罚。要持续完善监管执法手册，明确各类违法违规行为的处罚依据和尺度，提升监管处罚的公平性和一致性。

（二）切实加大监管处罚力度。各级监管部门要充分运用监管措施、行政处罚等监管权力，提高违规成本，增强监管威慑力。一是坚持纠罚并重，对存在重大风险隐患或故意规避监管的行为，应及时叫停相关业务，要求限期整改，并视情形实施行政处罚。二是坚持罚没并举，对有违法所得的，均应依法没收违法所得，并处罚款；对提供虚假资料、隐瞒重要事实、屡查屡犯的，要从重处罚、顶格处罚。三是坚持机构人员“双罚制”，除处罚机构外，还应处罚相关责任人。

（三）切实提升监管处罚透明度。各级监管部门要按照行政信息公开“双公示”要求，在规定时间内向社会公众公布重大监管处罚信息。要完善从业人员“灰名单”制度，对责任人的处罚结果进行通报，强化震慑效应。

六　强化责任追究

（一）严肃银行业金融机构责任追究。银行业金融机构要细化各业务条线、分支机构、业务岗位的职责，明确尽职要求和失职责任，建立规范化、流程化的责任追究体系，做到尽职免责、失职追责。要指定专门部门对监管部门通报、内部检查发现或其他形式暴露的问题开展调查，依据岗位职责进行责任认定，依据履职尽责情况进行责任追究。要增强责任追究的独立性和权威性，对掩盖失职渎职行为、包庇责任人的，应严肃处理。要对业务条线和分支机构实行双线问责，在问责直接责任人的同时，也要对管理不尽职、履职不到位的管理人员进行问责。

（二）加强监管行为再监督。各级监管部门应切实加强监管人员履职行为监督管理。对因故意或过失不履行或不正确履行职责的，应进行责任追究。对存在应当行政处罚而不予行政处罚、应当移送而未移送、协助调查不尽职、严重违反行政处罚程序、擅自改变处罚决定的种类和幅度的，应给予行政处分。

2017 年 4 月 10 日

《国家发展改革委办公厅关于发挥政府出资产业投资基金引导作用推进市场化银行债权转股权相关工作的通知》

（发改办财金〔2017〕1238号）

为加快推进供给侧结构性改革，切实贯彻中央经济工作会议精神和政府工作报告部署，积极推动《关于积极稳妥降低企业杠杆率的意见》（国发〔2016〕54 号）及附件《关于市场化银行债权转股权的指导意见》（以下简称《指导意见》）、《政府出资产业投资基金管理暂行办法》（发改财金规〔2016〕2800 号）落实，充分发挥政府出资产业投资基金在市场化银行债权转股权（以下简称市场化债转股）中的积极作用，加大对市场化债转股工作的支持力度，现将有关事项通知如下：

一、充分认识政府出资产业投资基金对推进市场化债转股相关工作的重要意义。通过政府出资产业投资基金支持符合区域规划、区域政策、产业政策、投资政策及其他国家宏观管理政策的有发展前景的高负债企业实施市场化债转股，有助于发挥政府资金的引导作用和放大效应，吸引社会资金参与市场化债转股，有效降低相关领域内企业杠杆率，防范企业债务风险，帮助企业降本增效，实现优胜劣汰，是发挥市场配置资源决定性作用和更好发挥政府作用的重要结合点。

二、政府出资产业投资基金投资的市场化债转股项目应符合《政府出资产业投资基金管理暂行办法》（发改财金规〔2016〕2800 号）第三章关于投资领域的规定，市场化债转股对象企业须满足《指导意见》所明确的相关要求。

三、支持现有政府出资产业投资基金或新设政府出资市场化债转股专项基金按以下方式参与市场化债转股项目：

（一）以权益投资的方式参与《指导意见》所列各类实施机构发起的市场化债转股项目；

（二）以出资参股符合条件的实施机构发起设立的债转股投资基金的方式参与市场化债转股项目；

（三）以经基金章程、合伙协议或基金协议明确或约定的符合国家法律法规和有关规范性文件的其他投资形式参与市场化债转股项目。

四、鼓励有条件有需求的地区探索新设政府出资市场化债转股专项基金开展市场化债转股，新设政府出资市场化债转股专项基金可以吸引符合条件的银行和市场化债转股实施机构以及其他各类社会资本参与。在符合相关规定的前提下，支持政府出资产业投资基金除政府外的其他出资人申请发行企业债券，通过基金投入市场化债转股项目，有效拓宽市场化债转股筹资渠道。

五、政府出资产业投资基金各出资方应当按照“利益共享、风险共担”的原则，明确约定收益分配和亏损分担方式。针对市场化债转股项目普遍存在的投资期限较长、收益较低、不确定性高的情况，政府出资部分可以适当让利，提高社会资本参与市场化债转股项目的积极性。

各省、自治区、直辖市，各计划单列市，新疆生产建设兵团发展改革委可以根据本地区具体情况制定支持政府出资产业投资基金参与市场化债转股的具体办法，积极稳妥开展市场化债转股工作。

国家发展改革委办公厅

2017 年 7 月 15 日

《中国银监会关于〈商业银行新设债转股实施机构管理办法(试行)〉(征求意见稿)公开征求意见的通知》

为规范商业银行新设债转股实施机构的行为，推动市场化银行债权转股权健康有序开展，根据《中华人民共和国银行业监督管理法》、《中华人民共和国商业银行法》和《中华人民共和国公司法》等法律法规以及《国务院关于积极稳妥降低企业杠杆率的意见》，我会起草了《商业银行新设债转股实施机构管理办法（试行)》（征求意见稿)，现向社会公开征求意见。公众可以通过以下途径反馈意见：

一、登录中国政府法制信息网（网址：http：//www. chinalaw. gov. cn)，进入首页主菜单的“立法意见征集”栏目提出意见。

二、通过电子邮件将意见发送至：zhengqiuyijian@ cbrc. gov. cn

三、通过信函方式将意见寄至：北京市西城区金融大街甲 15 号中国银监会法规部（邮编：100140)，并请在信封上注明“《商业银行新设债转股实施机构管理办法（试行)》征求意见”字样。

意见反馈截止时间为 2017 年 9 月 7 日。

中国银监会

2017 年 8 月 8 日

附：《商业银行新设债转股实施机构管理办法（试行）》

（征求意见稿）

第一章 总则

第一条 为规范商业银行新设债转股实施机构的行为，推动市场化银行债权转股权健康有序开展，根据《中华人民共和国银行业监督管理法》、《中华人民共和国商业银行法》和《中华人民共和国公司法》等法律法规以及《国务院关于积极稳妥降低企业杠杆率的意见》，制定本办法。

第二条 本办法所称商业银行新设债转股实施机构（下称实施机构），是指商业银行经银监会批准，在中华人民共和国境内设立的，主要从事银行债权转股权（下称债转股）及配套支持业务的非银行金融机构。

第三条 实施机构应当遵循市场化、法治化原则运作，与各参与主体在依法合规前提下，通过自愿平等协商开展债转股业务，切实防止企业风险向银行业金融机构转移，防范相关道德风险。

第四条 银行通过实施机构实施债转股，应当先由银行向实施机构转让债权，再由实施机构将债权转为对象企业股权。银行不得将债权直接转化为股权，但国家另有规定的除外。

第五条 银监会及其派出机构依法对实施机构及其分支机构业务活动实施监督管理。

第二章 设立、变更与终止

第六条 实施机构的名称应当采用“字号＋金融资产投资有限公司”形式。

第七条 实施机构应当具备下列条件：

（一）有符合《中华人民共和国公司法》和银监会规定的章程；

（二）有符合本办法要求的出资人和注册资本；

（三）有符合任职资格条件的董事、高级管理人员和熟悉业务的合格从业人员；

（四）建立有效的公司治理、内部控制和风险管理制度，有与业务经营相适应的信息科技系统；

（五）有与业务经营相适应的营业场所、安全防范措施和其他设施；

（六）银监会规章规定的其他审慎性条件。

第八条 商业银行作为出资人应当符合以下条件：

（一）具有良好的公司治理结构、内部控制机制和健全的风险管理体系；

（二）具有良好的并表管理能力；

（三）主要审慎监管指标符合监管要求；

（四）财务状况良好，最近3个会计年度连续盈利；

（五）监管评级良好，最近2年内无重大违法违规行为；

（六）为实施机构确定了明确的发展战略和清晰的盈利模式；

（七）入股资金为自有资金，不得以债务资金和委托资金等非自有资金入股；

（八）承诺5年内不转让所持有的股权，不将所持有的股权进行质押或设立信托，并在实施机构公司章程中载明。

（九）银监会规章规定的其他审慎性条件。

第九条 实施机构应当由一家境内注册成立的商业银行作为主出资人。

前款所称主出资人是指拟设实施机构的最大股东，其出资比例不低于拟设实施机构全部股本的50%。主出资人商业银行应当按照《商业银行并表管理与监管指引》等规定的要求，将实施机构纳入并表管理。

第十条 其他境内法人机构作为实施机构的出资人，应当具备以下条件：

（一）有良好的公司治理结构；

（二）有良好的社会声誉、诚信记录和纳税记录；

（三）经营管理良好，最近 2 年内无重大违法违规经营记录；

（四）其他境内法人机构为非金融机构的，权益性投资余额原则上不超过其净资产的 50%（合并会计报表口径）；

（五）其他境内法人机构为非金融机构的，最近 1 年年末总资产不低于 50 亿元人民币，最近 1 年年末净资产不得低于总资产的 30%；

（六）财务状况良好，最近 2 个会计年度连续盈利；

（七）入股资金为自有资金，不得以债务资金和委托资金等非自有资金入股；

（八）承诺 5 年内不转让所持有的股权，不将所持有的股权进行质押或设立信托，并在实施机构公司章程中载明。

其他境内法人机构为金融机构的，应当符合与该类金融机构有关的法律、法规、相关监管规定要求。

第十一条 有以下情形之一的企业不得作为实施机构的出资人。

（一）公司治理结构与机制存在明显缺陷；

（二）股权关系复杂且不透明、关联交易异常；

（三）核心主业不突出且其经营范围涉及行业过多；

（四）现金流量波动受经济景气影响较大；

（五）资产负债率、财务杠杆率明显高于行业平均水平；

（六）代他人持有实施机构股权；

（七）其他对实施机构产生重大不利影响的情况。

第十二条 实施机构的注册资本应当为一次性实缴货币资本，最低限额为 100 亿元人民币或等值的可自由兑换货币。

银监会根据审慎监管的要求，可以调整注册资本最低限额，但不得少于前款规定的限额。

第十三条 实施机构设立须经筹建和开业两个阶段。

第十四条 筹建实施机构，应由主出资人商业银行作为申请人向银监会提交申请，由银监会按程序受理、审查并决定。银监会自收到完整申请材料之日起4个月内作出批准或不批准的书面决定。

第十五条 实施机构的筹建期为批准决定之日起6个月。未能按期完成筹建的，应在筹建期限届满前1个月向银监会提交筹建延期报告。筹建延期不得超过一次，延长期限不得超过3个月。

申请人应在前款规定的期限届满前提交开业申请，逾期未提交的，筹建批准文件失效，由决定机关注销筹建许可。

第十六条 实施机构开业，应由主出资人商业银行作为申请人向银监会提交申请，由银监会受理、审查并决定。银监会自受理之日起2个月内作出核准或不予核准的书面决定。

第十七条 实施机构应在收到开业核准文件并领取金融许可证后，办理工商登记，领取营业执照。

实施机构应自领取营业执照之日起6个月内开业。不能按期开业的，应在开业期限届满前1个月向银监会提交开业延期报告。开业延期不得超过一次，延长期限不得超过3个月。

未在前款规定期限内开业的，开业核准文件失效，由决定机关注销开业许可，发证机关收回金融许可证，并予以公告。

第十八条 实施机构董事和高级管理人员实行任职资格核准制度，由银监会按照《非银行金融机构行政许可事项实施办法》中有关金融资产管理公司高管任职资格范围、条件和程序进行审核。

第十九条 实施机构根据业务发展需要设立分支机构应经银监会批准，具体条件由银监会另行规定。

第二十条 实施机构有下列变更事项之一的，应当报经银监会批准：

（一）变更公司名称；

（二）变更注册资本；

（三）变更股权或调整股权结构；

（四）变更公司住所；

（五）修改公司章程；

（六）变更组织形式；

（七）合并或分立；

（八）银监会规定的其他变更事项。

实施机构股权变更或调整股权结构后持股5%以上的股东应经股东资格审核。变更或调整股权后的股东应当符合本办法规定的出资人资质条件。

第二十一条 实施机构有下列情况之一的，经银监会批准后可以解散：

（一）公司章程规定的营业期限届满或者公司章程规定的其他解散事由出现；

（二）股东会议决议解散；

（三）因公司合并或者分立需要解散；

（四）其他解散事由。

第二十二条 实施机构因解散、依法被撤销或被宣告破产而终止的，其清算事宜按照国家有关法律法规办理。

第二十三条 除本办法另有规定外，实施机构机构变更、机构终止、调整业务范围和增加业务品种等行政许可由银监会受理、审查并决定，相关申请材料、许可条件和程序应符合《非银行金融机构行政许可事项实施办法》相关规定，参照适用该办法中有关金融资产管理公司行政许可相关规定。行政许可申请材料目录及格式要求由银监会另行规定。

第三章 业务范围和业务规则

第二十四条 实施机构主要从事债转股及其相关配套支持业务。经银监会批准，实施机构可以经营下列部分或者全部业务：

（一）以债转股为目的收购银行对企业的债权；

（二）将债权转为股权并对股权进行管理，对于未能转股的债权进行重组、转让、处置等必要管理；

（三）依法依规面向合格社会投资者募集资金用于实施债转股；

（四）发行金融债券，专项用于债转股；

（五）通过债券回购、同业拆借、同业借款等方式融入资金；

（六）对自有资金和募集资金进行必要的投资管理。自有资金可以开展存放同业、拆放同业、购买国债或其他固定收益类证券等业务；募集资金使用应符合资金募集用途；

（七）与债转股业务相关的财务顾问和咨询业务；

（八）经银监会批准的其他业务。

实施机构应以债转股业务为主业，全年主营业务占比或者主营业务收入占比原则上不应低于总业务或者总收入的50%。具体统计监测和考核办法由银监会另行规定。

第二十五条 实施机构应当建立全面规范的债权收购和转股等各项业务经营制度，明确尽职调查、审查审批与决策流程，全面准确了解掌握转股债权、债务企业的真实情况，科学合理评估收购债权和转股股权价值。

第二十六条 实施机构可以依据相关行业主管部门规定申请成为私募投资基金管理人，依法依规面向合格社会投资者募集资金。实施机构应当加强投资者适当性管理，向合格投资者充分披露信息，告知投资者募集资金用于债转股项目。

第二十七条 实施机构申请发行金融债券，应当符合以下条件：

（一）具有良好的公司治理机制、完善的内部控制体系和健全的风险管理制度；

（二）资本充足率不低于监管部门的最低要求；

（三）最近3年连续盈利；

（四）风险监管指标符合审慎监管要求；

（五）最近3年内没有重大违法违规行为，成立不足3年的，自成立以来没有重大违法违规行为；

（六）监管评价良好；

（七）银监会规章规定的其他审慎性条件。

对于资质良好但成立未满3年的实施机构，可由具有担保能力的担保人提供担保。

实施机构申请发行金融债券，向银监会提交申请，由银监会受理、审查并决定。银监会自受理之日或收到完整申请材料之日起3个月内作出批准或不批准的书面决定。

第二十八条 鼓励商业银行向非本行所属实施机构转让债权实施转股，支持不同商业银行通过所属实施机构交叉实施市场化债转股。

第二十九条 实施机构向商业银行收购银行债权应严格遵守洁净转让、真实出售的要求，通过评估或估值程序审慎评估债权质量和风险，进行市场公允定价，实现资产和风险的真实完全转移。

第三十条 实施机构收购银行债权不得接受债权出让方银行及其关联机构出具的本金保障和固定收益承诺，实施利益输送，不得协助银行掩盖风险、规避监管要求。

实施机构不得与银行在转让合同等正式法律文件之外签订或达成影响资产和风险真实完全转移，改变交易结构、风险承担主体及相关权益转移过程的协议或约定。

第三十一条 实施机构收购银行债权，不得由债权出让方银行及其关联机构使用资本金、自营资金或理财资金提供直接或间接融资，不得由债权出让方银行及其关联机构以任何方式承担显性或者隐性回购义务。

第三十二条 实施机构应加强对所收购债权的管理，认真整理、审查和完善相关债权的法律文件和管理资料，密切关注债务人和担保人的清偿能力和抵质押物价值变化情况，及时采取补救措施，切实维护和主张权利。

第三十三条 债转股对象企业、转股债权及转股价格和条件由实施机构、债权银行和企业根据国家政策导向依法自主协商确定。债权可以转为普通股，也可以经法定程序转为优先股。

对于涉及多个债权银行的，可以由最大债权银行或主动发起债转股的债权银行牵头成立债权人委员会进行协调。

第三十四条 实施机构确定作为债转股对象的企业应当具备以下条件：

（一）发展前景良好但遇到暂时困难，具有可行的企业改革计划和脱困安排；

（二）主要生产装备、产品、能力符合国家产业发展方向，技术先进，产品有市场，环保和安全生产达标；

（三）信用状况较好，无故意违约、转移资产等不良信用记录。

第三十五条 实施机构开展债转股，应当符合国家产业政策等政策导向，优先考虑对发展前景良好但遇到暂时困难的优质企业开展市场化债转股，包括：

（一）因行业周期性波动导致困难但仍有望逆转的企业；

（二）因高负债而财务负担过重的成长型企业，特别是战略性新兴产业领域的成长型企业；

（三）高负债居于产能过剩行业前列的关键性企业以及关系国家安全的战略性企业；

（四）其他适合优先考虑实施市场化债转股的企业；

第三十六条 实施机构不得对下列企业实施债转股：

（一）扭亏无望、已失去生存发展前景的“僵尸企业”；

（二）有恶意逃废债行为的失信企业；

（三）债权债务关系复杂且不明晰的企业；

（四）不符合国家产业政策，助长过剩产能扩张和增加库存的企业；

（五）其他不适合实施债转股的企业。

第三十七条 转股债权范围以银行对企业发放贷款形成的债权为主，适当考虑企业债券、票据融资等其他类型债权。

转股债权风险分类类型由实施机构、债权银行和企业自主协商确定。

第三十八条 实施机构应当按照公开、公平、公正的原则开展市场化债转股，根据自身业务经营和风险管理策略，收购拟转股的银行债权。

第三十九条 实施机构应当建立严格的关联交易管理制度，与主出资人商业银行或者其他关联方的关联交易应当遵循商业原则，以市场价格为基础，按照不优于非关联方同类交易的条件进行，防止不当利益输送，防止掩盖风险、规避监管及监管套利。

实施机构重大关联交易应当经董事会批准，并进行充分披露。重大关联交易是指实施机构与一个关联方之间单笔交易中使用的自有资金总额占实施机构净资产5%以上的交易。重大关联交易应当自批准之日起10个工作日内报告监事会，同时报告银监会。

上市商业银行控股的实施机构，与出资人商业银行或其他关联方的交联交易，应当符合证券监管有关规定。

第四十条 实施机构应当与相关主体在债转股协议中对企业未来债务融资行为进行规范，共同制定合理的债务安排和融资规划，对企业资产负债率作出明确约定。

第四十一条 实施机构应当建立和完善股权管理制度，明确持股目的和持股策略，确定合理持股份额，并根据公司法等法律法规要求承担有限责任。

债转股企业涉及上市公司的，应当符合证券监管有关规定。

第四十二条 实施机构应当按照法律和公司章程的要求，派员参加企业董事会、监事会，依法行使股东权利，参与公司治理和企业重大经营决策，督促持股企业持续改进经营管理。

第四十三条 实施机构应当依法行使各项股东权利，在法律和公司章程规定范围内依法采取措施，制止损害股东权益行为。当持股企业因管理、环境等因素发生不利变化，导致或可能导致持股风险显著增大时，应及时采取有效措施保障自身合法权益。

第四十四条 实施机构应当明确股权退出策略和机制。对股权有退出预期的，可以与相关主体协商约定所持股权的退出方式。实施股权退出涉及证券发行或交易的，应当符合证券监管的有关规定。涉及国有资产转让的，应当符合国有资产管理的有关规定。

第四十五条 鼓励实施机构通过市场化措施向合格投资者真实转让所持有的债转股企业股权。

第四十六条 实施机构应建立履职问责制，规定在银行债权收购、管理和转股过程中有关部门和岗位的职责，对违反有关法律法规和监管规定的行为进行责任认定和处理。

第四十七条 实施机构应当遵守国家法律法规和监管政策，严禁以下行为：

（一）与债务人等串通，转移资产，逃废债务；

（二）违反规定对禁止性对象企业实施债转股或变相实施债转股；

（三）违规接受银行承诺或签订私下协议；

（四）超越权限或违反规定程序实施债转股，以及未经规定程序审批同意更改债转股实施方案；

（五）伪造、篡改、隐匿、毁损债转股相关档案；

（六）其他违法违规及违反本办法要求的行为。

第四章 风险管理

第四十八条 实施机构应当建立组织健全、职责清晰的公司治理结构，明确董事会、监事会、高级管理层、业务部门、风险管理部门和内审部门风险管理职责分工，建立多层次、相互衔接、有效制衡的风险管理机制。

实施机构和主出资人商业银行之间应建立防火墙，在资金、人员、业务方面进行有效隔离，防范风险传染。

第四十九条 实施机构应当建立与其业务规模、复杂程度、风险状况相匹配的有效风险管理框架，制定清晰的风险管理策略，明确风险偏好和风险限额，制定、完善风险管理政策和程序，及时并有效识别、计量、评估、监测、控制或缓释各类重大风险。

第五十条 实施机构应当按照银监会的相关规定建立资本管理体系，合理评估资本充足状况，建立审慎、规范的资本补充、约束机制，具体办法和监管指标由银监会另行规定。

第五十一条 实施机构应当按照有关规定，严格对所持有的债权资产进行准确分类，足额计提风险减值准备，确保真实反映风险状况。

第五十二条 实施机构应当确保其资产负债结构与流动性管理要求相匹配，建立并完善融资策略，提高融资来源的多元化和稳定程度，实施流动性风险限额管理，制定有效的流动性风险应急计划。实施机构流动性管理指标要求由银监会另行规定。

第五十三条 实施机构应当加强债转股项目全流程管理，严格落实尽职调查、审查审批、风控措施、后续管理等各项要求，加强监督约束，防范超越权限或者违反程序操作、虚假尽职调查与评估、泄露商业秘密谋取非法利益、利益输送、违规放弃合法权益、截留隐匿或私分资产等操作风险。

第五十四条 实施机构应当制定合理的业绩考核和奖惩机制，建立市场化的用人机制和薪酬激励约束机制。

第五十五条 实施机构应当建立健全内部控制和内外部审计制度，完善内部控制措施，提高内外部审计有效性，持续督促改善业务经营、风险管理、内控合规水平。

第五章 监督管理

第五十六条 银监会及其派出机构通过非现场监管和现场检查等方式对实施机构及其分支机构实施持续监管。

第五十七条 实施机构及其分支机构应按规定向银监会及其派出机构报送监管信息，主要包括：

（一）业务经营和风险管理制度；

（二）组织架构及主要管理人员信息；

（三）财务会计报表、监管统计报表；

（四）信息披露材料；

（五）重大事项报告；

（六）银监会及其派出机构认为必要的其他信息。

第五十八条 银监会及其派出机构根据履职需要，可以与实施机构董事、高级管理人员及外部审计人员进行监督管理谈话，要求就业务活动和风险管理等重大事项作出说明。

第五十九条 银监会应当按照法律法规要求，督促实施机构落实信息披露要求。

第六十条 实施机构违反有关法律法规以及本办法有关规定的，银监会及其派出机构应当依法责令限期整改，并可以区别情形，依照《中华人民共和国银行业监督管理》等法律法规，采取暂停业务、限制股东权利等强制监管措施和行政处罚。

第六十一条 银监会按照国务院要求，会同相关部委对实施机构业务开展情况和债转股效果定期进行评估，会同有关部门研究完善监督管理、激励约束和政策支持措施。

第六章 附则

第六十二条 金融资产管理公司、信托公司等银监会监管的实施机构参与开展市场化债转股，商业银行通过其它符合条件的所属机构参与开展市场化债转股应参照适用本办法规定的业务规则和风险管理要求，法律法规和金融监管部门规章另有规定的除外。

第六十三条 商业银行已经签订框架性协议尚未实施的债转股项目应符合本办法相关要求；已实施债转股项目管理方式不得违反本办法相关要求，法律法规和金融监管部门规章另有规定的除外。

第六十四条 本办法由银监会负责解释。

第六十五条 本办法自 2017 年 X 月 X 日起施行。

B.16
参考文献

1. 中共中央马克思恩格斯列宁斯大林著作编译局：《马克思恩格斯全集》，人民出版社，1985。
2. 毛泽东：《毛泽东选集》，人民出版社，1991。
3. 中共中央文献编辑委员会：《邓小平文选（全三卷）》，人民出版社，1995。
4. 江泽民：《对中国能源问题的思考》，《上海交通大学学报》2008年第3期。
5. 胡锦涛：《在中国共产党第十八次全国代表大会上的报告》，2012年11月8日。
6. 习近平：《在省部级主要领导干部学习贯彻党的十八届五中全会精神专题研讨班上的讲话》，2016年1月18日。
7. 习近平：《在哲学社会科学工作座谈会上的讲话》，2016年5月17日。
8. 李克强：《2017年国务院政府工作报告》，2017年3月5日。
9. 习近平：《在中国共产党第十九次全国代表大会上的报告》，2017年10月18日。
10. 《国务院关于煤炭工业健康发展的若干意见》（国发〔2005〕18号），2005年6月7日。
11. 《煤炭产业政策》（国家发展与改革委员会公告2007年第80号），2007年11月。
12. 《国务院办公厅关于促进煤炭行业平稳运行的意见》（国办发〔2013〕104号），2013年11月18日。
13. 《国务院关于煤炭行业化解过剩产能实现脱困发展的意见》（国发

〔2016〕7号），2016年2月1日。

14. 《国务院关于积极稳妥降低企业杠杆率的意见》（及附件《关于市场化银行债权转股权的指导意见》）（国发〔2016〕54号），2016年9月22日。

15. 《国务院办公厅关于同意建立积极稳妥降低企业杠杆率工作部际联席会议制度的函》（国办函〔2016〕84号），2016年10月18日。

16. 《财政部　国家税务总局关于落实降低企业杠杆率税收支持政策的通知》（财税〔2016〕125号），2016年11月22日。

17. 《中国银监会、发展改革委、工业和信息化部关于钢铁煤炭行业化解过剩产能金融债权债务问题的若干意见》（银监发〔2016〕51号），2016年12月1日。

18. 《国家发展改革委办公厅关于印发〈市场化银行债权转股权专项债券发行指引〉的通知》（发改办财金〔2016〕2735号），2016年12月19日。

19. 《中国人民银行办公厅关于做好2017年信贷政策工作的意见》（银办发〔2017〕48号），2017年3月。

20. 《国家能源局关于深化能源行业投融资体制改革的实施意见》（国能法改〔2017〕88号），2017年3月27日。

21. 《中国银监会办公厅关于开展银行业"监管套利、空转套利、关联套利"专项治理工作的通知》（银监办发〔2017〕46号），2017年3月28日。

22. 《国家发展改革委关于进一步加快建设煤矿产能置换工作的通知》（发改能源〔2017〕609号），2017年4月5日。

23. 《中国银监会关于开展银行业"不当创新、不当交易、不当激励、不当收费"专项治理工作的通知》（银监办发〔2017〕53号文），2017年4月6日。

24. 《中国银监会关于提升银行业服务实体经济质效的指导意见》（银监发〔2017〕4号），2017年4月7日。

25. 《中国银监会关于银行业风险防控工作的指导意见》（银监发〔2017〕6号），2017年4月7日。
26. 《中国银监会关于切实弥补监管短板提升监管效能的通知》（银监发〔2017〕7号），2017年4月10日。
27. 《国家发展改革委办公厅关于发挥政府出资产业投资基金引导作用推进市场化银行债权转股权相关工作的通知》（发改办财金〔2017〕1238号），2017年7月15日。
28. （明）宋应星：《天工开物》（1637年），江苏古籍出版社，2002。
29. 岳福斌：《社会主义初级阶段商品经济论》，中国展望出版社，1989。
30. 《中国近代煤矿史》编写组：《中国近代煤矿史》，煤炭工业出版社，1990。
31. 岳福斌：《政治经济学原理》，中国财政经济出版社，1992。
32. 钱中涛、岳福斌、丁邦石：《股份经济知识大全》，吉林人民出版社，1993。
33. 胡培兆：《论有效供给》，《经济学家》1993年第3期。
34. 李兆友：《简论中国古代物理学中的物理实验》，《物理实验》1993年第5期。
35. 杨培儒、单睿冬：《论“三角债”的起源与治理》，《西部金融》1994年第9期。
36. 岳福斌：《制度创新：中国式市场经济大思路》，中国物价出版社，1995。
37. 中国煤炭志编纂委员会：《中国煤炭志综合卷》，煤炭工业出版社，1999。
38. 国家统计局工交司课题组：《国有大中型亏损企业三年脱困的标准和可行性分析》，《统计研究》1999年第8期。
39. 吴吟：《关于我国能源管理体制的思考》，《中国能源》2002年第10期。
40. 濮洪九等：《中国电力与煤炭》，煤炭工业出版社，2004。
41. 邹东涛、岳福斌：《资本论与中国》，中国经济出版社，2004。

42. 岳福斌：《煤炭管理体制创新研究报告》，《中国特色社会主义研究》2006 年第 3 期。
43. 岳福斌：《现代产权制度研究》，中央编译出版社，2007。
44. 《新中国煤炭工业》编辑委员会：《新中国煤炭工业》，海洋出版社，2007。
45. 朱学军：《公司财务分析》，清华大学出版社，2008。
46. 仇京荣：《公司资本制度中股东与债权人利益平衡问题研究》，中信出版社，2008。
47. 王化成：《公司财务管理：Corporate finance》，中信出版社，2008。
48. 张先治：《公司理财（财经版会计系列教材）》，中国财经出版社，2009。
49. 国家煤矿安全监察局：《中国煤炭工业发展概要》，煤炭工业出版社，2010。
50. 商务印书馆：《辞源》，2010。
51. 阮永平：《上市公司财务报表解读》，华东理工大学出版社，2010。
52. 郑亚光、饶翠华：《公司财务·第 2 版》，西南财经大学出版社，2011。
53. 岳福斌：《公共政策学讲义》（2006 ~ 2012），中国社会科学院研究生院。
54. 岳福斌：《产业经济学讲义》（2008 ~ 2012），中国社会科学院研究生院。
55. 岳福斌等：《中国煤炭工业发展报告（2011 ~ 2015）》，社会科学文献出版社，2012。
56. 赵艳秉、周庆海、李菲等：《财务管理原理：Financial Management》，北京大学出版社，2012。
57. 中国煤炭经济研究院：《加快推进我国煤炭税费制度综合改革》，2013 年 2 月。
58. 张艳花：《两次经济金融整顿的回顾——访人民银行原副行长、党组书记周正庆》，《中国金融》2013 年第 23 期。
59. 中国煤炭经济研究院：《加强商品煤质量管理势在必行》，《煤炭经济研究》2013 年第 7 期。

60. 中国煤炭经济研究院：《客观评价〈商品煤质量管理暂行办法〉》，《煤炭经济研究》2013年第8期。
61. 岳福斌、崔涛：《中国煤炭工业发展报告（2013）：完善煤炭产业政策》，社会科学文献出版社，2013。
62. 王满：《公司理财学》，东北财经大学出版社，2013。
63. 陈锐：《里根经济学及其对当下启示》，《人民论坛》2014年第8期。
64. 吴井红：《公司理财》，上海财经大学出版社，2014。
65. 王翰雄、杨东华：《资产负债率公式的理解与运用》，《财会月刊》2014年第6期。
66. 岳福斌：《中国煤炭工业发展报告（2015）：煤炭产能新常态与落后产能退出新机制》，社会科学文献出版社，2015。
67. 张先治：《财务分析》，东北财经大学出版社，2015。
68. 《人民日报》社经济社会部：《七问供给侧结构性改革：权威人士谈当前经济怎么看怎么干》，人民出版社，2016。
69. 吴敬琏：《中国经济面临的挑战与选择》，《中共浙江省委党校学报》2016年第1期。
70. 龚雯、许志峰、王珂：《权威人士再论当前经济：供给侧结构性改革引领新常态》，《人民日报》2016年1月4日。
71. 吴敬琏等：《供给侧改革》，中国文史出版社，2016。
72. 胡祖铨：《我国房地产去库存研究》，《宏观经济管理》2016年第4期。
73. 杨凯生：《关于债转股的几点思考》，《清华金融评论》2016年第5期。
74. 吴晓灵：《用市场化思维和手段去杠杆兼谈对债转股手段的运用》，《清华金融评论》2016年第5期。
75. 黄群慧、李晓华：《"僵尸企业"的成因与处置策略》，《中国中小企业》2016年第5期。
76. 益言：《从国际经验看中国去杠杆》，《中国金融》2016年第7期。
77. 刘英：《中国债务的国际比较》，《中国金融》2016年第14期。
78. 黄志凌：《正确理解和运用债转股》，《中国金融》2016年第19期。

79. 张晓晶：《正确认识去杠杆》，《中国金融》2016 年第 21 期。
80. 刘辉、夏仕亮：《财务管理》，北京大学出版社，2016。
81. 国家统计局：《中国统计年鉴（2016）》，中国统计出版社，2016。
82. 李奇霖：《从国际经验看企业降杠杆》，《金融博览》2016 年第 23 期。
83. 岳福斌：《中国煤炭工业发展报告（2016）：煤炭产业脱困发展与供给侧结构性改革》，社会科学文献出版社，2016。
84. 陆岷峰、葛和平：《中国企业高杠杆成因及去杠杆方式研究》，《金融监管研究》2016 年第 12 期。
85. 姚洋、范保群：《我国有能力解决国有企业杠杆率偏高问题》，《人民日报》2016 年 11 月 25 日。
86. 王俊岭：《"三去一降一补"谋关键突破》，《理论参考》2017 年第 1 期。
87. 王一鸣、宋龑娜：《降低企业杠杆率的重点》，《中国金融》2017 年第 4 期。
88. 张晓晶、刘学良：《利息负担与债务可持续性》，《中国经济报告》2017 年第 5 期。
89. 中共中央文献研究室：《习近平关于社会主义经济建设论述摘编》，中央文献出版社，2017。
90. 中国煤炭经济 30 人论坛秘书处：《中国煤炭经济 30 人论坛（CCEF－30）快报》（第十九期），2017 年 6 月。
91. 杨凯生：《当前去杠杆应注意的主要问题》，《中国党政干部论坛》2017 年第 6 期。
92. 国家发改委经济运行调节局子站：《钢铁煤炭行业去产能攻坚成效显著》，《财经界》2017 年第 11 期。
93. 新华社：《全国金融工作会议在京召开》，2017 年 7 月 15 日。
94. 中国东方资产管理公司：《2017 中国金融不良资产市场调查报告》，2017 年 7 月。
95. 中国人民银行：《2017 年第二季度中国货币政策执行报告》，2017 年 8 月。
96. 中国煤炭经济 30 人论坛秘书处：《中国煤炭经济 30 人论坛（CCEF－

30）快报》（第二十期），2017 年 9 月。

97. 沈坤荣：《以供给侧结构性改革夯实中国经济增长基础》，《求是》2017 年第 10 期。

98. 〔古希腊〕阿基米德（Archimedes）著，〔英〕T. L. 希思编《阿基米德全集》，陕西科学技术出版社，1998。

99. 〔英〕亨利·西奇威克：《政治经济学原理》（Henry Sidgrwick，1887）。

100. 〔英〕凯恩斯：《就业利息和货币通论》，商务印书馆，1963。

101. 马克思：《资本论》，人民出版社，1975。

102. 〔美〕保罗·克雷·罗伯茨（Roberts. P. C.）：《供应学派革命：华盛顿决策内幕》，上海人民出版社，2011。

103. 〔英〕登齐尔·沃森、安东尼·黑德、沃森等：《公司理财理论与实务》，经济管理出版社，2011。

104. 〔法〕热叙阿等：《经济学词典》，李玉平等译，社会科学文献出版社，2012。

105. Fisher I. The Debt-Deflation Theory of Great Depressions [J]. Econometrica, 1933, 1 (4).

106. Ghosh A, Jain P C. Financial Leverage Changes Associated with Corporate Mergers [J]. Journal of Corporate Finance, 2000, 6 (4).

107. Joaquim J. S. Ramalho, Jacinto Vidigal da Silva. A two-part Fractional Regression Model for the Financial Leverage Decisions of Micro, Small, Medium and Large Firms [J]. Quantitative Finance, 2009, 9 (5).

108. Corsetti G, Kuester K, Meier A, et al.. Debt Consolidation and Fiscal Stabilization of Deep Recessions [J]. American Economic Review, 2010, 100 (2).

109. Barth J R, Lin D, Yost K. Small and Medium Enterprise Financing in Transition Economies [J]. Atlantic Economic Journal, 2011, 39 (1).

110. Zettelmeyer J, Trebesch C, Gulati M. The Greek Debt Restructuring: An Autopsy [J]. Economic Policy, 2013, 28 (75).

111. IEA coal information 2016, International Energy Agency.

112. World Energy Outlook 2016, International Energy Agency.

113. BP Statistical Review of World Energy (2003 - 2017), Beyond Petroleum.

114. Ahmad M I, Wang G, Hasan M, et al.. Financial Leverage Hits Corporate Performance [M] // Advances in Applied Economic Research. 2017.

Abstract

This book was compiled by the China Blue Book of Coal Industry Compilation Committee, established and headed by the China Institute of Coal Economics Research of China University of Mining and Technology (Beijing). It is the ninth volume of the Blue Book of Coal Industry.

Deleveraging, also known as moderate adjustment of asset – liability ratio, is a worldwide problem, which has become an urgent problem in the process of social and economic development of China and is also one of the five priority tasks of deepening the ongoing supply – side structural reform. In October 2016, the State Council issued *The State Council's Guidelines on Actively yet Prudently Reducing Enterprise Leverage Ratio* (G. F. 〔2016〕 Document No. 54). Although this is a guideline for all enterprises, it provides very timely and necessary guidance for the coal enterprises. In March 2017, the Chairman of the board of China Institute of Coal Economics Research held a meeting where a decision was made upon analysis of the current situation that *Reducing Coal Enterprise Leverage Ratio in an Active yet Prudent Manner* was to be the key project in 2017 with Document No. 54 as the guidance, and also the topic for the 2017 Blue Book of Coal Industry. A research group with Professor Yue Fubin as the leading researcher was organized by the China Institute of Coal Economics Research to implement these decisions. The members are comprised of leaders, experts and scholars from universities, research institutes, local coal industry administrative departments, financial securities companies, and key coal enterprises.

More than half a year's hard work saw the completion of China's Coal Industry Development Report 2017 on the theme of *Reducing Coal Enterprise Leverage Ratio in an Active and Prudent Manner.* It consists of a general report, several empirical reports and appendix. The preface, written by Wu Yin, introduces the research background, significance, main contents, outstanding characteristics and scope of application. The general report, written by the research group from the China Institute of Coal Economics Research, starts with physics and the lever principle, followed by levers in economics and the distinction between the regulatory lever and the debt lever. Based on Marx's Interest – Bearing Capital Theory, the report analyzes the emergence and development, function and effect, influence and risk of the financial leverage of the enterprises investigated. It discusses the problem of high leverage ratio in coal enterprises in China from the strategic perspective of supply – side structural reform, puts forward some ideas and suggestions, and proposes the policies needed regarding reducing the leverage ratio of coal enterprises.

The empirical reports, accomplished by eleven key coal enterprises such as Shenhua Group, introduce the current situation of financial leverage of each enterprise and, based on the analysis of the causes and risks of high leverage, put forward some ideas, condition requirements and policies needed for reducing the leverage ratio of coal enterprises. The Coal Industry Bureau of Shandong Province and Coal Industry Department of Shanxi Province make a comprehensive analysis and review of the current situation of leverage reduction of the local key coal enterprises. For a better understanding of the government policies regarding reducing enterprise leverage ratio, the book's appendix includes the Document NO. 54 〔2016〕 of the State Council of the People's Republic of China and other documents issued by the relevant ministries and commissions.

This Blue Book combines knowledge, theory, practice and policy all in one like the previous Blue Book of Coal Industry. The book is explicitly focused on solving the burning problems in the development of coal industry and distinguishes itself by taking Marx's Theory as its theoretical guidance. It also places a special emphasis on the new development concept put forward by the Party Central Committee with Xi Jinping as the core. It highlights the basic requirements for the healthy development of the coal industry to overcome the difficulties. This book provides detailed and accurate data, advanced research methods, rich contents and distinctive views and it has great reference value for policy making, implementation, estimation and improvement in regarding to deleveraging and defusing debt risks, as well as for universities, research institutes and coal enterprises.

Keywords: China's coal industry; Supply-side structural reform; Deleveraging

Contents

I General Report

Abstract: The general report starts with physics and the lever principle, followed by levers in economics and the distinction between the regulatory lever and the debt lever. Based on Marx's Interest-Bearing Capital Theory, the report analyzes the emergence and development, function and effect, influence and risk of the financial leverage of the enterprises investigated. It discusses the problem of high leverage ratio in the coal enterprises in China from the strategic perspective of supply-side structural reform, puts forward some ideas and suggestions, and proposes the policies needed for reducing the leverage ratio of coal enterprises actively and prudently. The general report consists of seven parts:

Keywords: China's Coal Industry; Supply-side Structural Reform; Interest-Bearing Capital; Enterprise Financial Leverage; Deleveraging

Ⅱ Empirical Reports

B. 2 Becoming a World-Class Clean Energy Supplier by Implementing Clean Energy Development Strategy and Advancing Supply-Side Structural Reform

Shenhua Group / 112

Abstract: In order to carry out the strategic deployment on the supply-side structural reform brought forward by the Party Central Committee and the State Council, Shenhua Group, a state-owned enterprise, has played a key and leading role in fully implementing and promoting the five priority tasks of cutting overcapacity, reducing excess inventory, deleveraging, lowering costs and strengthening points of weakness. The Group has put great efforts into becoming a world-class clean energy supplier by following the general principle of making progress while keeping performance stable; strictly controlling financial leverage and operating leverage; taking the "1245" clean energy development strategy as the guidance; taking the strategic transformation, structural adjustment and innovation-driven development as the new driving forces; and giving full play to advantages of the "integrated" operation.

Keywords: Shenhua Group; Supply-side Structural Reform; Strategic Transformation; Deleveraging

B. 3 Implementing Market-Oriented Debt-for-Equity Swaps and Promoting Enterprise Transformation and Upgrading

Abstract: With the economy in a new normal, economic growth phase, economic structure optimization and economic kinetic energy conversion, Shanxi Coal and Chemical Industry Group has worked to adapt to the new situation and continuously pressed ahead the supply-side structural reform. While proactively cutting overcapacity, the Group has grasped this opportunity to implement market-oriented debt-for-equity swaps, reduce enterprise leverage, optimize the structure of capital, and adjust the new industry structure. With technology, capital and innovation as the driving forces, the Group has been making great efforts in pursuing Addition-Subtraction Structural Readjustment, innovation and development, with the aim of transforming the enterprise into one with diversified business, the distinct advantages of coal industry, and abundant energy sources and materials.

Keywords: Shanxi Coal and Chemical Industry Group; Market-oriented Debt-for-Equity Swaps; Transformation and Upgrading; Diversified Business

B. 4 Striving to Reduce Enterprise Leverage Ratio by Overcoming Difficulties and Optimizing Structure

Abstract: The report illustrates the comprehensive measures taken by Datong Group to reduce the leverage ratio in an active yet prudent manner in order to cope with high asset-liability ratio, puts forward possible solutions and proposes policies needed regarding the disposal of assets and liabilities caused by cutting overcapacity and closing down outdated coal production facilities.

Keywords: Datong Coal Mine Group; Three Core Competencies; Deleveraging

B. 5 Striving to Accomplish the Task of Deleveraging with Comprehensive Measures and Innovation

Shanxi Coking Coal Group / 142

Abstract: The report illustrates the significance of market-oriented debt-for-equity swaps by analyzing the causes and process of the high asset-liability ratio of the enterprise, introduces the process and experience in this regard, and puts forward their ideas and policies needed to address the problems.

Keywords: Shanxi Coking Coal Group; Deleveraging; Market-oriented Debt-for-Equity Swaps

B. 6 Reducing Leverage Ratio by Reducing Cost, Increasing Efficiency, Cutting Deficit and Strengthening Areas of Weakness

Yangquan Coal Industry Group / 155

Abstract: Facing rising financial debt and a high leverage rate, Yangquan Group has conducted research into deleveraging measures such as market-oriented debt-for-equity swaps, analyzed the problems in deleveraging, and put forward countermeasures in this regard.

Keywords: Yangquan Coal Industry Group; Deleveraging; Debt-for-Equity Swaps

B. 7 Reducing Leverage, Advancing Debt-for-Equity Swaps, Improving Quality and Efficiency for Transformation

Shanxi Lu'an Group / 163

Abstract: Based on their assessment of the assets and liabilities of the enterprise, Lu'an Group has analyzed the causes of high leverage ratio in respect of system, policies and development, and made a multidimensional study of the methods to reduce asset-liability ratio. It has also illustrated the significance of market-oriented debt-for-equity swaps and the current situation in this regard, and proposed the policies needed to overcome the difficulties.

Keywords: Lu'an Group; Causes of High Leverage; Deleveraging; Market-Oriented Debt-for-Equity Swaps

B. 8 An Arithmetic Method for Deleverage

Shanxi Jincheng Anthracite Mining Group / 174

Abstract: By means of creative thinking, Shanxi Jincheng Anthracite Mining Group has made efforts to actively reduce leverage, lower the asset-liability ratio, apply the "Arithmetic Method" (multiplication-division-addition-subtraction operation), improve quality and efficiency, and stimulate enterprise vitality so as to move on without any burden in economic transformation, gain strategic advantage in deepening the reform and upgrading. This will lay a solid foundation for the sustainable and healthy development of the enterprise. The report has concluded that preferential policies are needed for deleveraging more effectively.

Keywords: Jincheng Anthracite Mining Group; Deleveraging; Arithmetic Method

B. 9 Deleveraging, Reducing Debts and Pursuing Development

Yankuang Group / 183

Abstract: To tackle the problems the enterprise is faced with, Yankuang Group has made efforts in making courageous innovation, taking comprehensive measures, optimizing the structure of assets and debts, and reducing asset-liability ratio effectively. The Group will work further on the construction of a multi-level financing platform, widening financing channels, developing medium and long term financing programs, making financing plans, adjusting financing methods, and controlling asset-liability ratio effectively.

Keywords: Yankuang Group; Deleveraging; Portfolio Financing

B. 10 Reducing Financial Leverage and Promoting Healthy and Stable Development

Henan Energy and Chemical Industry Group / 196

Abstract: The report introduces a series of measures taken by Henan Energy and Chemical Industry Group in adhering to problem-oriented solutions, seizing the opportunities provided by policies, and carrying out market-oriented debt-for-equity swaps. The report describes their experience in optimizing the structure of assets and debts and reducing the leverage ratio in an effective way. It also presents their strategy to be adopted to strengthen the hematopoietic function of the enterprise, construct multi-level financing platforms, widen financing channels, optimize financing methods, control asset-liability ratio, and guarantee the healthy development of the enterprise.

Keywords: Henan Energy and Chemical Industry Group; Deleveraging; Market-Oriented Debt-for-Equity Swaps

Abstract: The high leverage ratio of enterprises mainly results from high strength investment, financing difficulties in the capital market, unreasonable use of credit funds and heavy burden on enterprises. Therefore, the fundamental solution to reduce enterprise leverage ratio is to take comprehensive measures, reduce the burden on enterprises according to the policies needed, open up financing channels in the capital market, optimize the debt structure, accelerate transformation, and upgrade and improve the added value of products.

Keywords: Yitai Group; Deleveraging; Optimizing the Debt Structure; Transformation and Upgrade

Abstract: Excessive leverage ratio leads to heavy burdens on enterprises, constituting a threat to their survival and development. And managing this is the immediate task for them. Based on the analysis of the current business operation and liabilities of Sichuan Coal Industry Group, the report discusses the importance of joint efforts made by both the government and the enterprises in defusing debt, reducing leverage, and promoting sustainable and healthy development; analyzes the main difficulties faced by the enterprises in huge debt; and puts forward the policy demands for reducing debt.

Keywords: Sichuan Coal Industry Group; High Debt; Development by Tiding over the Difficulties

B. 13 An Introduction to Deleveraging of Key State-Owned Coal Enterprises in Shanxi Province

Department of Coal Industry of Shanxi Province / 228

Abstract: Based on the objective analysis of the high leverage ratio of coal enterprises and effects, the report introduces the current situation of the key state-owned coal enterprises in Shanxi province and their methods of implementing leverage reduction and debt-to-equity swaps, analyzes the difficulties to overcome, and proposes relevant suggestions.

Keywords: Shanxi Coal; Deleveraging; Debt-to-Equity Swaps

B. 14 An Empirical Report on Reduction of Leverage Ratio of Coal Enterprises

Coal Industry Bureau of Shandong Province / 236

Abstract: Deleveraging is the key task of the supple-side structural reform, and the implementation of debt-to-equity swap is an important way to reduce enterprise leverage ratio. Based on the study and experience in debt-to-equity swap of Yankuang Group and Shandong Energy Group, the report analyzes the problems in debt-to-equity swap, such as restriction of financial policy, obvious capital preference, limited use of funds and high cost, etc. ; and proposes policies needed, such as relaxing financial policy restriction, reducing the limit of capital use and reducing the cost of debt-to-equity swaps.

Keywords: Shandong Coal, Supply-Side Structural Reform, Deleveraging

皮书起源

“皮书”起源于十七、十八世纪的英国，主要指官方或社会组织正式发表的重要文件或报告，多以“白皮书”命名。在中国，“皮书”这一概念被社会广泛接受，并被成功运作、发展成为一种全新的出版形态，则源于中国社会科学院社会科学文献出版社。

皮书定义

皮书是对中国与世界发展状况和热点问题进行年度监测，以专业的角度、专家的视野和实证研究方法，针对某一领域或区域现状与发展态势展开分析和预测，具备原创性、实证性、专业性、连续性、前沿性、时效性等特点的公开出版物，由一系列权威研究报告组成。

皮书作者

皮书系列的作者以中国社会科学院、著名高校、地方社会科学院的研究人员为主，多为国内一流研究机构的权威专家学者，他们的看法和观点代表了学界对中国与世界的现实和未来最高水平的解读与分析。

皮书荣誉

皮书系列已成为社会科学文献出版社的著名图书品牌和中国社会科学院的知名学术品牌。2016 年，皮书系列正式列入“十三五”国家重点出版规划项目；2012~2016 年，重点皮书列入中国社会科学院承担的国家哲学社会科学创新工程项目；2017 年，55 种院外皮书使用“中国社会科学院创新工程学术出版项目”标识。

中国皮书网

发布皮书研创资讯，传播皮书精彩内容
引领皮书出版潮流，打造皮书服务平台

栏目设置

关于皮书：何谓皮书、皮书分类、皮书大事记、皮书荣誉、
皮书出版第一人、皮书编辑部

最新资讯：通知公告、新闻动态、媒体聚焦、网站专题、视频直播、下载专区

皮书研创：皮书规范、皮书选题、皮书出版、皮书研究、研创团队

皮书评奖评价：指标体系、皮书评价、皮书评奖

互动专区：皮书说、皮书智库、皮书微博、数据库微博

所获荣誉

2008 年、2011 年，中国皮书网均在全国新闻出版业网站荣誉评选中获得“最具商业价值网站”称号；

2012 年，获得“出版业网站百强”称号。

网库合一

2014 年，中国皮书网与皮书数据库端口合一，实现资源共享。更多详情请登录 www.pishu.cn。

S 子库介绍
Sub-Database Introduction

中国经济发展数据库

涵盖宏观经济、农业经济、工业经济、产业经济、财政金融、交通旅游、商业贸易、劳动经济、企业经济、房地产经济、城市经济、区域经济等领域，为用户实时了解经济运行态势、 把握经济发展规律、 洞察经济形势、 做出经济决策提供参考和依据。

中国社会发展数据库

全面整合国内外有关中国社会发展的统计数据、 深度分析报告、 专家解读和热点资讯构建而成的专业学术数据库。涉及宗教、社会、人口、政治、外交、法律、文化、教育、体育、文学艺术、医药卫生、资源环境等多个领域。

中国行业发展数据库

以中国国民经济行业分类为依据，跟踪分析国民经济各行业市场运行状况和政策导向，提供行业发展最前沿的资讯，为用户投资、从业及各种经济决策提供理论基础和实践指导。内容涵盖农业，能源与矿产业，交通运输业，制造业，金融业，房地产业，租赁和商务服务业，科学研究，环境和公共设施管理，居民服务业，教育，卫生和社会保障，文化、体育和娱乐业等 100 余个行业。

中国区域发展数据库

对特定区域内的经济、社会、文化、法治、资源环境等领域的现状与发展情况进行分析和预测。涵盖中部、西部、东北、西北等地区，长三角、珠三角、黄三角、京津冀、环渤海、合肥经济圈、长株潭城市群、关中—天水经济区、海峡经济区等区域经济体和城市圈，北京、上海、浙江、河南、陕西等 34 个省份及中国台湾地区 。

中国文化传媒数据库

包括文化事业、文化产业、宗教、群众文化、图书馆事业、博物馆事业、档案事业、语言文字、文学、历史地理、新闻传播、广播电视、出版事业、艺术、电影、娱乐等多个子库。

世界经济与国际关系数据库

以皮书系列中涉及世界经济与国际关系的研究成果为基础，全面整合国内外有关世界经济与国际关系的统计数据、深度分析报告、专家解读和热点资讯构建而成的专业学术数据库。包括世界经济、国际政治、世界文化与科技、全球性问题、国际组织与国际法、区域研究等多个子库。